Karl Falkenstein

Geschichte des Johanniter-Ordens

EHV
HISTORY

Karl Falkenstein

Geschichte des Johanniter-Ordens

ISBN/EAN: 9783955643324

Auflage: 1

Erscheinungsjahr: 2013

Erscheinungsort: Bremen, Deutschland

Geschichte

des

Johanniter-Ordens.

Von

Karl Falkenstein,

† Königl. Sächs. Hofrath, Ober-Bibliothekar an der Königl. Sächs. öffentlichen Bibliothek zu Dresden, mehrerer gelehrten Gesellschaften Mitglied.

Vorwort.

———

Blickt unser Auge von der Höhe eines Thurmes oder dem Gipfel eines Berges auf die vor ihm sich ausbreitende Landschaft: dann erscheinen demselben die Gegenstände des Vordergrundes in klaren Umrissen und in ihrer natürlichen Färbung, während die dem Rande des Gesichts= kreises näher liegenden mehr und mehr in bläulichen Duft sich hüllen und endlich ganz in letzterem verschwinden. Eine ähnliche Erscheinung bietet die Rundschau über das weite Feld der Geschichte der Mensch= heit. Hier bildet die Gegenwart den Vordergrund, die verflossenen Jahrhunderte mit den Begebenheiten, deren Zeugen sie waren, geben die hinteren Gründe und diese zeigen ebenfalls, je entfernter sie dem Auge, ein immer mehr sich verschwächendes und zuletzt ganz im grauen Nebel zerfließendes Bild. Wir dürfen jedoch bei dieser Vergleichung den Umstand nicht übersehen, daß unser Auge beim Blick in die wirk= liche Landschaft von den ihm nahen Gegenständen stets ein richtiges Bild empfängt, während wir auf dem Landschaftsgemälde der Geschichte selbst das uns zunächst Liegende — die Begebenheiten und Ereignisse der Gegenwart — häufig in falschem Lichte erblicken, indem Zu= oder Abneigung unser geistiges Auge besticht und unser Urtheil die Farbe eines mehr oder minder parteiischen annimmt.

Und wie wird es erst um die Auffassung der in die fernsten Jahr= hunderte fallenden Zeitereignisse stehen, wo der sie umhüllende Nebel= flor jedes tiefere Eindringen des Blickes hindert? wo bei den uns er=

haltenen Berichten parteiliche Vor= oder Mißliebe gewiß auch ihren
Einfluß übte, und es demnach fast zur Unmöglichkeit wird, Falsches
vom Wahren zu sondern, das Dunkel einigermaßen zu lichten und
einen Standpunkt für die richtige Beurtheilung zu gewinnen?

Darf es uns daher wohl befremden, daß, von den Jahrtausenden
vor Christi Geburt und den ersten Jahrhunderten nach derselben ganz
abgesehen, die Urtheile über das uns sehr viel näher liegende Mittel=
alter so gar verschieden lauten? Die dürftigen Quellen, aus welchen
wir unsere Kenntniß desselben schöpfen, sind nicht immer lauter und
rein, und unsere Ansichten von demselben daher so von einander ab=
weichend, daß der Eine es als eine Zeit der Rohheit und Finsterniß
tief herabsetzt, der Andere es wer weiß wie hoch erhebt und als die
Periode rühmt, wo die menschliche Tugend sich zur herrlichsten Blüthe
entfaltet, die Religiosität und der Enthusiasmus für alles Große und
Edele ihren Gipfelpunkt erreichten.

Ohne sich für die Tadler oder Lobredner desselben zu entscheiden,
glaubt der Herausgeber dieses Werkes, ohne Widerspruch befürchten zu
dürfen, dreist behaupten zu können, daß das Mittelalter eine Zeit
ungebändigter Jugendkraft war und deßhalb, neben so manchen nicht
hinweg zu leugnenden tadelnswerthen Auswüchsen, auch viel Erhebendes,
uns noch jetzt zauberisch Fesselndes besaß. Einen Beweis für diese
Behauptung liefert der Johanniter=Orden, dessen treu nach den vor=
handenen Quellen bearbeitete Geschichte der Leser auf den nachstehenden
Blättern findet.

Söhne der edelsten Familien des Abendlandes traten zusammen,
um im fernen Osten, unter Gefahren, Mühen und Entbehrungen, sich
der Pflege kranker Pilger zu widmen. Bald aber erkennend, daß die
zum heiligen Grabe Wallenden auch eines kräftigen Schutzes gegen die
Angriffe der Sarazenenschwärme bedürften, gürten sie, zugleich dem
Drange ihres eigenen muthigen Herzens folgend, das Schwert um die
Hüfte, greifen sie zur Lanze, besteigen das Roß und verrichten, ohne
die Pflege der Armen und Siechen darüber zu versäumen, die glän=
zendsten ritterlichen Thaten. Das Morgenland zittert vor ihrem Arm;

staunend blickt das Abendland hin auf sie; Tausende edler Jünglinge brennen vor Verlangen, sich ihren Reihen anzuschließen, Ruhm und Arbeit mit ihnen zu theilen, und selbst Fürsten glauben sich zu ehren, wenn sie auf ihre Brust das achtspitzige Ordenskreuz heften.

Wessen Herz pochte nicht in freudigeren Schlägen, siehet er den Johanniter=Orden durch seine hohen Verdienste um die Christenheit, seine für dieselbe sich aufopfernden Tugenden zu einem souverainen Staate sich emporschwingen, dessen Oberhaupt von den Brüdern aus ihrer Mitte gewählt, nur den heiligen Vater in Rom als Herrn über sich erkennt? Wie aber sollte es andererseits nicht eben so innig uns betrüben, zu sehen, wie auch die Edelsten von menschlichen Schwächen sich frei zu erhalten nicht vermögen, und wie der zu hoher Macht und großem Reichthum gelangte Orden entartet, die Bande des Gehorsams und der Zucht löset, und sich durch Ausschweifungen und Laster befleckt? Und gleichwohl muß der eigentliche Kern der Verbindung immer noch ein gesunder, lebensfrischer geblieben sein, da den Perioden der Er= schlaffung und des Verfalls stets Perioden der Wiedererhebung zur früheren Tugendhöhe und der glänzendsten Ritterthaten folgten.

Von dem angedeuteten Gesichtspunkte ausgehend hat der Heraus= geber an der Hand der treuesten und unterrichtetsten Führer die nach= stehende Geschichte des Johanniter=Ordens bearbeitet und veröffentlicht dieselbe mit dem Wunsche, daß sie überall, wohin sie komme, eine freundliche nachsichtsvolle Aufnahme finden möchte.

———————

Entstehung des Johanniter-Ordens.

Schon in den ersten Jahrhunderten des Christenthums war es fromme Sitte, nach dem gelobten Lande zu wallfahrten, an den heiligen Stätten seine Andacht zu verrichten, und sich in dem Wasser des Jordans zu baden, welches durch Jesu Taufe geweiht war.

Als dann Constantin der Große, der erste römische Kaiser, welcher sich zum Christenthum bekannte, und besonders seine fromme Mutter Helena das verschüttete Grab des Weltheilandes, welches man am Fuße der Anhöhe von Golgatha wieder aufgefunden, mit einem hohen Gewölbe auf schönen Säulen überbauen und daneben einen Tempel, sowie auf der Spitze des Oelberges eine kleine Kirche hatten erbauen lassen, wurden die Pilgerfahrten nach dem gelobten Lande immer häufiger. Die Araber, durch Mohammed's weit um sich greifende Eroberungen im siebenten Jahrhundert auch in den Besitz von Palästina gelangt, störten die Pilgrime nicht, sondern freuten sich des durch den Besuch so vieler Fremden ihnen erwachsenden Vortheils, und ließen den Patriarchen von Jerusalem und die dortige christliche Gemeinde in ihrer Religionsübung ungekränkt.

Allein nachdem im Jahre 1073 die seldschukischen Türken, ein rohes barbarisches Volk aus Osten, diese Länder eingenommen, gelangten Klagen über Klagen nach Europa, wie grausam die andächtigen Wallfahrer mißhandelt, und wie empörend die heiligen Oerter, wo Christus gelebt, gelitten und geblutet, entweihet und beschimpft würden. Einer von den Pilgern, welcher angeblich durch eine besondere Fügung des Himmels und unterstützt von einer kräftigen Leibesbeschaffenheit der fanatischen Wuth der Barbaren entgangen war, kehrte mit einer Bittschrift des bedrängten Patriarchen von Jerusalem nach Europa zurück.

Sein Name war Peter von Amiens, auch Peter der Einsiedler genannt; der Papst lobte seinen Eifer und sandte ihn an die Fürsten der christlichen Länder umher, um die Gemüther zu einem Zuge nach Palästina vorzubereiten. Seine Rede voll Begeisterung, das Feuer, das aus seinen tiefliegenden Augen strahlte, und die abgezehrte hagere Gestalt, welche zu der Wohnung alles Elends und aller erdenklichen Leiden gestempelt zu sein schien, machten den tiefsten Eindruck. Wo er hinzog, ergriff gleiche Begeisterung Hohe und Niedere.

Die beiden Kirchenversammlungen zu Piacenza in Italien und Clermont in Frankreich, und der begeisterte Ausruf des Papstes Urban II.: „Gott will es! Gott will es!" brachten den Entschluß der Ritterschaft und der Großen des Reichs vollends zur Reife. Der 15. August des Jahres 1096 wurde als Versammlungstag des großen Zuges festgesetzt. Unzählige Schaaren von Rittern, Edlen, Reisigen, Knechten und Volk aus Italien, Frankreich, Lothringen strömten herbei, besonders aber aus der Normandie, wo in den Nachkommen der Normannen mit dem alten Heldenfeuer auch noch die Liebe zu fernen abenteuerlichen Zügen fortlebte.

Schon mit Anfang des Frühjahres brach Peter der Einsiedler an der Spitze eines Volkshaufens, der die festgesetzte Zeit nicht erwarten konnte, in Gesellschaft eines französischen Ritters, Gaultier, mit dem Beinamen „sans avoir" (Walther ohne Habe) nach dem gelobten Lande auf. Allein ihrem Heere fehlten Ordnung und regelmäßige Bewaffnung. Die meisten dieses Gesindels kamen blos bis Ungarn, wo sie ihrer Räubereien wegen erschlagen wurden, und das kleine Häuflein, welches unter Peter's und Walther's Anführung bis nach Kleinasien in das türkische Gebiet gelangte, wurde von den Sarazenen so übel empfangen, daß nur Peter mit einigen Wenigen in dem traurigsten Zustande in die Heimath zurückkam.

Ein so unglücklicher Anfang hätte leicht den Muth zu allen weiteren Versuchen niederschlagen können, wenn man nicht gewußt hätte, daß jene ersten Haufen zum großen Theil aus der Hefe des Volkes bestanden, und daß es ihren Führern an Klugheit, Erfahrung und Ansehen gefehlt. Auf Gottes Gnade gestützt sammelte sich also in der Mitte des Sommers 1096 ein wohlgeordnetes und trefflich gerüstetes Heer, an dessen Spitze viele der angesehensten Fürsten standen: Rahmund von St. Gilles, Graf von Toulouse, der Erste, welcher zum Zeichen der Weihe ein rothes Kreuz auf seine rechte Schulter heftete, ein wackerer Held, der schon unter Alphons IV., König von Castilien, im Kriege gegen die Araber rühmlichst mitgekämpft, — Hugo der Große,

Bruder Philipp's I., Königs von Frankreich, — Robert Graf von Flandern, — Stephan von Balois, Graf von Chartres und Blois, — Robert, Herzog der Normandie, Bruder Wilhelms des Rothhaarigen, Königs von England, — Tankred, Herzog von Apulien, — Bohemund, der tapfere Sohn des braven Guiskard, Fürst von Tarento, — Balduin von Burg u. A. Kein König war als Anführer der gesammelten Heerschaaren zugegen; aber unter den Fürsten und Edlen ragte Gottfried, Herzog von Nieder-Lothringen und Brabant, den man nach seinem Stammschlosse Gottfried von Bouillon nannte, und der mehrmals in den Schlachtreihen Kaiser Heinrichs IV. mitgefochten hatte, durch jegliche Heldentugend hervor. Auf ihn fiel einstimmig die Wahl des Anführers. Begleitet von seinen zwei Brüdern Eustach und Balduin brach er mit 90,000 Mann auf, nahm mit denselben den Weg durch Ungarn und die Länder des griechischen Kaisers, während andere Fürsten durch Italien, und von da zu Wasser nach Constantinopel zogen.

Bevor dies im Abendlande geschah, hatte um die Mitte des elften Jahrhunderts eine Gesellschaft von Kaufleuten aus Amalfi in Italien, welchen, bei ihren jährlichen Reisen nach Aegypten die aus Europa mitgebrachten reichen Waaren und Kunstarbeiten den Zutritt am Hofe des Khalifen eröffneten, den Entschluß gefaßt, den europäischen Pilgrimen einen sichern Zufluchtsort in der heiligen Stadt zu verschaffen, wo sie weder den schwärmerischen Fanatismus der Mohammedaner, noch den bittern Haß der schismatischen Griechen befürchten dürften. Durch wiederholte kostbare Geschenke, welche sie sowohl dem Khalifen Mostalsi Billah (Mostasser Billach) als seinem ersten Minister darbrachten, erlangten sie endlich die Erlaubniß, in Jerusalem, unweit des heiligen Grabes, eine besondere Herberge für die abendländischen Christen, und zum Behufe der Andachtsübungen eine Capelle zu erbauen. Die gottesdienstlichen Verrichtungen wurden den Benedictinern übertragen, und besagte, zu Ehren der h. Jungfrau errichtete Capelle die lateinische Marienkirche (S. Maria della Latina) genannt, zum Unterschiede von den Kirchen der Griechen, in denen man den Gottesdienst nicht nach den Gebräuchen der römischen oder lateinischen Kirche verrichtete. Bald führte man unweit derselben zwei andere Gebäude zu Herbergen (Albergia) für die Pilgrime beiderlei Geschlechts auf, in welchen Gesunde und Kranke verpflegt werden sollten. Jedes dieser Gebäude bekam in der Folge seine eigene Capelle, eins davon wurde der h. Magdalena, das andere dem h. Johannes dem Täufer gewidmet, und von diesem ihrem Schutzpatron nannte man die Inhaber des letztern späterhin Johanniter. Die Gesammtheit dieser christlichen Capellen und Hospitäler war

1*

nur durch eine schmale Straße von der Kirche des heiligen Grabes getrennt, und viele abendländische Christen, von Liebe zur leidenden Menschheit und von Religionseifer beseelt, faßten den Entschluß, ihrem Vaterlande auf immer zu entsagen, um sich in dieser heiligen Wohnung der ununterbrochenen Pflege der Pilgrime und Kranken zu widmen.

Hier wurden die Wallfahrer zum h. Grabe mit offenen Armen aufgenommen, beherbergt, genährt und gepflegt, ja die Gastfreundlichkeit dieser Männer ging so weit, daß sie, nach Aussage des berühmten Cardinal Jakob de Vitry, Bischofs von Frascati und St. Jean d'Acre, auf ihre eigenen Tische Brot aus Kleien und Bohnenmehl setzten, um die feineren Speisen für die Kranken und Verwundeten aufzusparen.

Die menschenfreundliche Thätigkeit der hilfespendenden Brüder gab ihnen den Namen der Hospitalbrüder oder Hospitaliter.

Dies ist der Ursprung des edlen Malteserordens, der in jenen früheren Zeiten seines Daseins den Namen des Johanniterordens führte, — eines Ordens, welcher, obgleich der politischen Schaubühne entrückt, für den philosophischen Betrachter der Menschheit auf ewige Zeiten als eine merkwürdige Erscheinung dasteht, indem er, während der Orden der Tempelherren wie ein Meteor glänzte und plötzlich aus der Weltgeschichte verschwand, sieben Jahrhunderte hindurch durch seine wohlthätigen Tugenden ein schimmerndes Licht über seine Entstehung verbreitete, und seine Thaten für immerbar ein schönes Denkmal des edlen Einflusses der christlichen Religion sein werden. Indem dieser mächtige Ritterorden seine gewappneten Arme den Ungläubigen entgegenhielt, wurde er nicht nur eine Hauptstütze des Königreichs Jerusalem, sondern auch eine Hauptzierde der gesammten Ritterschaft. Sein schönster Schmuck blieb aber die Werke der Nächstenliebe und Barmherzigkeit, und hätte er diese stets als seine Hauptaufgabe betrachtet, dann wäre er wohl nie von seiner Größe herabgesunken.

Gastfreiheit und Menschenliebe waren die Hauptwurzeln seiner Existenz, die Früchte seiner Fortbauer. In dem Hospitale zu St. Johannes in Jerusalem fand der verlassene Pilger einen Freund, der Verfolgte eine Zufluchtstätte, der Unglückliche einen thätigen Theilnehmer an seinem Schicksale, der Kranke einen Tröster und Pfleger, und der langsam Dahinsterbende ein friedliches Ende, fern von dem Getümmel der Welt — näher seinem Erlöser und den Erwartungen jenseits.

Lange genoß dieser edle Schutzort armer Waller keine weitere Unterstützung als zufällige Geschenke andächtiger Christen aus Europa. Während sich die obenerwähnten Kaufleute aus Amalfi ein eigenes Geschäft daraus machten, jährlich so viel Almosen in den italienischen

Staaten einzuziehen, als zur Fortdauer ihres frommen Instituts nöthig, blieben die Benedictiner in ihren Anstrengungen für die Erhaltung der großmüthigen Krankenwärter ebenfalls nicht zurück. —

Die von den Christen des Abendlandes gegen die Sarazenen unternommenen Kreuzzüge waren für die Hospitaliter die würdigste Gelegenheit ihren edlen Eifer zu bethätigen.

Mangel an Lebensmitteln, Märsche in unbekannten Ländern und auf beschwerlichen Wegen, ein ungewohntes Klima, Hunger und ansteckende Krankheiten rafften mit jedem Tage eine Menge Menschen und Pferde von dem Heere Gottfried's von Bouillon dahin. Der Geist der Zwietracht, die Eifersucht, die unter den vornehmsten Kreuzfahrern ausgebrochen war, theilte die Gemüther der Volksanführer, und die Treulosigkeit der griechischen Bundesgenossen, verbunden mit der neidischen Hinterlist des byzantinischen Kaisers Alexis Komnenos, welcher das Heer durch falsche Wegweiser dem feindlichen Hinterhalte entgegenführte, — Alles dieses war nur zu sehr geeignet, den Muth der Uebriggebliebenen zu schwächen und die Truppen zu erschlaffen. Schon fingen auch die tapfersten Ritter an zu verzagen, die Fürsten schwankten in ihrem Entschlusse, das Volk murrte. In diesem Momente der Kraftlosigkeit fachte einzig und allein der wackere Gottfried von Bouillon die halb erloschene Flamme des Muthes durch sein tapferes Beispiel wieder an. Ohne seine Standhaftigkeit hätte vielleicht auch dieser Zug ein unglückliches Ende genommen.

Bekannt mit allen Hindernissen und von Jugend auf vertraut mit Abenteuern und Beschwerden, führte er gelassen sein Heer jedem Unfall entgegen. Keiner scheute, auf ihn blickend, den gewissen Tod, noch die augenscheinliche Gefahr. Eine Heldenthat folgte der andern, überall Beispiele von Entschlossenheit und Verachtung des Todes, redende Denkmale echtritterlicher Tapferkeit, schöne Wirkungen des religiösen Enthusiasmus. Die Feinde wurden von allen Seiten geschlagen, Syriens Hauptstädte fielen, Antiochien ergab sich, das stolze Tarsus beugte sein Haupt, Nizäa und Edessa wichen der Kriegslist, und Tortosa dem Sturme.

Endlich, im Juni des Jahres 1099, betraten die Füße der aus tausend Gefahren übriggebliebenen Wallbrüder das Gebiet des heiligen Landes, und am sechsten Juni erblickten sie von der Anhöhe bei Emaus das Ziel ihrer Wünsche — Jerusalem. Ein unendliches Jubelgeschrei erfüllte die Luft, und Freudenthränen stürzten aus Aller Augen. Von einem heiligen Schauer ergriffen, warfen sich alle auf die Kniee, und die Berge, welche rings die Stadt bekränzen, ertönten im Widerhall ihrer lauten Andacht.

Kaum konnte Gottfried den Eifer der Kreuzfahrer so weit zügeln, daß sie nicht tollkühn auf die Mauern der Stadt losstürmten. Ihre Eroberung war nicht leicht, die Besatzung an Zahl viel stärker als die der Kreuzfahrer, denn nur etwa 40,000 waren von diesen noch übrig. Der feindliche Befehlshaber spottete der kleinen Schaar im Bewußtsein seiner Uebermacht mit stolzem Trotze. Doch weder die Abwesenheit Bohemunds und Balduins, zweier vortrefflicher Heerführer, noch die auf dem Zuge erlittenen Beschwerden vermochten das fromme Vorhaben des Kreuzheeres zu verzögern. Schon am 5. Tage nach der Ankunft befahl Gottfried den ersten, obwohl vergeblichen Angriff. Mit vieler Mühe mußte man Kriegsmaschinen in Form von beweglichen Gerüsten und Sturmleitern in der holzarmen Gegend zusammenzimmern. Am 14. Juli wurde ein allgemeiner Sturm gewagt. Er mißlang; die Belagerten kämpften mit großer Tapferkeit. Am folgenden Tage aber stürmten die Christen von Neuem, und Gottfried von Bouillon war einer der Ersten, der von seinem Kriegsthurme auf den feindlichen Wall springend, die Christusfahne auf Jerusalems Mauern pflanzte. Sein Schwert bahnte den Uebrigen den Weg. Bald war die Mauer von allen Seiten bezwungen, die Thore geöffnet, das ganze Heer der Kreuzfahrer stürzte in die Stadt. Ein fürchterliches Blutbad begann. In der ersten Wuth fraß das Schwert alles Lebendige, und nur wenige der Einwohner blieben verschont. Dann, als die Besinnung zurückkehrte, reinigten die Krieger ihre Waffen von Blut und eilten mit entblößtem Haupte und baarfuß nach den heiligen Oertern; und die Stadt, welche noch eben von dem wilden Geschrei des Mordes erschallte, war nun erfüllt mit Gebeten und Lobgesängen zur Ehre Gottes.

Jerusalems Besitz krönte die frommen Wünsche der Christenheit. Jetzt dachte man an die Wahl eines Königs für das neue Königreich Jerusalem. Auf wen konnte diese wohl anders fallen, als auf den Tapfersten und Weisesten im Heere — auf Gottfried von Bouillon? Allein er weigerte sich, da eine Königskrone zu tragen, wo der Heiland der Welt unter einer Dornenkrone geblutet habe, und nannte sich, obwohl mit der höchsten Gewalt bekleidet, nur Beschützer des h. Grabes.

Rector Gerhard.

Schon längst hatte Gottfried von dem Edelmuthe und den wohlthätigen Anstalten der Hospitalbrüder gehört, allein die Sorge für die

Sicherheit seines ihm anvertrauten Reiches hatte ihn bisher verhindert, sie selbst in Augenschein zu nehmen. Nun aber begab er sich in die neuerrichtete Herberge und das Krankenhaus, wo er von dem ehrwürdigen Gerhard, dem Vorsteher derselben, von seinen Untergebenen Rector genannt, mit liebenswürdiger Freundlichkeit und tiefer Ehrfurcht empfangen ward.

Dieser edle Priester Gerhard, mit dem Beinamen Tom oder Tonque, stammte aus einer angesehenen Familie der zu der Provence gehörenden Insel Martigues, war als Pilger nach Jerusalem gezogen und hatte nach einem kurzen Aufenthalte daselbst, hingerissen von dem Beispiele der gastfreien Johanniter, den Entschluß gefaßt, als Mitglied in deren Gesellschaft zu treten, zu eben der Zeit, als eine edle Römerin, Namens Agnes, der Stiftung für die weiblichen Pilgrime (im Hospiz der heiligen Magdalena) vorstand. Während der Leitung dieses Greises wurden Griechen und Lateiner ohne Unterschied in dem Johannis-hospital aufgenommen, Mohammedaner selbst genossen Almosen daraus, und alle Einwohner der Stadt betrachteten Gerhard als den gemein-schaftlichen Vater aller Hilflosen.

Wie freudig war das Erstaunen Gottfrieds, als er eine große Anzahl seiner Waffengefährten, die während der Einnahme der Stadt verwundet waren, genährt, gepflegt und viele schon halb genesen in dem Hospital wieder fand. Alle priesen die milde und unermüdliche Sorgfalt der Brüder in den rührendsten Ausdrücken der Dankbarkeit.

Eine Menge junger Edelleute aus dem Heere der Kreuzfahrer wurde durch das Beispiel der Hospitaliter zur Nachahmung angefeuert. Entschlossen, nicht mehr in ihr Vaterland zurückzukehren, und sich ebenso zu Gottes Ehre nur dem Dienste der Kranken zu widmen, kamen sie zu Gerhard und baten um Aufnahme. Unter diesen waren vorzüglich Raymund du Puy (Raimundus de Podio) aus der Dauphiné, Conon von Montaigue aus der Auvergne, Dudon von Comps und Ritter Gastus (Gaston), über dessen eigentliches Vaterland die Schriftsteller noch uneinig sind. Der Spitalvorsteher Gerhard empfahl nun die Anstalt dem neuen Herrscher. Aufgemuntert durch die empfangenen Gnadenbezeugungen forderte er sodann zum Besten des Ganzen die fromme Gesellschaft, sowohl Brüder als Schwestern, auf, ihrer Ver-bindung durch eine gewisse Regel, oder vielmehr durch eine gesetzmäßige. Form, eine bleibende Dauer zu verschaffen.

Das gewählte Ordenskleid bestand in einem einfachen schwarzen Gewande, an dessen linke Seite ein weißleinenes Kreuz geheftet war. Der Patriarch von Jerusalem legte den Brüdern dieses Gewand eigen-

händig an, und nahm ihnen am Fuße des h. Grabes die drei geistlichen Gelübde: „der Armuth, der Keuschheit und des Gehorsams" ab.
— Einige Jahre nachher bestätigte Papst Paschalis II. dieses neue
Institut öffentlich durch eine Bulle*), sprach das Ordenshaus zu
Jerusalem, sowie alle ihm-gehörenden Güter in Europa und Asien
frei von Abgaben, und sanctionirte nicht nur die bisherigen, sondern
auch die zukünftigen Schenkungen, und erklärte ausdrücklich, daß nach
dem Tode des frommen Rectors Gerhard die Hospitaliter künftighin
nicht mehr von dem Abte des Benedictinerklosters wie bisher abhängen,
sondern ihnen einzig und allein das Recht zukommen solle, ein Oberhaupt aus der Mitte der Ordensbrüder an ihre Spitze zu stellen.

Jerusalems neugewählter Herrscher erfreute das Hospital jede
Woche mit seiner Gegenwart, verlieh demselben große Besitzungen im
Gebiete der Stadt und einzelne Güter in den dem Feinde abgenommenen
Provinzen, und setzte unter Anderm fest, das Eigenthum aller Kreuz-
fahrer und Edlen, welche ohne Erben aus diesem Leben schieden, solle
dem Hospitale anheimfallen. Mehre Könige, der gesammte Adel Asiens
und viele europäische Fürsten und Ritter bezeigten den Brüdern ihre
Gunst und Freigebigkeit.

Der erste Krieg für das h. Grab war nun geendigt, die Kreuzfahrer sahen ihre Wünsche erfüllt und ihr Gelübbe gelöst, vor ihnen
lag das kühne Werk ihrer Tapferkeit in blühender Hoffnung, allgewaltig
zogen nun die Bande des Vaterlandes und der Liebe an ihren Herzen.
Die Schaaren versammelten sich, die See wimmelte von Schiffen, und
hierhin und dahin flog der kleine Ueberrest des Kreuzheeres den Ufern
der geliebten Heimat zu. Nur Gottfried von Bouillon blieb nebst
zweihundert Mann zu Fuß und dreihundert Reitern zurück, und mit
ihm der tapfere Tancred, der ihn nie verließ, und sein jüngster Bruder
Balduin, und Bohemund, Fürst von Tarento.

Um die Macht dieser Fürsten, die er als die Stütze seiner politischen
Kraft ansah, durch Länderbesitz zu befestigen, gab er das Fürstenthum
Galiläa seinem geliebten Waffenjünger Tancred, die Grafschaft Edessa

---

*) Siehe hierüber: de Naberat, Sommaire des privilèges octroyés à l'ordre
de St. Jean de Jerusalem etc. pag. 4. und pag. 7. Die Privilegien der Johanniter sind in der Bulle Anastasius IV. „Christianae fidei religio" d. d. XII.
Kal. Nov. 1154 (bei Mansi XXI. p. 780) zusammengefaßt. Dieselben Privilegien,
oft mit denselben Worten, ertheilte Alexander III. in der Bulle: „Omne datum
optimum", d. d. VII. Idus Jan. 1162 (bei Rymer Vol I. p. 1.) Ueber die bedeutendsten Schenkungen s. Wilken, Geschichte der Kreuzz. Bd. II. S. 561.

in Mesopotamien seinem Bruder, Antiochien aber dem tapfern Behe-
mund zum Lehen.

Die Ebbe und Flut von christlichen Wallfahrten dauerte indessen
ununterbrochen fort und brachte fast das halbe Europa nach Asien
hinüber. Ihre nächsten Folgen waren indeß sehr ersprießlich für den
neu entstandenen Orden, dem von allen Seiten reiche Besitzungen und
Schenkungen aller Art zufielen. Die hilfreiche Thätigkeit der Johanniter
schränkte sich aber nicht blos auf Jerusalem ein, sondern auch über das
Abendland ergoß sich ihr wohlthätiger Einfluß.

In den blühendsten Seestädten Europa's, zu Messina in Sicilien, zu Tarento in Apulien, St. Gilles in der Provence und Sevilla in Andalusien wurden auf Kosten des Haupthauses geräumige
Hospitäler aufgeführt. Diese wohlthätigen Filialhäuser des Johanniter-
Hospitals zu Jerusalem, welche man gleichsam als die ersten Kom-
thureien des Ordens ansehen kann, waren eigentlich dazu bestimmt,
den Pilgern und Kriegsleuten, welche mit dem Vorsatze das h. Land zu
besuchen, hier zusammentrafen, zu sichern Herbergen und Vereinigungs-
örtern zu dienen.

Während nun dieser Orden durch die schönen Früchte der Wohlthätigkeit seinen Ruhm durch ganz Asien und Europa verbreitete, gab
Gottfried v. Bouillon seinem neu errungenen Reiche durch weise Gesetze,
die unter dem Namen der „Briefe des h. Grabes" bekannt sind,
und in der Kirche zum h. Grabe aufbewahrt werden, die Seele der
Eintracht und irdischen Glückseligkeit. Dann brachte er Tiberias und
viele andere Städte am See Genesareth unter die Kreuzfahne, eroberte
mehre Provinzen von Ostgaliläa und würde ganz Palästina unterjocht
haben, wenn ihn nicht eine ansteckende Krankheit mitten in der Blüte
seines Glückes im Jahre 1100 plötzlich von dem Schauplatze seiner
Größe hinweggerissen hätte.

Mit glänzendem Pompe bestieg sein jüngster Bruder Balduin den
Thron unter dem stolzen Titel eines Königs von Jerusalem, als wollte
er durch das Gepränge des Aeußeren einen täuschenden Schimmer über
die Dürftigkeit seines Geistes ziehen. Doch mit diesem tollkühnen, im
Lebensgenusse versunkenen Regenten begann die finstere Epoche von
Palästina's Untergange. Zwar hatten Tripolis nach einer vierjährigen
Belagerung die Thore geöffnet, Sidon und Beritta sich ergeben, Ptole-
mais sich gebeugt; — aber Thyrus erhob stolzer als zuvor sein Haupt
und reizte den Wüthenden zum Sturme, während dessen er von der
Ruhr dahingerafft wurde.

Ihm folgte sein Vetter Balduin von Burg, oder Balduin II.

Während dieser Fürst seine Kräfte zersplitterte, um den durch mancherlei Verluste gereizten und rachefchnaubenden Feind von den Stufen seines Thrones abzuhalten, erlitten die Brüder des Hospitals den schmerzlichsten Verlust. Der Vater aller Armen, Kranken und Verlassenen von ganz Jerusalem, der ehrwürdige Gehrhardt neigte sein graues Haupt und die Thränen der Dankbarkeit folgten dem Edlen in die stille Wohnung des ewigen Friedens.

Ehe wir zu dem Nachfolger Gerhard's übergehen, seien hier noch einige streitige Punkte aus dessen Leben erwähnt. — Manche Schriftsteller sagen, Gerhard sei der Erste gewesen, welcher die Aufsicht über das Hospiz gehabt. Da nun dieses 1048 begründet wurde und Gerhard 1118 starb, so würde daraus hervorgehen, daß er sein Amt 70 Jahre lang verwaltet habe, was immerhin als zweifelhaft erscheinen mag, wenn derselbe auch nach Angabe der Chroniken ein ungewöhnlich hohes Alter erreicht haben soll. Mehr Wahrscheinlichkeit hat daher wohl die Erzählung verschiedener anderer Schriftsteller, daß Gerhard erst nach Jerusalem gekommen, als das Hospital schon bestanden habe, und der Brüderschaft darum beigetreten sei, weil das segensreiche Walten derselben ihn mächtig ergriffen habe. Während der Belagerung von Jerusalem soll Gerhard dem christlichen Heere nicht unbedeutende Dienste geleistet haben, dadurch aber auch dem Befehlshaber der Stadt verdächtig geworden und von demselben eingekerkert sein.

Als Todestag des Rectors Gerhard wird von den meisten Schriftstellern das schon oben erwähnte Jahr 1118 angegeben. Allein dieser Angabe widersprechen die Statuten des Ordens, indem sie eine Bulle anführen, welche Calixtus II. am 19. Juni 1120 an Gerhard richtete. Villeneuve-Bargemont sagt in seinen Monumens des Grands Maîtres, Gerhard sei um 1118, 1120 oder 1121 gestorben und sein Sarg später nach Cypern, Rhodos und Malta mitgenommen. Im Jahre 1534 sei derselbe in Monosque beigesetzt; drei Jahre später habe jedoch der Commendater Jean de Boniface den Sarg in der dem Orden zugehörigen Capelle der alten Grafen von Forcalquier aufstellen lassen, an deren einer Wand man die Worte lese: „Hic jacent Ossa Sancti Gerardi 1623."

Raymund du Puy.
1118—1160.

Als die Hospitäler ihrem Vorsteher die letzte Ehre erwiesen hatten, kannten sie kein heiligeres Geschäft, als nach dem Wunsche des Papstes an deſſen Stelle einen Nachfolger zu wählen. Einſtimmig ernannten Alle Raymund du Puy (Raymundus de Podio), aus der Dauphiné gebürtig, als den Würdigſten zum neuen Amte.*)

Mit dieſem Manne, der ſich gleich zu Anfang ſeiner Regierung einen „Knecht der Armen Jeſu Chriſti und Meiſter des Hoſpitals zu Jeruſalem" nannte, hebt eine neue Epoche in der Geſchichte des Johanniterordens an. Bisher hatte dieſer ſtill und ruhig in glücklicher Abgeſchiedenheit nur dem Wohlthun und der Tugend der Barmherzigkeit gelebt. Raymund du Puy aber faßte den Entſchluß, mit der Tugend chriſtlicher Milde ritterliche Tapferkeit zu verbinden. Mit einem Male veränderte ſich nun die Scene. Eine kühne Männer-ſchaar, zu Schutz und Trutz gerüſtet, erſcheint auf dem Schauplatze der für das Höchſte begeiſterten Chriſtenheit. Der ſtille Kranken-wärter vertauſcht ſeinen Kloſterhabit mit dem Panzer und Helme des Ritters, der friedliche Mönch ſeine Zelle mit dem Tummelplatze der Zerſtörung und des Mordes. Die Geſellſchaft der Hoſpitalbrüder erhält nun doppelte Pflichten: die Vertheidigung des neu eroberten König-reichs und die ununterbrochene Pflege der Kranken und Pilgrime.

Aus dieſem Vereine von Kräften entſproß für den wankenden Thron von Jeruſalem eine kräftige Stütze, die viel beitrug, das ſoge-nannte Königreich für einige Zeit zu erhalten, obwohl es im Grunde mehr einem Gerippe, als einem geſunden Körper glich, deſſen Glieder bis auf das Haupt derſelben, Jeruſalem, von den ſie durchkreuzenden Beſitzungen der Sarazenen verſtümmelt und zerriſſen waren.

Da nun aus dem Zuſammentreten von Männern unter den Kauf-leuten von Amalfi ein Verein, unter Gerhard eine Geſellſchaft, und unter Raymund du Puy ein Orden entſtanden war, lag es dieſem Letztgenannten, der gleichſam als deſſen Stifter betrachtet werden kann, vorzugsweiſe am Herzen, durch Geſetze und eine gewiſſe feſte Regel dem neuen Ritterorden, als einem ſtaatsähnlichen Körper, Anſehen und feſte Dauer zu verleihen.

Ordens-Statuten.

Die Statuten, welche der Großmeiſter Raymund dem Orden gegeben und den Brüdern zur ſtrengen Befolgung nach ſeinem Tode

---

*) Einige Wenige waren einen gewiſſen Broyant oder Boyant Roger als Gerhards Nachfolger. Derſelbe ſei ſchon 1131 geſtorben.

schriftlich hinterließ, waren im Ganzen denjenigen der Tempelherren ähnlich, doch weniger streng, und in Sachen des Gottesdienstes nach der Regel des h. Benedict entworfen. Ihr Hauptinhalt ist, mit Uebergehung der bloßen Disciplinarregeln, ungefähr folgender:

1) Soll jeder Bruder, welcher in den Orden treten will, die drei canonischen Gelübde halten: Keuschheit, Gehorsam und freiwillige Armuth, d. h. ohne alles Eigenthum zu leben.

2) Soll er die Kranken, welche in das Ordenshaus aufgenommen werden, mit aller Sorgfalt und Milde der christlichen Liebe pflegen, nach den Einkünften des Hauses halten und, wenn es diese erlauben, herrlich bedienen.

3) Sollen Alle und Jede, dafern sie nicht durch Krankheit oder Altersschwäche verhindert sind, gegen die Ungläubigen zu Felde ziehen, und die Feinde der Christenheit nach Kraft und Wissen bekämpfen.

4) Sollen die Brüder der Gerechtigkeit und Tugend beistehen, die Unterdrückten befreien, die Unschuld beschützen, die Witwen und Waisen vertheidigen und vor Allem die Heiden und Mohammedaner verfolgen, gleichwie die Makkabäer gegen die Feinde des Volkes Gottes gethan.

5) Sie sollen sich des Gottesdienstes befleißigen, und täglich anstatt der sieben Gezeiten (horae) hundert und funfzig Pater noster sprechen.

6) Zur bestimmten Zeit sollen sie fasten, und im Jahre drei Mal das h. Sacrament der Beichte und des Altars empfangen, nämlich zu Ostern, Pfingsten und am Christtage.

7) So man den Gottesdienst verrichtet, sollen sie weder in den Chor noch in die Nähe des Hochaltars hinknieen, damit sie Niemand in der Andacht stören, und sollen in der Ordnung Einer nach dem Andern gehen und sitzen, wie sie in den Orden aufgenommen worden.

8) An den vorgeschriebenen Tagen sollen sie Umgang (Procession) halten, Gott um Frieden und Eintracht in der Christenheit anrufen, und darauf für den Großmeister und die sämmtlichen Ritter beten.

9) Im Convente soll man die ganzen Fasten und den Advent hindurch predigen. Bei der gemeinschaftlichen Tafel soll der Lector in einem erbaulichen Buche lesen.

10) Soll ein jeder Bruder mäßig, nüchtern und einfach leben und den Ordenshabit, d. i. das schwarze Gewand, auf dessen linker Seite das weißleinene Kreuz mit acht Ecken befestigt ist, ohne Unterlaß tragen.

11) In Kriegszeiten, und wenn die Ritter zu Felde ziehen, sollen sie statt der schwarzen Sutane (eine Art von langer Tunica) einen

rothen Waffenrock, über welchen sowohl auf der Brust als auf dem Rücken in ganzer Länge das Kreuz hinweggeht, zur Bekleidung haben.

12) Wer in den Orden aufgenommen zu werden begehrt, soll rein und ohne Makel an Blut, Körper und Leben sein*); d. h. er muß von adeligem und christlichem Herkommen, auch in gesetzlicher Ehe erzeugt und geboren sein; daher er sich auch anheischig machen muß, seinen Adel von acht Ahnen (vier von beiden Aeltern) zu beweisen. Die Gesundheit des Körpers ist für die strengen Pflichten des Krankenwartens und des ritterlichen Kampfes unentbehrlich. Die Reinheit des Lebenswandels begreift in sich, daß der Akolyth keinen Mord oder anderes Verbrechen begangen und im Allgemeinen kein unanständiges Leben geführt habe.

(Es wurden zwar, besonders in spätern Zeiten, auch uneheliche Kinder in den Orden aufgenommen, aber nur von großen Herren, und von einer freigebornen Mutter*). Jedoch konnten diese niemals zu höhern Ordensämtern, als: des Großmeisters, Großpriors oder Heermeisters, gelangen.)

13) Man soll Keinen in den Orden aufnehmen, der schon einem andern Orden verpflichtet, oder der einem Andern hörig oder gar leibeigen ist.

14) Man soll auch Keinen in den Orden aufnehmen, der von den Maranen, Juden, Sarazenen oder Mohammedanern herkommt, und wenn er gleich ein Fürstensohn wäre.

15) Dreizehn Jahre soll der aufs wenigste alt sein, welcher in

---

*) Nach dem spanischen Gelehrten Andreas Mendo: „Disquisitt. de ordinibus militaribus" (Lngd. Bat. 1668. fol. III. n. 8.) hatten die Ritter bei der Aufnahme die Obliegenheit, Puritatem sanguinis, Puritatem vitae und Integritatem corporis, Fortunae zu probiren, nämlich alle Eigenschaften, welche nach dem Begriffe jener Zeit nicht nur einen Virum bonum, sondern einen Virum perfectum ausmachen: „Debet probari per testes, eos ex utroque parente et quatuor avis esse omnino puro sanguine procreatos, nec ab aliquo ex Judaeis, Saracenis, Conversis, aut quoquo modo a S. fidei tribunalibus punitis; — et praeterea eos esse nobiles, non quidem ex privilegio, sed sanguine avi et aviae paternae ac maternae, ita ut ex quatuor, ut dicunt lateribus sint sanguine nobiles".

**) Nec admitti possunt illegitimi praeter comitum aut majoris gradus, et tituli deminorum filios, dummodo sint ex ingenua matre nati. S. Mendo, Andr., Disquisitt. de ord. mil. III. 50 Findlinge oder sogenannte Expositi wurden aus dem Grunde nicht zugelassen, weil die Ordensstatuten Qualitatem positivam erheischen, und man nicht wissen konnte, wer ihre Aeltern waren: „Ac licet in dubio, expositi praesumendi sint puri et nobiles; at qualitas praesumpta nihil operatur, quando requiritur qualitas positiva, — f. Mendo, l. c. Disquisitt. III. 50.

ben Orben begehret zu kommen. Er sei gerabe unb stark vam Leibe, abgehärtet, wohl bei Sinnen unb von abeligen Sitten.

16) So Einer einmal in bie Ritterschaft aufgenommen worben, ber soll seiner Person halber forthin unangefochten sein.

17) Wer sich auf bas Meer begeben will, ver beichte, unb entschlage sich schriftlich unb freiwillig alles Eigenthums unb aller Ansprüche an ben Orben.

18) Die Brüber sollen sich keinem Menschen auf Erben mit einem Eibe verpflichten; auch keine Kriegsschiffe ohne Vorwissen bes Meisters bewaffnen.

19) Wenn christliche Fürsten mit einanber Krieg führen, sollen sie unparteiisch sein unb keinem Theile beistehen, sonbern eher Alles anwenben, sie zu versöhnen unb ben Frieben wieber herzustellen.

2⁰) Die Uebertretung vieser Gesetze soll mit zeitlichen unb ewigen. Strafen belegt werben.

2) Die Orbnung bes Ranges werbe beobachtet in ber Kirche, im Capitel unb an ber Tafel, sowie ein Jeber nach bem Anbern in ben Orben gekommen ist

22) Zu ben Tagen ber Versammlungen ober bei bem jebesmaligen General-Convent, so man auf vie Quatember zu halten pflegt, soll bie Regel im Beisein aller Brüber laut unb vernehmlich vorgelesen werben.*)

---

*) In ber ersten umfassenberen Regel Raymunb's kommt von Waffenbienst unb Ritterschaft noch nichts vor, s. Holstenius-Brockie II. 445. unb Gieseler, Lehrb. ber Kirchengesch. Th. II Abth. 2. S. 342. — Später machte er ritterliche Kraftäußerung zum Gesetze, in welchem Jahre aber, ist unbekannt, s. Jacob de Vitriaco, c. 65. am Enbe: Praedicti autem Hospitalis fratres ad imitationem fratrum militiae Templi armis materialibus utentes, milites cum servientibus in suo collegio receperunt. — Schon 1130 sagt Innocentius II. in einer Bulle, in welcher er bas Institut bestätigt (bei Vertot T. I. p. 586): fratres ejusdem domus, non formidantes pro fratribus suis animas ponere, cum servientibus et equitaturis ad hoc specialiter deputatis et propriis sumtibus retentis, tam in eundo quam redeundo ab incursibus Paganorum Peregrinantes defendant.

In ber Regel vom J. 1118 nennt sich Raymunb noch Custos Hospitalis Jerosolymitani, unb in einer Urkunbe von 1130 (in Andr. de Dandulo Chron bei Muratori Scr. rer. ital. Tom. XII p 276.) unterzeichnete er sich: „Procurator Hosp. Hierosol.“

Diese Statuten sinb unter bem Großmeister Peter von Aubusson in vier Generalkapiteln vom J. 1482 revibirt, vom Papst Innocenz VIII. in bemselben Jahre sanctionirt, von rem Vicekanzler bes Orbens, Wilhelm Caorsin, zum ersten Male zum Drucke beförbert worben Ulm 1496, gebr. v. Reger be Kemnat. Diese Ausgabe hat 16 Titel.

Unter bem Großmeister Claube be la Sangle wurben sie in bem Generalkapitel von 1555 aufs Neue burchgesehen, von bem Papste Paul III. ein Jahr barauf be-

Die Statuten, so wie überhaupt die meisten Urkunden des Ordens, gingen bei dessen wechselvollen Schicksalen oft verloren, so namentlich bei den Eroberungen von Jerusalem, Ptolemais, Rhodos und Malta, und mußten dann aus der vaticanischen Bibliothek, welche die Originale besaß, ergänzt werden. Uebrigens wurden auch die Statuten unter jedem Meister und Großmeister den Bedürfnissen der Zeit gemäß geändert oder vermehrt.

Eintheilung der Ordens-Mitglieder.

Um dieser Umgestaltung der frommen Brüdergesellschaft, welche unter Gerhards Rectorat nur Werke der Barmherzigkeit kannte, in einen förmlichen Ritterorden gleichsam die Krone aufzusetzen, theilte Rahmund dessen Glieder in drei Haupt-Classen, wovon die eine, ohne die bisherige Bestimmung — die Pflege der Kranken und Pilgrime — zu versäumen, sich stets bereit halten sollte, das Reich gegen die Ungläubigen zu schirmen, während die andere ausschließlich die Geschäfte des Hauses und die niedrigeren Dienste verrichtete, und die

stätigt und noch in demselben Jahre von dem päpstlichen Buchdrucker Antonio Blado zu Rom gedruckt, 1556, Fol. Diese Ausgabe enthält 19 Titel.

Die dritte Revision geschah unter dem Großmeister Hugo de Lubenz Verdala im J. 1584, über welche Sixtus V 1586 den Segen sprach und deren Bekanntmachung genehmigte.

Der Ordensritter Ptolemäus Veltronius hat ein brauchbares Inhaltsverzeichniß dazu geliefert. Diese Ausgabe ist mit den Bildnissen der Großmeister und vielen andern Kupfern geziert.

Im Jahre 1603 hat der damalige Meister des Ordens, Adolf von Bignancourt, die Statuten unter mehren Veränderungen durch drei neue Titel vermehrt

Die fünfte Revision ist unter der Regierung des Großmeisters Antonio de Paula geschehen. Einen Abdruck der Statuten nach dieser Revision s. in: Jean Baudouin, Hist. des chevaliers de l'ordre de St Jean, commencée par Pierre Boissat et achevée par Jean Baudouin, 1629, et par T. Naberath 1659. — Einen Abdruck der Statuten nach der zweiten Revision s. in: Lünig's Reichsarchiv Cont. I. Special. eccles. — Die letzte Feile an die Verfassung des Johanniterordens hat der vorletzte Großmeister Emanuel von Rohan gelegt, und über deren Thatbestand einen eigenen Gesetzcoder unter dem Titel verfassen lassen: „Codice del sacro militare ordine Gierosol. riordinato per commandimento de S generale capitolo celebr. nell' anno 1776, sotto gli auspici di S A. Eminent. il Granmaestro Fra Eman. de Rohan, à Malte 1782, fol. (505 Bl.).

dritte, in Krieg und Frieden die Gottesverehrung besorgend, den Sinn Aller zum Göttlichen wendete.

Für die ersten wurden alle diejenigen bestimmt, welche durch adelige Geburt und bewährte Tapferkeit zur Führung der Waffen berechtigt waren; diese hießen Ritter.

Die zweite Classe bildeten die Capellane, welche außer ihren Pflichten als Geistliche auch noch die Verbindlichkeit hatten, im Kriege das Amt eines Feldpredigers und im Frieden eines Almoseniers zu verwalten: Priester, Ordenspresbyter.

Die dritte Classe, deren Glieder weder zu dem Adel noch zur Klerisei gezählt werden konnten, führten den Namen der bienenden Brüder oder Serventi d'armi.

Durch seine Einrichtungen gab Raymund seinen Gefährten Gelegenheit, ihren Muth zu prüfen, Gefahren und Kriegsbeschwerden zu bestehen, und christliche Demuth zu üben. Nur langjährige Proben von Tapferkeit und Gehorsam, nur Gelübde, durch einen feierlichen Eid unwiderruflich gemacht, führten den Dienstbruder zur Ehre des Ritters; nur besondere Auszeichnung diesen zum Ordensbeamten oder Vorgesetzten. Raymund du Puy's Meisterthum war die glänzende Epoche, wo der Geist des Johanniterordens mächtig wirkte und der Same des Edlen und Großen, der Keim echter Ordenspflichten, gestreut wurde. Er war gleichsam die Seele der feierlichsten Gelübde und das Beispiel und der Sporn großer Handlungen für alle seine Nachfolger; denn unter ihm übertrafen die Ritter den weltlichen Adel an Muth und Religionseifer.

Er veränderte das Ordenszeichen, das weiße Kreuz auf der linken Seite des Kleides, und gab ihnen statt des einfachen Kreuzes mit geraden Balken, wie es unter Gerhard's Rectorat gewesen, ein gleichfarbiges mit acht Spitzen zum Sinnbild der acht ritterlichen Haupttugenden. In dem Kriege wider die Feinde befahl er den Ritterbrüdern, die glänzende Rüstung und darüber ein rothes Oberkleid — vor- und rückwärts mit einem durchlaufenden weißen Kreuz ohne Spitzen, und auch außer den Waffen einen rothen Kriegsgürtel mit einem silberfarbigen geraden Kreuze zu tragen. Die Purpurfarbe stellte sinnbildlich die Erhabenheit ihrer Würde und das Blut vor, welches sie für den Glauben zu vergießen bereit sein sollten. Für den Frieden und den Dienst in den Häusern führte Raymund einen schwarzen Mantel ein, der an das schlichte Gewand von Kameelhaaren erinnern sollte, welches Johannes der Täufer in der Wüste trug. Auf der linken Seite dieses Mantels, gerade über dem Herzen, trug man das weißleinene, achtspitzige Kreuz. Mittels einer Schnur ward der Mantel um den Hals befestigt. Er hatte zwei weite Aermel, die in Spitzen ausliefen, so wie eine Kapuze, die sich ebenfalls zuspitzte, daher man diesen Mantel, unter welchem man ein kürzeres schwarzes Gewand trug und der sich Jahrhunderte in derselben Form erhielt, den Spitzenmantel (Manteau à bec oder à pointes) nannte.

Das schöne Gewand, in welches Raymund das erhabene Institut kleidete, die glänzende Laufbahn, die er dem Adel durch häufige Gelegenheiten, seine kriegerischen Talente zu üben und zugleich das Mitleid seines Herzens zu beweisen eröffnete, entsprach vollkommen dem damaligen romantischen Geiste des europäischen Adels.

Angespornt von der Lust nach Fehde und glänzenden Waffenthaten, gereizt durch einen allgemein verbreiteten frommen Enthusiasmus, eilten die edelsten Männer aller abendländischen Staaten nach Jerusalem zu dem Hospitale des h. Johannes. Ganze Rittervereine weihten ihre Schwerter dem Ordensdienste, verbrüderten sich durch das Band der Gelübde von Neuem, und schwuren, Mühe und Gefahr, Ehre und Gewinn mit einander zu theilen, keinem Feinde der Christenheit zu weichen, und, für Gottes heilige Erbe kämpfend, auf dem Felde der Ehre zu siegen oder zu sterben.

Ordens-Zungen.

Die Zahl der Ordensmitglieder wuchs so heran, daß Raymund du Puy sie bereits nach der Verschiedenheit der Nationen, von welchen sie abstammten, eintheilen mußte. Dies ist der Ursprung der sogenannten Zungen im Orden, welche Benennung von dem lateinischen lingua (Zunge und zugleich Sprache) herkommt, indem die Sprachverschiedenheit den Maßstab zur Eintheilung lieferte.

Solcher Haupt-Classen nach Nationen, oder in der Ordenssprache Zungen, waren acht: die von Provence, von Auvergne, Frankreich, Italien, Aragonien nebst Catalonien und Navarra, Kastilien nebst Portugal, Deutschland und England.

Um dieser neuen Organisation durch eine systematische Eintheilung nach Art eines Staates, Ordnung und Leben einzuhauchen, bestimmte man in der Folge einen Ordensrath aus der Mitte der Ritter (Conventualbailliven genannt) und bestellte jeden derselben zum Oberhaupte

feiner Nation. In diesem Ordensrathe (Consilio ordinario), dem
die administrative Leitung des Ganzen anvertraut, ward z. B. unter
Anleitung der Gesetze und Statuten in allen Geschäften entschieden,
die von den Zungen oder einzelnen Mitgliedern vorgetragen wurden.
In späterer Zeit hatten auch der Bischof von Malta, der Kirchenprior und die wirklichen Großkreuze Sitz und Stimme in diesem Rathe.
Die gesetzgebende oder souveraine Gewalt des Ordens beruhte einzig
und allein auf dem General-Capitel, d. h. einer Versammlung von
Repräsentanten aller Nationen, aus welchen der Orden zusammengesetzt war.

Wenn auch die gänzliche Umgestaltung der Gesellschaft zum Hospital unter ihrem ersten Meister noch nicht auf dem Punkte gediehen
sein konnte, auf dem sie in der Folge, gleich dem besten Staatsver-
bande, ein schönes Gleichgewicht zwischen Oberhaupt und Untergebenen,
Beamteten und Geistlichen herzustellen wußte; so hatte sie doch bis
auf wenige Ausnahmen von allem Anfang an dieselbe Eintheilung der
Aemter und Würden, die wir bei dem Orden der Tempelherren*)
finden, und die in der Folge auch die Marianer oder deutschen
Herren zu einem förmlichen Staatskörper umbildeten.

Es lagen diese auch zu tief in dem innern Leben und Sein eines
Ritterordens begründet, welcher unter dem Schutze geistlicher Gelübbe
und mönchischer Verfassung frühzeitig schon einen Staat im Staate
zu bilden begann, als daß eine solche Aemtervertheilung füglich hätte
umgangen werden können.

Damit aber bei der Wahl der Großwürdenträger des Ordens
keine Nation beeinträchtigt werden konnte, gebot ein Gesetz, daß gewisse Bedienstungen immer nur von Rittern aus einer und derselben
Nation versehen werden sollten, und erhob diese zu gewissen Erbäm-
tern für diese oder jene Zunge, wobei aber der aus der betreffenden
Zunge gewählte Würdenträger zugleich dirigirender Vorsteher derselben war.

So stand 1) die Zunge von Provence, die älteste des Ordens,
unter dem von und aus ihr gewählten Großcomthur, welcher, als
Verwalter des Schatzes und der Einkünfte, gleichsam der Finanzminister des Ordens war, außerdem die Oberaufsicht über die Magazine

---

*) Ueber den Tempelherrenorden und dessen Würden und Aemter s. Ferdinand
Wilcke's treffliches Werk: „Gesch. des Tempelherrenordens" (Leipzig 1828, 2 Thle.
8.) — und Fallenstein: „Gesch. der drei wichtigsten Ritterorden des Mittelalters"
(Dresden, Hilscher, 1831, Bd. I. S. 151 ff.) — Friedr. Münter's „Statutenbuch
des Tempelordens."

und Arsenäle, so wie die Artillerie, hatte, und späterhin die Beamten von St. Jean und den Petit-Commandeur ernannte.

2) Die von Auvergne hatte den Marschall zum Oberhaupte, welcher im Kriege das Commando führte, im Frieden die Waffenknechte (Servienti d'Armi) einübte, und über die Gefangenen das Urtheil sprach.

3) Die französische Zunge war dem Ober-Spittler oder Großhospitalier untergeordnet, der die Aufsicht über das Mutterhospital zu St. Johann in Jerusalem führte, und die zur Pflege der Kranken beorderten Brüder leitete.

4) Die italienische Zunge stand unter dem Großadmiral, welcher, nebst dem Commando über alle dem Orden gehörenden Schiffe und über die Galeeren, auch den Oberbefehl über die Seetruppen führte.

5) Die Zunge von Aragonien, Catalonien und Navarra gehorchte dem Ordens-Drapier, vom Jahre 1539 an „Il gran Conservatore" genannt, d. i. dem Vorsteher der Haushaltung. Er besorgte Alles, was zur Anschaffung und Einrichtung eines Hauses gehörte; ja durch ihn erhielten die Brüder sogar die Erlaubniß, sich neu zu kleiden. Später war dies aber nicht mehr üblich; er unterschrieb statt dessen nur die Besoldungszettel.

6) Die englische Zunge, aus der im vorigen Jahrhunderte die englisch-bayerische entstanden war (welche letztere statt der erloschenen englischen von dem Kurfürsten von Bayern durch Schenkung der Güter der Jesuiten errichtet wurde) stand unter dem Turkopolier, oder dem General der Cavalerie, welcher zugleich die Aufsicht über die großmeisterlichen Marställe, die Feld- und Hauswachtdienste, und die Waffenkammer führte. Diese Würde ging, als im Jahre 1550 der letzte Turkopolier gestorben war, ein, und fiel im Jahre 1582 auf das Magisterium zurück, sowie auch die Güter der englischen Zunge demselben einverleibt wurden. Das Amt verwaltete von diesem Zeitpunkt an der Seneschall.

7) Die deutsche Zunge, welche sonst Deutschland, d. i. das Gebiet des h. römischen Kaiserreichs, Böhmen, Mähren, Oesterreich, Schlesien, Ungarn, Dacien, Dänemark, Schweden und andere nordische Länder begriff, stand unter dem Groß-Ordens-Bailli, oder dem Großprior, welcher außer der Aufsicht über die Festungswerke und dem Stadtcommando von Jerusalem, das Inspectorat über die Inseln Gozzo und Comino und das Castel San Pietro in der Levante, sowie das Präsidium in den Zungenversammlungen führte.

2*

8) Endlich die Zunge von Castilien, Leon und Portugal hatte den Großkanzler zum Oberhaupte, welcher die Correspondenz und eigentlichen diplomatischen Geschäfte des Ordens leitete. Dieses Amt wurde erst im Jahre 1462 begründet, als man die spanische Zunge in zwei Hälften theilte.

Diese acht Großwürdenträger des Ordens, deren jeder aus einer bestimmten Zunge gewählt war und derselben vorstand, führten den gemeinschaftlichen Namen der Ballivi conventuales (Baillis conventuels, Convent-Vorsteher), weil sie gleichsam den Convent oder Geheimrath des Großmeisters bildeten. Später hatte man außer ihnen noch ausnahmsweise zur Würde eines Bailli conventuel gelangen lassen: den Bischof von Malta und den Prior der Kirche von St. Jean, welche beide Würden der Classe der Capellane entnommen wurden und nicht in irgend einer Zunge erblich waren

Außer dem Convente waren die Priore die höchste Behörde, indem ein Jeder derselben den Geschäften seiner Provinz vorzustehen hatte.

Ein jedes Priorat umfaßte in der Regel vier Commenden oder Comthureien*).

Unter den Prioren standen die Ballivi capitulares, Baillis capitulaires, deren Balleien auch aus etlichen Commenden zusammengesetzt waren, jedoch keine eigene Jurisdiction, wohl aber die Verpflichtung auf sich hatten, bei den Provinzial-Capiteln zu erscheinen**).

---

*) Unter diesem Namen begriff man alle Ordensgüter. Zuerst waren sie in Verwaltung gegeben. Die Oberaufsicht über dieselben wurde den Administratoren mit dem Ausdrucke Commendamus übertragen. Ueber den Ursprung des Namen Commendae (Commenden, Comthureien) wird in dem: statutis ordinis S. Joan. Hierosol Tit. V. de communi aerario Cap I. folgende Ursache angegeben: — — Verum cum in communi recte administrari non possent (sc. praedia aliaeque proprietates) propter locofum distantiam et dissidentiam nationum, majores nostri ea viritim fratribus per partes regenda commendarunt (unde nomen commenda um sumpserunt) impositis annuis pensionibus, quo augerentur et innuerentur prout et rei et tempori, hoc est necessitati convenire visum est. Vergl. Beckmann, Beschreib. des ritterl. Johanniterordens, verm. von Dithmar, Frankf. a. d. O. 1726 4 Cap. II S. 106.

**) Hiervon machte jedoch die Ballei Brandenburg eine Ausnahme, welche sonst auch das Herrenmeisterthum, in den Ordensverfassungen aber eine Ballei (Praefectura geheißen). Sie war dadurch von den Ordensballeien in den andern Zungen unterschieden, daß sie andere Commenden unter sich begriff, und nebenbei mit besondern Rechten versehen war, welche bei andern Balleien nicht statt fanden. Indessen war jenes Herrenmeisterthum ein unzertrennlicher Theil des Großpriorats von Deutschland, welches schon daraus hervorgeht, daß es die von Alters her aufgelegten Responsgelder an jene Behörde abzuliefern hatte, um dieselben nach Malta

Hierher gehören auch die Ballivi ad honores, Baillis de grace, Ehrenbaillivs, welche zwar den Titel einer Ballei führten, aber keinen Antheil daran hatten, wie z. B. die Bailli's von Negroponte Morea. Die Baillis de grace wurden wegen bewiesener vorzüglicher Tapferkeit gegen die Ungläubigen anfangs durch die General-Capitel, später durch Empfehlung der Päpste erwählt.

Nach den Bailli's folgten im Range die Commendatores, Comthure, welchen die Verwaltung der Ordensgüter anvertraut war, wovon sie jährlich gewisse Gelder, die man Responsiones nannte, an den Hof des Großmeisters abzuliefern hatten.

Die Ritter selbst konnten nur aus einer der acht Zungen, nie aber aus einer andern Nation, die nicht darin begriffen war, gewählt werden, und wurden zufolge ihrer Geburt Cavalieri di Giustizia, wenn sie aber ohne genügende Beweise ihres Adels wegen ihrer Verdienste in den Ritterstand erhoben und unter die Zahl der Ordensmitglieder aufgenommen worden, Cavalieri di Grazia genannt. In der Regel mußte ein Ordensritter bei der Ahnenprobe acht Ahnen nachweisen, d. h. je vier von väterlicher und mütterlicher Seite. Die französische Zunge behielt diese Anordnung auch bis zuletzt bei, die spanische und italienische aber, welche letztere sonst 200 Jahre des Adelstandes haben will, verlangte nur 4 Ahnen, da hingegen die deutsche Zunge, besonders in der späteren Zeit, zum Gesetze machte, erst deren sechszehn mit Helm und Schild, statt acht, als vollgiltige Probe anzunehmen.

Außer den Kapellanen oder Priestern (Diaconi et Subdiaconi), deren es auch zweierlei, nämlich Conventuali und d'Obedienzia gab, und den dienenden Brüdern oder Fra-Serventi, hat der Orden auch Cavalieri di devotione, d. h. solche Personen zu Rittern angenommen, welche weltlichen Standes, aber von hohem, meist fürstlichem Range waren und die Erlaubniß hatten, um den Hals ein güldenes und auf dem Mantel ein leinenes Kreuz zu tragen gleich den regulären Ordensbrüdern.

Ferner hatte der Orden sogenannte Donaten (Donati) oder Halbkreuze, Männer von gutem und christlichem Lebenswandel, welche zwar das Gelübde ablegen, dem Orden hold, treu und gewärtig zu sein, aber dennoch weltlich blieben. Sie wurden den Servienten des

gelangen zu lassen. — S. Beckmann, Beschreib. des ritterl. Johanniterordens und dessen Beschaffenheit im Herrenmeisterthum, vermehrt von J. Ch. Dithmar, Frankf. a. d. O. 1726. 4. Cap. IV. p. 148. Ferner die Schriften von Hasse, Dieneman, von Racknitz und de Berdy du Bernois. Das Beste und Ausführlichste sagt Boisgelin I. 296 ff.

Ordens gleich geachtet, vor Zeiten selbst in die Zungen aufgenommen, und meist als Herbergs-Verweser angestellt, durften aber zum Unterschiede von den eigentlichen Ordensbrüdern nur ein halbes Kreuz tragen, d. i. ein solches, wo der oberste Flügel fehlt. Die Großwürdenträger, als die Zungenhäupter, Priore, Bailli's und späterhin der Bischof von Malta trugen ein goldenes, weiß emaillirtes, ziemlich großes Kreuz an schwarzem Bande um den Hals, und ein größeres Kreuz von Leinwand auf der Brust, daher sie Großkreuze genannt wurden. Später ging die Hals-Decoration auf alle Ritter über, von denen das Gelübde abgelegt war. In noch späterer Zeit besetzte man auch die Winkel des goldenen Kreuzes mit den Landeswappen, um dadurch gleich ein äußerliches Unterscheidungsmittel der Zungen zu bekommen. Daher stammen die goldenen Adler des brandenburgischen Herrenmeisterthums. Auch bildete sich nach und nach die Mode aus, das Johanniterkreuz mit dem Familienwappen nach bestimmten heraldischen Gesetzen zu vereinigen.

Ordens-Priorate und Aemter.

In der Zunge von Provence.

Das Priorat von St. Gilles (St. Aegidius) in der Diöcese von Nismes.
„   „   von Toulouse.
Die Capitular-Ballei von Monvasia (Manosque).
    Oberhaupt: Der Großcomthur (Il Gran Commendatore).

In der Zunge von Auvergne.

Das Priorat von Auvergne.
Die Capitular-Ballei von Devesset, ehemals von Lürol und Lyon.
Oberhaupt: Der Ordens-Marschall.

In der Zunge von Frankreich.

Das Priorat von Frankreich.
            von Aquitanien.
„   „   Champagne.
Die Capitular-Ballei von Morea, deren Residenz zu St. Jean de Lateran war.

Die Ballei Corbeil, welcher die Großschatzmeister-Würde eigen war.
Oberhaupt: Der Ober-Spitler, oder Groß-Hospitalier.

In der Junge von Italien.

Das Großpriorat von Rom.
Das Priorat der Lombardei.
      „   von Venedig.
      „   von Pisa.
      „   von Barletta.
      „   von Messina.
  „   „   von Capua.
Die Capitular-Ballei von St. Euphemia.
               von St. Stefano.
      „   von Napoli.
               von Venosa.
               von Cremona.
               von Rocella.
               von St. Sebastian.
               von Bagnara.
  „   „   von St. Johann zu Neapel.
Oberhaupt: Der Groß-Admiral.

In der Junge von Aragonien, Catalonien und Navarra.

Das Großpriorat von Aragonien.
Die Priorate von Catalonien.
  „   „   von Navarra.
Die Capitular-Ballei von Majorca.
               von Carpes.
  „   „   „   von Negroponte.
Der Castellan von Emposta war stets Großprior von Aragonien.
Oberhaupt: Der Ordens-Drapier. (Il gran Conservatore.)

In der Junge von England.

Das Großpriorat Ebersberg.
Das Priorat von England, oder St. Johann zu London.
Das Priorat von Irland.
Die Capitular-Ballei von Aquila. (Aigle.)
Die Ballei Neuburg.
Oberhaupt: Der Turkopolier.

Die englische Zunge ist mit der Reformation erloschen und an deren Stelle im Jahre 1782 die bayerisch-englische Zunge getreten, deren Turkopolier zu Neuburg residirte.

In der Zunge von Deutschland.

Das deutsche Großpriorat oder Johanniter-Meisterthum.

Das Großpriorat von Böhmen.

Das Priorat von Ungarn.⟩ *)

        von Dacien.⟩

   „   „   von Dänemark.

Die Ballei St. Joseph in Doschitz.

Die Ballei Brandenburg, oder das Herren- oder Sonnenmeisterthum.

Der Bailli von Brandenburg führte den Titel „Heer-Meister in der Mark, Sachsen, Pommern und Wendland."

      Oberhaupt: Der Ordens-Großprior (Gran-Priore oder Grand-Bailli.)

Die Zunge von Castilien, Leon und Portugal.**)

Das Priorat Castilien.

        Leon.

   „   „   Portugal oder Crato.

Die Ballei Bovedo.

      Oberhaupt: Der Großkanzler.

Außerdem hat der Orden durch eine im Jahre 1780 glücklich beendigte Unterhandlung mit Polen das Großpriorat „Ostrog" mit acht ordentlichen und acht Patronat-Commenthurelen wieder erworben.

Indeß wird es Zeit, nach der obigen nothwendigen Abschweifung den Faden der Ordensgeschichte wieder aufzunehmen. Die oben erwähnte schöne Verfassung des Ordens verschaffte den Johannitern von den meisten europäischen Königen die ansehnlichsten Freiheiten durch Ertheilung öffentlicher Vorzüge vor dem weltlichen Adel.

Außer der von Paschalis II. demselben verliehenen Befreiung von Abgaben und der bischöflichen Gerichtsbarkeit, der damals noch jeder Orden sich unterziehen mußte, begünstigte besonders Papst Hadrian IV.

---

*) Beide sind Würden ohne Land.

**) Diese Zunge wurde im Jahre 1461 von der Zunge von Aragonien getrennt und für sie allein die Würde des Großkanzlers begründet.

den Orden auf jede mögliche Weise. So wurde z. B. der Patriarch
von Jerusalem, der in einem Alter von hundert Jahren die Reise
nach Rom antrat, um sich gegen die Hospitalter bei dem Papste
wegen vorenthaltener Zehenden und Aufnahme von excommunicirten
Christen und wegen der prächtigen Ordensgebäude vor der Auferstehungskirche zu Jerusalem zu beschweren, nicht nur abgewiesen, sondern die Ritter auch von der Gerichtsbarkeit des Patriarchats los-
gesprochen *).

Zu diesen Gunstbezeigungen fügte Kaiser Friedrich der Rothbart,
aus dem Hause Hohenstaufen, im Jahr 1185 einen Gnadenbrief,
mittels dessen er den gesammten Orden nicht nur unter des Reiches
Schutz und Schirm nahm, sondern alle Mitglieder und Güter dessel-
ben von jeder Art der Steuern, Dienstbarkeiten, Zölle u. s. w. frei
erklärte. Durch dieses Beispiel aufgemuntert, bestätigten alle folgenden
Kaiser jene Privilegien durch Vermehrung ihrer Huld, und Könige,
Herzoge und Fürsten zeigten Ehrfurcht vor dem erhabenen Meister des
Hospitals. Alle diese Schenkungen und Freiheiten machten die Ritter
frühzeitig übermüthig **). Einstimmig rühmen die Schriftsteller jener
Zeit die besonderen Ehrenbezeigungen, womit im J. 1155 der Kaiser
Emanuel Komnenos den Rahmund du Puy zu Soria empfangen und
bewirthet hat.

Auch der König Balduin von Jerusalem, der, rings von Barbaren und Sarazenen eingeschlossen, nichts so sehr als Beistand
bedurfte, wurde auf das angenehmste überrascht, als die tapfere Schaar
der Johanniter Ritter, unter der Fahne des edlen Rahmund du Puy,
vor dessen Throne erschien, zu seinem Dienst sich anzubieten. Es galt
die Vertheidigung von Tripolis und Edessa. Die Tapferkeit der Ritter

---

*) König Heinrich III. von England sagte dem Magister Hospitalis ins An-
gesicht: „Vos praelati et Religiosi, maxime tamen Templarii et Hospitalarii, tot
habetis libertates et Chartas, quod superfluae possessiones vos faciunt super-
bire, et superbientes insanire. Revocanda igitur sunt prudenter, quae impru-
denter sunt concessa, et revocanda consulte, quae inconsulte sunt dispersa. S.
Math. Paris. ad ann. 1252 p. 854. — Auch der Erzbischof von Tyrus beklagte
sich bitter, s. Wilhelm. Tyr. XVIII. c. 3. 6—8 Mansi XXII. 222. — Papst
Gregor IX. schrieb deshalb an den Großmeister Bertrand von Texis (bei Raynald
ann. 1238 n. 32.): „Dolemus et turbati sumus, quod, sicut intelleximus, vos
meretrices in vestris casalibus sub certis appactionibus retinentes incontinenter
vivitis etc."

**) Die geistlichen Privilegien des Johanniter-Ordens sind in der Bulle Ana-
stasius IV. „Christianae fidei religio" d. d. 12. Calend. Nov. 1154. (bei Mansi.
XXI. 780.), zusammengefaßt.

entsprach ihrem Eifer, für das Beste der Christenheit vollkommen. Nach einem langen blutigen Widerstande räumten die Turkomanen das Feld, und Balduin kehrte siegegekrönt in seine Hauptstadt zurück. Doch schnell waren die Lorbeern des Sieges verwelkt. Statt die Früchte seiner Thätigkeit zu ernten, sah sich der König genöthigt, aufs Neue zu den Waffen zu greifen. Balak, einer der mächtigsten Emire der Turkomanen, hatte Edessa überfallen und den Grafen gefangen genommen. Der ihm zu Hilfe eilende Balduin theilte dasselbe Schicksal. Nun warfen sich die Hospitaliter mit vereinter Kraft und mit dem Reste der königlichen Truppen in die festen Plätze. Der Khalif von Aegypten aber sandte, diesen Umstand zu benutzen, Belagerungstruppen nach Jaffa. Nun waren die Lateiner von allen Seiten eingeschlossen und ihrem Untergange nahe. Schon verzweifelte man an der Rettung. Da drang ein alter ehrwürdiger Kriegsmann, Eustach Garnier, Graf von Sidon und Cäsarea, mit 7000 Reisigen und Vasallen und dem Häuflein der Johanniter, die er von Jerusalem mitnahm, in Eilmärschen nach Jaffa vor, — und zerstreute den Feind, ehe letzterer noch dessen Ankunft erfahren hatte. Darauf entsetzte er Askalon und schlug den Feind in mehren Treffen.

Zu gleicher Zeit verloren die Sarazenen ihre Flotte, die auf ihrem Rückzuge dem Dogen von Venedig, Enrico Michiely, in die Hände fiel. Garnier blieb in dem letzten Treffen. Wilhelm von Barres übernahm das Commando der Armee und belagerte Thrus. Hartnäckig war der Kampf, thätig und siegreich das Schwert der Johanniter. Endlich ergab sich die Stadt. Der Graf von Edessa entkam der Gefangenschaft. Auch Balduin kehrte befreit in sein Reich zurück. Kurze Zeit darauf siegte er noch in zwei Treffen über einige turkomanische Fürsten, vertrieb sie aus Antiochien, und nahm die Festung Rapha im Gebiete der Grafschaft Tripolis mit Sturme ein.

Bei allen diesen Unternehmungen entschieden die Waffen der Johanniter den Sieg. Der Feind zitterte vor ihrer Entscheidung, die Christenheit staunte sie an. Unter den Tapfersten glänzte Folko (Foulques) von Anjou, einer der größten Feldherrn seines Jahrhunderts. Ein natürlicher Sohn König Philipps I. von Frankreich, war er aus Gram über den Verlust seiner Gattin als Pilger nach Palästina gezogen und hatte sich durch seine kriegerischen Tugenden dem Könige so unentbehrlich gemacht, daß dieser ihn nur höchst ungern wieder fortziehen ließ, als ihn die Pflege seiner mutterlosen Kinder endlich zurück nach Frankreich rief. Nichts vermochte Balduin über den Verlust des tapfern Mannes zu beruhigen, nicht einmal die eidliche Versicherung aus seinem Munde, daß er wiederkehren wolle, sobald es ihm seine Pflichten als Vater verstatteten.

Doch ehe er dieses Gelübbe in Erfüllung bringen konnte, beschäftigte sowohl das Morgen- als das Abendland eine neue unerwartete Erscheinung, welche, ebenso wie die Orden der Hospitaliter und Marianer, ihr Dasein dem begeisternden Einflusse der Menschenliebe und Religiosität auf die Gemüther der Menschen verdankte.

Acht französische Ritter, unter ihnen hauptsächlich Hugo von Payens und Gottfried von St. Omer (St. Ulbemar), zu denen im Jahre 1125 ein neunter trat, verbanden sich zum Schutze der Pilgrime, ohne der ritterlichen Lebensart zu entsagen. Der Weg nämlich von der Ostküste nach Jerusalem und von da nach dem Jordan war vielfach durch sarazenische Horden gefährdet. Diese Ritter gaben aber ihrer Verbindung ebenfalls eine mönchische Form, indem sie das Gelübbe der Keuschheit, Armuth und des Gehorsams ablegten. Sie waren anfangs so arm, daß sie keine bestimmte Ordenskleidung hatten, sondern nur solche, die sie von mildthätigen Händen geschenkt bekamen.

König Balduin II. räumte ihnen eine Wohnung in einem Theile des königlichen Palastes ein, welcher neben dem Tempel Salomo's lag und deshalb auch der „Tempel" geheißen ward. Daher nannten sich die Glieder des neuen Ordes selbst: Fratres militiae templi — Tempelritter.

Noch mehr als die Johanniter fingen die Tempelherren durch ihre fast mörderisch zu nennende Tapferkeit an, Aller Augen auf sich zu ziehen. Der heilige Bernhard, Abt von Clairvaux, war für ihr Institut ganz begeistert. Der Orden wandte sich an ihn, um von ihm eine feste Regel zu erhalten. Die Zweckmäßigkeit ihres Unternehmens wurde auch so allgemein anerkannt, daß sie sich gar bald von allen Seiten mit Spenden und Schenkungen vielfach bedacht sahen.

Der steigende Reichthum der beiden Ritterorden machte es denselben möglich, ihre Wirksamkeit bei Vertheidigung der Pilgrime dadurch auszudehnen, daß sie andere Edelknechte oder auch gemeines Kriegsvolk in Sold nahmen.

Auch die Tempelritter theilten sich in Ritter, Geistliche und dienende Brüder — nur waren die letzteren nicht, wie bei den Johannitern, vorzugsweise Krankenpfleger, sondern Waffendiener und Handwerker.

Die Ordenskleidung der Tempelritter war durchaus von weißer Farbe; Papst Eugen III. fügte in der Folge noch ein rothes Kreuz hinzu.

Die Christenheit hatte nun zwei streitende Heere in Asien, die Muth und Entschlossenheit genug besaßen, jedem feindlichen Anfalle nachdrücklich die Spitze zu bieten und den Königsthron von Jerusalem vom Untergange zu retten. Beide wetteiferten mit einander durch Tapferkeit und kriegerischen Ruhm, durch Religionseifer und Wohlthätigkeit. Beide begünstigte das Schicksal schon in den ersten Zeiten ihres Daseins mit einer glänzenden Blüte.

„Die Johanniter," sagt ein neuerer Schriftsteller, „folgten dem Könige von Jerusalem zu allen ihren Kämpfen und zeigten überall dieselbe Hingebung und glänzende Tapferkeit. Der Ruhm des kriegerischen und gottesfürchtigen Ordens verbreitete sich bald über ganz Europa; eine Menge Menschen, die eine Sünde abzubüßen hatten, eilte nach Jerusalem, um sich in die Schaaren der frommen Glaubensritter aufnehmen zu lassen, und es gab fast keine vornehme Familie in Europa, die nicht stolz darauf war, einen geistlichen Ordensritter zu den Ihrigen zu zählen; ja selbst Fürsten legten die Zeichen ihrer Würde ab, um sich mit dem rothen Waffenrocke der Johanniter oder mit dem weißen Mantel der Tempelherren zu schmücken. In allen Ländern des Abendlandes räumte man den beiden Ritterorden Städte und feste Schlösser ein zur Anlegung ihrer Hospitäler; in allen Testamenten wurden sie bedacht, die Päpste verliehen ihnen immer neue Privilegien und stellten die Orden unter den unmittelbaren Schutz des heiligen Stuhls, und Schenkungen aller Art strömten ihnen in ungeheurer Menge zu, so daß die Johanniter und Templer bald bedeutende Besitzungen in allen Ländern Europas und einem Theile Asiens, nebst unermeßlichen Reichthümern ihr eigen nannten. Sie waren der Feuerodem, der das Interesse für die Kreuzzüge stets lebendig erhielt und der den abendländischen Christen immer neue Begeisterung für dieselben einhauchte, und selbst, als sie schon allein und verlassen dastanden, die schrecklich gelichteten Schaaren christlicher Streiter umfluthet, fast erdrückt von den unabsehbaren Wogen ihrer Feinde, selbst, als sich schon ihre strengen Principien zu lockern begannen und ihrer Auflösung entgegen gingen, brannte jene Flamme noch immer fort im hellsten Glanze und wurde zur verheerenden Lohe in den ewig denkwürdigen Kämpfen gegen Saladin und Bibars, welche die Nachwelt noch heute in Erstaunen versetzen. Auf der andern Seite erregten aber die schnellen Fortschritte der Johanniter, namentlich die kirchlichen Vorrechte des Ordens, die ihm die eigene Ausübung der gottesdienstlichen Verrichtungen gestatteten und die ihn unter die alleinige Jurisdiction der Päpste stellten, den heftigsten unversöhnlichsten Neid der Bischöfe

Paläftinas und Syriens, und es kam in Folge deffen zu Zwiespalt und bedauerlichen Auftritten, in denen jedoch die Päpste stets zu Gunsten des Ordens entschieden, womit jedoch nicht gesagt sein soll, daß die Ritter immer der schuldlose Theil gewesen seien. Die Päpste entschieden hauptsächlich zu Gunsten der Ritterorden, weil ihnen die-selben zur Erhaltung Jerusalems und des heiligen Landes bedeutend unentbehrlicher waren, als der Patriarch und die Bischöfe.''

Nehmen wir jetzt den Faden der Erzählung wieder auf. Es war mittlerweile der Liebling König Balduin's, der tapfere Graf Fulko von Anjou, mit einem ansehnlichen Gefolge zurückgekehrt. Die Feier der glücklichen Ankunft ward auch zugleich sein Vermählungsfest mit der Prinzessin Melisinde, der ältesten Tochter des Königs, mit deren Besitz die Krone von Jerusalem verbunden war.

Der Orden des Hospitals vergrößerte durch die glücklichen Feld-züge gegen die Feinde der Christenheit sein Ansehen von Tag zu Tage, und dessen Meister wurde endlich der Mitwisser der wichtigsten Staats-geheimnisse, und selbst der Vermittler in königlichen Familienange-legenheiten.

So wurde Hali, Prinzessin von Jerusalem, Balduin's zweite Tochter, blos durch die Fürsprache und Unterstützung Rahmunds, dem Fürsten von Antiochien zur Gattin gegeben. Der regierende Graf von Edessa, des Fürsten stärkster Nebenbuhler, welcher, laut früheren Ver-sprechungen Ansprüche auf ihre Hand machen zu dürfen glaubte, hatte, von ihrer Schönheit bethört, um ihre Hand angehalten, wurde aber vergessen oder verschmäht, und sann auf Rache. Schon entspann sich in seiner Seele ein fürchterliches Gewebe menschlicher Arglist, als Rahmund du Puy diese gefährliche Gährung bemerkte, und in Ver-einigung mit dem Patriarchen von Antiochien den Gewählten und den Verschmähten zum brüderlichen Handschlage brachte.

Den Tempelherren und Johannitern vereint übergab Balduin im J. 1127 mehre der bedeutendsten Landesfestungen und Güter zur Bewachung, und im Jahre 1130 dehnte er sein Vertrauen gegen Letz-tere so weit aus, daß er vor seinem Heerzuge nach Antiochien selbst die Zügel der Regierung seines Königreiches in die Hände des weisen Hospitalmeisters niederlegte.

Balduin II. überlebte die glücklicheren Zeiten des siegreichen Fran-kenvolkes nicht lange. Ein plötzlicher Tod machte seinem vielbewegten Leben ein Ende und öffnete seinem Nachfolger, dem tapfern Fulko von Anjou die Bahn zum Purpur. Mit dem Tode dieses Fürsten schienen Paläftina's Blütentage sich ihrem Untergange entgegen zu neigen.

Fulko, der von 1131—1143 regierte, war bei seiner Thronbesteigung schon 60 Jahre alt und litt außerdem an einer starken Schwäche des Gedächtnisses. Hätte er aber wegen dieses Fehlers wenig geeignet scheinen können, an der Spitze eines von' allen Seiten bedrohten Staates zu stehen, so machten ihn doch anderseits seine Sanftmuth, Freigebigkeit, Gottesfurcht, Kriegserfahrenheit und Ausdauer in Mühen und Leiden so allgemein beliebt, daß seine kurze Herrschaft die eigentliche Glanzperiode des Königreichs in Jerusalem war. Allein vergebens bot er doch alle seine Kräfte auf, um die Gewitterwolken zu zerstreuen, die sich über Jerusalems Mauern zusammenzogen. Von allen Seiten drohten Araber, Sarazenen oder Turkomanen.

Askalon war, in Hinsicht auf diesen letzteren Feind, der Schlüssel zu dem Herzen von Palästina. Hier vereinigten sich die Nerven der khalifischen Macht. Hier war der Sammelplatz der tapfersten Moslims, die Pflanzschule des sarazenischen Heeres. Alles übte sich hier in den Waffen. Schon die zarte Jugend lernte frühzeitig die Christen mit Haß und Grausamkeit verfolgen. Schaarenweise zogen die Einwohner ins offene Feld, lagerten sich im Hinterhalte und überfielen die abendländischen Pilgrime, welche über Jaffa nach Jerusalem wollten. Gegen diese Angriffe wußte der König kein besseres Mittel, als die Mauern der Stadt Verseba wiederherzustellen, um dem Reiche, von dieser Seite wenigstens, Ruhe zu verschaffen. Zum Beweise seines unbedingten Vertrauens gegen den Johanniterorden, theilte er für die Zeit seiner Abwesenheit die Regierungssorgen zwischen Raymund du Puy und seiner Gattin Melisinde. Diese aber übergab den Johannitern die Vertheidigung jener neuen Festung (1133) und verschaffte dadurch den bedrängten Christen einen sichern Zufluchtsort.

Während bei den unausgesetzten Kämpfen, welche die Christen im gelobten Lande mit den Ungläubigen zu bestehen hatten, Johanniter und Templer gleichsam eine lebendige Mauer um das bedrängte Reich bildeten und nach allen Seiten hin den unausgesetzt wiederholten Angriffen sich widersetzten, konnte es nicht fehlen, daß in Europa die allgemeine Aufmerksamkeit auf sie gelenkt wurde.

Von den vornehmsten Höfen bis zu den untersten Volksklassen hinab gab es nur ein Interesse — für Palästina und dessen Vertheidiger. Raymond Beranger, Graf von Barcelona und Provence, damals schon hoch betagt, trat in den Orden der Tempelherren und unterstützte, wenigstens von seinem Reiche aus, den Krieg gegen die Ungläubigen durch Geld. Als er das Ende seines Lebens herannahen fühlte, entsagte er seinen Würden, ging in das Templerhaus zu Barcelona, und starb dort unter Andachtsübungen.

Alfons I., König von Aragonien und Navarra, der sich den Titel eines Königs von Spanien anmaßte, setzte im Jahr 1131 den Ritterorden der Johanniter, den der Templer und die Ritter des h. Grabes*), welche ungefähr zu derselben Zeit entstanden sind, zu seinen Erben ein. Als dieser König bald darauf in einem Treffen gegen die Mauren blieb (bei Fraga am 19. Juli 1133), begab sich der Meister des Hospitals an der Spitze einiger der ältesten Johanniter, der Abgesandten der Tempelherren und des Patriarchen von Jerusalem, der zugleich Prior des Klosters zum h. Grabe war, nach Aragonien, dieses Reich in Besitz zu nehmen. Doch die Größen der Monarchie eilten,

---

*) Die meisten Schriftsteller älterer und neuer Zeit, darunter selbst Christian von Osterhausen in seiner Schrift: „Vortrefflichkeit des weltberühmten Johanniter- oder Maltheserordens von Jerusalem u. s. w.,“ Augsb. 1702, S. 388., schreiben die Stiftung dieses Ordens Gottfried von Bouillon zu, jedoch mit Unrecht; denn nach den neuern Forschungen ergiebt es sich, daß die Ritter vom h. Grabe aus den Ruinen der Canonici regulares jenes Namens hervorgegangen sind. Der Orden verdankt seine Begründung dem Papste Alexander VI., welcher ihn errichtete, um dadurch reiche und angesehene Personen des Abendlandes zum Besuche der h. Oerter einzuladen, und sie dann für ihre auf dem langen Wege überstandenen Beschwerden und Mühseligkeiten zu entschädigen. Er machte sich selbst zum Großmeister desselben und bestimmte Jerusalem zum Sitze des Ordenskapitels. Im J. 1525 übertrug Papst Clemens VII. dem Guardian oder Vorsteher des Franziskanerordens in Palästina, die Vollmacht, Ritter vom heil. Grabe zu creiren. Letztere trugen, zur Unterscheidung von anderen Rittern, fünf schwarze Kreuze auf einem weißen Mantel. Sie bewachten die Kirche des h. Grabes, lebten von den Almosen und Opfern, welche da niedergelegt wurden, und kauften aus ihren Ersparnissen die gefangenen Christen von den Sarazenen los, zu welchem Behufe sie einen eigenen Abgesandten aus ihrer Mitte am Hofe des Khalifen von Aegypten fortwährend unterhielten. Außerdem mußten je hundert von ihnen die Stelle einer Leib- oder Ehrengarde bei dem Könige einnehmen. Nach Vertreibung der Christen aus dem gelobten Lande schlugen sie ihren Hauptsitz zu Perugia auf, und wurden im J. 1479 dem Johanniterorden einverleibt, von Paul V. bestätigt und ihrem letzten Großmeister als Entschädigung das Großkreuz jenes Ordens angeboten, wie es bei der Regierungsepoche des Johannitergroßmeisters Peters von Aubusson ausführlicher beschrieben wird. Siehe: „Dambreville, Abrégé chronologique de l'histoire des ordres de chevalerie depuis l'ordre de St. Jean de Jerusal. en 1113 jusqu'a l'ordre royal du Hollande en 1807. Paris 1807, p. 205 ff.

Man sprach auch von Rittern des h. Grabes in England, doch scheint dies eine Verwechslung mit den Chorherren dieses Namens gewesen zu sein, welche unter Heinrich II. Besitzungen in England erhalten haben. S. Histoire des ordres militaires Tom. I. p. 131.

durch eine neue Königswahl den Forderungen der Ordensritter zuvorzukommen. Jetzt entstand aber zwischen beiden Nationen, den Ara-
goniern und Navarresen, ein gefährlicher Zwiespalt. Jede wollte einen
Prinzen aus ihrer Mitte auf den Thron haben. Dieses getheilte Interesse trennte selbst das politische Band, welches Beide seit sechszig
Jahren verbunden hatte.

Die Navarresen wählten Don Ramiro, einen jungen Prinzen aus
dem Geblüte der ältesten Dynastie des Königreichs, — die Aragonier
aber den Bruder des großen Alfons, der auch Ramiro hieß, einen
Mann von strengen Sitten, der schon 40 Jahre die Mönchskutte
getragen und verschiedene geistliche Würden bekleidet hatte. Durch den
Papst von seinem Gelübde dispensirt, vermählte er sich mit Agnes,
Tochter des Grafen Wilhelm von Antiochien. Die Frucht dieser Ehe
war eine Tochter, Namens Petronilla. Nach dem Tode seiner Gattin
aber ergriff den König eine quälende Gewissensangst Er verließ den
Thron, für den er sich zu schwach fühlte, und floh in die friedliche
Zelle seines Klosters zurück, nachdem er vorher Don Raymund Berengar,
Grafen von Barcelona, zum Gemahle seiner einzigen Tochter bestimmt
hatte.

Um, aber den Forderungen der zwei Orden einigermaßen zu genügen, wurde im September 1141 ein Tractat zwischen beiden abgeschlossen, den Papst Hadrian IV. und der König von Jerusalem bestätigten. Durch diesen Vertrag wurde festgesetzt, daß man den Thron,
im Falle Petronilla und ihr Gemahl ihn ohne Erben verlassen sollten,
den beiden militairischen Orden und dem Domcapitel des h. Grabes
ohne Weigerung abtreten wolle. Bis dahin sollte ihnen erlaubt sein,
in den Häfen aller derjenigen Plätze, die man in Zukunft der Herrschaft der Mauren entreißen würde, eine bestimmte Anzahl von Schiffen
zu unterhalten. Dagegen sollten die Ordensritter als Vasallen der
spanischen Krone verpflichtet sein, dieselbe im Kampfe mit den Ungläubigen zu unterstützen. Außer dem Besitze von beträchtlichen Ländereien
und Schlössern im spanischen Gebiete sollte — so wurde festgesetzt —
der König von Aragonien nie ohne Zuziehung des Patriarchen von
Jerusalem und der beiden Ritterorden einen Friedensvertrag mit den
Mauren eingehen.

Nach dieser glücklichen Befestigung der Geschäfte kehrte Raymund
du Puy noch in dem Jahre 1141 nach Palästina zurück und wurde
dort mit einer Freude empfangen, welche nur die Tochter einer so
reinen Achtung sein kann, als Raymunds Tugenden in den Herzen
Aller erweckten. Zu bemerken ist, daß Brompton und Roger de Ho-

veben, zwei englische Schriftsteller und Zeitgenossen Rahmunds, diesen von jetzt an Groß-Meister nennen, ein Titel, den jedoch erst Hugues de Reval im Jahre 1267 vom Papst Clemens IV. erhielt.

Um diese Zeit starb der tapfere Fulko von Anjou, indem er bei einem Zuge durch die Ebene von Ptolemais plötzlich todt vom Pferde stürzte, und hinterließ zwei minderjährige Prinzen. Seine Gattin Melisinde verwaltete das Königreich, bis sein ältester Sohn unter dem Namen Balduin's III. in seinem vierzehnten Jahre zum Könige von Jerusalem gekrönt wurde.

Des jungen Balduin's kräftiger Geist, vom Vater auf den Sohn geerbt, und der Beistand der Ritterorden waren jetzt die einzigen Stützen des Thrones. In letzteren brannte noch jenes erste kriegerische Feuer, welches die Ritter aus ihren friedlichen Zellen auf den Kampf- platz gelockt hatte. Mit beispielloser Tapferkeit stürzten sich dieselben den einbrechenden Feinden entgegen und erkauften dem ohnmächtigen Staatskörper mit ihrem Blute noch ein kurzes, mühseliges Dasein, das der Gewalt der Uebermacht endlich doch unterliegen mußte.

Das Jahr 1152 nahm wiederum Rahmund du Puy's ganze Thä- tigkeit in Anspruch. Es entspann sich ein verderblicher Streit zwischen Balduin und seiner königlichen Mutter über die Regierung und Ver- waltung des Staats. Die bejahrte Königin fand den mit ihrem Sohne gemeinschaftlichen Besitz von Jerusalem eben so unschicklich, als für ihr herrschsüchtiges Gemüth unerträglich. Sie drang daher auf eine Theilung, welche aber weder dem Geiste damaliger Politik noch dem Endzwecke unternommener Kreuzzüge entsprach.

Ein Vertrag wurde geschlossen, durch welchen dem Könige die Städte Thyrus und Ptolemais mit ihrem Sprengel, der Königin Mutter aber Jerusalem und Neapolis mit deren Kreisen zuerkannt wurden.

Allein nur wenige Monate stiftete dieser Vertrag Ruhe und Frieden. Der König säumte nicht lange, seine ehrgeizigen Absichten auszuführen Zuerst lagerte er sich mit seiner Ritterschaft vor Mira- bel, einer Burg des Günstlings der Königin, des Connetable Manasse; dann berannte er die Stadt Neapolis und zog in Eilmärschen vor Jerusalem. Weder die Bitten des Volks noch das Ansehen des Pa- triarchen Fulcher, welcher im priesterlichen Ornate an der Spitze der Geistlichkeit ihm entgegen ging, vermochten seinen Haß zu beschwich- tigen. Er ließ zum Sturm blasen, sprengte die Thore und — nun sahen die Christen am Grabe des Erlösers den sündhaften Kampf zwischen Mutter und Sohn.

Die Königin, vor dem Schwerte ihres eigenen Kindes entfliehend,

3

flüchtete sich in die Burg, aber auch da brach sich sein Zorn nicht eher, bis ein Vertrag wohl die äußere Eintracht, aber nicht den innern Frieden wieder hergestellt hatte.

Diesen Zwiespalt zwischen Mutter und Sohn benutzten die Sarazenen und fielen mit großer Heeresmacht in die Grenzen des Reichs ein. Der beängstigte Balduin eilte ihnen entgegen und überließ den Johannitern und Templern die Obhut von Jerusalem und die Pflicht, für das Königreich zu fechten. Auf ihren Schultern ruhte nun die Rettung und Wohlfahrt des Reiches, von ihren Schwertern erwartete man den Ausgang der Schlacht.

Das Häuflein von Rittern, welches in der Stadt zur Verwaltung ihrer Ordenshäuser zurückgeblieben war, zog nun, um dem Feinde nach Kräften Widerstand zu leisten, die Bürger der Stadt an sich und besetzte die Mauern mit dem unwiderruflichen Entschlusse, den kühnen Belagerern die Spitze zu bieten. Die Sarazenen verdoppelten mit neuer Hitze, mit neuer Hartnäckigkeit ihre Angriffe; allein sie wurden von den Helden rücklings von den Mauern geworfen, geschlagen, verfolgt und getödtet.

Kaum erholten sich die vom Kampfe erschöpften Ritter, kaum legten die tapfern Brüder die Schwerter von ihrer Seite, um nur eine kurze Zeit Ruhe zu genießen; da forderte man schon wieder ihren thätigen Geist zu Rathe, ihren Arm zum Handeln auf. Balduin's Freunde riethen, die Schwäche der Feinde und die Vortheile des Sieges ungesäumt zu nützen, und die Burgfeste Askalon, das Bollwerk der sarazenischen Kriegsmacht, zu überrumpeln. Die Johanniter ließen einen Theil der Templer zur Besatzung von Jerusalem zurück und erschienen mit frischem Muthe und frischen Waffen vor den Mauern von Askalon, das im Halbkreise am Meeresufer lag, auf der Landseite für unübersteiglich gehaltene Wälle und Thürme hatte, so wie außerdem eine kriegsgeübte Besatzung und die reichlichsten Vorräthe von Proviant besaß.

Wie erstaunten die heidnischen Bewohner dieser Stadt über den gewaltigen Troß der christlichen Helden! Sie kannten nur ein Gefühl, — das des Ingrimms und der Rache; denn sie wurden in dem Augenblicke von dem Schimmer der fränkischen Waffen an ihren Mauern überrascht, als sie die Ritter von den türkischen Heeren vor Jerusalem im Verzweiflungskampfe überwunden, hinsterbend und in Sklavenketten schmachtend wähnten.

Von dem Gefühle der Angst und des beschämten Uebermuthes zur Verzweiflung gebracht, beschlossen die Askalonier, eher die Ringmauern mit ihren Leichen zu decken, als lebendig in die Hände der Franken

zu fallen. Allein — was vermag der Muth, den blos die Ver-
zweiflung einflößt, was die Tapferkeit, wenn nicht ein edler Zweck und
der Begeisterung edler Rettungsfunke den Arm des Kämpfers führt?
In dem Heere der Christen fochten, außer den Johannitern und
Templern, selbst die Pilgrime, die kaum angelangt in dem gelobten
Lande, schon den Muschelhut mit dem Helme, den Stab mit dem
Schwerte vertauschten. Mit unverdrossenem Muthe wurde in Eile ein
gewaltiger Thurm gleich einer großen Burg errichtet und unter wildem
Freudengeschrei dicht an die Mauer gebracht. Schon konnten die Sa-
razenen wegen des gewaltigen Schießens mit Pfeilen, Wurfspießen,
Pechkränzen und allerlei Art von Belagerungszeug von diesem Thurme
herab, welcher die Stadt beherrschte, nicht mehr sicher in den Straßen
wandeln. Wer sich außer dem Hause sehen ließ, war eine Beute des
Todes. Endlich brachte ein Beginnen, wodurch die Sarazenen den
Christen großen Schaden zuzufügen gedachten, ihnen selbst den größten
Nachtheil und unabsehbares Unglück.

Sie zündeten, im Glauben, darin das letzte Rettungsmittel zu
finden, in einer finstern Nacht einen großen Holzstoß auf der Mauer
an und verstärkten dessen Flamme noch durch Pech und Oel. Damit
wollten sie den großen Thurm der Christen anzünden. Doch plötzlich,
als die Flammen aufgelodert waren, erhob sich ein mächtiger Ostwind,
welcher, die ganze Nacht fortdauernd die Flammen von dem Thurme
abwehrte und nach der Mauer trieb. Diese wurde durch die Heftigkeit der Glut so beschädigt, daß der ganze Raum zwischen zwei Thürmen einstürzte. Nur durch diesen Sturz, nicht aber durch das Feuer
der Heiden, erlitten die Christen großen Verlust.

Daß aber die geöffnete Lücke in den Ringmauern den Kreuzfahrern nicht nur keinen Gewinn, sondern erheblichen Schaden brachte,
verschuldeten die Templer durch schnöde Gier nach Raub, welche auch
ihnen selbst verderblich wurde. Denn Bernhard von Tremelay, der
Templer-Großmeister, als er mit einer Zahl tapferer Ritter seines
Ordens durch die Oeffnung der Mauer in die Stadt eingedrungen
war, ließ alle andern Streiter abwehren, um die reiche Beute in der
Stadt allein zu gewinnen. Als die geängstigten Sarazenen in Askalon, welche Anfangs in der Meinung, daß das ganze Christenheer
einbringe, gewichen waren, nur so wenige Ritter wahrnahmen, rafften
sie die letzten Kräfte zusammen, rammelten die Oeffnung mit großen
Balken zu, schlossen die Templer ein und erschlugen sie alle, worauf
sie die Leichname auf den Mauern als Siegestrophäen aufhängten, den
Christen zum Hohne.

3*

Diese unerwartete Täuschung einer für untrüglich gehaltenen Hoffnung warf den Muth der Kreuzfahrer so danieder, daß der König Balduin ꝛc. für nöthig erachtete, die Belagerung aufzuheben.

In diesem Moment der Muthlosigkeit trat Rahmund du Puy in dem Kriegsrathe vor das h. Kreuz und rieth, in Vereinigung mit dem Patriarchen Fulcher und seinen Ordensbrüdern, auf Gotteshilfe fernerhin zu bauen und hoffnungsvoll das Werk aufs Neue zu beginnen. Ohne Verzug riefen die Schlachthörner und Trompeten das christliche Volk zu den Waffen, und muthig schaarte sich das Heer zum Kampfe. An der Spitze desselben fochten die Johanniter. Bald füllten zerbrochene Waffen und verstümmelte Gliedmaßen die tiefen Gräben der Stadt, und unwiderstehliche Mauerbrecher durchlöcherten vollends die noch übrigen Schanzen Askalons.

Schon drangen die Johanniter von allen Seiten in die Stadt, da machten die gereizten Sarazenen mit der letzten Anstrengung einer verlöschenden Heldenkraft einen Ausfall, griffen mit Muth die Belagerer an, zerstörten deren Schanzen und Maschinen, zerrissen deren Zelte, warfen Alles, was ihnen in den Weg kam, nieder, und drangen mit Blitzesschnelle bis an das Zelt des Königs vor. An der Spitze seiner Edlen focht dieser Fürst mit unerschrockener Standhaftigkeit.

Die Tempelritter, voll Eifer ihre verlorene Ehre wieder einzulösen, stürzten sich wie Löwen unter die feindlichen Haufen, und die Johanniter, aus Eifersucht, um nicht von jenen übertroffen zu werden, warfen sich mit unerhörter Tapferkeit jeder Gefahr muthig entgegen.

Der Sieg blieb lange unentschieden. Die Schlacht glich mehr einem Gemetzel als einem Treffen — „ein Schlachten war's, nicht eine Schlacht zu nennen" — und dauerte vom frühen Morgen bis spät an den Abend. Endlich mußten die Sarazenen weichen und sich in ihre zertrümmerte Festung zurückziehen. Nun drangen die verfolgenden Johanniter von allen Seiten in die Stadt. Die bestürzten Bewohner streckten die Waffen, und beugten sich vor dem siegreichen Stahle der Christen.

So sank das kühne Askalon (den 12. August 1153), welches die Morgenländer wegen seiner Festigkeit und Schönheit „die Braut von Syrien" nannten (Köhler ad Abulf. Tab. Syr. S. 78.), in den Staub, und mit ihm auf lange Zeit der Nerv der sarazenischen Kraft.*)

*) Die genaue Zeitbestimmung der Eroberung Askalon's ist nicht ohne Schwierigkeit. Wilh. von Tyrus, Cap. XXX. setzt zwar die Einnahme der Stadt in das Jahr 1154. Wir glauben aber dem syrischen Geschichtschreiber Max Michael bei-

Die Nachricht von diesem unerwarteten Siege setzte die abendländische Christenheit in freudiges Erstaunen, und mit diesem stieg auch
die Hochachtung für die Ritter des Hospitals und ihren tapfern Führer
Raymund.

Diese allgemeine Verehrung bewog den Papst Anastasius IV., ihre
zahlreichen Privilegien zu bestätigen und zu erweitern. Dahin gehört
die ungehinderte Ausübung des Gottesdienstes an allen Orten, die mit
dem Interdict belegt sind, und die Erlaubniß, in allen ihren Besitzungen Gottesäcker anzulegen und Kirchen zu bauen, sowie ihre verstorbenen Brüder daselbst mit allen gebräuchlichen Ceremonien zu beer-
digen, ohne sich an das darauf liegende Bann-Interdict, von wem
es auch herrühre, zu kehren. Ja, der Papst erlaubte den Johannitern
sogar, ein Mal im Jahr, auch in andern Kirchen die Messe lesen zu
lassen, wenn dieselben sich in den Orten befänden, welche die Ordensbrüder auf Befehl ihrer Obern passiren mußten. Zum Schluß der
Bulle sagt der Papst: „Da Ihr, meine Brüder, einen so würdigen
Gebrauch von Euren Gütern macht, deren Einkünfte Ihr auf die Spei-
sung der Armen und die Pflege der Pilger verwendet, so verbieten
wir allen Gläubigen, welche Würde sie auch bekleiden mögen, den
Zehnten von Euren Gütern zu erheben, noch irgend einen Ausspruch
des Interdicts, des Suspenses oder der Excommunication in den
Kirchen zu thun, die Euch gehören, und selbst, wenn man ein allgemeines Interdict auf alle Lande geschleudert hätte, so könnt Ihr ruhig
fortfahren, den Gottesdienst in Euren Kirchen zu begehen, jedoch bei
verschlossenen Thüren und ohne die Glocken zu läuten. Gleichermaßen
erlauben wir Euch, Priester und Geistliche in Euer Haus zu Jerusalem sowohl, wie in andere davon abhängige Klöster aufzunehmen.
Und wenn die Bischöfe sich dem widersetzen sollten, so könnt Ihr dennoch, kraft der Autorität des heiligen Stuhls, diejenigen aufnehmen,
die Ihr für würdig erachtet, und selbst diese Priester und Geistlichen
stehen durchaus nicht unter der Gerichtsbarkeit der Bischöfe, sondern
sind nur dem heiligen Stuhle und Eurem Kapitel unterworfen."

---

stimmen zu müssen, der, nach Wilken (Gesch. der Kreuzz. Bd. III. Abth. 2. S. 27.)
das Jahr 548—1153 annimmt, weil theils mehre abendländische Christen damit
übereinstimmen, wie z. B. die Chronik des Sycarbus von Cremona (f. Muratori
Script. rer. ital. VII, 599.), theils auch, weil die Belagerung von Askalon, welche
nur acht Monate währte, unmittelbar nach dem verunglückten Versuche der orto-
kischen Fürsten auf das Reich Jerusalem, welchen Wilh von Tyrus (XVII, 20. 21.)
in das Jahr 1152 setzt, angefangen wurde.

Dann werden in dieser Bulle die von frühern Päpsten gegebenen Privilegien nochmals bestätigt.

Die Verleihung so großer Vorrechte konnte nicht verfehlen, den Neid der Geistlichkeit, besonders der Bischöfe, zu erregen. Das erwähnte Bann-Interdict, diese Inquisitionsanstalt, durch welche die Päpste und Erzbischöfe des Mittelalters oft wegen einer Kleinigkeit den unbedingtesten Despotismus ausübten, war eins der wirksamsten Mittel, um sich der Denk-, Glaubens- und Gewissensfreiheit der Christenheit zu bemächtigen. Wenn zum Beispiel ein Fürst durch Widerspenstigkeit die Kirche beleidigt hatte, traf dieser furchtbare Schlag, der mehr war als gewöhnliche Aechtung oder Excommunication, mit ihm zugleich das ganze Land. Aller Gottesdienst hörte auf, die Kirchen wurden verschlossen, die Altäre ihres Schmuckes beraubt, die Crucifixe, Heiligenbilder, Reliquien und Statuen umgestürzt, die Wände in Trauer gehüllt. Keine Glocke wurde mehr geläutet, kein Sacrament, außer der Taufe und letzten Oelung, mehr ertheilt, kein Todter mit kirchlichen Gebräuchen beerdigt. Der Genuß des Fleisches war, wie zur Fastenzeit, streng verboten, und die Priester durften sich weder waschen, noch die Haare und den Bart abscheeren. So mußten oft Millionen Unschuldige für ein ganz geringfügiges Vergehen eines Einzigen büßen. Die nächste Folge davon war Unzufriedenheit und nicht selten völliger Aufruhr im Volke, das über die Einstellung des äußern Gottesdienstes in Verzweiflung gerieth. Daher wurden die Fürsten so oft gezwungen, sich ohne Widerrede unter dem Scepter der Hierarchie zu beugen, und dem Despotismus sowie der Habsucht der Kirche oft die traurigsten Opfer zu bringen.

Nicht lange sollte sich der Großmeister Rahmund du Puy der ertheilten Privilegien und der Früchte des Sieges bei Askalon freuen. Es erhob sich zwischen ihm und den Bischöfen des h. Landes ein heftiger Streit über die Befreiung von dem Zehnten, bei welchem indeß nicht nur Neid und Mißgunst von Seiten der Letzteren, sondern auch Uebermuth und Stolz von Seiten der Ersteren großen Antheil hatten. Wenn der Patriarch im Tempel des h. Grabes auftrat, um das Volk zu ermahnen oder Ablaß der Sünden zu verkünbigen, ließ der Großmeister des Hospitals alle Glocken so gewaltig anschlagen, daß Niemand in der Kirche die Rede des alten Mannes, so sehr er seine Stimme auch anstrengen mochte, zu verstehen im Stande war. Als der Patriarch ihm über solchen Frevel Vorstellungen machen ließ, antwortete Rahmund du Puy mit Drohungen, welche er auch alsobald ins Werk zu setzen sich nicht scheute.

Denn eines Tages, als viele Christen in der Kirche des h. Grabes versammelt waren, drangen die Hospitaliter bewaffnet in dieselbe ein, wie in eine Räuberhöhle, und schossen Pfeile unter ihre Mitbrüder. Man sammelte diese Geschosse und hängte sie zum Denkmal dieser ruchlosen That, in einen Büschel gebunden, am Calvarienberge auf, dem Orte des Leidens Christi, wo sie noch in späteren Jahren gesehen worden sind.

Ueberhaupt, so tapfer auch die Ritter der geistlichen Orden gegen die Ungläubigen stritten, und so unverkennbare Verdienste sie sich durch die Beschirmung der wehrlosen Pilger erwarben, so läßt sich doch nicht leugnen, daß eben diese Ritter fast von all dem Unfrieden, der im h. Lande obwaltete, — wenn auch nicht immer die Anstifter — doch wenigstens sehr thätige Theilnehmer an demselben waren, durch Habsucht und schnöde Gier nach Beute sich nicht selten zur Verleugnung ihrer Pflichten verleiten ließen, und selbst bei den Heiden den christlichen Namen schändeten.

Bestärkt wurden die Ritter in ihrem Uebermuthe durch die Unterstützung, welche sie wegen ihrer Unentbehrlichkeit bei den Päpsten fanden. Als in Folge der eben erwähnten Gewaltsamkeiten der greise Patriarch von Jerusalem sich persönlich nach Rom begeben, um seine Klage anzubringen, entschied sich der Papst Hadrian IV. für die Johanniter, die ebenfalls eine Deputation abgeschickt hatten. Mit noch größerem Hasse im Herzen kehrten der Patriarch und die Bischöfe nach Jerusalem zurück. Dennoch war in anderer Hinsicht das Verhalten der Johanniter meist ein musterhaftes, denn im stillen Hospitale lebten sie mit patriarchalischer Einfachheit der Pflege und Wartung der Kranken. „Sie leben mäßig," schrieb der Mönch Bernhard, „ohne Frauen, ohne Kinder, und selbst ohne Willen. Nie sind sie unthätig, und wenn sie nicht gegen die Ungläubigen kämpfen, so sind sie mit den milden Pflichten ihres Ordens beschäftigt. Ein übereiltes Wort, ein lauteres Lachen, ein nur gelindes Murren finden sofort die strengste Rüge. Sie verabscheuen das Spiel, versagen sich die Freuden der Jagd, verwerfen das Schauspiel und weltlichen Gesang. Selten baden sie, vernachlässigen auch gewöhnlich ihren Anzug; ihr Antlitz ist braungebrannt von der Sonne des Morgenlandes, stolz und strenge ihr Blick. Vor dem Kampfe bewaffnen sie sich von innen mit dem Glauben, von außen mit dem Stahl, und ihre Waffen sind ihr alleiniger Schmuck. Dieser bedienen sie sich mit dem größten Muthe. In die drohendsten Gefahren stürzen sie sich, ohne die Zahl der Feinde zu betrachten oder deren Kraft zu fürchten. Auf Gott beruht ihr

ganzes Vertrauen, und für dessen Sache fechtend, suchen sie gewissen
Sieg oder ehrenvollen Tod." — So bewirkte auch der Ruf von den
Thaten der Templer und Johanniter, daß damals ähnliche kriegerische
Orden in den von den Mauren angegriffenen spanischen Staaten entstanden und zahlreiche Schenkungen an die geistlichen Ritterorden
gemacht wurden. In allen Ländern des Abendlandes mehrten sich die
Schlösser, Herrschaften und Ländereien der Johanniter, die indessen
ihre großen Einkünfte fast nur für ihre Hospitäler und für die Führung des Krieges gegen die Ungläubigen verwandten. —

Zu eben der Zeit, wo zwischen den Bischöfen und den Hospitalitern jener oben erwähnte ärgerliche Streit noch fortdauerte, haben
die Templer durch eine niedrige Handlung den Glanz ihres Ruhmes
verdunkelt und ihre Geschichte vom Jahre 1155 mit ewiger Schmach
befleckt, indem sie zeigten, daß ihnen Geld höher stehe, als die Erfüllung ihrer heiligsten Pflichten.

Als nämlich Nasireddin, Sohn des Vezlers Abbas, ein tapferer,
bei den Sarazenen sehr geachteter Mann mit unermeßlicher Beute in
ihre Gefangenschaft gerathen war, verkauften sie ihn trotz dem, daß
er die christlichen Glaubenslehren mit großem Fleiße und inniger
Ueberzeugung erlernt hatte, auf die verruchteste Weise seinen und seines
Vaters Feinden für 60,000 Goldstücke, und sahen es an, daß er, in
einen eisernen Käfig gesperrt, auf einem Kameele nach Aegypten hin-
weggeführt wurde, wo er unter den grausamsten Martern seinen Geist
aufgab.

Die Christen verabscheuten diese That nicht minder, als die Heiden, und betrachteten die Unglücksfälle der folgenden Jahre als Gottes
gerechte Strafe.

Der Khalif Nureddin erneuerte im Jahre 1157 den Krieg wider
die Christen mit großer Heftigkeit. Damals gaben leider auch die Johanniter einen Beweis, daß sie den Beistand ihres Schwertes —
wenn auch nicht immer, doch von Zeit zu Zeit — gegen Belohnungen
und willkürliche Preise gewähren konnten. So weigerten sie sich in
diesem Falle, die Vertheidigung von Paneas zu übernehmen, bevor
der Connetable Honfroy von Thoron, dem diese Stadt eigenthümlich
zugehörte, sich verbindlich gemacht haben würde, Herrschaft und Einkünfte mit ihnen zu theilen.

Paneas (das alte Cäsarea Philippi), eine Stadt in Phönizien,
lag am Fuße des Libanon und war die Grenzfestung gegen Damas,
eine Provinz des furchtbaren Nureddins. Der Connetable mußte noth-
gedrungen in die Forderung der Johanniter einwilligen. Die Ritter

ließen nun Waffen und Lebensmittel von Jerusalem herbeischaffen und gingen mit einem gewaltigen Zuge von Pferden und Kameelen nach Paneas ab. Der Emir Nasireddin aber, von diesem Unternehmen unterrichtet, kam ihnen zuvor, griff sie im Hinterhalte an, schlug sie aufs Haupt, nahm ihnen Pferde, Lastthiere, Waffen und Vorräthe, und schickte die Gefangenen mit den Köpfen der im Treffen getödteten Christen nach Damaskus.

Den Sieg benutzend rückte er sogleich vor die Stadt. Ein nachdrücklicher Angriff brachte sie nach wenigen Tagen in seine Hände. Der König von Jerusalem eilte zum Entsatze herbei. Nureddin, dies erfahrend, warf Feuer in die Häuser und legte sich mit seinen Schaaren in dem Walde von Paneas in den Hinterhalt. Als nun die Ritter unter heitern und frohen Gesprächen herbeiritten, da brachen plötzlich die Türken aus ihren Schlupfwinkeln hervor und verbreiteten Tod und Verderben unter den Christen, ehe diese sich noch zu schaaren vermochten. Der König konnte sich kaum noch durch die Flucht nach Saphed im benachbarten Gebirge retten. Sein ganzes Feldgeräthe und selbst die Kapelle mit den Heiligthümern wurde den Sarazenen zur Beute.

Die Tempelritter waren bei diesem Angriff fast eben so unglücklich, wie es die Johanniter bei Nureddins vorhergehendem Ueberfall gewesen. Viele tapfere Männer wurden jämmerlich erschlagen; — sie entgingen aber durch den Tod der grausamen Schmach, welche die Gefangenen erfuhren, unter denen selbst der Großmeister des Tempels Bertrand von Blanquefort, und die Ritter Hugo von Jbelim, Odo von St. Amand, des Königs Marschall und nachheriger Meister, nebst vielen Andern sich befanden.

Diese wurden in schimpflichem Gepränge in Damaskus eingeführt, dem Pöbel zur Schau, die vornehmen Ritter mit Panzer und Helm gerüstet auf ihren Rossen, jeder sein Panier haltend, die gemeinen Ritter je zwei und zwei auf einem Kameele und ausgebreitete Fahnen tragend, an welchen Häute von den Köpfen der Erschlagenen mit den Haaren befestigt waren, die Knechte je vier und vier mit Stricken zusammen gebunden.

Wenn auch König Balduin die empfangene Scharte bald darauf wieder auswetzte, indem er den Sultan von Damask in einer blutigen Schlacht bei Putaha schlug, in welcher Johanniter und Templer neue Lorbeern erkämpften, so überlebte doch der in vieler Hinsicht ehrwürdige Meister des Hospitals, Raymund du Puy jene Schmach seiner Waffengefährten nicht lange. Gedrückt von der Bürde eines achtzigjährigen Greisenalters, mit Wunden bedeckt und mit Ruhm überhäuft, hatte sich dieser tapfere Kämpfer für Gottes Ehre schon seit einigen Jahren in die stilleren Kreise seiner Burg zurückgezogen. In den Armen seiner Brüder fand ihn der Tod, ruhig und gelassen, wie er ihm schon oft im Gewühle der Schlachten begegnet war (1160), und die Brüder wählten den Ritter Auger von Balben zu ihrem neuen Oberhaupte und Meister des Ordens.

Ehe wir jedoch zu diesem übergehen, schalten wir einen Bericht über das Hospital ein, welchen Johann von Wizburg (Weißenburg im Nordgau) hinterlassen hat, der unzweifelhaft um die Mitte des zwölften Jahrhunderts Jerusalem besuchte. „Neben der Kirche des heiligen Grabes," berichtet der erwähnte deutsche Pilger in seinem lateinisch geschriebenen Berichte, „aber nach Mittag zu ist die schöne Kirche zu Ehren Johannes des Täufers erbaut. Mit derselben ist ein Hospital verbunden, in welchem, in verschiedenen Herbergen, sehr viele hilflose Männer und Frauen gepflegt und unter den größten Unkosten geherbergt und ernährt werden. Als ich dort war, betrug, wie ich von den Dienern hörte, die Zahl der Kranken gegen zwei Tausend. Außer den Almosen, welche täglich theils an Hausarme, theils an die von Thür zu Thür Gehenden vertheilt werden, erhält das Hospital so Viele, daß die Gesammtsumme der Ausgaben weder von den Verwaltern des Hauses, noch von den Vertheilern der Almosen mit Bestimmtheit angegeben werden kann. Neben den Ausgaben, die auf Schwache und fremde Arme verwendet werden, unterstützt das Hospital noch viele Personen, welche sich in den Kastellen befinden, um das Land der Christen gegen die Einfälle der Sarazenen zu schützen. Neben der Kirche des heiligen Johannes steht das fromme Kloster zu Ehren der heiligen Maria, das „zur heiligen Maria der Aelteren" genannt wird und fast an die gedachte Kirche grenzt. Nicht weit von da, auf derselben Seite des Platzes ist ein Mönchskloster, ebenfalls der heiligen Maria geweiht und „zur lateinischen Maria" genannt. Dort wird ein Knochen aus dem Haupte des Apostels Philipp verwahrt und den Gläubigen auf ihren Wunsch gezeigt. Rechts von jenem Platze, nahe dem Thurm David's, ist ein Kloster armenischer Mönche, dem heiligen Abte Saba gewidmet, in welchem, als er noch lebte, die heilige Jungfrau Maria mehre Wunder verrichtete. Unweit steht eine zu Ehren des heil. Jakob des Aeltern erbaute große Kirche. Hier wohnten auch armenische Mönche, welche ein großes Hospital haben, in welchem jedoch nur armenisch redende Arme Unterstützung erhalten. Wenn man jenen Platz verläßt nach dem Thore zu, durch welches man zum Tempel gelangt, ist rechts noch ein Nebenweg durch einen langen Säulengang, auf welchem sich das Hospital mit der Kirche befindet, welche neuerdings zu Ehren der heiligen Maria errichtet ist, und „das Haus der Deutschen" genannt wird, weil fast nur deutsch Redenden dort Unterstützung gewährt wird."

Auger von Balben.
1160—1163.

Dieser Auger oder Ottogerius war aus einem alten Geschlechte der Dauphiné gebürtig, ein Mann, dessen heller Verstand und unverfälschter Religionseifer das Vertrauen des Ordens rechtfertigte, und dessen Einfluß bei den Berathungen des Königs von großem Gewicht war. Sein Ansehen bei dem Letztern nahm durch die wichtigsten Waffenthaten im Felde und durch treue Dienste im Rathe mit jedem Tage so sehr zu, daß nach Balduins Hinscheiden dessen leiblicher Bruder Amalrich, Graf von Giaffa (Jaffa) und Askalon, blos durch die Unterstützung Auger's von Balben wider den Willen der Stände zum Könige von Jerusalem gewählt und gekrönt wurde.

Auger bekleidete nur wenige Jahre seine Würde, aber diese kurze Zeit war durch viele wichtige Angelegenheiten, die er glücklich zum Ruhme des Ordens beendigte, ausgezeichnet. War ihm auch nicht vergönnt, Heldenthaten zu verrichten, weil Nureddin die Christen in ihrer seit Balduins Tode eingetretenen Schwäche nicht angreifen wollte, so zeigte er doch großen Einfluß bei den Streitigkeiten, welche nach Adrian's Tode zwischen dessen Nachfolger Alexander III. und dem Gegenpapste Victor III. ausgebrochen waren.

Bei den getheilten Stimmen auf dem Concilium zu Nazareth machte der König, eine nachtheilige Trennung fürchtend, den Vorschlag, vor der Entscheidung der Kirche im Abendlande sich für keinen von Beiden zu erklären. Aber ungeachtet die meisten Fürsten und Herren dem Könige beistimmten, brachte es doch Auger von Balben nebst dem Erzbischof von Thyrus durch seinen Eifer und seine Beredsamkeit dahin, daß das Concilium Alexander III. für den rechtmäßigen Besitzer des heil. Stuhles erkannte, ja sogar jeden schwankenden Aufschub seiner Annahme für unerlaubt erklärte.

Nicht lange überlebte der Großmeister diesen glücklichen Erfolg in einer der wichtigsten Angelegenheiten der Christenheit, welchen der Staat seiner Klugheit allein zu danken hatte. Ein schleuniger Tod riß ihn von dem Schauplatze hinweg, auf dem er zum Ruhme des Ordens noch länger zu glänzen verdient hätte.

Sein Nachfolger im Meisteramte war

Arnold von Comps.

11C3—1167.

Er stammte aus einem vornehmen Geschlechte in der Provinz Dauphiné und war seinem würdigen Vorgänger nicht weniger an Verdiensten als an Jahren gleich. Kaum hatte er seine Würde angetreten, als ihn schon neue Einfälle der Sarazenen zu.den Waffen riefen.

Drei Siege waren es, die mit unzweideutigem Glücke unter seiner vierjährigen Regierung erfochten wurden und sein Haupt mit dreifachem Lorbeerkranze umwanden. Den ersten erfocht er gegen den Usurpator Hargan, welcher. sich durch Verdrängung des Sultans Sannar oder Shaver, ersten Ministers des ägyptischen Khalifen*) das Sultanat dieses Landes angemaßt, den König von Jerusalem, Balduin's III. Bruder Amalrich, mit Krieg überzogen, und, als er seinen Untergang vor Augen sah, in der Verzweiflung seine Zuflucht zu einem Mittel genommen hatte, das ebenso gefährlich war, als das Unglück selbst, welches er dadurch abwenden wollte. Um den reißenden Strom der

---

*) Um den Ausdruck „ägyptischer Khaliph" richtig zu verstehen, müssen wir einen Blick in die Zeiten Mohammed's und seiner ersten Nachfolger zurückwerfen. Abul-Abbas, mit dem Beinamen Sapha (der Blutige), ein Bruder des Khaliphen Ibrahim, mit dem in Arabien sehr ehrenvollen Beinamen „al Hemar," der Esel, eröffnete die Regentenfolge der abasischen Dynastie, nachdem das Geschlecht der Ommajaden mit Mervan II. erloschen war. Siebenunddreißig dieser Kaliphen folgten aufeinander und wurden auch von den Asiaten für die rechtmäßigen Nachfolger Mohammed's erklärt.

Gegen das Jahr 908 erhob sich aber in Afrika Abu Mohammed Obeiballah, der von Ali, dem Sohne der Fatime, Tochter des Propheten, abzustammen vorgab, die Dynastie der Aglabiben in Tunis stürzte und im Jahre 910 (der Hegira 298) die Herrscherlinie der Fatimiten begründete. Vierundsechzig Jahre darauf benutzte der Fatimit Morz Ledinillah, Nebenkhaliph in Tunis, die Minderjährigkeit des Afschibiten Ali, um sich Aegypten zu unterwerfen.

Hier erbaute er alsbann Kahira um das Jahr 969 n. Chr., ober 358 der Hegira.

Diese Stadt blieb der Sitz des afrikanischen und Bagdab die Residenz des asiatischen Kaliphats.

Ein drittes hatte schon im J. 752 der vor dem Rachesschwert des wüthenden Abballah nach Spanien entflohene Ommajabe Abborrahman zu Corbova gestiftet.

feindlichen Truppen aufzuhalten, ließ er nämlich plötzlich alle Dämme des Nils durchstechen und so das ganze Land unter Wasser setzen.

Während er sich auf diese Weise gegen den Angriff der Christen völlig gesichert glaubte, brach von der entgegengesetzten Seite ein neues, nicht weniger furchtbares Heer wider ihn los.

Sultan Schaver, den er seiner Würde beraubt hatte, versprach dem Sultan Nureddin von Aleppo ein Drittheil seiner Einkünfte, wenn er ihm wieder zu dem Besitze Aegyptens verhelfen und Hargan wolle bestreiten helfen.

Der ehrgeizige Nureddin ergriff mit Freuden diese Gelegenheit, nach geleisteter Hilfe sich selbst auf den Thron von Aegypten empor-zuschwingen. Sofort brachte er ein mächtiges Heer auf die Beine und überließ dem Aegypter zum Schein den Befehl darüber, den Trup-pen aber gab er heimlich die Weisung, nur seinem vertrauten Feld-herrn Schirkuh unbedingten Gehorsam zu leisten. Bald kam es zu einem Treffen, an welchem die Ordensritter großen Antheil nahmen und ihrem Verbündeten Schaver treue Unterstützung leisteten.

Den zweiten Sieg erfocht Arnold gegen Nureddin, welcher, geblendet durch die eitle Hoffnung, in Abwesenheit des christlichen Kö-nigs Städte zu erobern, das wehrlose Tripolis und die Burgfeste Arene überfiel. Die Templer und Johanniter schlugen seinen Angriff von den Mauern zurück, verfolgten sein fliehendes Heer und bemäch-tigten sich des ganzen feindlichen Lagers.

Den dritten Kranz errang sich der Großmeister Arnold de Comps in Aegypten. Als nämlich Schirkuh, der Feldherr der Partei der Abassiden gegen den schwachen Khalifen Abhad von Aegypten mit furchtbarer Kriegsmacht heranrückte, um mit ihm den Stamm der Fatimiten aus der Dynastenreihe des Propheten zur vertilgen, trat dieser mit den Franken in das engste Bündniß und versprach dem Kö-nige Amalrich 400,000 Kronen Tribut zu zahlen. Der Fürst zog, von den beiden Ritterorden begleitet, seinem neuen Bundesgenossen, dem Gebieter Aegyptens zu Hilfe. Schon hatte sich Schirkuh einer Insel in der Nähe von Kairo bemeistert, schon hatte er im stolzen Siegestaumel sich mit dem süßen Gedanken der gänzlichen Unter-werfung Aegyptens geschmeichelt, als die Christen unvermuthet auf der Nilinsel erschienen. Schirkuh floh vor dem Anblicke des frän-kischen Heeres und zog sich mit seiner Reiterei nach Alexandrien.

Doch auch hier vor dem Arme des verfolgenden Feindes nicht sicher, eilte er mit seinem Gefolge aus Alexandrien und ließ seinen Neffen, den tapfern Salaheddin, den nachmals so berühmten Feldherrn und Regenten Saladin, zur Vertheidigung dieser Stadt zurück. Allein auch dieser vermochte nicht, den Rittern Widerstand zu leisten. Ueberzeugt, daß dieselben das äußerste wagen möchten und dann ihrem ausbauernden Muthe nichts widerstehen würde, übergab er den Belagerern die Stadt sammt ihren Gefangenen. Dem gegebenen Worte getreu überließen der König und die Großmeister der beiden Ritterorden Alexandrien, diesen Schlüssel zum ägyptischen Reiche, den Händen des rechtmäßigen Beherrschers.

Der junge Saladin soll an jenem Tage so von der Tapferkeit und schönen Haltung des Connetable Honfroy de Thoron, dem er öfters im Gefechte begegnet war, eingenommen gewesen sein, daß er diesen Helden bat, ihm den Ritterschlag zu ertheilen. Dies geschah, nach eingeholter Erlaubniß des Königs von Jerusalem, mit allen bei Verleihung dieser Würde üblichen Ceremonien. So wußte der Muselmann christliche Tapferkeit zu ehren, und der Christ vergaß über dem Heldenmuthe des Gegners die Verschiedenheit des Glaubens.

Auf dem Marsche Amalrichs von Aegypten nach Askalon starb Arnold de Comps im Jahre 1167. Ihm folgte

Gilbert von Assalit
1167—1170

in der Würde des Meisterthums. Er war aus England gebürtig und wird von einigen Schriftstellern auch Gilbert de Sailly oder Gisberto d'Assaly genannt. Dieser Mann wußte durch seinen schmiegsamen Charakter Amalrichs Zutrauen in so hohem Grade zu gewinnen, daß derselbe, in Hoffnung auf seine Unterstützung, den tollkühnen Plan entwarf, Aegypten der Krone Jerusalem zu unterwerfen, um auf diese Weise der Möglichkeit vorzubeugen, daß irgend ein tapferer Khalif Palästina wieder zur ägyptischen Provinz mache, wie es vor Gottfried von Bouillon's Zeiten gewesen war. Die Begierde nach den Schätzen jenes Reichs und die Kenntniß der Zaghaftigkeit der Nation erhöhte seinen Muth.

Doch wie sehr auch der neue Großmeister für dieses Unternehmen stimmte, so waren doch die Stimmen in den Rathsversammlungen über diesen Gegenstand sehr getheilt. Die meisten Glieder des Ordens, besonders die ältesten Johanniter, fanden einen Angriffsplan ihren Gelübben sowohl als ihrer Bestimmung zuwider, welche sie zwar zum beständigen Kampfe gegen die Ungläubigen verpflichteten, aber nicht gegen solche, mit denen sie Friede geschlossen, sondern nur zur Vertheidigung des heil. Landes, nicht zu neuen Eroberungen. Doch der Großmeister sowohl, wie der König selbst, hatten ihre Anhänger in dem Orden, die für den Krieg stimmten. Die Mehrzahl der Ritter bewilligte die Unterstützung Seitens des Ordens bei der beabsichtigten Eroberung Aegyptens.

Der Convent ertheilte dem Großmeister Vollmacht, in den Banken von Florenz und Genua Geld aufzunehmen.

Die Hoffnung, Aegyptens Schätze unter sich zu theilen, zog außer der großen Anzahl Miethtruppen noch eine Menge Freiwilliger herbei, und Assalit konnte nun dem Könige eine ansehnliche Armee zuführen.

Voll Zuversicht zog man gegen die heidnischen Aegypter in das Feld. Nur die Tempelritter wollten an der Unternehmung keinen Antheil nehmen, sei es, weil sie nicht hoffen konnten, der Macht und dem Glanze der Johanniter gleichzukommen, oder, wie sie vorgaben, weil sie den Krieg für ungerecht und den Friedensbruch für treulos hielten.

Ehe man in Aegypten noch den leisesten Wink davon erhalten hatte, stand Amalrich mit einem furchtbaren Heere schon vor den Mauern von Belbeis. So unerwartet der Sturm auch herangebrochen war, und mit so entschlossenem Nachdruck Angriff auf Angriff folgte, so leisteten doch die Belagerten unter Sannaar's Sohne die kräftigste Gegenwehr. Erst nach langem blutigen Kampfe öffneten sich die Thore der Stadt. Wüthend stürzten nun die Sieger hinein, mordeten, sengten und zerstörten Alles, was ihnen in den Wurf kam, und mischten ihren schwärmerischen Triumphgesang in das Klagegeschrei der Weiber, Kinder und Greise. Ueberall Tod, Verderben, Zerstörung. Die Straßen schwammen in Blut. Es war ein Wettstreit, den der Christ mit den Ungläubigen in Grausamkeit und Blutgier kämpfte. Zuletzt gewann die Habsucht selbst über die Mordgier die Oberhand. Der gemeine Troß des Volkes war größtentheils niedergemetzelt; die geringe Zahl der Vornehmen und Reichen aber wurde absichtlich verschont, um ihren Henkern die verborgenen Schätze ausliefern zu können. Unermeßlich waren die Forderungen der Christen, und wer sie nicht befriedigte, starb unter dem Schwerte, oder büßte durch die härtesten Sklavendienste.

Der Großmeister Assalit erhielt, dem Vertrage gemäß, die Festung. Eine Besatzung der Johanniter blieb in der Stadt zurück, der König aber zog mit seinem Heere nach Kairo.

Eine grenzenlose Bestürzung bemächtigte sich des Sultans, als er die Eroberung von Belbeis, die Gefangenschaft seines Sohnes und

Neffen und die Annäherung des Feindes fast zu einer und derselben Zeit erfuhr. Es blieb dem Verzweifelnden kein Mittel übrig, als seinen Stolz vor Nureddin, dem siegreichen Beherrscher von Damaskus, zu beugen, und sich in dessen Arme zu werfen.

Um aber Zeit zur Vereinigung mit der Kriegsmacht dieses Fürsten und zum Aufgebot seiner Völker zu gewinnen, ergriff er die Maske der Verstellung und bot dem Könige von Jerusalem zur Erhaltung des Friedens und als Lösegeld für die gefangenen Prinzen zwei Millionen Goldgulden an.

Der habsüchtige Amalrich ging die Bedingung mit Freuden ein und genoß schon im Geiste die verschwenderischen Früchte der Zukunft, die seine kühne Entschlossenheit krönen sollten. — Unterdessen rüstete sich Schaver zu einem verzweiflungsvollen entscheidenden Angriffe.

Nureddin's Feldherr, Schirkuh, rückte eiligst heran mit einer furchtbaren Macht. Noch ahnete Amalrich nichts von dem Betruge, und selbst die Warnungen seiner ältesten Freunde im Heere, der weisesten Männer voll Erfahrung, vermochten nicht, ihn aus dem Taumel seiner Verblendung zu wecken. Alles schien sich vereinigt zu haben, dem unglücklichen Könige einen gänzlichen Untergang zu bereiten. Ein wüthender Seesturm zerstörte die Flotte, welche der Kaiser von Konstantinopel zu seinem Beistande ausgerüstet und ihm entgegengesandt hatte; seine Armee schmolz mit jedem Tage mehr zusammen. Was die feindlichen Schwerter verschonten, raffte Krankheit dahin, was Hunger und Krankheit nicht aufrieben, wurde eine Beute des Verraths oder starb auf schimpflicher Flucht. Ein schleuniger Rückzug war das einzige Mittel, welches ihn retten konnte.

Bedeckt mit Schande und Scham wegen einer eben so ungerecht angefangenen als unglücklich ausgeführten Unternehmung, mußte er die bezwungene Stadt Belbeis, die einzige Eroberung, wieder in den Händen der Feinde zurücklassen und mit den armseligen Trümmern seiner Armee nach Jerusalem heimkehren.

Am allerdrückendsten waren aber die Folgen dieses Feldzuges für den Großmeister des Hospitals, der durch Rath und That einen nicht geringen Antheil daran gehabt hatte. Die Ordensbrüder überhäuften ihn mit Vorwürfen und beschuldigten ihn ganz öffentlich einer grenzenlosen Eitelkeit, die ihn allein zu dem ungeheuren Aufwande, zu einer Schuld von 200,000 Dukaten und endlich zu dem geld- und menschenraubenden Zuge nach Aegypten verleitet habe. Die Höflinge, deren ephemere Existenz immer an der lächelnden oder zürnenden Miene der Majestät hängt, bestrebten sich, die Thorheit des jungen

Königs zu vertheidigen und wälzten daher ebenfalls die ganze Last und Schuld auf den unglücklichen Gilbert von Assalit. Um nun den Vorwürfen der Einen und dem Spotte der Andern zu entgehen, legte er in einer feierlichen Versammlung des Ordens seine Würde nieder, die ihm jetzt zur Last wurde, und verließ Palästina auf immer, um in einem Winkel der Erde seine Schande zu verbergen. Er ging in Jaffa zu Schiffe, kam nach Frankreich und wurde von Heinrich II., Herzog der Normandie und König von England, ziemlich freundlich aufgenommen. Als er dann aber in Ungeduld, sein Vaterland wiederzusehen, ein altes und schlechtes Schiff zur Ueberfahrt nach England bestiegen hatte, litt er Schiffbruch und ertrank mit allen übrigen Passagieren.

Nach Gilbert von Assalit's Entsagung wählten die Ritter fast einstimmig einen alten Mönch

Gastus oder Castus (Gasto),
1170—1171.

dessen Vaterland und Herkunft durch keine historische Quelle uns bekannt geworden ist, zu ihrem Meister. Mit diesem zugleich erhob sich am Himmel des Orients ein hellleuchtendes Regenten-Meteor, welches an Tapferkeit, Weisheit und Fürstentugend nicht nur alle seine Zeitgenossen, sondern selbst die Meisten seiner Nachfolger christlichen oder mohammedanischen Glaubens weit hinter sich zurückließ.

Es ist Saladin, oder Salaheddin Jussuf Ebn Ayub, ein Neffe des tapfern Feldherrn Schirkuh, dem er, als dieser nach der Demüthigung seines unter der Maske der Freundschaft gleißenden Todfeindes und Bundesgenossen, Schaver, gestorben war, im Heerbefehle folgte. Anfangs dem Wein, dem Spiel und den Genüssen des Harems ergeben, war Saladin, so lange er unter Schirkuh diente, nicht sonderlich beachtet, aber, als er zu höhern Würden gelangt, plötzlich ein ganz anderer Mensch, der nur zum Herrschen geboren schien. Der Name „Salaheddin" bedeutet im Arabischen bekanntlich „das Heil des Glaubens."

Der Khalif von Aegypten, dieses immerwährende Regentenphantom, mußte ihn für seinen Sultan erklären. Auch Nureddin wagte es nicht, sich dem jungen Helden zu widersetzen, weil dessen mächtiger Anhang leicht einen Aufruhr hätte erregen können.

So stieg Saladin immer höher auf allen Stufen der Macht, und bald erblicken wir ihn als einen Stern der Sterne am politischen

4

Himmel des Orients und des Abendlandes. Nicht nur die Schriftsteller seiner Zeit bewundern ihn als den tapfersten Krieger und weisesten Regenten, sondern auch die Nachwelt staunt, bei aller Grausamkeit, zu der ihn Leidenschaft und Rachegefühl ermuntern, über seinen
echt religiösen Sinn, über seine Duldung, Gerechtigkeit und Großmuth.
Ueber wenige große Männer ist das Zeugniß der Geschichte so über-
einstimmend, als über Saladin. Sowohl die Christen, welche er ebenso
hartnäckig als glücklich bekämpfte, als auch die Muselmänner, die durch
ihn die Ehre ihres Glaubens verherrlicht sahen, priesen einmüthig
seine Tapferkeit, und der ritterlichste der Könige, Richard Löwenherz,
achtete ihn selbst der Ritterschaft würdig.

Wenn die Moslems seinen Eifer für die Lehre des Propheten
und seine Gewissenhaftigkeit in Erfüllung der Pflichten des Korans
mit begeisterter Lobpreisung verherrlichten, so erkennen die Christen,
welche gegen ihn stritten, seine Redlichkeit, Treue und menschenfreundliche Milde gegen die gefangenen Feinde an; und diese Milde verleugnete Saladin nur einige Male, als die Christen durch früher
begangene Grausamkeit gegen gefangene Muselmänner oder durch Treubruch seinen Zorn gereizt hatten.*)

Nureddin ertheilte dem jungen Sultan den Befehl, den Namen
des Khalifen Adhad (Adeb) aus den öffentlichen Gebeten zu vertilgen,
und an dessen Stelle den Namen Mostabhi XXXIII. aus dem Stamme
der Abassiden einführen zu lassen. Der Khalife Adhad überlebte diese
schmachvolle Behandlung nicht lange. Saladin ließ ihn entweder auf

---

*) Wilhelm von Thyrus nennt ihn (XX. 12.) „Virum acris ingenii, armis
strenuum et supra modum liberalem.“ Er war 1137 auf dem festen Schlosse
Tekrit, auf dem sein Vater Nodgemebbin Ejub, aus dem Stamme der Kurden,
eines, den Türken verwandten Volkes, Statthalter war, geboren. Seine Jugend
brachte er meist unter den Waffen zu Mosul, Baalbeck und Damaskus zu, und
wurde da in allen Wissenschaften der Araber, vornehmlich in der Kunde der alten
Geschichte, vor Allem aber in den Lehren des Islams sorgfältig unterwiesen. Nachdem er aber an Schirkuh's Stelle zum Feldherrn ernannt worden war, so war der
bisher dem Wein und Spiel ergebene Jüngling plötzlich einer der eifrigsten Befolger
des Korans. Den Ansichten Nurreddin's gemäß haßte und unterdrückte er die Sekte
Ali's und machte im J. 1171 dem Fatimitischen Regentenhause in Aegypten ein
Ende. Er stieg immer höher und höher, bis er als Sultan von Aegypten und
Syrien und König von Jerusalem der mächtigste Herrscher im Orient war, und
unter dem Namen des „Löwen von Kurdistan“ ringsum Schrecken verbreitete. Er
wurde der Stifter des Hauses der Ayubiten.
Siehe über ihn: Wilken, Gesch. d. Kreuzzüge, Bd. III. Abth. 2, S. 84 ff. —
Marin, Hist. de Saladin, Tom. I. p. 90.

Nureddin's Veranlassung, oder, wie einige Schriftsteller behaupten, aus ehrgeiziger Absicht, um sich mit der Zeit selbst auf den Thron von Aegypten zu schwingen, im Bade erwürgen. Mit ihm erlosch der fatimitische Herrscherstamm in Aegypten im Jahre der Hegira 567 und 1171 nach Christi Geburt, und nun war Salabin Gebieter der Länder am Nil.

So lange noch sein Oheim Nureddin Zenghi, der mächtige Fürst von Aleppo und Damaskus, lebte, bezeugte Salabin große Ergebenheit, innigen Dank und unveränderliche Treue gegen ihn; doch bewegte schon eine ebenso große Herrschsucht als Begierde nach Ruhm und Länderbesitz seine Heldenbrust. Er war eine von jenen Naturen, welche in alle Formen passen, und oft die widersprechendsten Grundzüge in ihrem Charakter vereinigen. Ebenso bedeutend als leitender Feldherr wie als selbstkämpfender Krieger, hat wohl selten ein Heerführer größere Summen für die Gunst seiner Soldaten verschwendet, selten einer dieselbe so sehr durch Strenge auf das Spiel gesetzt. Doch dabei war er in seiner Mannszucht gerecht und in der Strafe ebenso unerbittlich, als in seinen Belohnungen verschwenderisch.

Entschlossen genug, in zweifelhaften Fällen das äußerste zu wagen, ergriff er jedes Mittel, das sich ihm darbot, um seinem Ziele näher zu kommen; daher mußte Alles, worauf er seine Wünsche geheftet hatte, entweder seiner Tapferkeit oder seiner Schlauheit erliegen.

Auf diese Weise hat er auf dem umgestürzten Throne von Jerusalem, aus den Trümmern so vieler anderer Reiche, jenes ungeheure Weltreich aufgethürmt, welches Syrien, Palästina, Arabien, Persien und Mesopotamien in sich faßte.

Am meisten Anstrengung hat ihn das Herz dieses riesengroßen Staatskörpers — Palästina — gekostet.

Kühn und rasch, wie sein Unternehmungsgeist, waren auch seine Angriffe.

Dem Glauben seiner Väter getreu, war er ein geschworener Feind der Tempelherren und Johanniter. Diese boten aber auch alle ihre Kräfte auf, seinen siegreichen Fortschritten Einhalt zu thun und seine wüthenden Anfälle fruchtlos zu machen. Die nur einige Meilen von Gaza entfernte Burg Darun, welcher Name „Kloster der Griechen" bedeutet (sie war auf den Trümmern eines griechischen Klosters erbaut worden), war Zeuge eines heldenmüthigen Kampfes von beiden Seiten, aus dem die Christen, obwohl mit großem Verluste, siegreich hervorgingen.

Für Salabin schien aber die Zeit zum ernstlichen Streite gegen

4*

das Chriftenheer noch nicht gekommen zu fein; es genügte ihm, den
Feind zu beunruhigen, die Ordensbrüder durch die Tapferkeit feiner
Schaaren zu necken, letztere zu üben und durch Beute zu reizen. Auf
einmal stand er daher mit feinen Truppen vor Gaza.

Diese erst von Balduin III. wieder gebaute Stadt war zwar durch
ein starkes Castell geschützt, aber ohne feste Mauern. Daher wollten
die Einwohner, des Krieges ganz unkundige Ackerleute, mit all ihrer
Habe und Weib und Kindern in die Citadelle flüchten. Allein der
ungestüme Tempelritter Milo von Planch, welcher in der Stadt
befehligte, und als Hauptanstifter alles auf der letzten ägyptischen
Heerfahrt über die Christen gekommenen Unheils betrachtet wurde,
zwang sie, in der Stadt zu bleiben. Bald aber drang Saladin mit
feinen Schaaren in die schlecht vertheidigte Stadt und richtete ein
furchtbares Blutbad unter den Einwohnern an.

Dieses Ereigniß erweckte in dem Könige von Jerusalem und feiner
Ritterschaft große Bestürzung. Amalrich erkannte nun die Rothwen-
digkeit, andere Stützen feines wankenden Thrones zu suchen. Ein
neuer Kreuzzug schien ihm das einzige Mittel, das christliche Reich
in Palästina vom Untergange zu retten.

Er schickte daher eine Gesandtschaft, an deren Spitze der Bischof
Wilhelm von Acre stand, an die Fürsten des Abendlandes, dieselben
um Beistand anzuflehen. Er selbst reiste nach Konstantinopel, um
von dem Kaiser Manuel Truppen oder Geld zu feiner Unterstützung
zu erhalten.

Die Verwaltung feiner Staaten aber übergab er während feiner
Abwesenheit den beiden Großmeistern des Templer- und Johanniter-
Ordens, weil er sie Beide gleich hoch achtete und keinem vor dem
andern einen Vorzug gewähren wollte.

Zur Zeit, als Amalrich feine Einschiffung nach Konstantinopel
betrieb, hatten aber die Johanniter an die Stelle des verstorbenen
Gastus einen Mann von großen Verdiensten zu ihrem Oberhaupte
gewählt, der noch kürzlich bei der Vertheidigung von Antiochien rühm-
liche Beweise feiner Tapferkeit und Einsicht gegeben hatte:

Jonbert, Josberto.
1171—1179.

Was für ein Ansehen dieser fromme und milbthätige Mann,
dessen Vaterland unbekannt ist, sich unter den morgenländischen Christen
erworben haben mußte, geht aus dem Umstande hervor, daß er nebst

dem kräftigen Odo von St. Armand (gewöhnlich der große Odo
genannt), dem Großmeister vom Tempel, bei des Königs Abwesenheit
zum Reichsverweser von Jerusalem auserkoren ward, wodurch er sich
die Mißgunst der Höflinge und vieler angesehener Fürsten und Grafen zuzog.

Doppelt schwierig war nun sein Standpunkt. Er hatte sowohl
seinen eignen Orden als das ihm anvertraute Reich zu beschirmen.
Und in der That, es fehlte nicht an Gelegenheit, seine Einsicht und
seinen Muth zu bethätigen. Saladin beunruhigte im gewohnten Sie-
geslaufe von allen Seiten den schwachen Staatskörper, und um das
Unglück der Christen vollkommen zu machen, stand jetzt ein neuer gefährlicher Feind auf, der sein eigenes Interesse mit demjenigen Saladins vereinigte.

Armenien wurde von einer gewissen Sekte von Christen bewohnt,
die in mehren Ceremonien und Glaubenslehren sowohl, von der
griechischen als der lateinischen Kirche abwichen. Ihr kirchliches Oberhaupt nannte sich „katholischer Patriarch." In weltlichen Dingen,
wurden sie von Fürsten regiert, welche sich von der Krone von Byzanz unabhängig gemacht, und durch die Lage ihres Landes sowie durch
feste Plätze, in deren Besitz sie waren, bis dahin ihre Freiheit erhalten hatten. Thoros oder Theodor, der damals das Reich derselben
beherrschte, hatte mit den Lateinern im Oriente wider die Griechen
ein Bündniß geschlossen und begünstigte erstere dergestalt, daß er, die
Religionsverschiedenheit vergessend, nicht nur den Johannitern und
Templern erlaubte, Kirchen in seinen Staaten zu errichten, sondern
sogar seinem Bruder Milo (Melier) gestattete, in den Tempelherrn-
Orden zu treten. Um die Bande der Freundschaft enger zu knüpfen,
hatte er sogar eine seiner Schwestern an einen vornehmen Lateiner
vermählt.

Die Frucht dieser Ehe war ein Prinz, Namens Thomas, den
Theodor für seinen Thronfolger erklärte. Allein als dieser nach Theo-
dors Tode von seinem Throne Besitz nehmen wollte, widersetzten sich
ihm die Armenier, die sich nicht von einem Ketzer wollten beherrschen
lassen.

Sein Oheim Milo, aus dieser Abneigung gegen den Prinzen
Thomas Hoffnung für seine Person schöpfend, verließ den Orden,
verband sich mit Saladin, vertrieb seinen Neffen aus Armenien, setzte
sich selbst die Krone auf, fiel hierauf in Antiochien ein, streifte mit
seinen Truppen bis an die Grenze von Palästina, und bezeichnete überall
seine Schritte mit Blut und Verderben.

Um die Gefahr, welche so vielfach das heil. Land bedrohte, auch von dieser Seite abzuwenden und den Einfällen des wüthenden Apostaten entgegenzuarbeiten, schickte der Großmeister der Johanniter, Joubert, eine Abtheilung seines Ordens diesem Feinde entgegen. Bohemund III. aus Antiochien mit einer Anzahl wackerer Templer verband sich mit den Johannitern. Bald wurde der Verräther, der zu wenig Muth und Entschlossenheit besaß, um dem Feinde im offenen Felde die Stirn zu bieten, genöthigt, sich in den verborgensten Schlupfwinkeln des Gebirges zu verschanzen und dann nebst den Turkomanen, seinen Bundesgenossen, sein Heil in der Flucht zu suchen.

Mittlerweile hatte der Tod Nureddin's zu einer Zeit, wo das christliche Reich in Syrien in die schwachen Hände eines unmündigen Knaben (Balduin IV.) kam, den Geist des furchtbaren Saladin nicht wenig beschäftigt. Amalrich war im Jahr 1173 gestorben, gerade als er im Begriffe war, das durch den Templer Gaultier du Mesnil an dem Gesandten des „Alten vom Berge" verletzte Völkerrecht exemplarisch zu bestrafen. Schon am vierten Tage nach des Königs Tode wurde sein dreizehnjähriger Sohn Balduin IV. von dem Patriarchen feierlichst in der Kirche des heil. Grabes gekrönt.

Die Natur hatte ihm einen siechen hinfälligen Körper mit auf die Welt gegeben, so daß sein erster Blick ins Leben zugleich ein Blick ins Grab zu sein schien.

Trüb und unbemerkt, wie seine Kindheit, verlor sich die kurze Periode seines königlichen Daseins, und gleich den Nebeltagen des Hornungs begleiteten seine vorübereilende Erscheinung unzertrennlich die Schauer des Todes.

Während der ohnmächtigen Regierung dieses Monarchen neigte sich der christliche Staat — trotz den Bemühungen des zum Vormund für den jungen König eingesetzten Grafen Raymund III. von Tripolis — mehr und mehr seinem Untergange entgegen; und wie demselben eine Kraft nach der andern entschwand, in eben dem Maaße stieg die Macht des Saladinischen Reiches immer furchtbarer empor.

Der Sultan glaubte diesen zur Eroberung von Palästina günstigen Zeitpunkt nicht versäumen zu dürfen und belagerte den unmündigen König in Askalon. Wenngleich Raymund von Tripolis, mit hoher Umsicht und klug prüfendem Geiste zur Führung des Staatsruders wie geschaffen, durch das Uebergewicht seiner Talente nach den Grundsätzen der Regierungskunst zu handeln verstand, und die Unterthanen im Gehorsam, die Lehenträger des Reichs in beständiger Abhängigkeit zu erhalten wußte, so besaß er doch nicht das kriegerische

Herz des Johanniter-Meisters, das, seiner Reinheit sich bewußt und seiner Gelübbe eingedenk, nur für die Ehre des Ordens und für den Ruhm Jerusalems schlug.

Es war daher Joubert's Muthe vorbehalten, für die Wohlfahrt des Reiches und für die Erhaltung des jungen Balduin das Schwert zu ziehen. Der Ehrwürdige unterstützte mit Rath und That den minderjährigen König, und machte mit ihm einen glücklichen Ausfall aus Askalon. Unter dem Mantel einer dunkeln Nacht stürzte sich das Heer der Christen auf den in sorgloser Ruhe dem Schlafe sich hingebenden Feind, brachte Alles in Verwirrung und warf die ganze Armee der Ungläubigen zu Boden. Saladin, der unerschrockene, sammelte die Trümmer seines Heeres mit bewundernswürdiger Schnelligkeit, und stand des andern Morgens um die achte Stunde schon wieder, zum Kampfe bereit, den Christen gegenüber. Die Heiden, ein Haufe von 26,000 leicht bewaffneten Reitern, ohne diejenigen, welche auf großen Streitrossen und Kameelen ritten, kamen in geschlossenen Gliedern herangezogen. Das christliche Heer zählte aber nicht mehr als 370 Geharnischte. An der Spitze derselben der König und der Reichsverweser Raymund. Graf Joscelin, des Königs Oheim und Seneschall des Reichs, führte die kleinern Schaaren. Odo von St. Armand, der Großmeister der Templer, stand mit 80 seiner Brüder in dem Mitteltreffen. Den linken Flügel befehligte der Meister des Hospitals, Joubert. Bischof Albrecht von Bethlehem trug das heil. Kreuz.

Sobald die Christen unfern von Ramla des Lagers der Heiden ansichtig wurden, stieg der kranke König, der eben mündig geworden war, herab von seinem Wagen, fiel nieder vor dem heiligen Kreuze und flehte mit inbrünstigem Gebete und unter Thränen den Beistand des Höchsten an. Bei diesem Anblick reichten sich die Ritter insgesammt die Hand zum Bunde, nicht zu fliehen, sondern auszuharren bis in den Tod.

Es war um die achte Stunde, als der Kampf begann. Zwar widerstanden die Muselmänner dem ersten Angriffe mit Muth und Kraft, bald aber vermochte Saladin die gesprengten Glieder nicht mehr zu halten; sie lösten sich in der zügellosesten Verwirrung auf. Der Sultan selbst, von Joubert hart gedrängt, sah sich genöthigt, nachdem er seine Kerntruppen fallen gesehen, dem Andrange der christlichen Ritter durch schmähliche Flucht durch die Wüste zu entgehen.

Die Kreuzeshelden aber zogen froh des mit geringem Verluste errungenen Sieges und mit reicher Beute heim nach Jerusalem.

Es dauerte aber nicht lange, so nahm Saladin wegen seiner

erlittenen Niederlage eine blutige Rache. Als nämlich König Balduin im folgenden Jahre es gewagt hatte, auf einer Anhöhe am Jordan, zehn Rasten von Paneas, da wo der Erzvater Jakob über den
Jordan ging als er aus der Dienstbarkeit in Mesopotamien heimkehrte,
eine Burg zu bauen, da brach Saladin plötzlich aus einem Hinterhalte hervor und hieb Alles in Stücken, was seinem mörderischen
Schwerte entgegenkam. Beinahe die ganze christliche Armee fiel in
seine Hände. Was nicht niedergehauen wurde, rettete kaum durch eilige
Flucht in den Engpässen des Gebirges das Leben. Joubert, der Großmeister der Johanniter, floh mit Wunden bedeckt in einem Fischer-
nachen über den Fluß und erreichte kaum noch die Veste Beaufort.
Der Großmeister der Templer, Odo von St. Armand, fiel nebst Balduin von Rames und Hugo von Tiberias, einem tapfern jungen Ritter, in die Gewalt der Heiden. Den kranken König rettete nur die
Tapferkeit seiner Heergesellen.

Man denke sich die Bestürzung der ganzen orientalischen Christenheit über ein Ereigniß, das ihr von allen Seiten den Untergang
drohte. Mit einem Male stand nun dem Sieger der Weg in das Herz
des Königreichs offen. Ein schleuniger Waffenstillstand war das einzige Mittel, den gänzlichen Sturz noch zu verzögern. Der gereizte
Sultan begnügte sich mit einer ansehnlichen Summe, weil in diesem
Momente eine in den Provinzen seines Reichs ausgebrochene Hungersnoth alle seine Kräfte gelähmt hatte.

Um diese Zeit verlor der Johanniter-Orden sein theures Oberhaupt in der Person des Großmeisters Joubert, der nach Einigen in
der Feste Beaufort von den Sarazenen belagert und gefangen worden,
nach Andern aber zu Jerusalem aus Kummer über den nahen Sturz
des christlichen Reiches gestorben sein soll. Das gesammte Kapitel
wählte den Bruder

Roger des Moulins,
1179—1187.

oder Rogerius de Mulinus, einen Mann von strenger Pflichterfüllung,
einen tapfern und großmüthigen Ritter, dessen Muth weder die Beschwerden des Körpers herabstimmten, noch die Jahre und Sorgen
entkräfteten. Er schien zu einem ununterbrochenen Kampfe mit dem
Unglück geboren zu sein; doch mit den Schrecken des Krieges ebenso
als mit den Leiden des Mißgeschicks vertraut, erlag er nie der
Schwäche und Erlahmung knechtischer Seelen. Erleuchteten Verstandes

und mit einer edlen Denkungsart begabt, war es ihm ein Kleines, durch kluge Worte Vorurtheile zu beseitigen und Bürgerzwiespalt zu verscheuchen, die sonst in ein abscheuliches Blutvergleßen ausgebrochen wären.

So versöhnte sich, hingeriffen von der Kraft seiner Vorstellungen, der Patriarch von Jerusalem mit Bohemund, Fürsten von Antiochien, einem Regenten, den er wegen Ehescheidung von Theodoren, der Nichte Kaiser Manuel's von Konstantinopel, mit dem Kirchenbanne bestraft hatte.

Unter dem Schutz und der Begünstigung dieses griechischen Kaifers Manuel Comnenus hatten die Johanniter die beiden großen Hospitäler des heiligen Samson und des heiligen Johannes des Täufers in Constantinopel gegründet, die jedoch bald den bittersten Unwillen der griechischen Christen erregten. Kaum war daher der genannte Kaiser gestorben, als der Haß der Griechen offen ausbrach. Man brannte die Hospitäler nieder, tödtete einen Bischof, die Kranken und die meisten Ordensbrüder, welche jene pflegten, so daß nur eine kleine Anzahl nach Jerusalem entkam.

Roger des Moulins Bestreben war vorzugsweise dahin gerichtet, mit allen Kräften an der Wiederherstellung des Reichs zu arbeiten; dann suchte er den Regenten zu einer standhaften Fortsetzung des Krieges aufzumuntern, um dadurch die Kräfte des Feindes nach und nach zu erschöpfen. Doch eine unselige Zwietracht lauerte an den Stufen des Thrones, und die Ohnmacht des Monarchen war nicht im Stande, ihre tückischen Gewebe zu zerstören. Ehrgeiz, Herrschsucht, Neid und Kabalen aller Art trennten die Großen des Reichs und untergruben sogar die Grundpfeiler des Thrones, für welche man die beiden Ritterorden der Tempelherren und Johanniter mit Recht ansehen konnte. Letztere sahen mit stillem Ingrimm das schnelle Wachsthum der Macht und das Ansehen der erstern, hielten sich aber als Mutterstamm jenes Zweiges für beffer und achtungswerther. Ewige Reibereien, ewiger gegenseitiger Neid auf ihre Macht, ihren Reichthum und ihren Kriegsruhm, fortwährende Streitigkeiten über Rang und Vortritt hatten die gegenseitige Abneigung zu offener Feindseligkeit heranreifen lassen, die fast bei jeder Begegnung der Templer und der Johanniter zu Ausschreitungen führte. Beide suchten verschiedene Wege zum Ziele des Ruhms und der Größe aufzufinden, jeder der beiden Orden suchte sich einen Einfluß zu begründen, durch welchen er den Glanz seines Nebenbuhlers verdunkeln könnte. Beide gingen daher ihre eigenen Wege und kamen somit immer weiter aus einander. Die

Früchte dieser Leidenschaften waren unaustilgbarer Haß, der zuerst still und verborgen in den Gemüthern glimmte, aber bald in offene Feindschaft ausbrach, welche der Papst Alexander III., durch den König von Jerusalem zum Schiedsrichter aufgefordert, auf kurze Zeit zu dämpfen, aber niemals zu tilgen vermochte, denn die Versöhnung, welche er den beiden Orden durch eine Bulle gebot, kam höchstens scheinbar und äußerlich zu Stande.

Mittlerweile wurden an dem Hofe zu Jerusalem selbst Kabalen auf Kabalen geschmiedet. Es galt nichts weniger als die Frage, wer künftighin die Krone tragen und einstweilen die Zügel der Regierung führen sollte. Balduin IV. fühlte sich täglich schwächer und von seiner entsetzlichen Krankheit*) beinahe aufgezehrt. Er übergab daher noch bei Lebzeiten (1183) die Leitung der Geschäfte dem Ritter Veit von Lusignan, welchem er sogar seine Schwester Sibylla zur Gemahlin und die Grafschaft Joppe und Askalon zu eigen gegeben hatte. Doch bald bereute es der König, sich der Herrschaft entschlagen zu haben, zumal da die angesehensten Fürsten, Bohemund von Antiochien, Rahmund von Tripolis, Rainald von Sidon und Balduin von Rama, ihn mit Bitten über die Nothwendigkeit der Absetzung des unfähigen Reichsverwesers bestürmten.

An diesen Ränken, welche gegen den Grafen von Joppe geschmiedet wurden, war selbst dessen Gattin Sibylla nicht ohne Antheil, denn sie wollte lieber die Krone auf dem Haupte ihres geliebten Sohnes Balduin sehen, welchen sie ihrem ersten Gemahl, dem Markgrafen Wilhelm von Longaspata, geboren hatte.

In einer Versammlung der Barone und Prälaten des Reichs erklärte der König seinen Willen, die Regierung wieder an sich zu nehmen und seinem fünfjährigen Neffen Balduin V. unverzüglich die königliche Würde zu verleihen. Der Graf von Joppe, der selbst gegenwärtig war, vernahm diese Erklärung ohne Widerspruch. Wenige Tage darauf wurde der Knabe Balduin in der Auferstehungskirche zu Jerusalem gesalbt und gekrönt, und damit er in dem feierlichen Zuge aus der Kirche zu dem Palaste am Tempel Salomonis, wo das Krönungsmahl gehalten wurde, von dem Volke gesehen werden möchte, trug ihn Balian von Ibelin, ein riesengroßer und schöner Mann, auf den Armen.

Die Vormundschaft über den minderjährigen König übertrug Balduin IV. dem frühern Regenten Rahmund von Tripolis, der wäh-

---

*) Er litt an der **Elephantiasis**, d. i. an dem **Aussatz**.

renb.Lufignan's Erhöhung keinem andern Gefühle als dem der Rache
in feinem Bufen Raum gegeben hatte. Was den alten König eigentlich zu diefem Schritte bewog, war weder Zutrauen noch ein Zeichen
des Vorzugs, fondern vielmehr die weibifche Beforgniß, daß Rahmund,
wenn er zum zweiten Male übergangen würde, aufs äußerfte gereizt,
Unruhen im Staate erregen möchte. Anfangs weigerte fich der kluge
Graf, dem ehrenvollen Antrage des Monarchen Gewähr zu leiften;
doch war alles diefes nur Maske und Politik, weil er die Lage der
Dinge beffer als Alle beurtheilen konnte, und wohl einfah, daß ihm
fo leicht kein Andrer vorgreifen würde.

Unerachtet es ihm nicht entgangen war, daß viele Große des
Reichs, unter andern der Patriarch von Jerufalem und die Großmeifter der beiden Orden, feine Wahl mißbilligten, fo trat er die
neue Würde doch nicht eher an, als bis die beiden militairifchen Orden
fich verbindlich gemacht hatten, diejenigen Burgen, die den Angriffen
des Feindes am meiften ausgefetzt wären, mit vollem Nachdruck zu
befchützen.

Nicht lange nachher ftarb der ausfätzige König zu Jerufalem
(1185), gerade als alle Barone des Reichs dort verfammelt waren,
und wurde fchon den Tag nach feinem Tode am Calvarienberge in
der Gruft feiner Väter beigefetzt.

Rahmunds erfte Sorge war, um neue Streitkräfte fammeln zu
können und die erfchöpften Quellen des Staates wieder zu ftärken,
fogleich einen Waffenftillftand mit Saladin zu fchließen, den er aber
nur gegen Erfatz für die Kriegskoften von dem unbeugfamen Sultan
erlangte. Kaum waren die Unterhandlungen abgefchloffen, fo bereitete
man fich in Jerufalem zu einer Gefandfchaft nach Europa vor, um
die abendländifchen Fürften zu einem Kreuzzuge zu bewegen. Der
Patriarch Heraklius drang fich mit Gewalt zu diefer Gefandtfchaft auf.
Um dem Unternehmen aber einen glücklichen Erfolg zu fichern und
dem Ganzen mehr Nachdruck und Anfehen zu geben, wurden die beiden
Großmeifter dem Patriarchen beigefellt. Allein der Erfolg entfprach
den Hoffnungen nicht, und die glühendften Schilderungen von den Gefahren, welche dem gelobten Lande drohten, hatten kaum einen andern
Erfolg, als daß man leere Verfprechungen erhielt. Außer England
nahmen nur wenige Staaten einen regen Antheil. Die meiften Höfe
entließen die Gefandten mit leeren Worten, und als fie nach Jerufalem zurückkehrten, beruhte die Sicherheit des Königreichs faft einzig
und allein auf einem neuen Waffenftillftande, den man mit Saladin
gefchloffen hatte.

Nur Heinrich II., König von England, dem die Ermordung des Erzbischofs von Canterbury, Thomas Becket, auf dem Gewissen lastete, munterte seine Ritter auf, sich auf gemeinschaftliche Kosten mit Philipp II. von Frankreich, den man in das Interesse gezogen hatte, nach Palästina einzuschiffen. Allein was konnte man von einem Söldnerheere erwarten, in dem der Enthusiasmus fehlte, an dessen Spitze kein Oberhaupt stand, dessen Ansehen und Einfluß sowohl den Gehorsam als auch die Tapferkeit der Streiter aufrecht zu erhalten vermochte.

Mitten unter diesen traurigen Umständen starb der kindische König Balduin V. Der Verdacht dieses so schleunigen Todes fiel theils auf den Reichsverweser, theils auf die Mutter des jungen Monarchen, die, voll ehrgeiziger Pläne, nach dem unbeschränkten Besitze der Krone strebte und sie deshalb ihrem Gemahle, dem Grafen Veit von Lusignan, in die Hände zu spielen suchte. Der Verdacht schien um so gegründeter, als man nie etwas Näheres von der Krankheit noch von der Todesart des jungen Fürsten erfahren hatte.

Kaum war der Leichnam des Knaben in der königlichen Grabstätte beigesetzt, so verlangte die Mutter, als nächste Blutsverwandte, von dem Patriarchen und den Großmeistern der beiden Orden die Krone. Weder Heraklius, noch Gerhard von Ridefort, Meister des Tempels, machten Schwierigkeiten; nur Roger des Moulins wollte den zwischen dem Könige Balduin IV. und dem Grafen Raimund geschlossenen Vertrag aufrecht erhalten und behauptete, daß über den erledigten Thron kein anderer verfügen dürfe, als die in jenem Vertrage bestimmten vier hohen Fürsten.

Die Gräfin und ihre Anhänger sahen wohl ein, daß sie ohne Beistimmung dieser Männer nicht leicht zum Ziele gelangen könnten, indem es ihnen selbst nicht möglich war, ohne Willen der Großmeister anders als mit Gewalt sich die Insignien des Königthums zu verschaffen. Denn diese lagen in der Reichsschatzkammer, zu welcher einzig und allein der Patriarch und die zwei Großmeister die Schlüssel hatten. Roger des Moulins weigerte sich, diesen auszuliefern, so lange die Gräfin Sybilla nicht von den Baronen des Reichs als rechtmäßige Erbin der Krone öffentlich anerkannt wäre. Erst auf gemeinschaftliches Bestürmen des Patriarchen und des Großmeisters vom Tempel, welche sich in eigener Person in das Hospital des h. Johannes verfügt hatten, gab er den Bitten, jedoch höchst ungern, nach und warf im Unwillen den Schlüssel in der Mitte des Hauses auf die Erde. Jene hoben ihn fröhlich auf, eilten nach der Kirche des h. Grabes und holten die Krone aus dem Schatze. Hierauf trat der Patriarch an den Altar, legte eine der beiden Kronen auf demselben nieder und krönte mit der andern die Gräfin. Dann nahm er auch die erste und überreichte sie der Gräfin Sibylla mit den Worten: „Ihr seid eine Frau und bedürfet eines Mannes, welcher Euer Reich regiere. Nehmet diese Krone und setzet sie, auf wessen Haupt Ihr wollt!"

Sibylla rief mit feierlicher Stimme ihren Gemahl Veit von Lusignan zu sich, und dieser empfing knieend die Krone aus ihren Händen.[*]) Dann sagte sie mit lauter Stimme: „Was Gott zusammengefügt hat, sollen die Menschen nicht lösen!" Mit diesen Worten war die Feierlichkeit in der Kirche beendigt, und man begab sich hierauf in das Haus der Tempelherren zum Krönungsmahle.

Von jetzt ab wurde das Königthum in Jerusalem schwächer und schwächer. Das Reich war mit Burgen und festen Schlössern bedeckt, deren Herren die königliche Macht kaum anerkannten, mehr an die Vergrößerung ihrer Besitzungen, denn an das allgemeine Beste dachten. Die als Stützen des wankenden Königthums berufenen Ritterorden zersplitterten gegenseitig ihre Kräfte, hatten ewige Händel mit der Geistlichkeit und sannen nur auf Befriedigung ihrer Herrschsucht, auf Vermehrung ihres Reichthums. Das Volk aber ahnte bereits die bevorstehenden Drangsale schrecklicher Zeiten, und düstere Prophezeihungen erfüllten die Menge mit bangem Schauder. —

Die Anhänger des Grafen Raymund von Tripolis, Lusignan's erklärte Feinde, widersetzten sich dem despotischen Unternehmen der Königin mit aller Macht. Selbst der Bruder des neuen Königs, Gottfried, ein Mann von außerordentlicher Leibesstärke, aber zugleich auch von unbeschreiblicher Eigenliebe, rief bei der Nachricht von der plötzlichen Thronbesteigung des ersteren aus: „Nun beim Himmel! wer meinen Bruder zum Könige machte, würde mich, wenn er mich gekannt hätte, zu einem Gott gemacht haben."

---

[*]) Also berichten Bernardus Thesaurarius c. 141 und Hugo Plagon S. 602. Rogerius von Horeden aber, obwohl, wie es nach dem Zusammenhange zu urtheilen, scheint — weniger richtig — erzählt: Der Patriarch, sowie die beiden Großmeister wären dem Grafen Veit nicht gewogen gewesen und würden lieber dem Grafen Raymund oder einem andern Fürsten des Landes die Krone ertheilt haben. Sie hätten sogar die Gräfin Sibylla aufgefordert, sich einen andern Gemahl zu wählen, — dieselbe habe sie aber dadurch betrogen, daß sie sich von denselben in einem Eide versprechen ließ, den von ihr auserwählten Mann als König anzuerkennen. Nach diesem Eide wäre dann die Krönung geschehen, wie andere Schriftsteller berichten. S. Willen, Gesch. der Kreuzz., Bd. III. Abth. 2. S. 253. — Bertot (Ausg. Paris 1755), Th. I. S. 260.

Wenn auch eine allgemeine Unzufriedenheit über diese Wahl im Volke herrschte, so war doch Niemand dadurch so sehr im innersten Leben angegriffen, als der ehrgeizige Regent Raymund von Tripolis. Dieser unerwartete Schritt der Königin war ein neuer Eingriff in seine vermeinten Rechte als Reichs-Statthalter, den er in seiner prahlerischen Hoheit auf eine beispiellose Art zu ahnden schwur. Ein unerwarteter Schlag sollte nicht nur die Monarchin, sondern auch ihren unwürdigen Gemahl und den ganzen Tempelherrenorden, der die Absichten der ersteren so heimtückisch unterstützt hatte, zu Boden schmettern.

Mit diesem verrätherischen Entschluß entfernte er sich vom Hofe und knüpfte mit dem Erzfeinde der Christenheit, mit Saladin, Verbindungen an. Dieser versprach ihm nicht nur Beistand, sondern sogar den einstigen Besitz der jerusalemitischen Krone und die Ausrottung der Templer, als ihrer gemeinschaftlichen Feinde, wenn Raymund sich entschlösse, die Lehre Mohammed's anzunehmen und sich zum Vasallen des Sultans zu erklären.

Raymund willigte sogleich in den Vorschlag, und die Geschichte sagt, er habe sogar auf der Stelle sich der Beschneidung unterzogen. Unter der Maske der Verstellung täuschte er alle seine ehemaligen Glaubensbrüder. Saladin aber, heimlich von ihm unterstützt, rückte alsbald mit einer furchtbaren Armee in Palästina ein und zeigte sich, ohne bis dahin das geringste Hinderniß zu finden, am 1. Mai 1187 vor den Mauern von St. Jean d'Acre und forderte mit ungestümem Stolze von den Johanniter-Rittern die Uebergabe der Veste. Allein der edle Großmeister Roger des Moulins ertheilte kühn und entschlossen die Antwort: „Die Johanniter sind nicht gewohnt, Städte zu überliefern, die sich ihrem Schutze anvertraut haben, sondern mit den Waffen in der Hand jeden Frevel der Barbaren zu bestrafen, oder — kämpfend mit Ehr' und Ruhm zu fallen." Wie von einem elektrischen Schlage belebt, griff nun Jung und Alt zu den Waffen, selbst Greise und Frauen rüsteten sich zur äußersten Gegenwehr. Auf den Gesichtern las man Entschlossenheit und Ingrimm; überall zeigte sich die stille Wuth der Verzweiflung. Dies alles bewirkte das Beispiel eines einzigen Mannes.

Ein Ausfall bei dunkler Nacht ward beschlossen. Gegen die zwölfte Stunde rückten die Ritter, das Schwert in der einen und Feuerbrände in der andern Hand haltend, in das feindliche Lager. Schon war Alles in tiefen Schlaf versenkt. Mit einem Male schlagen aus allen Zelten die Flammen zusammen. Ein furchtbares Blutbad beginnt, Entsetzen und Verzweiflung treibt Viele zur Flucht, Viele zur

Gegenwehr, Viele aber auch zum Tode durch das eigene Schwert. Erst der anbrechende Morgen und Saladins heldenmüthiges Beispiel vermochten den Muth der Ungläubigen wiederum herzustellen. Jetzt sammeln sich die zerstreuten Truppen. Der Sultan stellt sich an die Spitze, und ein regelmäßiges Treffen beginnt am Flusse Kischon (1. Mai 1187), etwa sieben Rasten von Nazareth gegen den Jordan hin. Die Christen sind in Gefahr umzingelt zu werden; aber mit der wachsenden Gefahr verdoppelt sich ihr Muth, und mit jedem sinkenden Leichnam ihrer Brüder wächst ihre Kraft und ihre Verzweiflung.

Saladin, vor Zorn erglühend, jagt die kühnsten seines Heeres in die Vorderreihen und verdoppelt den Angriff da, wo er am meisten Widerstand findet. Es war dies auf dem linken Flügel der Ritter, welchen der Hospitaliter Comthur Guarin von Soria befehligte. Kaum hat das Alles überblickende Auge Rogers des Moulins bemerkt, daß sich die Barbaren mit aller Gewalt auf den tapfern Comthur werfen, so gräbt sich sein Schwerdt schon blutige Furchen durch die Glieder des Feindes. Ein entsetzliches Handgemenge entsteht, eine wahre Schlächterei, bei der Niemand geschont wird, Niemand geschont sein will. Ströme von Blut bedecken den Boden, es wird von beiden Seiten mit einem an Wahnsinn streifenden Muth gefochten. Die Ritter reißen die Pfeile, von denen sie getroffen sind, aus ihrem Fleische, um sie wieder auf die Feinde zu werfen, trinken das Blut ihrer Wunden um sich zu stärken, ringen mit den Gegnern, nachdem ihre Waffen gebrochen. Vor allem aber ist es Meister des Moulins, der, ein wahrer Todesengel, unter den Saracenen würgt.

Nun verläßt der Sultan wie ein gereizter Löwe plötzlich seine Beute, um auf eine würdigere loszustürzen. Fluchend zerbricht er seinen Speer, schwört dem Ordensmeister Rache und Verderben, und rennt, das Schwert furchtbar um sein Haupt schwingend, mit dem Zuruf auf Roger des Moulins los: „Uebermüthiger Christ! Ist mein Arm so schwach, und mein Schwert in deinem Heere so verachtet, daß Du den Sultan nicht des Kampfes mit Dir würdigest? Versuche es mit Saladin, der Dich nicht fürchtet!"

Statt der Antwort führte der Großmeister einen fürchterlichen Hieb nach des Sultans Haupt, doch schlug er fehl und traf nur die linke Schulter des fürstlichen Gegners, aus welcher ein Quell von lauem Blute rann. Saladin, durch diese Wunde zu neuem Zorn entflammt, drang wüthender auf Roger ein, durchstieß ihn mit seinem Damascenerstahl die Rüstung und tauchte sein Schwert in dessen Eingeweide.

Einige Schriftsteller erzählen, der abtrünnige Raymund, der sich vermummt unter dem Heere der Gläubigen befand und im Gedränge zu Gunsten Saladins kämpfte, habe den Großmeister des Hospitals im Rücken angegriffen und dessen Pferd getödtet. Dieses, mit seiner Last den geharnischten Helden begrabend, habe, nächst dem Gewichte seiner Waffen, ihn verhindert, sich wieder emporzuschwingen, und so den edlen Körper der Wuth der rohen Krieger preisgegeben. Von unzähligen Stichen durchbohrt, habe der edle Meister der Johanniter sein thatenreiches Leben ausgehaucht, während über ihn der wilde Kampf dahin wogte.

Guarin von Soria sah den Fall seines geliebten Meisters. Entschlossen seinen Tod zu rächen, metzelte er die Lieblinge Saladin's vor dessen Augen nieder, röthete die Erde mit dem Blute der Ungläubigen und verbreitete Furcht und Schrecken unter den Feinden. Erschöpfung auf beiden Seiten endete die Schlacht.*) Der Sieg blieb unentschieden. Saladin verließ zuerst den Kampfplatz, und die Belagerten zogen sich in die Festung zurück. Von allen Rittern waren besonders Jakob von Mailly aus Tours in Frankreich, Marschall der Templer, und der Hospitaliter Heinrich eines glorreichen Heldentodes gestorben. Beide setzten den Kampf noch fort, als alle ihre tapfern Genossen schon getödtet oder gefangen waren, obwohl die Türken ihnen Erhaltung des Lebens anboten, und fielen erst, nachdem sie noch viele Feinde getödtet hatten, durch Steinwürfe und Pfeile, welche aus der Ferne wieder sie geschleudert wurden, da Keiner mehr sich ihnen zu nahen wagte.

Guarin fand durch seine Tapferkeit einen sichern Weg zu den betrübten Herzen seiner Brüder. Die allgemeine Achtung und Liebe wurde ihm für seinen Heldenmuth zu Theil. Seine Verdienste anerkennend, wählten ihn die Johanniter, sobald Roger des Moulins mit den ihm gebührenden Ehren begraben worden, einstimmig zu ihrem Meister.

Ehe wir jedoch von Roger des Moulins scheiden, müssen wir noch ein auf denselben zurückführendes und in der vaticanischen Bibliothek zu Rom aufbewahrtes Document mittheilen, welches zugleich

---

*) Am deutlichsten beschreibt diese Schlacht Radulph Coggeshale in s. Chronterrae sanotae p. 549. und Hugo Plagon S. 600. Vergl. auch Fr. Wilken, Gesch. der Kreuzz. Bd. III., Abth. 2. S. 268—271., welcher treffliche Historiker hier ganz besonders sowohl die abendländischen als die morgenländischen Quellen mit tiefer Einsicht und scharfem Urtheil musterte.

die älteste Lazarethordnung ist, die man kennt, und das in wort-
getreuer Uebersetzung*) folgendermaßen lautet:

Bestimmungen des Meisters Roger vom Jahre 1181.

Daß die Kirchen des Hospitals dem Prior unterworfen sind.

„Im Namen des Vaters und des Sohnes und des heiligen
Geistes. Amen!

„Im Jahre der Menschwerdung unsers Herrn 1181, im Monat
März, an dem Sonntage, an welchem man Lätare Jerusalem singt,
hat Roger, Diener der Armen Christi, den Vorsitz führend in dem
Generalkapitel der Geistlichen und Laien und bekannten Brüder, welche
versammelt waren, zur Ehre Gottes und zur Zierde der Religion,
und zum Gedeihen und Nutzen der armen Kranken, verordnet:

„Daß die vorgenannten Einsetzungen der Kirche und die nach-
beschriebenen Vortheile der Armen stets aufrecht gehalten und beobachtet
und nie in irgend einer Sache übertroffen werden. Von den Kirchen
wird bestimmt, daß sie unterworfen sind dem Prior der Geistlichen
des Hospitals und demselben zur Disposition stehen; desgleichen die
Bücher der Geistlichen, die Kleidung der Priester, die Kelche, die
Rauchfässer, das ewige Licht und der andere Schmuck.

„Zweitens ist unter Zustimmung der Brüder verordnet worden,
daß für die Kranken des Hospitals von Jerusalem drei verständige
Aerzte angenommen werden, welche die Eigenschaft des Harns und
die Verschiedenheit der Krankheiten erkennen und ihnen durch Medi-
camente Hilfe gewähren können.

„Und zum Dritten fügte der Meister hinzu, daß die Betten der
Kranken in Länge und Breite so bequem wie möglich zum Ruhen
gemacht werden, und daß ein jedes Bett bedeckt sei mit seiner Decke,
und ein jedes Bett seine ganz reinen Betttücher habe.

„Nach diesen Wohlthaten wurde verordnet, daß jeder Kranke
einen Pelz erhalte zum Anziehen, und Stiefel um zu gehen nach seinem
Bedürfnisse, und wiederzukehren, wie auch wollene Mützen.

„Ferner ward verordnet, daß kleine Wiegen gemacht werden für
die Kinder der wallfahrenden Frauen, welche in dem Hause geboren
werden, so daß sie besonders liegen, damit die saugenden Kinder keinen
Nachtheil erleiden durch die Nachlässigkeit ihrer Mütter.

---

*) Vergl. A. von Winterfeld, Geschichte des ritterlichen Ordens St.
Johannis vom Spital zu Jerusalem. Berlin 1859, S. 70 ff.

5

„Im sechsten Kapitel ward verordnet, daß die Bahren der Todten in Weise des Gitterwerks gemacht werden sollen, wie die Bahren der Brüder, und bedeckt werden sollen mit einem rothen Tuche mit weißem Kreuze.

„Im siebenten Kapitel ward verordnet, daß überall, wo die Hospitäler der Kranken sind, die Hausoberen den Kranken mit gutem Muthe dienen und ihnen das, was ihnen nöthig ist, verabreichen, auch ohne Streit und Klage ihnen dienen, so daß sie durch dieses Amt sich Theil erwerben an dem Glanz des Himmels; und wenn irgend ein Bruder unwillig wäre, die Anordnungen des Meisters in diesen Dingen auszuführen, so soll dies dem Meister angezeigt werden, welcher die Bestrafung folgen lassen wird, wie es die Disciplin des Hauses vorschreibt.

„Ferner ward verordnet, als der Rath der Brüder hierüber gehalten wurde, daß der Prior des Hospitals von Frankreich jedes Jahr hundert Tücher von baumwollenem Gespinnst nach Jerusalem schicke, zur Erneuerung der Decken für die Armen, und sie in seiner Responsion mit denjenigen verrechne, welche in dem Priorat des Hauses als Almosen gegeben werden.

„In gleicher Weise und für dieselbe Rechnung soll der Prior des Hospitals zu St. Gilles eben so viele baumwollene Tücher jedes Jahr kaufen und sie nach Jerusalem` schicken mit denen, welche in seinem Priorate aus Liebe zu Gott den Armen gegeben werden.

„Der Prior von Italien hat in jedem Jahre an die Herren Armen zweitausend Ellen Barchent von verschiedenen Farben zu senden, welche er einzeln in seiner Responsion aufführt.

„Und der Prior von Pisa soll eben so viel Barchent senden.

„Und der Prior von Venedig gleichfalls, und sollen Alles in ihren Responsionen aufführen.

„Und die Baillis von jenseits des Meeres haben gleichfalls auf diesen Dienst zu achten. Demnach soll der Bailli in Antiochien zweitausend Cannes (Maaß von 2 Ellen) baumwollene Tücher zu Bettdecken für die Armen senden.

„Der Prior von Montpelerin soll zwei Centner Zucker schicken für den Syrup und die Medizin und die Latwergen für die Kranken.

„Für denselben Dienst soll der Bailli von Labaria eben so viel senden.

„Der Prior von Constantinopel hat für die Kranken zweihundert Filzdecken zu senden.

„Außer den Wachen bei Tag und Nacht, welche die Brüder des

Hofpitals mit eifrigem und frommem Herzen bei den armen Kranken, wie bei den Herren thun sollen, ist im General-Kapitel hinzugefügt worden, daß in jedem Gange und an jedem Platze des Hospitals, wo die Kranken liegen, elf Diener bereit sein sollen zu ihrer Bedienung, welche ihnen die Füße gut waschen und sie mit Tüchern abtrocknen, und ihre Betten machen, und den schwachen die nothwendige, nützliche Speise geben, und ihnen in gottesfürchtiger Weise beistehen und in allen Dingen zum Nutzen der Kranken gehorchen.

Die Bestätigung des Meisters Roger, was das Haus thun soll.

„Zu wissen allen Brüdern des Hauses des Hospitals, welche es sind und welche es künftig sein werden, daß die guten Gebräuche des Hospitals zu Jerusalem diese sind:

„Erstlich nimmt das heilige Haus des Hospitals die kranken Männer und Frauen auf und hält die Aerzte, welche den Syrup der Kranken machen und für die Kranken sorgen und für alle Sachen, welche für dieselben nothwendig sind.

„Drei Tage in der Woche bekommen die Kranken frisches Schweine- oder Hammelfleisch, und welche es nicht essen können, bekommen Hühnerfleisch.

„Und zwischen je zwei Kranken befindet sich ein Schafpelz, den der umhängt, der aus dem Zimmer geht.

„Und zwischen je zwei Kranken befindet sich ein Paar Stiefel.

„Jedes Jahr gibt das Haus des Hospitals den Armen tausend Schafpelze.

„Und alle Kinder, die von ihren Eltern verlassen sind, nimmt das Hospital auf und läßt sie nähren.

„Dem Manne und der Frau, welche sich heirathen wollen und nicht die Mittel haben, die Hochzeit auszurichten, gibt das Hospital zwei Schüsseln oder den (verwischte Stelle in der Handschrift . . .) von zwei Brüdern.

„Und das Haus hält einen Bruder Schuhmacher mit drei Gehilfen, welche die alten Schuhe ausbessern, die den Armen gegeben werden.

„Und der Almosenier gibt zwölf Dreiers jedem Gefangenen, wenn er zum ersten Male aus der Gefangenschaft kommt.

„Jede Nacht lesen fünf Geistliche den Psalter für die Wohlthäter des Hauses.

„Und jeden Tag essen dreißig Arme ein Mal des Tages an dem Tische, um Gotteswillen, und die fünf vorhergenannten Geistlichen find unter diesen Armen. Die fünfundzwanzig aber essen früher als der Convent.

„Und drei Tage in der Woche wird Almosen gegeben an Alle, welche kommen und es verlangen, Brot, Wein und Gekochtes.

„Während der Fasten werden an jedem Sonnabend dreizehn Arme berufen und ihnen die Füße gewaschen, und es wird jedem ein neues Hemd, neue Hose und neue Schuhe gegeben, und drei Kapellanen oder drei Geistlichen dieser Dreizehn drei Deniers und jedem der übrigen zwei Deniers gegeben.

„Dieß ist das wahre Almosen, festgesetzt im Hospital, außer den Waffenbrüdern, welche das Haus in ihnen hält, und mehren andern Almosen, welche nicht alle einzeln haben aufgeführt werden können, und daß dieß wahr sei, bezeugen die braven und rechtschaffenen Männer, nämlich der Bruder Roger, Meister des Hospitals, der Prior Bernart und das ganze Generalkapitel."

So weit die Urkunde in der vaticanischen Bibliothek. Sie führt, wie wir sahen, einen Beweis, daß der Orden seinem edlen Beruf des Wohlthuns und der Krankenpflege auch dann nicht untreu wurde, als mit Mühe dem Andrange der Ungläubigen zu wehren war und der innere Verfall des christlichen Königreichs in Jerusalem bereits eingetreten war.

Guarin von Soria,
1187—1187.

oder Garnier de Naplouse*) aus Syrien (auch unter dem Namen Garniero di Napoli von Soria, oder Garnier de Syria) verband mit den unbefleckten Vorzügen seines Alters die Erfahrung und die Fähigkeit, in einer vielbewegten Zeit auf dem stürmischen Schauplatze der Welt mit Erfolg aufzutreten. Mit bewundrungswürdigem Edelsinn rechtfertigte der neue Großmeister, welcher eine lange Reihe von Jahren schon Großprior von England und Turkopolier des Ordens gewesen war, die auf ihn gefallene Wahl. Sein erstes Geschäft war, die erschöpften Kräfte seiner Truppen wiederherzustellen. Er zog daher alle in den umliegenden Burgen und Ordenshäusern zerstreuten Ritter zusammen, suchte die Stellen der Gefallenen durch neue Aufnahmen zu besetzen und war unablässig bemüht, den Unternehmungen des

---

*) Das alte Sichem.

Feindes mit Besonnenheit und Nachdruck zu begegnen. Ihm gebührt auch vorzugsweise das Verdienst, den Grafen Rahmund von Tripolis mit dem Könige Veit von Lusignan wieder versöhnt, und dadurch der Christenheit einen ihrer wackersten Vertheidiger wiedergegeben zu haben.

Die beiden erbitterten Feinde, welche durch gegenseitige Gesandtschaften zur Versöhnung gestimmt waren, begegneten einander in der Ebene von Dotaim, am Josephsbrunnen bei dem Schlosse Hiobs. Sobald der König des Grafen ansichtig wurde, stieg er von seinem Rosse; Rahmund folgte diesem Beispiele, und beide schritten einander zu Fuße entgegen. Vor den Augen der Erzbischöfe Wilhelm von Thrus und Gottfried von Libda fiel der Graf vor dem Könige auf die Knie nieder und bat um Vergebung. Veit aber hob ihn auf, und eine herzliche Umarmung besiegelte den neugeschlossenen Bund.

Hierauf begab sich Graf Rahmund mit dem Könige nach Jerusalem, um das h. Kreuzesholz anzubeten und am Grabe des Erlösers seinem Fürsten und Herrn feierlich zu huldigen. Saladin war indessen nicht unthätig gewesen, sondern hatte ein furchtbares Heer gesammelt, bei dem sich allein 80,000 Reiter befanden, und das er durch glänzende Beuteversprechungen noch kampfbegieriger gemacht hatte. Er bedrohte Tiberias, welches dem Grafen Rahmund gehörte, und nahm es dann auch mit Sturm ein. Die Gemahlin Rahmund's flüchtete, vor Schrecken außer sich, mit den Ihrigen in die Citadelle. Rahmund selbst aber eilte nach der Hauptstadt, um den König und die Großen zu beschwören, daß sie sich jetzt nicht um Tiberias bekümmerten, vielmehr den Kampf vermieden und das mit Mühe gesammelte Heer, die letzte Hoffnung des christlichen Staates, nicht nutzlos gegen Saladin's Uebermacht opferten. Das Schicksal der Stadt Jesu Christi liege ihm jetzt mehr am Herzen, als die eigene Familie.

Ein ungeheures Heer, eines der größten, welche je im gelobten Lande gegen die Ungläubigen gefochten, sammelte sich im Lager bei Sephoria oder Sephuri. Außer den Truppen des Königs und den von den Hilfsgeldern, welche Heinrich II. von England zum Sühnopfer für die Manen des ermordeten Erzbischofs von Canterburh (Thomas Becket) nach Palästina gesendet hatte, geworbenen Rittern und Knechten kamen die Templer und Johanniter mit vielem Volke aus allen ihren Burgen herbei. Zu diesen gesellten sich die Fürsten Rahnald von Montrohal und Keath, Walther von Cäsarea, und der ungestüme Rahnald von Chatillon, Fürst von Sidon, Belian von Neapolis u. A. Graf Raymund kam mit seiner ganzen Macht aus der Gegend von Tripolis und Galiläa. Das ganze Heer zählte über 50,000 Streiter. Von allen Großen des Reichs blieb einzig und allein der unwürdige Patriarch Heraklius aus Furcht vor einem zu frühen Märtyrertode weg, und sandte an seiner Statt die Bischöfe von Ptolemais und Libba als Träger des h. Kreuzes. Lusignan selbst befehligte die muthbegeisterte Christenschaar.

Die Wichtigkeit der bevorstehenden Entscheidungsschlacht nicht verkennend, berief der König die sämmtlichen Führer und Barone zum Kriegsrath. Allein in dieser Rathsversammlung schien der Argwohn den Vorsitz zu führen, und Halsstarrigkeit, Ichsucht und Meinungsliebe zu Rathe zu sitzen. Gegenseitiges Mißtrauen erzeugte entgegengesetzte Stimmen. Raymund von Tripolis unter Andern, welcher es oftmals erfahren hatte, daß Saladin nur dann überwinbar sei, wenn ihm die Gelegenheit zum Kampfe so lange als möglich entzogen würde, rieth wiederholt zur Vermeidung einer Schlacht, und beschwor den König, den Angriff Saladin's zu erwarten. Er unterstützte diesen Rath mit starken Gründen.

Der Großmeister der Templer aber, dessen stürmischer Sinn durch das Unglück am Flusse Kischon noch nicht gemildert war, ließ nicht ab vom Widerspruche, sagte laut; „der Graf stecke noch im Wolfsfelle",[*] und ging nach geschlossenem Kriegsrathe noch um Mitternacht zum Könige, bestürmte ihn mit Vorwürfen, daß er dem Verrathe Gehör gegeben, und forderte mit ungestümem Ernste, ihn und seine Brüder zum Kampfe gegen die Helden zu führen, weil die Templer lieber ihre weißen, durch keine feige That befleckten Mäntel ablegen wollten, als an den Ungläubigen die Schmach ungerächt zu lassen, welche ihnen und der gesammten Christenheit am Bache Kischon widerfahren.

Der König Veit, ein Mann von schwankendem Charakter und ohne festen Willen, gab dieses Mal um so leichter nach, als er allein durch des Tempelmeisters Bereitwilligkeit zur Herausgabe des englischen Schatzes in den Stand gesetzt war, ein so zahlreiches Heer zusammenzubringen. Und doch wäre es besser gewesen, dieses Mal dem Rathe des Grafen von Tripolis zu folgen, wie man bald erkannte, als man Saladin's Uebermacht und deren vortheilhafte Aufstellung

---

[*] „Templi magister ejus (Comitis Raymundi) orationem interrumpens: de pilo, inquit, lupino adhuc supersunt reliquiae." Hugo Plagon II. c. 3. — Radulph. Coggeshal. Chron. terrae sanctae p. 554.

gewahrte. Auf der andern Seite mag man es jedoch auch dem Meister der Templer nicht verargen, wenn er einem Manne nicht traute, der schon ein Mal als Verräther gehandelt und mit den Ungläubigen gemeinsame Sache gemacht hatte.

Unverzüglich wurde zum Aufbruch geblasen. Beide Heere stießen in der Gegend von Hittin zwischen Sephoria und Tiberias aneinander. Ein hartnäckiges Treffen begann, welches drei Tage hindurch gleich blutig und fast ununterbrochen fortdauerte. Lusignan hatte sich auf Anrathen Raymund's zwischen lauter Felsen, auf der dürren Höhe eines unwegsamen Berges gelagert, als in einer Gegend, wo er nicht angegriffen werden konnte. Aber der Verräther hatte ihm nicht entdeckt, daß hier kein Wasser zu finden war. Kaum war die Nacht hereingebrochen, so rückten die Heiden dicht an das Lager der Christen, versperrten alle Zugänge und steckten das Kraut und Gesträuch, welches das Lager umgab, in Brand, so daß die Hitze des Feuers und ein gewaltiger Rauch die allgemeine Noth nicht wenig vermehrten.

Voll der quälenden Angst, von Durst gepeinigt, brachten die Kreuzestruppen die ganze Nacht unter den Waffen zu, mit Sehnsucht den Tag erwartend. Die aufgehende Sonne zeigte ihnen aber erst das Verzweiflungsvolle ihrer Lage. Auf der einen Seite von den Türken umringt, auf der andern von Felsen eingeschlossen, nirgends ein Ausweg. Selbst der letzte Trost — ein tapferer Kampf — wurde ihnen nicht gewährt; denn Saladin, wohl wissend, daß jeder Augenblick, um welchen er das Treffen verzögerte, ihm den Sieg erleichterte, zog seine Schaaren zurück. Indeß rückten die Christen verzweiflungsvoll aus in geordneten Reihen. Um die dritte Tagesstunde waren sie am Berge von Hittin im Angesichte von Tiberias und dem schönen See Genesareth, an dessen reizenden Ufern von dem Heiland so manches Wunder vollbracht war.

Die Tempelritter, welche den Vortrab bei der Armee ausmachten, stürzten sich zuerst in die Ebene hinab, wo die feindlichen Truppen sie mit wüthenden Säbelhieben empfingen. Aber nichts brachte sie zum Weichen. Die Ermahnungen der Priester, die durch die kämpfenden Reihen gingen, namentlich die Gegenwart des wahren Kreuzes Christi erfüllten die Krieger mit einem Muthe, der nicht seines Gleichen hatte. Jeder einzelne kämpfte einen dreifachen Kampf: für sich selbst, für den Orden, und für die Sache der Christenheit. Ihre Tapferkeit war ihrem Muthe gleich, denn Verzweiflung lenkte ihren Arm. Nichts vermochte diesem zu widerstehen; die Ebene war mit den Körpern der Erschlagenen bedeckt; die Streiter wadeten in Strömen von Blut.

Schon waren die Vorbertruppen des Sultans zurückgeworfen, und der
Sieg so gut wie entschieden, da erscholl plötzlich die Nachricht, das
h. Kreuz sei den Ungläubigen in die Hände gefallen. Jetzt hielt Jeder
das Treffen für verloren, der begeisterte Muth sank. Der schleunigste
Rückzug war die allgemeine Losung der Ueberwundenen. Balian von
Ibelin, Raynald von Chatillon, der Sohn des Fürsten von Antiochien,
und die übrigen berittenen Pullanen flohen in schimpflicher Hast, und
ihre rennenden Streitrosse zertraten die hilflos am Boden liegenden
Verwundeten. Auch Graf Raymund floh mit den Seinigen, und seine
Gegner glaubten darin einen Beweis zu finden, daß er als Verräther
gehandelt habe. Das Fußvolk, welches auf die Höhe des Berges
geflüchtet war, wurde von den Heiden theils in den Abgrund gestoßen,
theils niedergemetzelt, theils gefangen genommen. Am längsten und
wackersten hielten sich die Templer und Johanniter. Doch auch sie
wurden durch den anhaltenden Kampf und die von den dicht zusam-
mengedrängten Felsenmassen abprallenden Sonnenstrahlen so ermattet,
daß Athem und Kräfte die Streitenden verließen. Ein glühender Durst
raubte dem ganzen Heere die Besinnung. Viele der unglücklichen Soldaten, welche nun alle Hoffnung verloren hatten, warfen sich halb
entseelt auf die Erde nieder, und flehten zum Himmel um die letzte
Wohlthat — den Tod. Es ergaben sich den Heiden der König Veit
von Jerusalem, der alte Markgraf Bonifaz von Montferrat, der
Seneschall Josscelin, der Großmeister des Tempels, der Connetable
Aimerich, Honfroy von Toron und Bischof Gottfried von Libba, des
Königs Bruder und Träger des h. Kreuzes, dieses Siegespaniers der
Christenheit, das seitdem niemals wiedergefunden wurde.*)
Der Großmeister der Johanniter, Garnier, hatte sich, als schon

---

*) Der englische Annalist Radulphus Coggeshale versichert zwar S. 557 aus-
drücklich, daß das h. Kreuz in die Hände der Sarazenen gefallen sei (captum ma-
nibus damnatorum). Ebendasselbe erzählt Gaufroy Vinisauf. I. 5. — Hugo Plagon
aber berichtet S. 607: „Nachdem man lange nicht gewußt, wo das h. Kreuz
hingekommen, sei endlich zur Zeit, als Graf Heinrich von Champagne das Reich
Jerusalem verwaltet, zu diesem ein Tempelbruder gekommen und habe eingestanden,
daß er es auf dem Schlachtfelde von Hittin eigenhändig vergraben habe, als keine
Möglichkeit mehr vorhanden gewesen, das h. Marterholz der Gewalt der Heiden
zu entziehen. Er habe sich dann erboten, es wieder zu schaffen, wenn tausend
Mann ihn auf die Wahlstatt begleiten würden. Alle Nachgrabungen während
dreier Nächte — denn bei Tage konnte man es aus Furcht vor den Sarazenen
nicht wagen — seien fruchtlos gewesen. — Vergl. hierüber Wilken, Geschichte der
Kreuzz., Bd. III. Abth. 2. S. 288. — Bertot, I. S. 269 (der Octavausgabe,
Paris 1750).

Alles verloren war, mit Löwenmuth mitten durch die feindlichen
Schaaren durchgeschlagen und erreichte von Wunden bedeckt und sich
kaum noch auf dem Pferde haltend, Askalon, wo er am folgenden
Tage an den Folgen gänzlicher Erschöpfung starb.*)

So wild und grimmig Saladin in der Schlacht war, so sanft
und großmüthig benahm er sich nach erfochtenem Siege gegen seine
gefangenen Feinde. Er empfing die unglücklichen Ritter nicht mit
Hohn und Uebermuth, sondern — wie es einem edlen Krieger geziemt
— mit Achtung und Milde. Nur auf den Fürsten Raynald von Chatillon warf er einen furchtbaren Blick des Grimmes; denn er gedachte
seines Racheschwurs wegen des von Chatillon mitten im Waffenstillstande treulos vergossenen Blutes der Muselmänner. Und als der
König von Jerusalem, welchem Saladin mit Freundlichkeit einen küh-
lenden Trank bieten ließ, nachdem er sich erquickt, den Becher dem
Fürsten Raynald reichte, gebot der Sultan seinem Dolmetscher, dem
Könige zu sagen: „Du reichst ihm den Trank, nicht ich; denn ich will
nichts gemein haben mit diesem Ruchlosen!"

Zu diesem Ausspruche mochte den Sultan die uralte löbliche
Sitte der Araber verleitet haben, welche gebietet, daß, wenn ein Gefangener von seinem Ueberwinder Speise oder Trank empfangen, dieser
sich des Rechtes ihm zu schaden, oder ihn zum Sklaven zu machen,
begibt, ja sogar die Verpflichtung übernimmt, ihn als seinen Gast-
freund gegen Jedermann zu beschirmen. Hierauf ließ Saladin alle
Gefangene, Raynald ausgenommen, durch ein Gastmahl erquicken, und
sich alsdann zu Letzterem wendend, forderte er ihn auf, zur Sühne
seiner Verbrechen nunmehr dem Propheten Mohammed die Ehre zu
geben. Als Chatillon aber standhaft erklärte, daß er nur im christlichen Glauben leben und sterben wolle, erhob sich der Sultan von
seinem Sitze, zog sein Schwert und spaltete im Angesichte Aller eigenhändig mit einem einzigen Hiebe dem Fürsten das Haupt. Dann ließ
er die Gefangenen abziehen; die Templer und Hospitaliter aber, welche
in seine Hände gerathen waren, wurden auf seinen Befehl erwürgt.
Bei dem Anblicke der großen Menge erschlagener Christen auf dem

<hr/>

*) Nach Baudouin und einigen andern Schriftstellern hat dieser Großmeister
nur zwei Monat regiert und soll in der Schlacht bei Tiberias im J. 1187 gefallen
sein. Ihm stimmen Boysart, Bosio und Marulli bei. Doch soll er in einer Urkunde von König Veit von Jerusalem am 1. Febr. 1191 noch als Großmeister
erwähnt werden. S. Boisgelin, Malte anc. et mod. T. II. p. 12. — Cod.
del. Sacr. etc.

Schlachtfelde aber gab er Gott die Ehre und dankte mit Thränen in den Augen und mit emporgehobenen Händen dem Himmel für den erhaltenen Sieg. Solch' ein Zwiespalt von Edelsinn und Grausamkeit lebte in der Seele dieses großen Regenten!

Das Unglück, welches nach dem blutigen Tage bei Hittin über Jerusalem hereinbrach, war unübersehbar. Ohne Truppen, ohne Anführer, ohne die mindeste Aussicht auf Rettung stand das Reich wie eine Waise da und erwartete in stiller Verzweiflung den Augenblick seines Unterganges. Wo sich Salabin immer hinwendete, krönte Sieg seine Laufbahn. Alle christlichen Städte öffneten ihm ihre Thore; die Burgen und Festungen ergaben sich. Schon führte ihn das Schicksal, wie einen Todesengel, umgeben von strahlendem Ruhme, über Gräber und Elend und eine Saat von glänzenden Trophäen vor Jerusalem, wo er dem letzten entscheidenden Siege entgegensah.

Tod oder Unterwerfung waren jetzt die schrecklichen Loose, zwischen welchen die Einwohner zu wählen hatten. Der Königin selbst, welche sich hier eingeschlossen, blieb kein besseres Theil. Sie harrte zitternd der Entscheidung ihres Schicksals. Als aber der stolze Feind auf den Antrag zu Unterhandlungen mit spöttischem Hohne antwortete: „er sei gekommen, die Stadt mit den Waffen in der Hand zu erobern und den Tod so vieler Tausende edler Muselmänner, welche seit Gottfried von Bouillon durch das Schwert der Christen gefallen seien, nun endlich mit dem Schwerte zu rächen," da erwachte vor diesem übermüthigen Stolze noch einmal der Geist der alten Tapferkeit in den Gemüthern der Gläubigen. Man griff mit dem Muthe der Entsagung zu den Waffen; ein Jeder war fest entschlossen, sich eher unter den Trümmern der heil. Stadt zu begraben, als sich der grausamen Willkür eines barbarischen Feindes zu überlassen.

Die Belagerung wurde vierzehn Tage vom frühen Morgen bis zum Abende mit unermüdeter Beharrlichkeit fortgesetzt. Die Priester, Stiftsherren und Mönche stritten bewaffnet auf der Mauer nicht minder, als die Ritter und Bogenschützen. Die Greise, Weiber und Kinder aber, und überhaupt alle, welche durch Alter und Gebrechlichkeit unfähig waren zum Kampfe, durchzogen in Procession die Straßen von einer Kirche zu der andern und flehten um Segen und Beistand für die tapfern Vertheidiger der Stadt. An der Spitze dieser Muthigen kämpfte Balian von Ibelin und machte so häufige Ausfälle, daß den Heiden während des ganzen Tages keine Ruhe vergönnt war. Schon jubelten die Christen in der bedrängten Stadt, als sie eines Morgens sahen, daß die Sarazenen ihre Zelte abbrachen; denn sie wähnten, daß Saladin, durch ihren Widerstand ermüdet, die Belagerung aufzuheben genöthigt sei. Aber wie plötzlich verwandelte sich ihre Freude in das Schmerzgefühl banger Ahnung, als die türkischen Schaaren in dem Thale Josaphat bis zu der Abtei des Calvarienberges hin sich lagerten, auf derselben Stelle, wo die Wallbrüder der ersten großen Heerfahrt vor beinahe hundert Jahren die heilige Stadt bestürmt hatten.

Neue Umzüge wurden auf den Mauern gehalten mit Kreuzen, Reliquien und Panieren unter inbrünstigem Gebete zu Gott und seiner Gnadenmutter. Alles fastete und kasteiete sich. Vornehme Frauen ließen zum Zeichen ihrer Demuth vor dem Allerhöchsten ihre Töchter entkleidet in Wannen, welche vor dem Calvarienberge aufgestellt und mit kaltem Wasser gefüllt waren, bis an den Hals untertauchen, sich und ihnen die Haare abschneiden und von sich werfen. Doch vergebens! Angriff folgte auf Angriff, bis endlich der Sultan dem Adel, den streitenden Rittern und der Königin freien Abzug gestattete. Da nun die letztere, von der noch übrigen Mannschaft begleitet, in Gesellschaft des Patriarchen und ihre zwei kleinen Prinzessinnen an der Hand führend, sich seinem Lager näherte, ging er ihr ehrerbietig entgegen und sprach ihr Worte des Friedens und des Trostes zu. Auf die rührende Bitte mehrer angesehenen Frauen aus dem Hofstaate, ihre gefangenen Männer und Brüder auszuliefern, antwortete er mit einer Thräne, gab sogleich Befehl zu ihrer Befreiung und entließ sie mit kostbaren Geschenken. Den Hospitalitern, von deren menschenfreundlichen Anstalten er Kenntniß genommen, erlaubte er aus freien Stücken, sich noch ein ganzes Jahr, bis zur völligen Genesung ihrer Kranken, in Jerusalem aufzuhalten; denn auch am Feinde achtete er den erhabenen Muth und die Menschenliebe. Er wußte, daß nur das laue Benehmen König Veits und seine eigene Uebermacht sie in seine Fesseln geführt hatte.

Die Johanniterritter hatten mittlerweile in dem Zustande ihrer Bedrängniß, so gut es sich thun ließ, ein Kapitel veranstaltet und waren zur Wahl eines neuen Oberhauptes geschritten. Sie fiel dieses Mal nicht, wie gewöhnlich, auf den tapfersten und klügsten Ordensritter, sondern auf einen alten Mann, der sich blos durch den hohen Grad seiner Rechtlichkeit, durch die kluge Einsicht seines Benehmens und jahrelange Erfahrung zu empfehlen schien.

Ermengard von Aps (Japs).

1187—1192.

An den heiligen Stätten, welche neunzig Jahre früher durch die Tapferkeit Gottfrieds von Bouillon und seiner frommen Kampfgenossen von der schimpflichen Herrschaft der Muselmänner waren befreit worden, übten nun rohe Horden alle Gräuel des Heidenthums. Die Kreuze wurden niedergeworfen, alle Zeichen des Königthums vernichtet, die christlichen Glocken zerbrochen, die Kirchen zum Dienste des Islams eingerichtet. Die Fahne des Halbmondes wehte von der Burg Davids herab, und heidnische Paniere flatterten auf allen Thürmen der Stadt. Die Fakih's und Kabi's nebst andern Priestern des Propheten Mohammed weihten den Tempel Salomonis auf ihre Weise ein und wuschen ihn mit Rosenwasser, welches der Sultan von Damaskus in solcher Menge hatte bringen lassen, daß fünf Kameele an den Gefäßen zu schleppen hatten. An dem Grabe des Gekreuzigten, wo bisher nur Auferstehungsgesänge ertönten, und der einfache Schall christlicher Lieder an die Leiden des Welterlösers mahnte, erscholl jetzt das lärmende Geschrei der muselmännischen Priester, und auf Golgatha stieg ihr jubelnder Ruf: „Allah Akbar!"*) zu den Lüften.

Jerusalem wurde am 12. October 1187 von seinen Vertheidigern übergeben, und am 13. October hielt Saladin seinen feierlichen Einzug in die Stadt. Wer vermuthet nicht in dem Ueberwinder, der auf dem christlichen Boden so viele Häupter muselmännischen Volkes ver-

---

*) Diese Schilderung findet sich bei Radulph Coggeshale S. 572. Am ausführlichsten aber wird die ganze Belagerungsgeschichte, sowie die Einnahme von Jerusalem erzählt von Hugo Plagon S. 615 ff., womit noch Bernard. Thesaurin. c. 163. zu vergleichen ist. Hugo Plagon sagt unter Anderm von der Einweihung des Tempels durch die Mohammedaner ganz naiv: „Il ot mande à Domas por euē rose assez por le Temple laver ains qu'il voisit entrer. Si com l'endit, il en i ot quatre chamiex ou cinq tous chargies, p. 261. Wilken, Gesch. b. Kreuzz. Bd. III. Abth. 2 S. 299 ff.

Der von mir erwähnte Tempel Salomonis ist nicht das von den Römern unter Kaiser Vespasian und Titus zerstörte Prachtgebäude, welches viele Schriftsteller als von den Christen neu aufgebaut anführen, sondern er wurde im Jahre 636 von dem Khaliphen Omar erbaut und zu der Hauptmoschee von Jerusalem erhoben. Erst nach der Eroberung eines Gottfried von Bouillon wurde dieselbe zu einer christlichen Kirche umgestaltet, deren Benennung „Tempel Salomonis" daher kam, weil sie auf den Trümmern jenes Wunderbaues erbaut worden ist. Die Mohammedaner nannten diese Moschee „Alaxa." — Vergl. Vertot, Hist. des chev. hosp. Tom. I. p. 283.

loren hatte, gänzliche Demüthigung seiner Feinde? Doch nein! Der
großartige Sultan, dessen Gefühle für Menschlichkeit nicht erstorben
waren, ließ dem schwachen Könige Veit von Lusignan Mitleiden, den
tapfern Ordensrittern aber, welche sich bis auf das Aeußerste vertheidigt hatten, Freundschaft und Gerechtigkeit widerfahren. Sein
Bruder Malek-al-Abel, der dem Sultan wie an Tapferkeit, so auch
an Großmuth gleich sein wollte, erbat sich von Saladin tausend christliche Gefangene, und als sie ihm waren bewilligt worden, gab er sie
sogleich frei ohne Lösegeld. Diesem Beispiele von Edelmuth folgten
die Emire Malek-al-Mobaffer und Schehabeddin, welche denjenigen
Gefangenen, die aus ihren Statthalterschaften Edessa und Bira gebürtig waren, die Freiheit schenkten. Saladin selbst, als er dies
erfuhr, rief voll Freude aus: „Weil denn mein geliebter Bruder Malek-al-Abel und die Emire Mildthätigkeit, das erste Gebot des Korans, geübt haben, so will auch ich solche üben!" Hierauf ließ er
beim Sonnenaufgang des folgenden Tages die Pforte des h. Lazarus
im südlichen Theile der Stadtmauer öffnen und alle arme Christen,
welche nach strenger Untersuchung keine Kostbarkeiten zur Loskaufung
bei sich trugen, frei abziehen bis zum Abende.

Solche Züge des Edelsinnes und der Feindesgroßmuth verdienen,
sowie sie in den Jahrbüchern der Geschichte glänzen, in der Brust
eines jeden Menschen aufbewahrt und gepflegt zu werden als ein
theures Vermächtniß oder vielmehr als ein geistiger Vorschuß, den
große Männer ihrer schwächeren Nachkommenschaft geleistet, und deren
Schuldschein durch ähnliche große Thaten zu tilgen, ein Jeder nach
Kräften bedacht sein soll. Um so höher aber ist Saladins Edelmuth
zu schätzen, als die Christen bei der Eroberung Jerusalems im Jahre
1099 in ganz entgegengesetzter Weise gehandelt hatten.

König Veit begab sich nach Tiberias zu dem Grafen Rahmund
von Tripolis. Dieser treulose Verräther aber hielt ihn gefangen und
verlangte nun von Saladin die Krone von Jerusalem zur Belohnung
für treugeleistete Dienste. Doch dieser antwortete auf ein solches Ansinnen mit beißendem Spotte; denn längst schon hatte er den niedrigen
Menschen, dessen Talente und Leidenschaften er trefflich zu benutzen
verstanden, aus dem Grunde seines Herzens verachtet. Ein ver-
zweiflungsvoller Tod unter den Martern des heftigsten Wahnsinns
über die Nichterfüllung von Saladin's gegebenem Worte, und die Zer-
trümmerung seiner Pläne machte dem Leben des ehrgeizigen Rahmund's
ein Ende. Als man vor der Beerdigung seinen Leichnam auskleidete,

warb man mit Erstaunen und Abscheu gewahr, daß er ein geheimer Anhänger des Islams war.

Die Königin Sibylla flüchtete unmittelbar nach der Uebergabe der Stadt nach Askalon; die übrigen Einwohner zerstreuten sich nach allen Richtungen hin in die benachbarten Gegenden von Europa und Asien. Um diese Zeit sollen auch die Schwestern des h. Johannes, die Damos de St. Jean, deren Hauptpflicht Krankenpflege und Gebet für den Johanniterorden war, sich vom Getümmel der Waffen zu entfernen, nach Italien und Spanien geflüchtet sein, wo sie besonders in Aragonien mit zuvorkommender Liebe aufgenommen und mit reichen Schenkungen begabt worden sind. Die dortige Königin Sancha, Tochter des Königs Alphons von Castilien und Gemahlin des zweiten Alphons von Aragonien, mit dem Beinamen des Keuschen, stiftete ein Kloster dieser Schwestern zu Sixena, einem Flecken zwischen Saragossa und Leriba, welcher von der Großpriorin Castellana d'Emposta aus der aragonischen Zunge abhängig war.*) In diesem Kloster gedachte sie selbst in stiller Einsamkeit unter geistlichen Betrachtungen die letzten Tage ihres Lebens zuzubringen.

Der bedrängten Christenheit im Oriente blieb nun kein anderes Mittel mehr übrig, als einen Gesandten an die abendländischen Fürsten abzusenden, um diese zu einem neuen Kreuzzuge zu bewegen. Dies schien die einzige Hoffnung, an welcher sich der sinkende Muth noch mühsam aufrecht erhielt. Wilhelm, Erzbischof von Thyrus, der Verfasser einer trefflichen Geschichte von Palästina, ward abgesendet. Ganz Europa gerieth über seine Schilderung von dem unglückseligen Zustande der orientalischen Brüder in Angst und Bestürzung. Cle-

---

*) Die Kleidung der Johanniterinnen oder Schwestern vom Hospital des h. Johannes bestand aus einem scharlachrothen Kleide, über welchem ein Mantel von schwarzem Tuche, mit einer Kapuze zur Kopfbedeckung, getragen wurde. Auf der Stelle des Herzens war ein weißer achteckiger Stern. Eigenthümlich ist, daß sie bei der Einkleidungsceremonie, während sie ihr prächtiges Weltkleid von sich warfen, den Salomonischen Spruch: „Alles ist eitel" in lateinischer Sprache ausriefen: Vanitas! vanitas vanitatum et omnia vanitas! Ihre Verrichtung bestand hauptsächlich darin, daß sie um Mitternacht ihr Lager verließen, sich in der Kirche auf das Chor begaben und die ganze Nacht hindurch ununterbrochen für die Erhaltung des Johanniterordens in Palästina und für die Befreiung der Stadt Gottes beteten. Die Schwestern von Sixena trugen, wenn sie zur Kirche gingen, ein weißleinenes Chorhembe mit engen Aermeln und während des Gottesdienstes zum Andenken an ihre erhabene Stifterin einen Scepter von Silber. Sie gehorchten übrigens, wie die Ritter dieses Ordens, der Regel des h. Augustin. S. Vertot I. Liv. 2. p. 301. — Im Bullar. Rom. die Bulle v. J. 1195. Boisgelin, Bd. II.

mens VIII., der eben jetzt auf den päpstlichen Stuhl erhoben worden, lud seinerseits durch den Cardinal Heinrich, Bischof von Albano, zu einem Kreuzzuge gegen die Sarazenen ein. Kaum war die Kunde davon erschollen, so wachte die Entschlossenheit der Fürsten und der Fanatismus der Völker in seiner alten Größe wieder auf. Alles griff zu den Waffen. Frankreichs und Englands Könige, Philipp II. und Heinrich II., durch hartnäckigen Zwist lange von einander getrennt, hielten zuerst Berathungen in ihren Ländern und legten den Unterthanen, die sich nicht entschließen konnten, das Kreuz zu nehmen, zur Bestreitung der Kosten den sogenannten Saladins = Zehnten auf, d. i. die Entrichtung des zehnten Theiles von ihren Gütern.

Noch waren die Kriegsrüstungen nicht beendigt, als Heinrich von England starb, und sein Sohn, Richard I. (Löwenherz) den Thron bestieg. Kaum fühlte dieser kriegerische Aar seine Schwingen frei und ungebunden, so schickte er auch schon voll Thatenlust ein bedeutendes Heer, mit Mundvorrath und Kriegsbedarf genügend versehen, auf einer Flotte nach dem h. Lande. Von einer gleichen Begierde, das Grab des Erlösers aus den Händen der Ungläubigen zu befreien, entflammt, nahm auch der deutsche Kaiser Friedrich I. Barbarossa das Kreuz, und zog mit seinem Sohne und Nachfolger zu Ostern des Jahres 1189 mit einer mächtigen Armee nach Asien.

Unterdessen hatte Lusignan, der König ohne Land, nach seiner Befreiung aus der Gefangenschaft die schwachen Trümmer seiner Macht noch einmal zusammengerafft und mit Hülfe seines Bruders Gottfried aus den zerstreuten Ankömmlingen des Abendlandes einen kleinen Heerhaufen gesammelt. Die Johanniter und Tempelherren eilten ihm, ihrem alten Bündniß getreu, zu Hilfe, selbst der junge Prinz Konrad, Sohn des Marquis von Montferrat, der sich zum Herrn von Thrus aufgeworfen hatte, ein in jeder Beziehung großartiger Charakter, rückte mit einem Fähnlein verwegener Reisigen gen Ptolemais. Doch der Kampf blieb trotz aller Anstrengung der Christen ungleich. Krankheit und wüthende Ausfälle rieben ganze Haufen ihrer tapfersten Streiter auf. Ein Hauptgrund des allgemeinen Unglücks war der innere Zwiespalt, welcher die Heerführer entzweite, und dessen Veranlassung ein — eingebildetes Königreich war.

Lusignan's Gattin, Sibylla, war gestorben, und durch ihren Tod die Krone von Jerusalem wieder erledigt. Die einzige noch lebende Schwester der Prinzessin, Isabella, war an den Grafen Honfroy von Thoron III. verheirathet. Der ehrgeizige Konrad wußte durch Anmuth und Ueberredung die junge Fürstin so für sich zu gewinnen, daß

sie sich von ihrem Gatten scheiden ließ und dem Gebieter von Thrus
Hand und Krone darbot. Lusignan behauptete seine alten Ansprüche
auf das Reich, Hoofroh sein Recht auf die Haud Isabellens. Der
Ausbruch eines Bürgerkriegs wurde einzig und allein durch die baldige
Ankunft der beiden Könige von England und Frankreich, deren Ent-
scheidung der Streit sollte überlassen sein, verhindert.

Mittlerweile war Philipp August, König von Frankreich, vor
Ptolemais angelangt (13. April 1191).

Richard Löwenherz aber langte, nachdem seine Flotte bei völliger
Windstille längere Zeit im Angesichte des rauchenden Aetna zwischen
den Küsten von Calabrien und Sicilien zurückgehalten worden, über
Creta im Hafen zu Limasol auf Cypern an, ward aber sehr bald
wegen der Härte des Kaisers Isaak Komnenus, Beherrschers der Insel,
gegen die englischen gestrandeten Schiffe, besonders gegen seine schöne
Braut, Prinzessin Berengaria von Sicilien, und gegen seine Schwester
Johanna, die verwittwete Königin von Sicilien, mit diesem in Krieg
verwickelt. Der Kaiser Isaak von Cypern stammte aus per Familie
der Kommenen und war der Sohn des in der Thronfolge zurückge-
setzten Sebastokrator's, der nach dem Willen seines Vaters, des
griechischen Kaisers Johannes Komnenus, zu Gunsten seines jüngern
Bruders Manuel der Krone von Byzanz entsagen mußte. Es gelang
ihm nach einer langwierigen Gefangenschaft bei den Armeniern, theils
durch Betrug, theils durch offene Gewalt, sich der Herrschaft über
Cypern zu bemächtigen.

In der ersten Schlacht, welche die Engländer gegen die Cyprioten
lieferten, stach der löwenherzige Richard mit einer Lanze den Kaiser
vom Rosse, und als dieser auf einem andern Renner sich in das Gebirge geflüchtet hatte, so eroberte er mit eigener Hand das kostbare,
mit Gold durchwirkte Hauptpanier, indem er den Träger desselben
niederrannte. Ein völliger Sieg krönte seine kühne That. Nun ließ
Richard durch die Stimme des Herolds den Frieden verkündigen, und
schon am andern Tage huldigten, der alten Knechtschaft müde, viele
der angesehensten Cyprier dem neuen Könige und leisteten ihm den
Eid der Treue. So ward Richard in funfzehn Tagen Herr der Insel
Cypern mit den festen Städten Limasol, Famagusta, Nicosia, Buffe-
rentum und vielen Burgen, einer Insel, deren reiche Erzeugnisse mit
Leichtigkeit nach dem gelobten Lande ihm zugeführt werden konnten und
dadurch den Unternehmungen seines Heeres gegen die Sarazenen zu
großer Beförderung dienten.

Während der Zeit langte Friedrich mit dem Kriegsheere seines

Vaters, Kaiser Friedrichs I. (Rothbart) in Paläftina an. Eine plötzliche Erkältung bei einem Bade in dem Fluße Cydnus in Cicilien
hatte diesem großen Herrscher den Tod zugezogen. Die Armee, an
deren Spitze sein Sohn vor den Mauern von Ptolemais erschien, war
durch die Beschwerden der Reise, durch Kämpfe, Niederlagen und ansteckende Krankheiten nicht nur ihrer besten Anführer beraubt, sondern
auch über die Hälfte zusammengeschmolzen. Die Belagerung ging
daher nur langsam von statten, und obwohl die Christen mit Heldenmuth ihren Posten behaupteten, so waren doch ihre Kräfte einerseits
zu sehr erschöpft, andrerseits die Macht des Feindes zu groß und die
Anzahl seiner Streiter zu überlegen, als daß sich den Gläubigen eine
freudige Hoffnung hätte eröffnen können. Nur die beiden Orden der
Johanniter und Templer ermunterten durch ihr Beispiel die zaghaften
Gemüther, schlugen jeden der unzähligen Ausfälle des Feindes herzhaft zurück, verfolgten nicht selten seinen fliehenden Haufen bis vor
die Thore der belagerten Stadt, und stellten so durch Muth und Entschlossenheit das Gleichgewicht mit dem zehnmal stärkeren Feinde her.
Doch hatten ununterbrochene Gefechte und gefährliche, lang anhaltende
Krankheiten sich wie zum Untergange dieser letzten Stützen der Christenheit verschworen. Ohne die sehnlich erwartete Erscheinung der Franzosen und Engländer wäre ihre Niederlage unvermeidlich gewesen.

Endlich erschien König Richard im Lager des Kreuzheeres. Seine
Gegenwart und der neue Zuwachs von Streitenden gab der Sache
plötzlich eine andere Wendung. Der Geist der Tapferkeit, welcher von
dem königlichen Anführer ausging, belebte die ganze Armee. Jedweder
eiferte ihm nach, und der gemeinste Mann fand sich geehrt und gestärkt
zugleich durch die Nähe des Helden. Keiner, und war er noch so
tapfer und unerschrocken, that es ihm im Kampfe zuvor. Bei Waffen-
spielen und Turnieren hielt sich nicht leicht ein anderer Ritter gegen
seine Lanze in dem Sattel fest. Allen an Stärke des Körpers überlegen, führte er mit kräftigem Arme das Schwert, und jeder Hieb und
jeder Stoß vernichtete. Aber obwohl es ihm nicht an Erfahrung im
Kriege gebrach, wenn er auch immer im Gefechte der Erste und beim
Rückzuge der Letzte war, so kann man ihn dennoch nichts weniger als
einen ausgezeichneten Feldherrn nennen, noch ihn in dieser Hinsicht
mit dem umsichtigen Saladin vergleichen. Zuweilen thätig bis zum
Uebermaß, ermüdete er nicht selten im Augenblicke der Entscheidung.
In schwierigen Verhältnissen, welche nicht durch Ungestüm überwältigt
werden konnten, bewährte sich weder seine Kraft noch seine Klugheit,
und sein Wille war mehr starr und eigensinnig, und fest und beständig.

6

Die Tapferkeit des löwenherzigen Richard war nicht immer die Tapferkeit eines frommen, für Gott kämpfenden Helden, welcher auch im mörderischen Kampfe und in erbitterter Feindseligkeit die Menschheit ehrt; denn nicht selten befleckte er den Ruhm seiner Thaten durch Grausamkeit und Blutdurst.

Obgleich als Sänger zärtlicher Liebe und sehnsuchtsvoller Wehmuth von der Mit- und Nachwelt gefeiert, verleugnete er in seinem Betragen jede Spur sanfter Empfindung. In gemeinschaftlicher Berathung vermochte er weder durch Beredsamkeit noch durch die überzeugende Klarheit seiner Einsichten die Meinungen zu lenken, sondern er scheuchte entweder durch seinen wildaufbrausenden Jähzorn und seine ungestüme Hitze den Widerspruch zurück, oder erlangte dem Scheine nach die Beistimmung zu seinen Anträgen durch verschwenderische Beschenkung derer, welche ihren Widerspruch unterdrückten. Die natürliche Folge dieses Betragens war, daß je weniger offener Widerspruch gegen seine Pläne und Einfälle räthlich war, um so mehr die heimliche Entgegenwirkung aufgeregt wurde. Auf diese Weise gründete sich das Ansehen, welches sich König Richard bei Untergebenen erwarb, mehr auf Furcht, als auf Achtung und Vertrauen. Bei Gleichgestellten erweckte dies Betragen Neid und Feindschaft.

So beurtheilt die Geschichte, die über Tugend und Laster, über Großthaten und kleinliche Ansichten mit gleicher Unparteilichkeit zu Gericht sitzt, einen der einflußreichsten und besprochensten, aber nicht immer richtig aufgefaßten Charakter des Mittelalters.

Richard gegenüber stand Philipp August, König von Frankreich, ihm an Rang, weil er ein größeres Land beherrschte, überlegen, aber an Ruhm ihm nachstehend. Dieser sah nun mit scheelen Augen Alles nach dem Lager des Königs von England sich hindrängen, wo die Miethtruppen von der freigebigen Hand ihres Gebieters mehr Sold und Freiheiten erhielten, als im französischen Heere. Zum Uebermaße des Unglücks, welches aus der Spannung zwischen den beiden Heerführern hervorging, wurde jetzt auch die alte Zwietracht zwischen Veit von Lusignan und Konrad wieder rege und rief selbst die verjährte Eifersucht zwischen den Franzosen und Engländern ins Leben. Kaum erklärte sich der König von Frankreich für den Markgrafen Konrad, so ergriff der König von England die Partei des Königs Veit, welcher aus der damals zu England gehörigen Grafschaft Poitou herstammte.

Diesem gefährlichen Beispiele folgten Unterfeldherren und Soldaten, Fürsten und Knechte; und da auch die Johanniter und Templer

in ununterbrochener Entzweiung mit einander lebten, so war es natürlich, daß die Letzteren auf die Seite Englands übertraten, sobald
sich die ersteren für die Sache Philipp August's erklärten. Diese
Spannung zwischen den Königen von Frankreich und England, indem
sie, wie es nicht anders geschehen konnte, auch der Geistlichkeit und
den übrigen Pilgern mehr oder weniger sich mittheilte und im ganzen
christlichen Lager eine allgemeine gegenseitige Eifersucht erweckte, hatte
indessen auch einen Wetteifer zur Folge, welcher die Anstrengungen
in der Belagerung fast bis zum Unglaublichen steigerte. Eine Ma-
schine erhob sich nach der andern gegen die Besatzung der Stadt, und
Wurfgerüste aller Art, sowie Sturmbächer von dichtgeflochtenen Baum-
zweigen wurden in großer Zahl aufgestellt. Der Herzog von Burgund, die Tempelherren und Ritter des Hospitals errichteten eine so
gewaltige Petraria (Wurfmaschine), welche man die Strafe Gottes
nannte, und bei der ein Presbyter durch begeisterte Rede die Soldaten zur Arbeit ermunterte, daß die Wirkung der feindlichen Baliste,
welche den Namen „schlimme Base" führte, dagegen gar nicht in
Betracht kommen konnte.

Der innere Zustand der belagerten Stadt wurde mit jedem Tage
bedrängter, weil die große Zahl der christlichen Schiffe, welche an der
Küste von Ptolemais kreuzten, das Meer beherrschte und den Verkehr
mit den Häfen, aus welchen die Stadt früher mit ihren Bedürfnissen
war versorgt worden, und selbst jede heimliche Zufuhr hinderte. Auch
fehlte es an süßem Wasser, nachdem die Christen den Fluß, welcher
die Stadt mit solchem versorgte, abgegraben hatten.

An dem entscheidensten Tage (11. Julius 1191) erlangte der
Ritter Alberich Clemens, des Königs von Frankreich Marschall, welcher
mit dem Gelübde, entweder in die Stadt zu bringen oder diesen Tag
nicht zu überleben, in den Kampf gegangen war, nicht nur die Palme
des Märtyrthums, sondern es erwarb sich auch Gottfried von Lusignan,
welchem an diesem Tage bei dem allgemeinen Sturme der Schutz des
Lagers übertragen war, durch seine tapfere Vertheidigung desselben
unsterblichen Ruhm, denn mehr als zehn Türken, welche schon das
Bollwerk erstiegen hatten, erschlug er mit seiner Streitaxt; viele
andere nahm er gefangen und fuhr fort die Steine, welche ihm seine
Soldaten zutrugen, beharrlich gegen den Feind zu schleudern, obwohl
rings umher das griechische Feuer wüthete und ein Regen von Pfeilen
ihn umschwirrte. Sowohl Christ als Sarazen pries ihn als einen
Helden, welcher den Paladinen Karls des Großen, Roland und Ogier
dem Dänen, gleichgestellt zu werden verdiente.

Der Geist der Entschlossenheit erwachte mit neuem Feuer in der christlichen Armee. Jeder Angriff verdoppelte den Muth der Christen; jeder Kämpfer vergaß in dem entscheidenden Momente den alten Haß und Neid des Nebenmannes und stritt — nun das höchste Ziel — die Rettung der Christenheit vor Augen, mit der Kraft und Kühnheit der Verzweiflung. Jeder Angriff brachte neue Vortheile; das Glück der Ungläubigen aber sank mit jeder Stunde und beschleunigte den Sieg der Christen.

Endlich, am 13. Juli 1191 erfolgte der allgemeine Sturm. Angriff folgte auf Angriff, Bresche auf Bresche wurde gelegt, bis die Ungläubigen, die Unmöglichkeit eines längern Widerstandes einsehend, um Capitulation baten, die ihnen auch gewährt wurde. So kam also durch einen günstigen Vergleich die wichtige Stadt, in welcher die Waffenvorräthe von Aegypten, Syrien, Damaskus und Aleppo, sowie die Schätze des salabinischen Reichs aufbewahrt wurden, in den Besitz der Kreuzfahrer, und von den Thürmen der großen Moschee wehten noch desselben Tages die Paniere der Könige Richard und Philipp herab.

Von jetzt an ward diese Festung der immerwährende Waffenplatz der Wallbrüder. Man schritt unverzüglich nach dem Einzuge in die Stadt zu der Theilung der Beute. Die Ritter Drogo von Merlou und Hugo von Gornay wurden, der erstere vom Könige von Frankreich, der zweite vom Könige von England, jeder mit hundert der tapfersten Gefährten zu diesem Geschäft bevollmächtigt. Philipp erhielt das Haus der Templer, und Richard die Burg. Hierauf räumte man den sämmtlichen Truppen, welche ihren Besitz fernerhin zu behaupten im Stande waren, verschiedene Quartiere ein, schloß jedoch die Pilger der andern Völker aus, welche es schmerzlich empfanden, daß die beiden Könige nur Franzosen und Engländern den Eingang in die Stadt erlaubten, deren Eroberung das mit der Aufopferung von fast 200,000 tapfern Kriegern in zwei mühevollen Jahren vollbrachte Werk der ganzen abendländischen Christenheit war.

Die Johanniter aber, welche seit der Einnahme von Jerusalem ihren Hauptsitz in der phönikischen Bergfeste Margat gehabt hatten, erhielten zur Belohnung ihrer treugeleisteten Dienste die Erlaubniß, sich von nun an in Ptolemais niederzulassen. Hier war es, wo ein Jahr später der Großmeister Ermengard von Aps seine ruhmvolle Laufbahn beschloß, und

Gottfried von Duisson,
1192—1201.

ober Gottfried von Donion, Goffredo di Donion, ein alter französischer Ritter, an seiner Stelle mit dem Mantel des Meisterthums bekleidet wurde. Dieser schlaue Ritter, der seinem Orden mehr durch Gewandtheit und kluges Benehmen, als durch Tapferkeit und festen Willen den althergebrachten Ruf zu erhalten wußte, verstand es trefflich, durch mannigfaches Einmischen in die Liebeshändel und Streitigkeiten der christlichen Fürsten, auch sein persönliches Ansehen zu erhöhen. Seine ihm anvertraute Schaar fand wenig Gelegenheit, ihren Muth an den Tag zu legen. Ein allgemeiner Waffenstillstand war die Folge des so theuer errungenen Sieges von St. Jean d'Acre. Die Kreuzfahrer, deren Armee größtentheils aus Freiwilligen bestand, besonders aber die Pisaner, Genueser und Venetianer, welche das Unternehmen mit Schiffen und Geld unterstützt hatten, sich aber bei der Theilung der Beute übergangen sahen, sehnten sich nach ihrem Vaterlande zurück und eilten nach einer kurzen Erholung unter Segel.

Frankreichs König selbst, durch das immer steigende Ansehen eines Richard Löwenherz entmuthiget, konnte nicht mehr länger Zeuge jener allgemeinen Bewunderung sein und folgte dem von den Italienern gegebenen Beispiele um so mehr, als seine Gesundheit schon seit längerer Zeit, wie viele behaupten, durch heimlich beigebrachtes Gift, bedeutend gelitten hatte. Nachdem er vor seiner Abreise das französische Heer dem Herzog von Burgund übergeben hatte, berannte der unermüdliche Richard die festen Burgen Askalon und Joppe, und entriß dieselben nebst ihrem Gebiete den Händen der Ungläubigen. Nach vergeblichen Unterhandlungen zwischen den von Saladin abgesendeten Emiren und dem Könige von England, unter denen sich selbst der Bruder des Sultans, Malek-al-Abel, um den Frieden bemüht hatte, waffneten sich beide Heere zu einem entscheidenden Kampfe, 300,000 Muselmänner gegen 100,000 Kreuzfahrer.

König Richard theilte die Seinigen in zwölf Schaaren, aus welchen er fünf verschiedene Treffen bildete. Das erste führten die Templer, das zweite die Ritter aus Bretagne und Anjou; im dritten gebot der König Veit mit der Ritterschaft aus Poitou; in dem vierten beschirmten Normänner und Engländer den königlichen Fahnenwagen; und das fünfte Treffen mit der auserlesensten und tapfersten Ritterschaft stand unter der Führung der Hospitaliter. Richard selbst, auf seinem arabischen Streithengst, war bald vorn, bald hinten, stets in einem Kreise um das Heer sich bewegend, wo ihm zur Aufrechthaltung der Ordnung seine Gegenwart am nöthigsten schien. In der Frühe des Morgens setzte sich das christliche Heer in Bewegung, in so dicht geschlossenen Schaaren, daß kein Apfel zur Erde fallen konnte, ohne einen Mann oder ein Roß zu berühren. Um mit ungeschwächten Kräften dem Feinde die Stirn zu bieten, hatte der König den Befehl ertheilt, daß Niemand wider die Türken streifen sollte, bevor in der Mitte und auf den beiden Flügeln durch Trompetenschall das Zeichen zur Schlacht gegeben würde. Kaum aber hatte sich das Vordertreffen unter den Templern den Gärten der Stadt Arsuf genähert, als das wilde Feldgeschrei der Türken: „Allah ill Allah" (es ist kein anderer Gott als Gott!) und „Allah Akbar", d. i. „Gott ist groß!" ertönte, und ihre Heerpauken, Hörner und Trompeten erklangen. In der Ausdehnung von mehr als zwei Rasten erblickte man nichts als flatternde türkische Standarten von den buntesten Farben und Verzierungen.

Am meisten litt der Zug der Hospitaliter, deren Schlachtrosse durch Armbrustschützen aus dem Hinterhalte getödtet wurden, so daß vielen Rittern nichts übrig blieb, als sich unter das Fußvolk zu mischen und sich mit dem Streitkolben und Schwerte gleich den Lanzenknechten zu wehren. Trotz dieser mißlichen Lage vermied der starrsinnige Richard eine Hauptschlacht. Die Brüder vom Hospitale erhielten auf den Bericht von ihrem erlittenen Verluste und ihre Bitte um Aufhebung des Befehls, die Antwort: „der König gebiete, sie möchten ausharren und rückwärts sich vertheidigend in geschlossenen Reihen ihren Marsch fortsetzen."

Als nun die Sarazenen sahen, daß die Christen absichtlich den Kampf mieden, hielten sie dies für Furcht, sprengten auf ihren schnellen Rossen ganz nahe heran und schlugen die Pilger mit Keulen und Morgensternen. Nicht länger im Stande, diesen Schimpf, Schläge und Wunden von den Heiden zu empfangen, ohne wieder zu schlagen und zu verwunden, zu erdulden, rief der Hospitaliter Werner von Stapes voll Verzweiflung aus: „O heiliger Georg, verlässest du also deine treue Ritterschaft und giebst uns der Schmach preis, von den Ungläubigen wie das Vieh geschlachtet zu werden, ohne uns wehren zu dürfen!" Nun ritt der Großmeister Gottfried von Duisson selbst zu dem Könige, um ihm Vorstellungen zu machen; doch auch er erhielt zur Antwort: „Guter Meister, man muß sich fügen, und Niemand kann überall sein!"

Aber die Ungeduld der Ritter ertrug nicht länger den Aufschub.

Der Marschall des Hospitals und der Ritter Balduin von Carno rannten mit dem Schlachtruf: „Heiliger Georg hilf!" mit gezücktem Schwerte wider die Heiden. Da wenden alle Johanniter ihre Rosse und stürmen mit eingelegten Lanzen gegen die türkischen Schaaren; ihnen folgen Graf Heinrich von Champagne mit seiner auserlesenen Ritterschaft, und darunter die Krone derselben, der tapfere Jakob von Avesnes mit seinen Heergesellen, der Graf Robert von Dreux, dessen Bruder, der Bischof von Beauvais, die sämmtliche Mannschaft des Hintertreffens. Nicht lange hernach brachen auch die Ritter aus Poitou, Bretagne und Anjou mit verhängtem Zügel aus dem sie umgebenden Fußvolke hervor, warfen die Feinde, welche von ihren Rossen gestiegen waren, um ihre Pfeile mit größerer Sicherheit zu richten, über den Haufen und begannen mit gewaltigem Geschrei eine mörderische Schlacht.

Nun säumte auch König Richard nicht länger. Von Wuth über diesen Ungehorsam einem gereizten Tiger gleich, flog er auf seinem Renner herbei; den Hospitalitern voran warf er mit seiner Lanze mehre türkische Anführer aus den Sätteln, ergriff sein Schwert und hieb, sich ins dichteste Gewühl werfend, wie ein Rasender um sich her. Unter diesem gewaltigen Kampfe erhob sich ein so dichter Staub, daß die Christen einander nicht mehr erkannten, und mancher Ritter in der wilden Kampflust seinen eigenen Freund und Mitbruder verwundete.

Obgleich Saladin, den Geschossen der Christen Trotz bietend, die Schaaren seiner Krieger stets durchritten und überall, wo die Gefahr am höchsten, sich gezeigt hatte, konnte er die Ordnung nicht länger erhalten; ein unnennbares Schrecken ergriff die Seinigen, Alles löste sich in wilde Flucht auf. Einige bestiegen Bäume, in deren Laube sie vergeblich den Pfeilen der verfolgenden Pilger zu entrinnen hofften; manche flohen in das Gebirge, und andere an die Küste des Meeres, wo sie sich von der Höhe des Ufers herab in die Fluthen stürzten. Die Ungläubigen verloren 8000 Mann ihrer besten Truppen; die Christen nur tausend. Der Sultan selbst behielt nur wenig getreue Mameluken zu seinem Schutze bei sich.

Um der Wuth der verfolgenden Sieger Einhalt zu thun, ließ Saladin alle Städte, welche noch unter seiner Botmäßigkeit standen oder auf dem Wege, den er zum Rückzug nahm, lagen, von Grund aus zerstören. So sank die Stadt Joppe in den Staub. Nur in Bezug auf Askalon, welche Stadt wegen der Schönheit und Pracht ihrer Gebäude, der Festigkeit ihrer Mauern und der sie beschützenden Thürme „die Braut von Syrien" genannt wurde, trug er Bedenken, dem Rathe seiner Freunde Omad und Saniah zu folgen, und sprach unter anderm zu Behaeddin die merkwürdigen Worte, welche die tiefe Bewegung seines edlen Gemüthes ausdrücken: „Bei Allah, lieber wollte ich meine Söhne verlieren, als einen Stein dieser Stadt zerstören; doch was Gott will und die Wohlfahrt der Gläubigen erfordert, möge geschehen." Nach eifrigem Gebete um erleuchtete Einsicht gab er Befehl zur Räumung und gänzlichen Zerstörung Askalons.

Richard Löwenherz schickte sich schon an, durch eine neue Belagerung der Stadt Jerusalem furchtbare Rache an Saladin zu nehmen. Allgemeiner Jubel erscholl von Mund zu Mund, als die Kunde von diesem Entschlusse dem Lager bekannt wurde. Alles stimmte für den schleunigsten Aufbruch, nur die Templer und Johanniter waren dagegen und riethen vielmehr zum Wiederaufbau von Joppe und Askalon, weil sie zu befürchten vorgaben, daß mit der Eroberung der heiligen Stadt der Muth der Gläubigen sinken, und der Enthusiasmus für die Wiederbegründung eines neuen christlichen Reiches aufhören würde. Noch war der König von England unschlüssig, als er die Nachricht von dem Tode des Markgrafen Konrad erhielt, welcher am 28. April unter den Dolchen zweier Assassinen, die sich öffentlich vom Islam zum Christenthum bekehrt und als Mönche verkappt hatten, zu Thyrus gefallen war.

An seine Stelle wurde der Graf Heinrich von Champagne zum Fürsten von Thyrus erwählt, und ihm die Wittwe des Markgrafen zur Gemahlin angetragen. Die Abgeordneten des Grafen Heinrich trafen den König Richard, von dessen Genehmigung er die Annahme des neuen Fürstenthums, sowie den Titel eines Königs von Jerusalem abhängen lassen wollte, in der Gegend von Rambach, wo er auf herumstreifende Sarazenen Jagd machte. Diesem soll Richard, von der unerwarteten Nachricht überrascht, nach einigem Nachdenken zur Antwort gegeben haben: „Da der Markgraf durch Gottes Fügung das Zeitliche gesegnet hat, so frommt kein übermäßiger Schmerz den Lebenden, und weder Wehklagen noch Betrübniß bringt Nutzen dem Todten. Ich billige die Wahl des Grafen Heinrich zum Könige von Jerusalem und überlasse ihm gern Ptolemais mit allem Zubehör, sowie auch Thyrus und Joppe und Alles, was künftig noch erobert werden mag. Doch rathe ich nicht zur Vermählung meines Neffen mit Elisabeth, welche mit dem Grafen im Ehebruch gelebt hat."

Bald darauf fand König Richard durch seine schwankende Gesundheit und durch die drückende Uneinigkeit in seinem Heere sich bewogen, einen Waffenstillstand von drei Jahren, drei Monaten und eben so vielen Wochen mit Salabin abzuschließen. Die Urkunde wurde am 1. September b. J. 1192 (den 22. Schaban b. J. 588 nach der Flucht des Propheten) zwischen Omad, Geheimschreiber des Sultans, und dem Könige Heinrich vollzogen, jedoch den Christen die freie und unentgeltliche Pilgerfahrt nach Jerusalem gestattet. Auch sollten diese die ganze Küste von Jaffa und Thrus besitzen. Die Fortdauer seiner Krankheit, welche nach dem Abschlusse des Waffenstillstandes noch vier Wochen anhielt, bewog Richard, sobald er die Kräfte seines Körpers einigermaßen wieder hergestellt fühlte, in sein Vaterland zurückzukehren. Den 9. October 1192 bestieg er zu Ptolemais ein für ihn eigens ausgerüstetes großes Schiff und verließ, fast ohne alles Gefolge, miß- muthig und in tiefster Stille das Land, wo er vor 16 Monaten mit dem lautesten Jubel religiöser Schwärmerei war empfangen worden.

Richard hatte durch seine in Palästina vollbrachten Heldenthaten seinen Namen unter den Muselmännern gefürchteter, als unter den Christen beliebt gemacht. Noch in späten Zeiten sprachen die Sara- zenen, wenn ein Pferd sich scheute: „Glaubst du, daß der König von England komme?" Und wenn ein schreiendes Kind der Türken sich nicht zum Schweigen bewegen ließ, so drohte die Mutter: „Sei still, oder ich werde den König Richard rufen, welcher dich tödten wird".*)

Dieser Fürst soll, einigen Geschichtschreibern zufolge, noch vor seiner Abreise die Tochter des ehemaligen Kaisers Isaak von Chpern, welche er seiner Schwester zur Erziehung übergeben hatte, mit Beit von Lusignan vermählt und ihm zugleich die Herrschaft dieser Insel abgetreten haben, welche dessen Nachfolger von dieser Zeit an 300 Jahre beherrschten. Indessen mußte Beit die Insel erst den Templern abkaufen, an welche Richard dieselbe verpfändet hatte.

Bald darauf gewann die Aussicht der Christen eine günstigere Richtung. Salabin, dieser Fürst der Fürsten, stand eben im Begriffe, die Früchte seiner heißerrungenen Siege in Frieden zu genießen, als ihn ein galliges Fieber nach zwölftägiger Krankheit im 57. Jahre seines Alters von dem Schauplatze seiner Thaten rief. (3. März 1193.)

---

*) Dieses erzählt Joinville, Geschichtschreiber und Gefährte Ludwigs IX. von Frankreich (Saint Louis) in seiner bekannten naiven Schreibart: „Le Roi Richart fist tant d'armes Outremer à cette foys que il i fu, que quant les chevaus aus Sarazins avoient pour d'aucun bisson, leur mestre leur disoient: cuides tu, fesoient-il à leur chevaus, que ce soit le roi Richart d'Angleterre? Et quant les Enfans aux Sarazinnes breoient, elles leur disoient: taitoy, taitoy ou je irai quere le roi Richart qui te tuera." — Joinville, Hist. de St. Louis (Par. 1761. fol.) pag. 116.

Der Beherrscher vieler reichen Länder, der mächtigste Regent des Orients, hinterließ in seinem Schatze nicht mehr als ein thyrisches Goldstück und 47 Silbermünzen, so daß sein Schatzmeister, der Kadi al Fadel, das Geld erborgen mußte, womit die Kosten des Leichenbegängnisses bestritten wurden.

Kurz vor seinem Tode hatte er seinem Freunde Bohaeddin befohlen, seinen Leichnam in ein einfaches Tuch zu hüllen, ihn so durch die vornehmsten Straßen der Stadt Damaskus zu tragen und vor ihm her ausrufen zu lassen: „Sehet hier Alles, was der große Saladin, der Ueberwinder des Orients, von seinen glänzenden Eroberungen davonträgt!" Sein Leben, so lange er den Herrscherstab führte, war ohne Flecken; jede Ausschweifung war ihm fremd; vollkommener Herr seiner Leidenschaften gab er niemals dem Zorne nach. Er herrschte mit Sanftmuth, nur selten mit Strenge, verzieh gern denen, welche ihn beleidigt hatten, strafte nur im Falle höchster Noth, und selbst manche muthwillige Veruntreuung wurde nur mit gelinder Züchtigung geahndet. Den Klagen und Beschwerden seiner Unterthanen verschloß Saladin niemals sein Ohr, und auch Fremden versagte er nicht ihr Recht. Die Ehrfurcht vor der Heiligkeit des Krieges, den er als treuer Muselmann gegen die Christen führte, hielt ihn stets von jenen Grausamkeiten fern, die Richard Löwenherz nur zu oft aus Mordlust übte, und er behandelte mit Schonung und Milde die überwundenen Feinde. Selbst in der Zeit, in welcher er, als Richard mehre hundert Moslims vor Ptolemais ermorden ließ, sich in die Nothwendigkeit versetzt sah, strenge Rache und Wiedervergeltung zu üben, wenn er sich nicht von seinen Glaubensgenossen den Vorwurf der Gleichgiltigkeit zuziehen wollte, schenkte er gern den gefangenen Christen das Leben, wenn er glaubte, gnädig sein zu dürfen.

Saladin war kein gelehrter Fürst, aber er hatte Bildung und liebte den Umgang mit Gelehrten, vorzüglich solchen, welche seine Ansicht über gewisse dunkle Lehren seines Glaubens berichtigen konnten. Mit keinem Buche beschäftigte er sich lieber als mit dem Koran. Seine Kinder unterrichtete er selbst in den Lehren des Islam nach einem Buche, welches der Scheich Kobbeddin aus Nisabur auf Veranlassung des Sultans eigens dazu verfaßt hatte. Wohlthätigkeit übte er ohne Rücksicht der Religion und des Glaubensbekenntnisses, und pflegte oft zu sagen, daß wahre Wohlthätigkeit ihren hilfreichen Arm über jeden Menschen, über jedes Bedürfniß ausstrecken müsse.

Von seinen Glaubensgenossen wurde er nach seinem Tode als Heiliger verehrt; aber auch die christlichen Ritter priesen ihn, die Sünde des Unglaubens abgerechnet, als ein Muster ritterlicher Tugend.

Seine Staaten theilte er unter elf hinterlassene Kinder; doch warf er dadurch den Apfel der Zwietracht unter seine Söhne. Diesen unaufhörlichen Zwiespalt suchte Saphadin, Saladins Bruder zu benutzen, um sich selbst zum Nachtheile seiner Neffen auf den Thron zu schwingen. Mit Entschlossenheit und Nachdruck griff er bald Diesen, bald jenen an, räumte jeden, der in seine Hände fiel, aus dem Wege, riß eine Herrschaft nach der andern an sich, und thürmte allmälig ein Reich auf, das dem vormaligen an Größe und Macht wenig nachgab.

Diese innern Unruhen in des Feindes Staaten benutzte die Christenheit. Man fand Zeit, sich aufs Neue zu rüsten. Papst Cölestin III. brachte einen neuen Kreuzzug in Anregung, um die gegenwärtigen Umstände zu größerem Vortheile zu benutzen. Ungeachtet der Waffenstillstand noch fortdauerte, rückte das Kreuzheer zu Wasser und zu Lande vor und fing zuerst Feindseligkeiten an. Ergrimmt über diese Wortbrüchigkeit der Christen, machte sich Saphadin mit ungeheurer Heeresmacht auf, überfiel Jaffa und nahm es im Sturme. Mehr als 3000 Pilger und Kreuzfahrer fanden vor den Mauern dieser Stadt ihren Untergang. Ohne Zweifel wäre der Umsturz ihres ganzen Reiches die Folge davon gewesen, wenn nicht die fortdauernden Mißhelligkeiten zwischen den Oberhäuptern der Ungläubigen den Sultan bewogen hätten, den Waffenstillstand auf sechs Jahre zu erneuern.

Niemand ward durch den unglücklichen Ausgang dieses Kreuzzuges mehr gekränkt als König Heinrich von Jerusalem, der mit dem Mißlingen dieses Planes eine Hoffnung nach der andern dahinschwinden sah. Sein Tod war die Folge dieser peinigenden Täuschung, die ihn einer gehofften Krone beraubte.

Von nun an machte Gottfried von Duisson, der Großmeister des Hospitals, der bis dahin in scheinbarer Unthätigkeit gelebt hatte, all seinen Einfluß geltend, um die Königin Isabella zu einer Vermählung mit Amalrich von Lusignan, der nach dem Tode seines Bruders Veit die Krone von Cypern ererbt hatte, zu bewegen. Der Vorschlag des Großmeisters ward ohne Schwierigkeiten angenommen, und durch die Klugheit, mit welcher er diese Angelegenheit am Hofe zu Cypern lenkte, kam die Vermählung in kurzer Zeit zu Stande. Doch nicht lange genoß Gottfried von Duisson der Freude, seinen Wunsch erfüllt zu sehen. Ein schleuniger Tod machte wenige Tage darauf seinen weiteren Plänen ein Ende.

Alfons von Portugal,

1201—1204.

ein Mann von ernster Lebensanficht und strengen Sitten, fromm bis
zur Schwärmerei und tapfer wie ein antiker Heros, durch ungewöhnliche Pünktlichkeit sowohl in Ausübung der militairischen Disciplin als
in der Erfüllung der Ordenspflichten ein Gegenstand allgemeiner Bewunderung, aber von Natur stolz und aufgeblasen, bis zur Hartnäckigkeit fest, und einer von den Charakteren, welche aller Hinder-
nisse unerachtet ihre oft chimärischen Wünsche durchsetzen wollen, —
trat in Duisson's Fußstapfen.

Niemand hielt fester an den Gebräuchen und Gerechtsamen des
Ordens; Niemand trug aber auch mit mehr Unwillen jede Schmä-
lerung derselben und war so bereitwillig als er, jeden Eingriff in die
Ordensstatuten mit der äußersten Strenge zu ahnden. Kaum also
mit dem Schwerte der Gewalt umgürtet, griff er den Mißbrauch an,
daß der weltliche Adel nach seiner Heimkehr aus Paläſtina das Johanniterkreuz trug, welches eigentlich ein ausschließliches Ehrenzeichen
und Eigenthum des Ordensbruders war. Jener Mißbrauch kam daher,
daß viele vornehme Familien sogar ihre unerwachsenen Kinder nach
Asien schickten, damit diese ihre Ausbildung von den Händen der Johanniter empfangen sollten, weil sie überzeugt waren, daß ihr Beispiel
den wirksamsten Einfluß auf die Entwickelung des kriegerischen Geistes
äußern würde. So lange sie nun in Paläſtina für den Glauben des
Erlösers kämpften, war ihnen verstattet, das Ordenskreuz als Zeichen
ihres Berufs zu tragen, welches Vorrecht jedoch mit ihrer Abreise ein
Ende nahm. Bald trat Alfons aber auch als Reformator in dem
Orden selbst auf, welcher es, durch die allzugroßen Reichthümer ver-
wöhnt, in manchen Stücken wohl zu bedürfen schien. Er wollte mehr
Einfachheit und Mäßigung und eine allgemeine Verbesserung der
Oekonomie bewirken. Um dieser neuen Einrichtung desto leichteren
Eingang in die Gemüther seiner Untergebenen zu verschaffen, fing er
bei sich selbst an, verringerte seinen Hofstaat, beschränkte seine Tafel
und entließ alle Diener außer einem Kapellan, einem Hausmeier, zwei
Rittern, einem Turkopolen und einem Pagen. Jedem dieser zurückgebliebenen erlaubte er nicht mehr als ein Pferd; er selbst behielt nur
zwei Streitrosse und ein Maulthier für die Reisen.

Nachdem er diese Einschränkung mit sich selbst vorgenommen
hatte, glaubte er auch zu einem ähnlichen Verfahren gegen die übrigen

Ritter berechtigt zu fein. Die einfache Disciplin aus Raymund von Dupuy's Zeit sollte wieder herrschend werden. Zu diesem Zweck hielt er ein Kapitel zu Margat, auf dem er vortreffliche Gesetze gab, die jedoch ihrer Strenge wegen laute Mißbilligung fanden. Nahrungs= mittel, Kleidungsstücke, Waffen, Bedienung, Alles wurde durch die strengste Reform eingeschränkt. Ein allgemeines Murren zeigte hin= länglich den widrigen Eindruck, den seine Bußpredigten und Beschrän= kungen auf die Gemüther gemacht hatten. Bei der geringsten Vor= stellung, Bitte um Nachsicht oder verzögerter Ausübung des erhaltenen Befehls gebot er in despotischem Tone: „Ich verlange Gehorsam ohne Widerrede!" und gewöhnlich folgte eine Strafe auf den Befehl. Die ganze Versammlung brach in laute Klagen über Unrecht und Be= drückung aus. Viele der Brüder, an ihrer Spitze einer von den be= jahrtesten Rittern, machten die Bemerkung, daß der Orden nicht gewohnt wäre, den despotischen Befehlen seiner Vorgesetzten blindlings Gehorsam zu leisten. Aus Vorstellungen und Gegenvorstellungen ent= zündete sich auf beiden Parteien ungewöhnliche Heftigkeit, und der Eiferung folgte ein gänzlicher Bruch zwischen dem Großmeister und seinen Untergebenen, wodurch ersterer sich genöthigt sah, seine Würde niederzulegen, Palästina auf immer zu verlassen und nach seinem Vaterlande Portugal zurückzukehren, wo er in den Bürgerkriegen sein Leben verlor.

Dieser Vorfall machte die Johanniter behutsamer in der Wahl ihres Oberhauptes. Eine Interimsregierung unter dem Großkomthur war die nächste Folge. Erst ein Jahr darauf trat mit ruhiger Be= sonnenheit das Capitel zusammen und erkor einen ehrwürdigen Greis, dessen sanfter und friedliebender Charakter dem Freunde wie dem Feinde die innigste Hochachtung abgewann, und dessen liebevolles Walten das hohe Zutrauen zu rechtfertigen schien, mit welchem man ihn zur höchsten Würde emporgehoben hatte. Er war ein Franzose von Ge= burt, ein Ritter aus der Touraine, Großprior von Frankreich, und man nannte ihn nur den sanften Bruder.

Gottfried Le Rat.
1204—1207.

Wodurch er sich den Beinamen „Le Rat" erworben habe, ist unbekannt.

Bald nach seiner Ernennung, als der Geist der Kreuzzüge, so vieler mißlungener Versuche ungeachtet, in Frankreich ununterbrochen fortlebte, rief ihn eine zu Konstantinopel ausgebrochene Empörung auf die ernste Bahn der Waffen. Das Kreuzheer, durch die traurigsten Erfahrungen überzeugt, daß der Weg zu Lande durch die Staaten des griechischen Kaisers mit unzähligen Schwierigkeiten verknüpft sei, wendete sich an den Dogen von Venedig, Heinrich Dandolo, um ihn zur Ausrüstung einer Flotte zu bewegen, welche die Wallbrüder nach Ptolemais übersetzen sollte. Der Doge machte sich anheischig, gegen Entrichtung einer Summe von 85,000 Mark Silber nicht nur die bestimmte Flotte, sondern noch 50 Galeeren auszurüsten, welche das Kreuzheer begleiten sollten. Schon lagen die Schiffe segelfertig auf der Rhede, und es fehlte nichts mehr als die Entrichtung der versprochenen Summe von Seiten der französischen Fürsten; aber eben das wäre beinahe die Ursache des gänzlichen Scheiterns dieses Unternehmens geworden. Der größte Theil der Franzosen, welche sich die Unkosten der Beisteuer ersparen wollten, begab sich zu Marseille und in verschiedenen italienischen Hafenstädten unter Segel, anstatt sich in Venedig auf der republikanischen Flotte einzuschiffen. Dieses verursachte einen beträchtlichen Geldmangel unter den französischen Baronen; so daß sie, trotz dem, daß man Silbergeschirre, Kleinodien von Gold 2c. eingeschmolzen hatte, nur die Summe von 50,000 Mark aufzutreiben im Stande waren. Bald wäre das Uebereinkommen rückgängig geworden; doch Dandolo, welcher die Ehre dieses Kreuzzuges mit den Franzosen theilen wollte, erließ ihnen das noch fehlende Geld mit der Bedingung, daß man ihm vorerst zu der Eroberung der Stadt Zara in Dalmatien behilflich sein sollte, welche, obschon seit undenklichen Zeiten unter Venedigs Herrschaft, sich empört und dem Könige Bela von Ungarn in die Arme geworfen hatte. Weil kein anderes Mittel nach Palästina zu kommen übrig war, wurde der Vorschlag angenommen.

So bekämpften nun Christen ohne weitere Ursache ihre Glaubensbrüder, um dadurch zu dem Kampfe gegen die Ungläubigen in den Stand gesetzt zu werden. Nach vielem Blutvergießen öffneten die Dalmatier, unfähig, ihre Freiheit zu behaupten, der mächtigen Braut des abriatischen Meeres die Thore. Mittlerweile war aber die zur Einschiffung nach Palästina günstige Jahreszeit verstrichen, und die Kreuzestruppen mußten sich entschließen, in Dalmatien ihre Winterquartiere aufzuschlagen.

Sobald der erste Frühlingswind wieder zu wehen anfing, machten sich die Kreuzfahrer bereit, mit verdoppelter Eile dem Ziele ihrer Wünsche entgegenzuziehen. Schon waren die Segel gelichtet, als eine

Gesandtschaft aus Constantinopel von Seiten des jungen Alexis Comnenus, mit dessen Schwester Irene sich der Herzog Philipp von
Schwaben, erwählter deutscher Kaiser, vermählt hatte, mit der Bitte
im Lager erschien: die Fürsten des Abendlandes um Beistand für den
alten Kaiser Isaak Angelus gegen dessen eigenen Bruder anzuflehen.

Es hatten nämlich die griechischen Selbstherrscher durch Treulosigkeit, Neid und Familienhaß den Thron von Byzanz zu einem immerwährenden Schauplatz des Mordens und Blutvergießens gemacht.

In der Meinung, durch das Bündniß mit den Griechen, und von
neuen Geldern zur Bestreitung der Kriegskosten unterstützt, mit um so
größerem Nachdruck und zur größeren Ehre Gottes den Kampf
gegen die Ungläubigen zu beginnen, gaben Dandolo und die Fürsten
des Abendlandes ihre Zusage. Sechstausend Franzosen und acht-
tausend Venetianer wagten es, in einem fremden Lande ohne Lebensmittel, ohne irgend einen andern Beistand, als welchen ihnen ihr
Muth und ihre Waffen gewährten, eine Stadt wie Constantinopel zu
belagern, die wenigstens 200,000 wohlgewaffnete Streiter in ihren
Mauern einschloß. Der Angriff wurde zu Wasser und zu Lande gemacht und mit immer neuem Muthe unzählige Male wiederholt.
Alle Anführer des Heeres thaten Wunder der Tapferkeit. Der Doge
selbst, ein Greis von achtzig Jahren, beinahe ganz erblindet, ließ sich
von seinen vornehmsten Officieren mitten unter seine Truppen führen
und munterte mit gezücktem Schwerte alle durch Wort und Beispiel
auf. Doch das Uebergewicht war auf der Seite der Byzantiner, und
all dies Bestreben wäre umsonst gewesen, hätte nicht der Zufall entschieden und der Belagerung plötzlich eine andere Wendung gegeben.

Der Usurpator, umgeben von Verrath und Meineid, seinen eigenen
Leuten nicht mehr trauend, warf sich bei dunkler Nacht verzweiflungsvoll in eine Barke und rettete sich, seine Familie und alle seine Kostbarkeiten übers Meer. Nun öffneten seine ehemaligen Anhänger den
Lateinern die Thore, und bei anbrechendem Morgen bestieg Isaak
wiederum als rechtmäßiger Herrscher den angestammten Kaiserthron.
Doch das traurige Schicksal dieses Fürsten, welcher durch Murzuphlus,
einen Prinzen aus dem Geblüte der Dukas, bald darauf wieder mit Gift
und Dolch verdrängt ward, riß die Kreuzfahrer zum innigsten Mitleid hin.
Sie beschlossen einstimmig, seinen Tod an dem Verräther zu rächen. Die
Belagerung von Constantinopel ward zum zweiten Male unternommen.
Nach kurzem Widerstande stürzten Franzosen und Venetianer mit bewaffneter Faust in die Stadt, bestürmten die Paläste und öffentlichen

Gebäude, besetzten die Thore und überließen sich ganz den Ausschweifungen der Rache und der Habsucht.

Sobald ihre Zornesgluth in etwas gekühlt war, und die Gemüther allmählig ruhiger wurden, dachten sie auf eine neue Kaiserwahl und erhoben Balduin Graf von Flandern fast einstimmig auf den Thron. Die erste Sorge dieses neuen Monarchen war dahin gerichtet, die Sicherheit seines Scepters durch die Vereinigung der Glaubensbande zwischen Griechen und Lateinern zu befördern. Sein Bemühen wurde von Rom aus kräftig unterstützt; Innocenz III. schickte ihm mehre berühmte Kirchenlehrer, um die Zerstörung des Schisma befördern zu helfen. In derselben Absicht rief der Kaiser auch die Johanniter in seine Staaten und schenkte ihnen ansehnliche Besitzungen, sowie überhaupt in der damaligen Zeit kein Fürst in der ganzen Christenheit lebte, der nicht gewünscht hätte, den Orden des h. Johannes von Jerusalem auf seinem Gebiete einheimisch zu wissen, gleich als ob dessen Gegenwart einen segensreichen Flor über seine Herrschaft verbreite. Zu Pisa, Florenz, Verona und andern Städten Italiens und Frankreichs wurden prachtvolle Kirchen und Hospitäler für die Brüder eingerichtet, überall fanden sie Schutz und Pflege und zuvorkommende Aufnahme, in dem entferntesten Europa sowohl, als in dem Wiegenlande ihres Ordens, in Asien. Daher hatte sich auch die Macht des letzteren so gehoben, daß derselbe in den verschiedensten Ländern damals neunzehntausend (die Templer dagegen nur neuntausend) Wohnplätze besaß. Dieser Unterschied im Besitz, in Vorrechten und Ruf konnte nicht verfehlen, die Veranlassung glühender Eifersucht zwischen den beiden Orden zu werden. Ein besonderer Vorfall gab Veranlassung zum Ausbruch offener Feindseligkeiten.

Ein Edelmann, Robert Seguin mit Namen, besaß als Vasall der Johanniter ein Schloß in der Nähe von Margat. Die Templer behaupteten, dieses Schloß gehöre ihnen und nahmen es mit bewaffneter Hand. Robert Seguin beschwerte sich deshalb bei den Johannitern, die sich sofort erhoben und die Tempelherren aus ihrem unrechtmäßigen Besitz vertrieben. Eine blutige Fehde folgte darauf zwischen beiden Orden. Wo Johanniter und Templer einander begegneten, da erfolgten auch Herausforderungen zum Kampfe, und die meisten Bewohner des Landes nahmen Partei für die Einen oder die Andern, so daß ein wahrer Bürgerkrieg wüthete, der es den Christen unmöglich machte, sich mit ihren Kräften gegen die äußern Feinde zu wenden. Erst nach langen Bemühungen des Papstes, des Königs und der Barone wurde ein Frieden — wie gewöhnlich nur ein Scheinfrieden — herbeigeführt.

Die Johanniter sandten dann eine Abtheilung ihrer Ritter nach Cypern, um dort Ruhe und Ordnung zu erhalten, während Amalrich seine Residenz in Palästina nahm.

Allein schon im folgenden Jahre starb Amalrich, König von Cypern, ohne Kinder zu hinterlassen, und seine Gemahlin Isabella, die Königin von Jerusalem, überlebte ihn nur um wenige Tage.

Zwei Kronen waren also auf einmal erledigt, die von Jerusalem erbte Maria, älteste Tochter aus Isabellens zweiter Ehe mit Constantin von Thrus; Hugo von Lusignan, ein Sohn aus Amalrichs erster Ehe, die andere von Cypern. Die neuen Rüstungen, welche Sapharin gegen das Reich Jerusalem unternahm, forderten die ungesäumte Wahl eines neuen Königs. Johann von Brienne, ein eben so kluger als tapferer junger Mann, wurde von dem Könige von Frankreich vorgeschlagen und angenommen. Auch er gab mit der Erklärung seine Zustimmung dazu, daß er baldigst den Wünschen der orientalischen Christen entgegenkommen und mit einer großen Armee in Palästina erscheinen werde. Der Sultan ward dadurch bewogen, auf Verlängerung des Waffenstillstandes anzutragen. Es kam dieser zur allgemeinen Besprechung in dem Fürstenrath, und der Meister des Hospitals, Gottfried le Rät, dem die plötzliche Erscheinung einer so starken Kriegsmacht aus guten Gründen nicht begreiflich schien, war nicht abgeneigt den Vorschlag anzunehmen; ihm stimmte der Deutschordensmeister und der größte Theil des Adels bei; nur der Großmeister des Tempels und die gesammte Priesterschaft lehnte sich mit Nachdruck dagegen auf, und zwar blos um den beiden gehaßten Orden entgegen zu handeln. Unglücklicherweise erhielt die letzte Meinung das Uebergewicht, sodaß die Christen gerade in dem gefährlichsten Zeitpunkte eines für die Zukunft höchst einflußreichen Vortheils beraubt wurden.

Der friedliebende Gottfried, wie der alte ehrwürdige Meister der Johanniter häufig genannt wurde, starb im Jahre 1207.

Guerin von Montaign,

1207—1230.

oder Guarinus de Montacuto aus der Auvergne, sein Nachfolger, fand sehr bald Gelegenheit, eine glänzende Probe seiner weithin berühmten Tapferkeit und Geistesgegenwart abzulegen. Soliman Rovenebbin, Sultan von Iconium, fiel in Armenien ein und verheerte die Gegend

mit Feuer und Schwert. Der Fürst dieses Landes brachte es durch
die Vermittelung Papst Innocenz III. dahin, daß der thatenlustige
Großmeister Montaigu ihm zu Hilfe an der Spitze seiner Heerschaaren
dem Feinde unverzüglich entgegenzog. Der turkomanische Sultan
wurde geschlagen und zur schleunigen Flucht genöthigt. Voll des
Dankes schenkte der Fürst von Armenien den tapfern Johanniterrittern
die Stadt Salagh nebst zwei kleineren Festungen.

Mittlerweile hatte Kaiser Otto IV., in Verbindung mit dem Könige Johann von England, gegen Philipp II. von Frankreich eine
Ligue errichtet und Beide den Untergang dieses Monarchen mit solcher
Gewißheit voraussetzen zu dürfen geglaubt, daß sie seine Staaten schon
vorläufig unter sich getheilt. In der Ebene von Bovines kam es im
Jahre 1214 zu dem merkwürdigen Treffen, welches durch den hartnäckigen Widerstand von beiden Seiten, durch das vergossene Blut und die
Stellung der Schlachtreihen nicht selten mit dem Treffen bei Cannä verglichen worden ist. Außer Philipp befehligte ein Johanniterritter,
Namens Guerin. Rache und Verzweiflung riß die Franzosen zur
wildesten Mordgier hin. Der König thut Wunder der Tapferkeit,
er wirft Alles vor sich nieder, 26 Ritter sinken unter seinem Schwerte
in ihr Blut, und schon schickt sich ein Theil des Feindes zur Flucht
an, als sein Streitroß beim Verfolgen zu Boden stürzt, ein Pfeil ihm
den Hals durchbohrt und er halb entseelt auf die Haufen der Erschlagenen niedertaumelt. Schon ist er umzingelt, da bedecken ihn die
Ritter Montigny und Tristan mit ihren Schildern und fangen die
feindlichen Hiebe mit ihrer Brust und ihren Schwertern auf. Endlich
erholt sich der König, schwingt sich auf Tristans Pferd und bringt
auf's Neue in die Schaaren der Deutschen. Nun galt es die Person
des Kaisers. Alles ruft: „Nehmt Otto IV. gefangen!" Wüthend
stürzen sich die Franzosen in das Mitteltreffen, wo der Kaiser kämpft.
De Trin schleudert seine Lanze auf dessen Brust, die jedoch an dem
schweren Küraß abprallt, Ritter Mauvoisin ergreift die Zügel seines
Pferdes, der junge Graf von Bar faßt ihn beim Ringkragen, der
Seneschall von Anjou sprengt herbei, umschlingt ihn mit seinem kräftigen Arme, und schon beginnt er zu sinken, als die wackern Deutschen
schaarenweise auf sie einbringen und dem Kaiser einen Weg zum Rückzug
bahnen. Otto entkam zwar glücklich, aber der Haß seiner Unterthanen
verfolgte ihn und zwang ihn endlich, die Kaiserkrone niederzulegen.
Der König von England fand in immerwährenden Bürgerkriegen weder
Ruhe noch Zufriedenheit. Nur Philipp genoß die Früchte seines Sieges
in der Bewunderung der Mitwelt.

Gleichzeitig mit diesem Ereignisse überfiel Korradin, Sultan von Damaskus, die Ritterfeste von Akri, in der Hoffnung, bei ihrer Einnahme zugleich die sich dort aufhaltenden Großmeister des Johanniter- und Templerordens nebst der Königin von Jerusalem gefangen zu nehmen. Allein die muthige Bertheidigung der Ritter nöthigte ihn bald wieder zum Abzuge.

Ein neuer Kreuzzug sollte unternommen werden. Besonders eifrig bemühten sich Andreas, König von Ungarn, und die Herzöge Leopold von Oesterreich und Ludwig von Baiern, denselben zu Stande zu bringen. Kaiser Friedrich II. selbst wollte sich an die Spitze stellen, allein die Unruhen in Italien, sowie der Umstand, daß er die Kaiserkrone noch nicht aus den Händen des h. Vaters zu Rom empfangen hatte, hielten ihn einstweilen davon ab. Statt seiner trat König Andreas an die Spitze der Kreuzfahrer und schiffte sich im Jahre 1216 zu Venedig ein, um über den Bosporus und Constantinopel nach Palästina zu gehen.

Während seiner Abwesenheit ereignete sich jene ewig denkwürdige That des Reichsstatthalters und ersten Palatins, deren Billigung einen eben so schönen Beweis edler Gesinnung, wie echter Gerechtigkeitsliebe darbietet. Bankbanus, ein inniger Freund des Monarchen und großer Staatsmann, von eben so unerschütterlichem Geiste als fester Treue, verwaltete in stiller Ruhe das ungarische Reich, als der Graf von Mähren, ein Bruder der zurückgebliebenen Königin, durch die Reize der jugendlich schönen Statthalterin verblendet, Alles aufbot, die schnöde Lust seiner Leidenschaft zu büßen. Die Königin selbst war ihm dazu behilflich, lud das schöne Weib eines Abends zu sich, lockte sie in ein einsames Gemach der Hofburg, wo der schändliche Bruder schon seiner Beute harrte, verschloß dann plötzlich die Thür, verschwand, und überließ die Arme so den strafbaren Begierden des Grafen. Zermalmt von der Last des Gewissens und fast erliegend unter der Bürde ihrer Schande, vertrauerte das unglückliche Opfer in tiefer Melancholie ihr Leben. Lange kam das schreckliche Geheimniß nicht über ihre Lippen, aber desto furchtbarer durchwühlte es ihr Innerstes. Dem seligen Erguß der Gattenliebe allein ward die Entdeckung vorbehalten. Mit schaambedeckten Wangen und sich auflösend in Thränen, lag sie zu des Gatten Füßen; doch mit zärtlicher Sorgfalt hob der edle Bankbanus die gemordete Unschuld auf und brach blos, die eigene Brust von den wüthendsten Schmerzen zerfleischt, in die Worte aus: „Dein Herz ist makellos, wie Deine Schönheit, Du hast kein Verbrechen begangen, Du sollst gerächt werden." Sein ein-

ziger Gedanke war Rache an dem Grafen, allein der schändliche Ver-
führer war entflohen. Jetzt fiel das ganze Gewicht seines Zornes auf
die supplerische Königin; in ihrem Blute wollte er allein die Unschuld
sühnen. Kaum war die That geschehen, so eilte er nach Constantinopel, seinem Könige und Herrn das Geschehene zu berichten. Mit
gelassenem Tone sagte dieser: „Wenn sich die Sache so verhält, wie
Ihr sie mir beschrieben habt, so reiset zurück in mein Reich und fahret
fort, die Strenge der Gerechtigkeit wie bisher, als ein Mann von
Ehre, zu üben.“

Nach mehren Gefechten mit dem Sultan Korradin begaben sich
Andreas und sein Heer wieder nach Europa zurück. Die Kreuzfahrer
aber unter der Anführung Wilhelms I., Grafen von Holland, rückten
vor Damiette, eine Stadt am Nil, welche als der Schlüssel von
Aegypten angesehen werden konnte, um von dieser Seite die Sarazenen anzugreifen. Ein sehr fester Thurm, mitten im Nilstrom erbaut,
galt für diese Stadt als die vorzüglichste Schutzwehr, doch in kurzer
Zeit, obwohl mit großen Opfern, war er in der Gewalt der Christen.
Die Johanniter zeichneten sich auch bei dieser Gelegenheit vortheilhaft
aus und rechtfertigten ihren alten Ruhm. Auf zwei Schiffen, die sie
an einandergefesselt hatten, stürmten sie in wüthendem Anlaufe gegen
den Thurm; allein mitten im Kampfe trennte sich das eine Schiff
los, und die muthigen Kämpfer wurden fast alle eine Beute der
Fluthen. Außer den Johannitern waren die beiden andern militä-
rischen Orden unter den Kreuzfahrern die einzigen, welche dem Feinde
nach allen Seiten die Stirn boten. Gleich einer ehernen Mauer
standen sie da und deckten ihre streitenden Mitbrüder, ohne auch nur
einen Schritt von der Stelle zu weichen. Der Feind nahm daher
seine Zuflucht zu einem gütlichen Vergleiche.

Unterdessen versammelten sich die Mächte von Europa zu Foren-
tino in Campanien, um sich wegen des Beistandes zu berathschlagen,
welchen sie nach Palästina senden wollten. Der alte König von Jerusalem und Guerin von Montaigu, der Meister des Hospitals, durch-
strichen ganz Spanien, Frankreich, England und Deutschland, um neue
Werbungen zu veranstalten. In Palästina ward das Band der Eintracht zerrissen, überall wütheten Haß und Verfolgungsgeist, selbst
unter den drei Orden wurden die Mißverhältnisse und Spaltungen
leidenschaftlicher als je zuvor. Das Reich von Jerusalem glich einem
verlassenen Schiffe, das ohne Mast und ohne Steuermann auf offenem
Meere vom Sturm umhergetrieben wird.

Die fehlgeschlagene Hoffnung, den Kaiser am Ende des Monats

August 1828 an der Spitze des Heeres zu sehen, erhöhte die lange
Besorgniß der Christen in Palästina. Als Friedrich II. aber von
seiner Krankheit, welche der Papst für bloße Verstellung und einen
Vorwand angesehen hatte, genesen war und sich in Brindisi nach
Afris eingeschifft hatte, weigerten sich, auf des Papstes Befehl, die
beiden Großmeister des Templer- und Johanniterordens, unter des
excommunicirten Kaisers Commando bei der Armee zu erscheinen, und
folgten demselben nur in einer gewissen Entfernung, um schleunigste
Hülfe zu leisten, im Falle die Christen den auflauernden Sarazenen
in die Hände gerathen sollten. Viele behaupten, es wäre darum
geschehen, um Friedrich II., auf des Papstes Gregorius des IX. Anstiften, bei schicklicher Gelegenheit in die Hände der Feinde zu liefern.
So viel ist gewiß, daß der Kaiser, von einem Mordanschlage gegen
sein Leben, sowie von einem heimlich angezettelten Aufruhre in seinem
eigenen Lande unterrichtet, einen Waffenstillstand auf 10 Jahre mit
dem Sultan von Aegypten abschloß und sich eiligst nach Europa ein-
schiffte. Nun vertrieb er die Päpstlich-Gesinnten aus seinen Staaten
und gab nicht eher nach, bis der Papst alle seine Unterthanen von
dem Eide der Treue lossprach, ein Unternehmen, welches allem
Schrecken der Empörung den Weg öffnete. Friedrich erhielt endlich
unter der Bedingung die Absolution, daß er sich der Willkür des
Papstes unterwürfig machte und zum Ersatz alles den Tempelherren
und Johannitern zugefügten Schadens verpflichtete.

Dieses Versprechen auf das Pünktlichste erfüllend, hegte er in
seinem Busen nichtsdestoweniger einen unauslöschlichen Haß gegen die
beiden Ritterorden, den er kurze Zeit darauf durch die heftigsten Verfolgungen an den Tag legte. Besonders unglücklich erging es denjenigen Ordensbrüdern, welche sich in Sicilien aufhielten. Als seine
Unterthanen nöthigte er sie, das Kreuz zu nehmen, und vertrieb sie
so unter dem Vorwande, daß sie ihm Jerusalem sollten erobern helfen,
für immerdar aus ihren ruhigen Besitzungen.

Der Unternehmungsgeist der Ritter litt überdieß durch den zehn-
jährigen ungünstigen Frieden, welchen Kaiser Friedrich II. mit dem
Sultan von Aegypten wider den Willen beider Orden schloß, und
vermöge welches Friedens die Christenheit die Stadt Jerusalem, ob-
schon ohne Mauern, zurückerhielt. Unter dem Vorwande, daß die
Besitznahme einer Stadt ohne Mauern, welche eben dadurch jeden
Augenblick dem feindlichen Ueberfalle preisgegeben und folglich keine
Erwerbung sei, dem tapfern Manne nicht gezieme, trennten sich die
Ritter immer mehr von des Kaisers Heere, wogegen sich dieser aber

mit Einziehung ihrer in feinen Erblanden gelegenen Güter zu rächen
fuchte. Der Papft aber bezeigte den Johannittern, was bei feiner Vor-
liebe für die Templer eine Seltenheit war, innige Hochachtung und
ein unbegrenztes Vertrauen in ihre Tapferkeit; denn er gab das
Fürftenthum Antiochien, das Königreich Cypern und die große fpa-
nifche Herrfchaft Albuquerque einzig und allein unter ihren Schutz.
Diefes Zutrauen verdankte der Orden der weifen Führung feines Großmeifters, Guerin von Montaigu. Diefem großen Manne war es
vorbehalten gewefen, die tief eingewurzelten Zwifte der beiden Orden
auszugleichen und die Verföhnung der Johanniter mit den Templern
zu bewirken. Er ftarb im Jahre 1230 und als deffen würdiger Nachfolger trat in die Fußftapfen feines hochachtbaren, ehrwürdigen Vorgängers

Bertrand von Teris,
1230—1240.

oder Bernardo di Tixis, aus der Zunge Auvergne, ein Mann, der,
obfchon nur kurze Zeit mit der höchften Würde bekleidet, mit dem
größten Eifer für die Bedürfniffe des Ordens forgte, unabläffig mit
der Erhaltung des gelobten Landes befchäftigt, das Wohl der
gefammten Chriftenheit ftets im Auge behielt, und fich durch feine
Pflichttreue, fein kluges Benehmen den Beifall feiner Zeitgenoffen,
fowie hohen Ruhm bei der Nachwelt erwarb.

Während des zehnjährigen Waffenftillftandes hatte diefer Meifter
keine Gelegenheit, Proben feiner Feldherrntalente in Paläftina zu
geben, defto mehr aber zeichneten fich feine Ritter in Spanien gegen
die Mauren aus, wo fie dem Könige Jaien von Aragonien das fruchtbare Küftenland Valencia den Händen jener Ungläubigen entreißen
halfen. Durch die Bande der Dankbarkeit an den Orden gefeffelt,
fchenkte ihnen der König Cervera, Askola und mehre wichtige Plätze,
ernannte den großmeifterlichen Statthalter in Spanien und deffen
Nachfolger zu immerwährenden Vormündern feines Sohnes Alfons,
und begünftigte diefelben dergeftalt, daß der junge Prinz von freien
Stücken auf das Recht der Regierung Verzicht leiftete und fein höchftes
Glück darin fuchte, in den Johanniterorden treten zu dürfen.

Seit der Thronentfagung des Grafen von Brienne war das
Reich Jerufalem aufs Neue verwaifet und ohne Oberhaupt; und
wäre gewiß längft ein Raub der Ungläubigen geworden, wenn nicht
die Tapferkeit der Johanniter und Tempelherren noch eine kurze Zeit

die finkenden Kräfte zusammengehalten hätte. Diese beiden Orden
waren bis jetzt die einzigen Stützen des gelobten Landes, denn die
Marianer oder deutschen Ritter waren schon 1226 von dem Her=
zoge Conrad von Masovien gegen die heidnischen Preußen zu Hilfe
gerufen. Ihr damaliger Großmeister, der wackere Hermann von
Salza, sendete zunächst seinen Marschall Hermann Balk und ver=
ließ, nachdem den deutschen Rittern zur Befestigung ihres Wohn=
sitzes das ganze Kulmische Gebiet nebst allen zukünftigen Erobe=
rungen, welche sie den Heiden entreißen würden, zugesichert wor=
den war, im J. 1231 Palästina und zog in die Ostsee=Provinzen,
wo er durch fortgesetzte Kriege das ganze Preußen sowie Lief=
land, Semigalien und Kurland eroberte. Kaiser Friedrich II. und
Papst Gregor IX. bestätigten bald darauf diesen kräftiger blühenden
Ordensstaat.

Unterdessen war es auch wieder zu manchen Reibungen zwischen
Johannitern und Templern gekommen, sowie ferner der Zuwachs an
Gütern und Ansehen, den die Ersteren erhielten, aufs Neue den Reid
der Geistlichkeit erregte und dem ganzen Orden unzählige Verfolgungen
von der Clerisei zuzog. Der Papst selbst machte ihnen in einem eigen=
händigen Schreiben die bittersten Vorwürfe und beschuldigte sie der
gröbsten Ausschweifungen. Durch diese Kränkungen litt vor Allen der
Großmeister Bertrand von Texis; sein Leben welkte dahin und es
bedurfte für ihn nur noch eines Blickes auf den Zerfall der christ=
lichen Macht in Palästina, um der Last des Kummers zu unterliegen.
Er starb im Jahre 1240. Das versammelte Capitel wählte ein=
stimmig den Bruder

Guerin.

1240—1244.[*]

Fra Guarino, dessen Familienname und Vaterland unbekannt
geblieben. In seine Regierungsperiode fällt der unglückliche Kreuzzug
des Königs Theobald von Navarra, welcher nach dem verlorenen
Treffen bei Gaza durch die Tempelherren einen Waffenstillstand mit
dem Emir von Karagh schloß, und sogar mit demselben ein Bündniß

---

[*] Nach Villeneuve=Bargemont von 1231—1236. Ueberhaupt sind die Daten
aus dieser Periode sehr wenig gesichert und es finden sich daher die größten Ab=
weichungen in den Angaben.

gegen den Sultan von Aegypten einging, welchem beizutreten die Johanniter sich aber weigerten.

Bald darauf, als der Sultan von Aegypten mit dem Grafen Richard von Cornwallis, welcher mit einem Kreuzesheere aus England angekommen war, im Einklange mit den Johannitern unterhandelte, nahmen die Tempelherren den Vertrag nicht an, und so blieben diese beiden Orden, mitten zwischen einem doppelten Waffenstillstande, in einem gegenseitigen Kriege. Die Schlange der Zwietracht hatte ihr unseliges Haupt grimmiger als zuvor erhoben. Nur die Koraisminen oder Chowaresmier, eine der Sage nach von den Parthern abstammende und von Tschingis-Khan vertriebene Nation, welche unter Ausührung Barba-Khan's plötzlich in Palästina einfiel, Jaffa zerstörte, und wie ein Schwarm von Heuschrecken die Ebenen von Jerusalem überzog, waren im Stande, die Eintracht auf einige Zeit wieder herzustellen. Um 1238 war nämlich Kamel, Sultan von Aegypten, gestorben und dessen jüngerer Sohn, Malek, der den ältern Bruder vom Throne gestoßen, zeigte die Absicht, das Reich Saladin's wieder unter seiner Herrschaft zu vereinigen. Dem zu widerstreben, verbündete sich sein Oheim Ismael von Damaskus mit den Christen in Palästina, wogegen nun Malek Chowaresmier in seinen Sold nahm und nach Palästina schickte. Die unmenschlichen Horden eroberten zunächst Tiberias und zogen dann gegen Jerusalem, das nur von schwachen Wällen beschützt und von friedlichen Bürgern bewohnt war, die bei der Annäherung der wilden Horden meist die Stadt verließen. Die Barbaren eroberten letztere sehr schnell und verwüsteten sie in schrecklicher Weise. Drei Tage lang dauerte das Morden und Brennen. Weder Kinder noch Greise, die das heilige Grab umklammerten, blieben verschont, und als man seine Wuth nicht mehr an Lebenden auslassen konnte, so verübte man Gräuel an den Todten. Alle Särge wurden den Flammen übergeben, sogar das heilige Grab und die Gebeine Gottfried's von Bouillon blieben nicht verschont. Aehnliche Grausamkeiten und Entweihungen waren nie zuvor innerhalb der Mauern Jerusalems vorgekommen. Die Johanniter und die Templer vereinigten sich zu Ptolemais mit dem Patriarch von Jerusalem und den Baronen des Reichs zur Vertreibung der Chowaresmier und Rettung Jerusalems. Alles, was Waffen tragen konnte, in Thyrus, Sidon und anderen christlichen Städten, eilte zu den Fahnen, um in Verbindung mit dem Fürsten von Damaskus den gemeinsamen Feind zu verjagen. Bei Gaza kam es zur Schlacht. Das christlich muselmännische Heer wurde in drei Haufen aufgestellt; auf dem rechten Flügel die Muselmänner unter dem Fürsten von Edessa, in der Mitte die Templer, auf dem linken Flügel die Johanniter. Zwei volle Tage wurde mit der äußersten Erbitterung gekämpft. Da floh der Fürst von Edessa, nachdem er zweitausend Reiter verloren, nach Damaskus. Die Christen hielten dagegen den Andrang der Feinde aus, bis ihre Kräfte erschöpft und sie selbst von der Uebermacht erdrückt wurden. Ueber 30,000 Christen und Muselmänner hatten Leben oder Freiheit verloren. Besonders die Ritterorden hatten schwer gelitten. Ihre Niederlage war so schrecklich, daß nur 26 Johanniter und 33 Tempelherren mit dem Leben davon kamen. Beide Großmeister fand man in den dichtesten Haufen, ganz mit Wunden bedeckt, unter den Todten. Gleich einer verlassenen Heerde irrten die unglücklichen Brüder im Lande umher über blutige Felder und bejammernswerthe Ruinen ihrer verlornen Herrschaft, aber die Rettung folgte ihnen auf dem Fuße nach, und der Engel der Rache schlug den barbarischen Feind. Unter den Karatsminen selbst erhob sich die Zwietracht mit all' ihren blutigen Gräuelthaten. Diese Barbaren, deren Name schon ein Schrecken für die Christenheit war, kehrten ihre grausamen Waffen nun gegen sich selbst, und rieben sich nach und nach so sehr unter einander auf, daß der Sultan von Aegypten sie in zwei Schlachten ganz vernichten konnte und zuletzt keine Spur mehr von ihnen übrig blieb, selbst ihr Name aus der Geschichte verschwand. Die wackern Ritter vom Hospital hatten sich indeß wiederum gesammelt und einen Mann an ihre Spitze gestellt, welcher unermüdet und unerschrocken das Heiligste vertheidigte. Es ist

Bertrand von Comps,
1244—1248.

des Ordens sechszehnter Meister, aus einer alten Familie der Dauphiné entsprossen, ein Mann von tiefer Einsicht, erprobter Treue und felsenfestem Muthe. Seine erste Sorge war natürlich, die zusammengeschmolzene Ritterschaar durch Herbeirufung entfernter Brüder, namentlich aus England, wieder auf eine ziemlich ansehnliche Zahl zu bringen. Ihm und dem Großmeister der Templer wurde der Schutz der Kirchenversammlung zu Lyon, auf welcher Kaiser Friedrich II. aller Würden entsetzt und geächtet ward, übertragen. Bald aber fand sein Heldengeist Gelegenheit, die Stärke seines Armes und den Muth der ihm anvertrauten Brüderschaar in Ungarn zu erproben, wo es ihm mit Hilfe des Monarchen gelang, die Tartaren aus diesem Reiche zu verjagen. Als der Fürst von Antiochien kurze Zeit darauf von einem turkomannischen Stamme überfallen worden und wie gewöhnlich zu den allgemeinen Rettern in der Noth, den beiden Orden, seine Zuflucht genommen hatte, stand er in unglaublicher Schnelligkeit auf den Gefilden Palästinas und lieferte den Heiden ein ebenso hartnäckiges als blutiges Treffen.

Der Sieg krönte sein Unternehmen, allein er erkaufte ihn mit seinem eigenen Leben und mit dem Verluste der tapfersten Ritter. Die Anzahl der getödteten Christen war so groß, daß der Sieg mehr einer Niederlage ähnlich sah. Sein Nachfolger

Peter von Villebride,
1248—1251.

oder Pietro di Villa-Brida, hatte einen um so schwereren Stand, als, während des Abendlandes Kräfte zwischen den Mongolen, dem lateinischen Kaiserthume in Constantinopel und den päpstlichen Streitigkeiten sich zersplitterten, die Begeisterung für das Land, in welchem der Heiland geblutet hatte, sich mehr und mehr abkühlte. Schon fand das Königreich Jerusalem von dorther nur noch wenig Hilfe. Palästina war verwaist, seine blühenden Fluren verwüstet, Stadt und Land von den heidnischen Koraisminen zerstört. Unter den Fürsten des Abendlandes war der fromme Ludwig IX., König von Frankreich, der einzige, der im Jahre 1248 das Kreuz nahm. Ohne die Aufforderung des Papstes Innocenz IV. abzuwarten, beschloß er schon bei der ersten Nachricht von der unglücklichen Niederlage der Christen durch Barba-Khan, einen Zug nach dem gelobten Lande zu unternehmen. Er dachte von Aegypten aus den Feind im Herzen anzugreifen. Am 28. August kam er in Cypern an, wo ihn König Heinrich von Lusignan, der von dem Papste auch den Titel eines Königs von Jerusalem erhalten hatte, unter lautem Jubel der Bevölkerung empfing, und erwartete im sichern Winterquartiere den andern Theil seiner Armee.

Mit dem ersten Frühlingswinde 1249 ging die königliche Flotte unter Segel und landete in sechs Tagen bei der Hafenstadt Damiette. Hier wurde der König aber mit einem Regen von Pfeilen und Wurfgeschossen empfangen, das ganze Ufer war ringsum mit feindlichen Schaaren besetzt, welche ihm den Eingang in den Hafen zu versperren suchten. Der König, durch diesen hartnäckigen Widerstand auf das äußerste entrüstet, stürzte sich an der Spitze der tapfersten Ritter mit Schild und Speer in die Fluth und erkämpfte mit dem Schwerte

Schritt vor Schritt so viel Erde, als zur ersten Landung nöthig war. Diesem Andrang konnte der Feind nicht widerstehen. Er ergoß sich in die eiligste Flucht, und Furcht und Schrecken liefen vor den Franken her. Die Besatzung der Stadt verließ ihren Posten. Die Einwohner rafften ihre Habseligkeiten zusammen und zogen in die Gebirge von Oberägypten um den Racheschwertern der Christen zu entgehen.

Von Damiette setzte Ludwig IX. mit seiner durch neue aus Frankreich angekommene Truppen verstärkten Schaar seinen siegreichen Weg gegen Kairo fort. Unter immerwährenden Kämpfen und Beschwerden aller Art langten die Kreuzfahrer nach Verlauf eines Monats bei dem Nil-Canale an, welcher unter dem Namen Thanis bekannt ist. Der Bruder des Königs, der junge thatenkühne Graf von Artois, erbat sich sogleich, als durch einen arabischen Beduin eine Furth entdeckt war, welche den Durchgang der ganzen Armee erleichtern und sichern konnte, die Erlaubniß von dem Monarchen, mit den Vorderschaaren zuerst überzusetzen, und versprach heilig, wenn er von den beiden Ritterorden unterstützt würde, dem Kerne der Armee den Uebergang zu sichern, nachdem er zuvor auf das heilige Evangelium geschworen, daß er Nichts unternehmen wolle, bis das ganze Heer festen Fuß gefaßt hätte. Er warf sich in die Furth, erreichte glücklich das Ufer und trieb die feindlichen Reiter, welche das schroffe Gelände desselben vertheidigten, in die Flucht. Durch diesen günstigen Erfolg erhitzt, vergaß er seine Schwüre. Ohne auf die Vorstellungen der beiden Großmeister zu achten, die ihn zu überzeugen suchten, daß die Flucht des Feindes höchst wahrscheinlich nur eine Kriegslist sei, nur der Stimme seiner Tapferkeit folgend, erreichte er fast zu gleicher Zeit mit den Flüchtlingen das Lager und drang tollkühn in die Stadt Massur ein. Zu den Oberhäuptern der beiden Orden, zwei unter den Waffen ergrauten Kriegern, die ihn zur Mäßigung ermahnten, sagte er in bitterem Tone: „An diesem Rathe erkenne ich deutlich die Treulosigkeit der Templer und ihr strafbares Einverständniß mit den Ungläubigen, und ebenso den stolzen rebellischen Geist der Johanniter."

Durch diese Antwort tief verletzt, ruft Renald von Vichier, des Tempels Meister, mit ungestümer Hitze den Seinigen zu: „Vorwärts mit den Fahnen! Sieg oder Tod entscheide heute unser Schicksal! — Wir würden unüberwindlich sein, wenn Eintracht uns verbände, allein die Zwietracht bereitet uns den Untergang." Mit diesen Worten sprengte er wüthend auf Massur los und riß sein Gefolge ohne Ordnung mit sich fort. Schon waren Graf Robert und die beiden Ritterorden mitten in der Stadt, als die Einwohner von allen Seiten aus

ben Häusern mit den Waffen in der Hand hervordrangen und ihnen
Vor- und Rückweg abschnitten, sie von den Dächern herab mit einem
unaufhörlichen Regen von glühendem Sand, mit brennenden Pechkränzen, heißem Waffer, Steinen, Pfeilen und Wurfgeschoffen aller
Art bekämpften, und, was von ihnen nicht unterlag, zu Gefangenen
machten. So wurde die Elite der tapfersten Ordensritter, die unglückliche Schaar, nebst ihrem kühnen Anführer Salisbury, und die Blüthe
des französischen Adels das unglückliche Opfer der Unbesonnenheit
eines tollkühnen Jünglings. Der Prinz selbst bezahlte letztere mit
seinem Leben. Unter den Wenigen, die sich durch den Feindeshaufen
durchschlugen, befand sich der Großmeister der Tempelritter, welcher
mit Wunden bedeckt und nach dem Verluste eines Auges zu der christlichen Armee zurückkam. Peter von Villebride, das Haupt der Hospitaliter, gerieth nebst einigen wenigen Ordensbrüdern in Gefangenschaft;
die übrigen alle fanden den Heldentod.

Ludwigs Schicksal war nicht günstiger; er gerieth selbst auf seinem
Rückzuge nach Damiette nebst seinen Brüdern und der ganzen Ritterschaft in die Gefangenschaft der Sarazenen. Seine Freiheit allein
kostete die Zurückgabe der erwähnten Stadt, und für die Loskaufung
der übrigen Gefangenen wurden ungeheure Summen verwendet. Als
bald darauf der Alte vom Berge eine Gesandtschaft an Ludwig den
Heiligen sendete und einen Tribut für die Sicherheit seines Lebens,
oder wenigstens Schadloshaltung für das an die beiden Ritterorden
zu bezahlende Jahrgeld, verlangen ließ, schickte der König die Abgeordneten an die beiden Großmeister. Peter von Villebride gab stolz
und entschlossen zur Antwort: „Wüßten wir nicht das Völkerecht zu
ehren, so würdet ihr den Lohn für solch einen Antrag tief in dem
Grunde des Meeres finden. So aber geht und sagt Eurem Herrn,
wenn er nicht binnen vierzehn Tagen den König von Frankreich durch
ein eigenes Handschreiben wegen der beleidigten Majestät um Verzeihung bitte, so würde er es mit den ihm wohlbekannten Ordensrittern zu thun haben." Diese Bestimmtheit des Betragens hatte zur
Folge, daß der Fürst der Assassinen dem Könige durch den nämlichen
Gesandten ein Hemd zum Zeichen der Unterwürfigkeit und einen goldenen Ring als Symbol der Treue überreichen ließ.

Meister Pierre de Villebride starb ein Jahr nach der unglücklichen
Schlacht bei Massur, 1251.

Wilhelm von Chateauneuf.

1251—1259.

Guiglielmo di Castel Nuovo, ein Franzose von Geburt, war der Mann, der am meisten Kraft und die meisten Eigenschaften in sich zu vereinigen schien, um als Stütze des Staates die morschen Ueberreste des heiligen Reiches noch zusammenzuhalten. Sein Wille war ernst und fest, der Charakter unbiegsam, das Herz wild, der Geist wie zum Herrschen geschaffen; mit ungewöhnlicher Thatkraft ergriff er die Zügel der Regierung, allein der alte Krebsschade der christlichen Herrschaft in Palästina — die Zwietracht — griff schneller, als je zuvor, um sich, und störte, wie ein böser Dämon, jegliches Gelingen. Die beiden Orden standen sich feindlich gegenüber und befleckten ihre Hände mit Christen- und Bruderblut. Es kam zwischen ihnen endlich sogar zu einem ordentlichen Treffen, wo das Glück der Waffen den Hospitalitern günstig war. Diese hieben die Templer in Stücken, und da Letztere sich nicht ergaben, so blieb, laut dem Chronisten Raynnald (ad a. 1259 n. 61), kaum ein Einziger von ihrem Schwerte verschont, welcher in die verwaisten Häuser seines Ordens die Nachricht von dieser ungeheuren Niederlage bringen konnte *).

König Ludwig IX. schiffte sich am 24. April 1254 von Ptolemais aus wieder nach Frankreich ein, nachdem er die Städte Cäsarea und Jaffa befestigt und eine beträchtliche Summe Geldes zur Weiterführung des Krieges zurückgelassen hatte.

Das kleine Häuflein Ritter, welches in Palästina zu jener Zeit noch übrig geblieben war, fühlte seine Schwäche zu sehr, als daß es nicht durch eine eigene Gesandtschaft die Tempelbrüder im Abendlande hätte einladen sollen, ihre Ordenshäuser in der Auvergne, Frankreich, Spanien u. s. w. mit den Tempelhöfen in Palästina zu vertauschen und so die Mutterstiftungen aufrecht zu erhalten.

Die Johanniter erhielten unter ihrem Meister Wilhelm von Chateauneuf nicht nur die Bestätigung ihrer alten Freiheiten, sondern der Papst beschenkte sie, in Anerkennung ihrer Verdienste, mit dem Kloster auf dem Berge Tabor und dem festen Schlosse Bethania, welches früher Melissinde, Gemahlin des Königs Fullo von Anjou, gegründet und zum Aufenthalte frommer Jungfrauen bestimmt hatte. In

---

*) Ueber diesen merkwürdigen Zwist und die Brüderschlacht s. Matth. Paris. ad a. 1259 p. 987. — Wilcke, Gesch. d. Temp. Ord. B. I. S. 201. — Gieseler Kirchengesch. B. II. 2. Abth. S. 344. — Vertot, (ed. 1755. 8.) L 519. — Bosgolin, II. 17.

dem nämlichen Jahre, als das Brüdertreffen zwischen den Templern und Johannitern stattfand (1259), starb Wilhelm von Chateauneuf. In einer von ihm ausgestellten Urkunde nannte er sich selbst: „Guardianus Pauperum Christi."

Er war ein strenger und gerechter Mann, der eifrig bedacht gewesen war, die alten Ordensregeln wieder zur Geltung zu bringen und die Brüder zu ihrer alten Bescheidenheit und Demuth zurückzuführen. Während der Mahlzeiten wurden Erbauungsschriften vorgelesen, und kein Bruder durfte sich unterfangen, ein Wort zu sprechen. Erst auf die Bitten Rambault's, Priors von Ungarn, ward den Johannitern wieder erlaubt, bei Tische zu sprechen, wenn sie vornehme Personen bewirtheten. Alle Vergehungen strafte Chateauneuf auf das Strengste. Wenn z. B. ein Einzelner oder auch eine ganze Gesellschaft Jemand beleidigt hatten, so mußten sie, auf ausgebreiteten Mänteln sitzend, ihr Mahl an der Erde verzehren und durften dabei nicht einmal die Hunde abwehren, die sich ihnen näherten, um von ihren Tellern zu naschen.

Hugo von Revel.
1259—1278.

Fra Ugone Revello, aus einer alten Familie in der Dauphiné, wurde von dem Capitel zu seinem Nachfolger erwählt. Er ist gewissermaßen, sowie Gilbert von Assalit und Alfons von Portugal, als ein Reformator des Ordens anzusehen. Durch ihn wurden die Einrichtungen des Ordens zu einem bessern Zustande erhoben, eine größere Einfachheit eingeführt, und besonders die ökonomischen Angelegenheiten in eine zweckmäßigere Ordnung gebracht.

Bis dahin waren die verschiedenen Ordensgüter durch verantwortliche Brüder (Religieux comptables) verwaltet, welche die Verwaltungsüberschüsse an die Ordenskasse ablieferten. Da oft aber die ganze Einnahme der Güter zur Deckung der Bewirthschaftungskosten nicht hinreichte, viel weniger einen Ueberschuß lieferte, und andrerseits der Orden bei seinen fortdauernden Kriegen einer festen Einnahme bedurfte, so setzte Hugues de Revel auf einem Kapitel zu Cäsarea für jedes Ordenshaus eine bestimmte Summe fest, die es an die Kasse in Ptolemais abliefern sollte.

Durch diese klugen Maßregeln gewann Hugo mehr Stärke im Innern, beförderte die Eintracht und hielt den Feind von Außen im Zaume. Dessenungeachtet vermochte er nicht zu hindern, daß der

tapfere Ben-Dolbar, Sultan von Aegypten, der Vierte aus dem Geschlechte der Mameluken und Nachfolger Melech-El-Bahet's, die
Festung Assur eroberte und die fast ganz aus Johannitern bestehende
Besatzung dem Propheten zum Opfer brachte, darauf den Hafen von
Jaffa und das Schloß Beaufort schleifte und durch die Verrätherei
des Patriarchen, trotz der heldenmüthigen Vertheidigung von Seiten
der Ordensbrüder, deren 17,000 ein Opfer der feindlichen Grausamkeit wurden, unter seine Botmäßigkeit brachte. — Vor Assur
fielen allein schon 90 Hospitaliter. In den darauf folgenden Jahren
(1269) traf auch dem Tempelorden, der sich durch die Vereinigung
mit den im Abendlande zerstreuten Mitgliedern wieder etwas erholt
hatte, bei der Belagerung von Saphat ein gleiches Mißgeschick.

Hatten sich die Ritter des Hospitals bei Assur schon blutige Lorbeeren gepflückt, so gingen sie in der Festung Karagh, welche sie zwei
Monate lang vertheidigt hatten, Einer für Alle, und Alle für Einen
kämpfend, muthvoll und entschlossen dem gewissen Tode entgegen, und
der Sultan trat über die Leiber der Erschlagenen erst mit dem sterbenden Athemzuge des letzten Johanniters als Sieger in die Stadt.
Nun konnte die Christenheit im Oriente, welche eine Besitzung nach
der andern verloren hatte, nichts mehr retten, als ein schleuniger
Kreuzzug. Dieser kam auch unter Anführung Ludwigs des Heiligen
zum zweiten Male zu Stande; allein er endigte mit dem Leben des
frommen Königs vor Tunis, und Palästina blieb, sowie der Johanniterorden, seinem Schicksale überlassen. Im Jahre 1273 reiste Hugo
von Revel nach dem Abendlande und wohnte der wichtigen Kirchenversammlung zu Lyon bei, wo er den Rang über alle Abgeordneten
und Pairs von Frankreich behauptete.

Auf diesem Concilium schilderten die beiden Großmeister den
traurigen Zustand des heiligen Landes mit beredten Worten. Das
Resultat des Conciliums war der Beschluß, in der ganzen Christenheit von Neuem das Kreuz predigen zu lassen. Philipp von Frankreich, Rudolph von Habsburg, Michael Paläologus und Karl von
Anjou, Bruder des heiligen Philipp und König beider Sicilien, waren
die Ersten, welche dem Aufrufe folgten. Karl von Anjou war dabei
der Eifrigste, weil er sich laut eines von Marie von Antiochien auf
dem Concil ihm gemachten Zugeständnisses als König von Jerusalem
betrachtete, während Hugo III., König von Cypern, offenbar der rechtmäßige König von Jerusalem war, weil er in gerader Linie von Alix
von Champagne, der Enkelin Amalrich's III., Königs von Jerusalem,
stammte. Hugo III. war auch in Thyrus gekrönt, und da nun Karl

von Anjou den Grafen Roger de St. Severin als seinen Stellvertreter nach dem heiligen Laube sandte, so mußte natürlich eine neue Spaltung der Kraft in dem ohnehin schwachen Staate eintreten. Der Großmeister der Templer erklärte sich nach der Rückkehr von dem Concilio für Karl von Anjou, während der Großmeister der Johanniter sich neutral hielt, weil nach altem Ordensgesetze kein Johanniter gegen einen christlichen König kämpfen durfte. Karl von Anjou erkannte aber so wenig des Großmeisters Verhalten an, daß er vielmehr in unrechtmäßiger Weise alle Güter einzog, welche der Johanniter-Orben in seinen Staaten besaß.

Die im Abendlande angeregte Idee zu einem neuen Kreuzzuge fiel mit dem Tode Gregor's. Man hatte auch in Europa zu viel mit sich selbst zu thun und war es nachgerade überdrüssig geworden, in erfolglosen Kämpfen für ein ideelles Königthum das Blut zu vergießen.

Uebrigens war Hugo von Revel der Erste seiner Würde, welchem Papst Clemens IV. in einem Breve vom 18. November 1267 den Ehrentitel „Magnus Magister", Großmeister, beigelegt hat. Früher nannte die päpstliche Curie den Vorsteher des Ordens nur „Meister". Von Kummer und trüben Ahnungen gebeugt sank der Großmeister Hugo in die Gruft.

Nicolaus von Lorgne,

1278—1288.

ein Mann von sanftem und friedfertigem Charakter, ein Greis an Jahren, aber ein Jüngling an Muth und Entschlossenheit, folgte ihm in der Würde des Meisterthums. Seine erste Regierungssorge war es, die Zwistigkeiten zwischen den Johannitern und Templern beizulegen und ihre Kräfte zum Nutzen des christlichen Staates zu vereinen. Mit diesem „frommen Nicolaus", wie er oft genannt wurde, ging gleichsam ein neuer Stern der Hoffnung über dem Orden des h. Johannes auf. Mehr als Wort und Befehl wirkte sein Beispiel zur Aufrechthaltung der Tugend. Obwol an Anzahl, Einfluß und Macht geschwächt, stieg dennoch das persönliche Ansehen der Ritter von Tag zu Tage.

Er hielt in der Absicht, den Orden zu verbessern und die Festung Margat gegen die Treulosigkeit des Sultans Melek-Sais zu vertheidigen, zwei Generalcapitel. Die Sarazenen, welche das Gebiet der Christen bis unter die Mauern der genannten Feste plünderten und verheerten, wurden von den Rittern, welche in dichtgeschlossenen Reihen einen Ausfall aus der Festung machten, zurückgeschlagen und die meisten von ihnen in Stücken gehauen. Durch diese Niederlage nur noch mehr gereizt, unternahm der Sultan im Jahre 1284 eine förmliche Belagerung und zwang die Hospitaliter durch Untergrabung der Veste zu einem Uebereinkommen, vermöge dessen Margat dem Boden gleichgemacht wurde. Zum Andenken an diese Burg sollen einige deutsche Ritter, wie alte Chroniken erzählen, in ihrem Vaterlande eine Festung nach dem nämlichen Plane erbaut und dieselbe Margetheim genannt haben. Dieses Margetheim (jetzt Mergetheim) war lange Zeit im Besitze der Johanniter, wurde aber später Eigenthum und Hauptsitz des deutschen Ordens, als Heitersheim der Hauptsitz des Johanniter-Meisterthums in deutschen Landen geworden war.

Der Sultan bemächtigte sich nun der Stadt Laodicea und war schon im Begriff, Tripolis zu bestürmen, als ihn Melak-Meser vom Throne stieß. Ganz im Geiste seines Vorfahren handelnd, würde er, um die Christen gänzlich aus Asien zu vertreiben, nach der Schleifung von Tripolis den blutigen Krieg fortgesetzt haben, wenn nicht die Furcht vor einem neuen Kreuzzuge aus dem Abendlande ihn bewogen hätte, mit Heinrich II., König von Cypern, einen Waffenstillstand zu schließen. Dieser Heinrich war ein Sohn Hugos III., der nach dem unglücklichen Blutbade der Sicilianischen Vesper zum Nachtheile Herzog Karls von Anjou, Königs beider Sicilien, die Krone von Jerusalem an sich gerissen hatte.

Die Lage der morgenländischen Christen war verzweiflungsvoll. Weder Hilfe von außen noch von innen. Nicolaus Lorgue sah sich genöthigt, seine Zuflucht zu den Fürsten Europas zu nehmen; doch der Geist der religiösen Schwärmerei war verschwunden, und die Früchte seiner Bemühungen waren einige flüchtig zusammengeraffte Truppen, die auf ein paar venetianischen Galeren übergeschifft wurden. Mit dieser letzten unbedeutenden Hilfe langte er vor St. Jean d'Acre an, wo sich Christen von allen Nationen, sowol griechischen als römischen Glaubensbekenntnisses, hingeflüchtet hatten, um wenigstens noch diesen Ort zu halten. Jedoch der Himmel hatte anders über ihn beschlossen und nahm ihn, unter den Empfindungen des innigsten Schmerzes über das traurige Schicksal des h. Landes, in einem hohen Alter zu sich. Unter seinem Nachfolger

Johannes von Villiers
1288—1294.

sank das letzte Blatt von dem entlaubten Baume christlicher Herrschaft

8

in Palästina, und das Reich von Jerusalem stand da als ein blüten-
loser und unfruchtbarer Stamm. Schon im ersten Jahre nach seinem
Regierungsantritte sanken die Städte Tripolis, Sidon, Barati und
Thrus, und 1291 belagerte der Sultan Melek al Aschraph den letzten
festen Punkt Ptolemais, welchen die Ordensbrüder zu ihrem Ritter-
sitze gemacht hatten.

Leider! thaten die Christen selbst das Möglichste, den Untergang
zu beschleunigen. Ptolemais oder St. Jean d'Acre war damals die
reichste syrische Stadt, aber eben deßwegen in einen erschlaffenden und
auflösenden Luxus versunken. Es wohnte dort der König von Jerusalem, der schon erwähnte Heinrich II., mit seiner Familie und seinen
Brüdern, dann die Fürsten von Galiläa und Antiochien, die Stellvertreter der Könige von Frankreich und Cypern, die Grafen von
Joppe und Tripolis, die Herren von Sidon, Beruth, Tiberias rc.
Aber von allen diesen kleinen Fürsten und Herren, die zum Theil
nicht einmal die Staaten besaßen, nach denen sie sich nannten, dachte
Keiner daran, sich, um des allgemeinen Besten willen, dem Andern
unterzuordnen, sondern Jeder schwärmte nur für die Erhaltung seines
Glanzes. Einer stand dem Andern schroff entgegen, Cyprer, Venetianer, Genueser, Pisaner, Florentiner, Engländer, Sicilianer, Johanniter, Templer, einige Deutschritter, wohnten in streng von einander
gesonderten, fast in Belagerungszustand versetzten Quartieren, Alle
unabhängig von einander, jede Nation die andere an Trotz überbie-
tend. A. von Winterfeld erzählt nach einer alten Chronik, daß alle
diese Fürsten, Grafen und Herren mit goldenen Kronen auf dem Haupte,
wie Könige, auf den öffentlichen Plätzen umhergewandelt seien, und
ihr Gefolge Kleider getragen habe, die ganz von Gold und Edelsteinen glänzten. Trotz der drohenden Gefahr habe man in Saus und
Braus gelebt, sich an Festen, Turnieren und Schauspielen ergötzt, gar
nicht daran gedacht, daß der Waffenstillstand einmal ablaufen müsse, und
was dann aus dem Staate — oder vielmehr der Stadt — werden solle.

Indeß dauerte das flotte Leben nicht einmal bis zum Ablaufe
des Waffenstillstandes. Die undisciplinirten Soldaten, welche Nicolas
von Lorgue aus dem Abendlande mitgebracht, schweiften in den Um-
gebungen umher, plünderten Christen und Muselmänner, verletzten
sogar das Gebiet des Sultans von Kairo. Dieser ergriff das als
Gelegenheit, die Feindseligkeiten zu eröffnen und begann die Belagerung von Ptolemais, wie wir schon oben erwähnten. Mit einem
Heere von 60,000 Reitern und 100,000 Fußgängern erschien er und
eröffnete die Belagerungsarbeiten am 5. April.

Entſchloſſen, zu ſiegen ober zu ſterben, ſeßten ſich bie Chriſten
zur Wehr. Belagerer und Belagerte ſtritten mit unermübetem Eifer.
Schon war alle Ausſicht für Leßtere verſchwunden; bie mächtigſte
Stüße ber Chriſtenheit, ber Großmeiſter bes Tempelorbens, war ge=
fallen, ber König von Jeruſalem und Chpern*hatte bie Stabt mit ſei=
nen Leuten verlaſſen, und Johann von Billiers ſtand ganz allein und
vertheibigte mit ben wadern Orbensbrübern bie Thore. Dreihundert
Tempelherren warfen ſich verzweiflungsvoll mit ben Johannitern in
ben Thurm bes Tempels, um von hier aus, als einer Citabelle, bie
Entſcheibung ihres Schidſals abzuwarten. Da ließ ber Sultan ben
Thurm untergraben, währenb bie Sarazenen ihn von außen her be=
ſtürmten, ſo baß ber ungeheure Bau mit einem entſeßlichen Getöſe
niederſtürzte, und Gläubige und Ungläubige unter ſeinen Trümmern
begrub. Mit ber Eroberung von St. Jean b'Acre (1291) befand
ſich nun bas Grab bes Erlöſers und bie ganze h. Erbe in ber Gewalt
von Mohamebs Verehrern. Der kleine Ueberreſt ber Johanniter ſah
ſich gezwungen mit ſeinem Meiſter auf ber Inſel Chpern eine Zufluchts=
ſtätte zu ſuchen.

Auch bie wenigen Schlöſſer, bie ben Templern und ben Johan=
nitern noch an ben Küſten gehörten, konnten jeßt natürlich nicht mehr
an eine Vertheibigung benken, und ihre Beſaßungen ſchifften ſich ba=
her ebenfalls nach Chpern ein.

Dieſe ſchöne, fruchtbare und große Inſel, wo bie Alten nicht um=
ſonſt bie Göttin ber Schönheit, von Zephhren emporgetragen, bem
leichten Schaume bes Meeres entſteigen ließen, welche bie Griechen
Μακαρια, b. i. Aufenthalt ber Seligen nannten, von ber bie liebliche
Chpreſſe ihren Namen hat, und beren herrlicher Wein noch heute
Commandaria (Comthurwein) heißt, wurbe von nun an ber Aufent=
haltsort ber Templer und Johanniter. Die Templer hatten ſie ſchon
von Richarb Löwenherz, ber ſie bem Thrannen Iſaak Komnenius ent=
riß, gegen eine beſtimmte Gelbſumme erkauft, ſahen ſich aber, ber
ununterbrochenen Streitigkeiten mit ben Einwohnern wegen, ſpäterhin
genöthigt, ſie an Richarb wieber zurüdzugeben, welcher ſie alsbann
bem Könige Beit von Luſignan überließ. Seit bieſer Zeit blieb ſie
ein unzertrennliches Eigenthum ber Krone von Jeruſalem.

Von Allem entblößt, was bie bringenbſten Bebürfniſſe bes Lebens
forberten, größtentheils mit Wunben bebedt, ohne Hilfe, ohne Sicher=
heit, glichen bie Johanniter, obgleich ſie König Heinrich gaſtfrei auf=
genommen hatte, Verwieſenen ober Flüchtlingen, zitterten vor bem
Gebanken an bie Zukunft und bebauerten nichts ſo ſehr, als ihre

8*

Brüder überlebt zu haben, denen am Grabe des Erlösers und auf geweihter Erde zu sterben vergönnt gewesen war. Selbst die allgemeine Trösterin der Unglücklichen, die Hoffnung, floh die bedauernswürdigen Ritter, als vollends der unerbittliche Tod täglich Mehre aus ihrer Mitte dahinraffte.

Johann von Villiers, ein über alle Schläge des Schicksals erhabener Mann, hielt es für seine Pflicht, den wankenden Orden emporzurichten und ihn aus der Gefahr der gänzlichen Erlöschung im Orient zu erretten, und berief daher alle in den verschiedenen christlichen Provinzen zerstreuten Johanniterritter zu einem Generalcapitel nach Limisso (Limasol), welche Stadt ihnen. von dem Könige eingeräumt worden war. Nach diesem Aufruf sah man den ganzen Orden in Bewegung, sah man alle Ritter mit edler Bereitwilligkeit Aeltern und Freunde verlassen und ohne Entschuldigung mit Geldmangel oder hinfälliger Gesundheit sich in Limisso versammeln. Sowol Jünglinge als Greise strömten der Meeresküste zu; Jeder eilte, der Erste im Schiffe zu sein. In der That, seit der Entstehung des berühmten Ordens kennt man kein zahlreicheres Generalcapitel, als dieses. Die unbefestigte Lage des neuen Ordenssitzes, der bisher nur der Aufenthalt eines Bischofs gewesen und mehr einem Flecken als einer Festung glich, brachte in dem Generalcapitel einige Ritter auf den Vorschlag, sich in die längs der italienischen Küsten gelegenen Hafenstädte als die sicherste Zufluchtsstätte zurückzuziehen; allein Johann von Villiers und die ersten Häupter des Ordens verwarfen mit edlem Zorne diesen Vorschlag, und führten der Versammlung zu Gemüthe, daß der Geist des Ordens die Entfernung von der Nachbarschaft des gelobten Landes nicht zulasse, sondern daß man vielmehr beständig zum Kampfe gegen die Ungläubigen und zur Eroberung des h. Grabes bereit sein müsse. Diese Meinung wurde mit allgemeinem Beifall aufgenommen und Krieg gegen die Sarazenen zu einem unerschütterlichen Statut des Ordens erhoben.

Jetzt erwachte auch die alte Thätigkeit für die Pflege der Kranken und Armen aufs Neue unter den Brüdern. Unerachtet diese kaum für sich selbst hinlänglichen Raum hatten, sorgte der Großmeister für einen Aufenthalt der Pilgrime und Hülfsbedürftigen. Man bewaffnete die Schiffe, welche die zerstreuten Ordensritter nach Cypern gebracht hatten, begleitete damit die frommen Waller nach Jerusalem, heilte die Kranken zu Limisso, befestigte die Stadt selbst mit Erlaubniß des Königs, und unternahm glückliche Streifereien gegen die Seeräuber. Diese fanden jetzt einen ungewöhnlichen Widerstand in den

Waffen der Johanniter. Der größte Theil der Korsarenfahrzeuge wurde von den tapfern Rittern erbeutet, und diese kehrten von jedem Streifzuge mit reicher Beute beladen in die Häfen von Cypern zurück. Durch wiederholte Siege über die Schiffe des Sultans von Aegypten bereichert, sahen sie sich endlich in den Stand gesetzt, ansehnliche Geschwader auszusenden, deren Flaggen in allen europäischen Meeren geehrt und gefürchtet wurden. Dies war der erste Keim zu der nachmaligen so bedeutenden Seemacht der Johanniter.

Allein gerade das außerordentliche Waffenglück, die reiche Beute und die immer steigende Macht erzeugten unter den Rittern sehr bald Verschwendung und Ueppigkeit. Sie hielten viele Pferde, starkes Gefolge, kleideten sich prächtig, schwelgten an kostbaren Tafeln und thaten es an glänzenden Rüstungen den Fürsten zuvor.

Eine allgemeine Schuldenlast, als natürliche Folge des Luxus, drückte den Orden. Dazu kam noch, daß die Priore seit dem letzten Kriege in Palästina aus eigener Machtvollkommenheit ohne Unterschied der Person und des Standes die Ordenskleidung vertheilt und auf diese Weise den ursprünglichen Adel verletzt hatten. Johann von Villiers that im J. 1292 auf einem Generalcapitel diesem Verfalle der Ordensdisciplin, welcher seinen Grund zum großen Theile in dem damaligen Zustande der Kirche selbst haben mochte, die schon seit mehr als zwei Jahren ohne sichtbares Oberhaupt war, nicht nur Einhalt, sondern setzte neue Verhaltungsregeln für den ganzen Orden fest.

Diese Umbildung, welche er in aller Milde und deßhalb auch mit um so größerem Erfolge vornahm, ist gleichsam als sein politischer Schwanengesang zu betrachten, indem er bald darauf im Jahre 1294 mit dem Nachruhme eines ebenso einsichtsvollen als rechtschaffenen und frommen Mannes starb.

Odo von Pins.
1294—1296.

Fra Odone di Pini, wie ihn die Italiener nennen, aus der Provence abstammend, hatte von jeher unter den Ordensbrüdern als ein Muster der Frömmigkeit und ritterlicher Tugenden gegolten, und bei allen seinen Genossen sich die höchste Achtung erworben. Bei der neuen Meisterwahl konnten daher die Stimmen nicht lange getheilt bleiben. Einmüthig wurde der andächtige Ritter zum Großmeister ernannt. Aber kaum hatte er seine Würde angetreten, so entdeckten die Ordensbrüder mit Schrecken, daß ihm seiner Tugenden ungeachtet doch alle Eigenschaften fehlten, die einem so einflußreichen Oberhaupte

unumgänglich nöthig sind. Von Sonnenaufgang bis spät in die Nacht
lag er am Fuße des Altars im inbrünstigen Gebete versunken, und
bewies sich ebenso kalt als unkundig in der Führung der Waffen.
Die Hospitaliter, deren Ansehen und Einkünfte nur von ihrer Tapferkeit abhingen, waren über die wenige Aufmerksamkeit, welche Odo den
Kriegsübungen widmete, dergestalt unzufrieden, daß sie den Papst um
die Erlaubniß baten, ihn absetzen und einen neuen Meister wählen zu
dürfen.

Der h. Vater (Bonifacius VIII.) berief ihn nach Rom, um seine
Vertheidigung anzuhören, allein der schwache Greis unterlag den Beschwerden der Reise und sühnte das Mißvergnügen seiner Untergebenen mit dem Tode. Noch war die Nachricht von seinem Tode nicht
allgemein bekannt, als

Wilhelm von Villaret,
1296—1309.

aus Languedoc, von den Brüdern schon einstimmig zum Meister erwählt war. Unter diesem neuen Oberhaupte, welches als Großprior
zu St. Gilles in der Provence gelernt hatte, die Ruder der Regierung einer Körperschaft zu führen, welche sich durch Muth und Bie-
dersinn stets auszeichnete, erwachte die kriegerische Thätigkeit des Ordens
aufs Neue. Wilhelm von Villaret reiste unverzüglich nach Cypern,
wo er mit lautem Jubel empfangen wurde. Irdische Güter, diese
Blendwerke so vieler Günstlinge des Glückes, verachtend, führte er
die Ordenszucht auf ihre alte Einfachheit zurück und hatte — wie
gleichzeitige Geschichtsschreiber erzählen — keine Thränen für gemeine
Unglücksfälle, welche gewöhnliche Herzen erschüttern, sondern sammelte
sie alle in seinem menschenfreundlichen Herzen, bis sie stromweise in
dem Augenblicke flossen, der nur zu sehr seine gegründeten Besorgnisse
um das schwindende Wohl der morgenländischen Christenheit bestätigte.
Zu Drangsalen geboren und von Jugend auf mit dem Elende der
Menschheit vertraut, achtete er die Gelübde und Pflichten, welche ihn
an den Orden fesselten, als das höchste Gut.

Im Anfange seines Großmeisterthums stieg das Ansehen der
Brüderschaft so sehr, daß der Kronprinz von Arragonien, Don Juan,
freiwillig der Anwartschaft auf die Regierung entsagte und das Jo-
hanneskreuz nahm. Unter Villaret zeichneten sich die Ordensglieder
durch den Feldzug gegen den Sultan von Aegypten aus, den sie im
Bunde mit Aiton, dem Könige von Armenien, und Kassan, aus dem
Geschlechte Tschingis-Khans, König von Persien und Khan der mon-

golischen Tataren, glücklich unternahmen. Sie schlugen den Sultan, bemächtigten sich seiner Schätze und eroberten im Jahre 1200 die Stadt Camela, ganz Syrien und Damaskus; ja ohne Zweifel wären sie mit siegreichem Arme nach Aegypten vorgedrungen, wenn nicht ihr Bundesgenosse Khassan, durch den Aufruhr Baida's, seines Verwandten, zum Rückzuge genöthigt, das Kriegsheer verlassen hätte.

Bald darauf wurden die Johanniter nebst den Templern in die Unruhen, welche in Cypern ausgebrochen waren, und in den Verdacht feindlicher Mitwirkungen an denselben verwickelt. Die Cyprioten haßten ihren König Heinrich und waren im Begriff, seinem Bruder Almerich das Diadem auf das Haupt zu setzen. Schon der bloße Verdacht, als unterstützten die Ordensritter den Aufstand, war hinreichend, den von Günstlingen umgebenen Monarchen zum äußersten Zorne zu reizen. Er forderte daher einen Tribut von beiden Orden; doch die Johanniter, von jeher gewohnt, selbst an die Könige von Jerusalem keinen andern Tribut, als den ihres Herzblutes zu zahlen, faßten den Entschluß, sich einer Insel in der Nachbarschaft von Palästina zu bemächtigen, wo sie frei von der Willkür eines despotischen Fürsten ungestört die Pflichten ihres Ordens ausüben könnten.

Der Großmeister Villaret hatte sein Augenmerk auf Rhodus gerichtet, umsegelte diese Insel, um ihre Häfen und Festungswerke zu besichtigen, fand aber, daß seine Kraft der Größe des Unternehmens noch nicht gewachsen sei, und segelte daher nach Cypern zurück, um dort umfassende Vorbereitungen zu treffen. Leider erkrankte er gleich nach seiner Rückkehr und starb im J. 1309. Da die Ritter glaubten, daß er seinem Bruder alle seine geheimen Pläne und Absichten mitgetheilt habe, so wählten sie einstimmig diesen zu seinem Nachfolger.

Fulko von Villaret,
1309—1323.

Foulques de Villaret du Languedoc, war ein Ritter ohne Furcht und Tadel, von großem Unternehmungsgeist und ausgezeichneter Tapferkeit, daher der Orden mit Recht auf ihn seine schönsten Hoffnungen gründete.

Unter diesem Großmeister hatten sich zwei Begebenheiten von ganz verschiedener Art — der Untergang des Tempelordens und die Eroberung von Rhodus — vereinigt, die Johanniter auf den höchsten Gipfel des Wohlstandes zu erheben. Das Schicksal Jakobs von Molay und seiner Brüder, die ganze große staatsrechtliche Tragödie, in welcher die Leidenschaft eines Königs und gräßlicher Despotismus triumphirten, und welche von 1306—1314 dauerte, ist zu bekannt, als daß es hier einer weitern Erwähnung bedürfte. Ein großer Theil der Tempelgüter wurde den Johannitern bei der Kirchenversammlung zu Vienne im Jahre 1312 zugesprochen, mit Ausnahme der Herrschaften in Castilien, Arragonien, Portugal und Majorca, welche die Fürsten dieser Länder an sich zogen. Die in Frankreich gelegenen Güter jenes reichen Ordens eignete sich König Philipp der Schöne zu. Außerdem warfen aber mehre Regenten eigennützige Blicke auf die Tempelgüter, und wußten sich, theils mit einem Scheine von Rechtmäßigkeit, theils unter dem Vorwande eines Kreuzzuges, derselben zu bemächtigen. Nur durch einen Aufwand von unermeßlichen Summen konnten endlich die Johanniter, nach jahrelangen Unterhandlungen, ihr Erbrecht geltend machen.

Eifriger als je suchte jetzt der Großmeister Fulko von Villaret seine Lieblingsidee, die Verlegung der Hospitalresidenz an einen andern Ort, durch die Eroberung von Rhodus zu verwirklichen. Seine Politik und die Haupttriebfedern seiner Handlungen war Ruhm, und diesem wollte er durch die unabhängige Herrschaft, welche er dem Orden zu erfechten dachte, die Krone aufsetzen.

Rhodus, diese im Alterthume hoch berühmte Insel, unter dem heitersten Himmel, von 26 Meilen im Umfange, deren Seehandel und Seemacht einst so bedeutend war, daß die Römer ihre Seegesetze annahmen, wo die berühmte Rednerschule des Aeschines war und viele Römer studirten, das Vaterland des Aristophanes, mit seinen verschwundenen Prachttempeln und Palästen, geziert einst mit den Meisterstücken eines Parrhasius, Protogenes, Zeuxis und Apelles, wurde damals von einigen Edlen aus dem Hause Gualla beherrscht, denen der griechische Kaiser Andronikus das Schutzrecht über die Insel anvertraut hatte. Sarazenische Seeräuber hatten von hier aus lange schon unter dem Schutze dieser aufgeworfenen Regenten die christlichen Kaufleute durch unaufhörliche Streifereien beunruhigt, die Gefangenen meist in Kerkern verschmachten lassen, ihre Weiber geschändet und die Kinder zu Sklaven erniedrigt. Die Insel Rhodus den Barbaren zu entreißen, jede Spur wilder Größe zu vertilgen und den Orden zum Fürsten der Insel aufzustellen, war das höchste Verlangen, nach welchem Villaret's erhabene Seele unaufhörlich strebte.

König Philipp von Frankreich und Pabst Clemens V. unterstützten die edle Thätigkeit des Großmeisters mit Geld und der Ausrüstung einer ansehnlichen Kriegsflotte. Zu diesem Zuge hatten sich soviel Streit- und Ablaßlustige Ritter zu Brindisi in Italien versammelt, daß weder der Orden noch Genua und Sicilien genug Schiffe auftreiben konnten, um sie alle überzusetzen. Besonders zahlreich fand sich der deutsche Adel ein, weil er glaubte, es gelte die Eroberung Palästina's. Zu Ende des Jahres 1309 stand Fulko von Villaret mit seiner Flotte am westlichen Ufer der Insel. Noch warf die Morgenröthe zweifelhaft ihre Strahlen in die Dämmerung, als schon die Trompete des Großmeisters zum Sturm von Rhodus rief: „Zum Sturm!" wiederholte plötzlich der einstimmige Zuruf der Johanniter, und ihre glänzenden Flotten folgten. Schon nahten sie sich dem sarazenischen Geschwader und fielen es entschlossen an; die Feinde, durch eine beträchtliche Hilfsarmee des Kaisers unterstützt, schienen zu trotzen. Manches kleine Gefecht lieferte den Beweis, daß die Barbaren zwar mit blindem Ungestüm, aber nicht mit der besonnenen Ruhe christlichen Heldenmuthes zu kämpfen verstanden. Villaret nimmt, als die Gefahr am höchsten ist, die tapfersten Ritter zusammen, sucht mit gierigen Augen den Anführer der Feinde, und stößt, während er ihn sucht, Alles nieder, was ihm das feindliche Oberhaupt verbirgt. Endlich findet er ihn im dicksten Gedränge und streckt ihn mit einem Schwertschlag nieder. Mit ihm entfiel den Sarazenen der Muth und bald waren die Festungswerke genommen; ein Theil der Johanniter schwang die Schwerter über die heidnischen Geschwader, der andere Theil drang an der Spitze der Truppen mitten durch einen Regen von Steinen und Pfeilen bis an die Burg vor. Hier bargen sich noch einige feige Sarazenen, doch es ist zu spät! nirgends ist mehr Schutz, nirgends Hilfe für sie. Die Ritter folgen den Flüchtlingen auf dem Fuße nach und erklimmen mit vereinten Kräften die letzte Schanze: Fulko ist der Erste auf der Mauer und hält das Ordenspanier mit gewaltiger Hand empor. Zwar versuchen zwei Sarazenen ihn wieder hinabzustürzen, doch er haut, rascher als der Adler in seinem Fluge, den einen nieder und schmettert den andern kopflings vom Walle. „Herauf, meine Brüder, mir nach!" ruft er triumphirend aus, und mit diesen Worten bringen die Ordensbrüder unaufhaltsam in das feste Schloß. Ueberall wehet die Kreuzesfahne und Rhodus ist erobert. Denn der Einnahme der Hauptstadt folgte bald die Unterjochung von Lindo, einer auf der Ostseite der Insel gelegenen Festung. Die übrigen Burgen erfuhren das nämliche Schicksal, und nach Verlauf des vierten Jahres befand sich die ganze Insel in den Händen der Johanniter *).

*) Mehre Geschichtschreiber behaupten, daß die Johanniter bei der Eroberung von Rhodus ihr Glück dem schleunigen Beistande Amadeus V., Grafen von Savoyen, mit dem Beinamen „der Große", zu verdanken gehabt hätten. Darum, sagen sie, habe

Zum ewigen Andenken dieses wichtigen Sieges, der so ersprießlich für die Christenheit war, legten alle Nationen Europas den Brüdern des Hospitals von jetzt an einstimmig den Namen der Rhodiserritter bei. Diese wichtige Eroberung erhob ihren Muth zu neuen
Thaten, und die kriegerischen Kräfte des Ordens wuchsen mit jedem
Tage, denn Rhodus war nur ein geringer Bestandtheil des neu er-
worbenen Besitzes. Episkopia, Soli, Limonia, Sirana, Lango, Kolchi,
Leros, Kalamo, Tilo und Cos gehörten zu Rhodus, und über alle
diese Eilande behaupteten die Rhodiserriter während 213 Jahren eine
unumschränkte Gewalt. Dadurch hatte sich der Orden des h. Johannes auf den höchsten Gipfel des Ruhmes geschwungen. Seine Macht
und seine Herrlichkeit ließen sich jetzt mit derjenigen der größten Staaten
Europas vergleichen. Rhodus gewann unter ihm die Blüte seiner
früheren Vollkommenheit wieder. Die Mauern wurden aufgebaut, die
Festungswerke hergestellt, Gewerbe und Handel frei gegeben. Die
Häfen der Rhodiser-Ritter standen der ganzen Welt offen, ihre Flaggen wehten in allen Meeren, und die Ordensschiffe, welche ihre Stärke
mit den Seeräubern und selbst mit den Türken maßen, segelten so
weit, daß kaum die tausendzüngige Fama ihrem kühnen Fluge zu folgen im Stande war.

Aber eben dieser wachsende Ueberfluß äußerer Güter schwächte abermals, wie so oft schon früher, die innere Kraft und drohte der ganzen
Ordensverfassung den Umsturz. Ueppigkeit und Schwelgerei nahmen

er die Buchstaben F.E.R.T. zu seiner Devise gewählt, welche man so erklären müsse:
Fortitudo ejus Rhodum tennit, d. i.: Seine Tapferkeit erhielt Rhodus. Auch soll
er seitdem den Adler von Savoyen aus seinem Wappen verbannt und an dessen
Stelle das Johanniterkreuz gesetzt haben. Allein diese Erzählung verdient aus folgenden Gründen keinen Glauben: Amadeus V. befand sich im J. 1309 gerade in
England am Hofe Eduard's II., dessen Krönung er beigewohnt hat. Im folgenden
Jahre lebte er in Cambery und empfing da den unter dem Namen Heinrich VII.
zum römischen Kaiser erwählten Grafen von Luxemburg. Mit diesem zog er nach
Rom, wo Heinrich die Kaiserkrone aus den Händen des Papstes empfing. Ferner
ist es erweislich, daß Amadeus während dieses und des ganzen folgenden Jahres
den Kaiser nicht verlassen habe; folglich kann er an dem im J. 1310 erfolgten Entsatze der Insel Rhodus keinen Antheil gehabt haben.

Der Wahlspruch FERT wurde aber schon von seinem Vorfahren Ludwig von
Savoyen, welcher 1301 starb, auf Münzen geprägt. Ebenso wenig beweist das Ordenskreuz in dem Wappen; denn außerdem, daß es die Fürsten von Piemont eine
geraume Zeit vorher geführt haben, findet man es auch schon in einem Siegel des
Thomas von Savoyen v. J. 1304. Alles dieses beweist hinlänglich, daß die Johanniter die Befreiung der Stadt Rhodus einzig und allein ihrer Tapferkeit und
der Geistesgegenwart des Großmeisters zu verdanken hatten. S. Vertot, Vol. II.
L. 4. p. 102—104.

die Stelle der bereitwilligen Entsagung ein, Hingebung der Leidenschaft folgte der Selbstbeherrschung, und Verschwendung trat an die
Stelle der Wohlthätigkeit, und Stolz an jene der bemüthigen Krankenpflege. Vergebens warnte das traurige Beispiel der Tempelritter,
umsonst widersetzten sich diesen Ausschweifungen die Aeltesten des Ordens, die Reize des Genusses waren zu verführerisch, und das Betragen des Großmeisters war nur gemacht, die jungen Ritter in allen
ihren Lastern zu bestärken. Es war nicht mehr der alte Fulko, der
keine Mühe gescheut und keine Gefahr zu groß gefunden hatte. Sein
thätiger Heldenmuth ging unter in dem schwelgerischen Genusse sinn-
licher Freuden, seine nachahmungswürdige Enthaltsamkeit verlor sich
in unbegrenzter Ausschweifung. Gegen die alten Ritter stolz und zu-
rückhaltend, verschwendete er seine Gunst an die Fröhner seiner Leidenschaft. Keine Beschwerde, wenn sie auch noch so gerecht war, fand
Gehör bei ihm, kein Ritter, die nächsten Busenfreunde ausgenommen,
verließ ihn ohne heimliches Murren.

Nur einmal noch erwachte der alte Geist der Tapferkeit in ihm,
und alle staunten über die entschlossene Thatkraft ihres Herrn. Rhodus wurde nämlich ein Gegenstand des Neides seiner Nachbarstaaten.
Lange schon arbeitete Ottoman I., ein Abkömmling der turkomanischen
Kaiserlinie dieses Namens, an dem Plane, die Insel zu erobern und
den Orden seinem Scepter zu unterwerfen. Mit einer ungeheuren
Flotte segelte er im J. 1312 vor Rhodus und belagerte die Hauptstadt; doch Fulko, geübt in den Waffen, Anführer und tapferer Sol-
dat zugleich, schlug jeden Sturm zurück, zerstreute die Schiffe des
Sultans und zwang ihn zu schimpflichem Rückzuge.

Um Rhodus gegen ähnliche Angriffe möglichst zu sichern, arbei-
teten die Ritter mit allen ihnen zu Gebote stehenden Kräften an der
Wiederherstellung der beschädigten Mauern und an der Anlegung neuer
Bastionen und Thürme. Dadurch wurde die Stadt Rhodus in kurzer
Zeit einer der festesten Plätze in Europa und Asien.

Bald aber klagte der älteste Adel, daß nie die Schatzkammer des
Ordens zugleich so reich, und die Bedürfnisse der Religionsbrüder so
wenig befriedigt gewesen seien, als jetzt. Da nun vollends der Großmeister diese gerechten Vorstellungen als Treubruch und Verrath aufnahm, begaben sich die Ritter unter den Schutz der Gesetze, und
Villaret wurde im Namen des Ordens vor das Generalcapitel gefordert, um Rechenschaft über die Verwaltung der Güter abzulegen. Mit
Verachtung wieß er das kecke Ansinnen zurück. Jetzt duldeten es die
Ordensglieder nicht mehr länger, eine Verschwörung entspann sich,

und Moritz von Pagnac, ein alter Comthur, von einem rauhen un-
biegsamen Charakter, eifrig in seinen Religionsübungen, sklavisch den
Gesetzen des Ordens anhängend, aber auch streng und verdammungs-
süchtig gegen Alle, die nicht so dachten, wie er, trat er an die Spitze
der Mißvergnügten.

Billaret, dem die Verschwörung war verrathen worden, flüchtete
sich unter dem Vorwande einer Jagdbelustigung in das feste Schloß
Lindo und ließ dem Ordensrathe bekannt machen, daß er wegen jeder
Verfügung, die während seiner Abwesenheit gegen seine Person oder
Würde getroffen werden könnte, an den Pabst appellirte. Dessen ungeachtet vereinigte sich die größere Anzahl der Ritter, entsetzte ihn
seines Amtes und erhob Moritz von Pagnac an seine Stelle. Diese
übereilte Wahl bedrohte den Orden selbst mit einer gefährlichen
Spaltung, denn viele Mitglieder erklärten sich gegen diesen neuen
Meister und wendeten sich ebenfalls an den römischen Hof. Pabst
Johann XXII. ließ sogleich durch zwei Commissarien den Bruder Gerhard von Pins bis zur Entscheidung dieser Angelegenheit zum Großkomthur oder Ordensstatthalter ernennen und die beiden Großmeister
zu sich bescheiden. Die beiden Prätendenten trafen zur bestimmten Zeit
in Avignon ein, wo sich der päbstliche Hof damals aufhielt. Billaret
wurde hier, wie überall, wo er auf seiner Durchreise hinkam, mit
einer Auszeichnung empfangen, die dem großen Rufe seiner Tapferkeit
entsprach. Jedermann sprach von seinen glänzenden Siegen, während
Viele seinen Gegner für einen Rebellen und Friedensstörer erklärten.
Die Furcht vor der Schande einer öffentlichen Entsetzung von seiner
Würde und der Gedanke an die traurige Zukunft, welche ihn der
Triumph seines erbitterten Feindes im voraus erblicken ließ, stürzten
den Ritter von Pagnac in eine Schwermuth, der bald darauf ein
plötzlicher Tod folgte. Der Pabst ergriff nun diese Gelegenheit, Billaret auf eine gewisse Zeit in sein Amt wieder einzusetzen, jedoch mit
dem geheimen Uebereinkömmnisse, daß er nach abgelaufener Frist gleichsam freiwillig niederlegen sollte. Zur Entschädigung wurden ihm die
Einkünfte des besten Großpriorats seines Ordens, Capua, versprochen, die
er auch wirklich gegen das J. 1323 erhielt. Vier Jahre nachher starb er im
Schlosse Teiran, einer Besitzung seiner Schwester in Languedoc, wohin er sich unmittelbar nach seiner Amtsentsagung zurückgezogen hatte.
Sein Leichnam wurde zu Montpellier in der Kirche zu St. Johann
begraben.

Bemerken müssen wir hier, daß der größte Theil der Ritter über
den Urtheilsspruch des Papstes sehr unwillig gewesen war. Nament-

lich waren die deutschen Ritter über die Wiedereinsetzung Villarets in die Würde eines Großmeisters so empört, daß sie, die durch Erwerbung der Templer-Güter, namentlich in der Mark, sehr mächtig geworden waren, nach Brandenburg gingen, wo sie später einen selbstständigen Herrenmeister wählten.

Während diese Zwiste den Orden von innen beunruhigten, bedrohte Orkan, oder Urcham-Gazi, der Sohn und Nachfolger des Sultans Ottoman, die Insel Rhodus mit einem Ueberfalle. Seine Absicht war, daselbst nach Vertreibung der Johanniter eine Pflanzschule von Mohamedanern, Türken und Arabern anzulegen, welche zum größten Theile aus den Eingeborenen der Insel bestand, die früher von den Ordensrittern vertrieben waren. Schon hatte er die Weiber, Kinder und Greise auf der kleinen Insel Episkopia, deren er sich im Vorübergehen bemeistert hatte, abgesetzt und war auf Rhodus losgesteuert, als Gerhard von Pins, des Ordens Statthalter, nicht gesonnen, den Feind innerhalb der Mauern abzuwarten, mit vier Galeeren, einigen Fregatten und zwei Kauffahrteischiffen (der ganzen Seemacht, welche im Hafen lag, indem die meisten Schiffe gegen die Seeräuber ausgelaufen) dem Sultan entgegen eilte und ihn selbst zuerst angriff. Die Ritter lenkten ihre Fahrzeuge mit solcher Schnelligkeit und Kunst, daß sie bald einen Theil der feindlichen Flotte in den Grund gebohrt, den andern erobert und die ganze Schiffsmannschaft zu Gefangenen gemacht hatten. Auf Episkopia ließ der Großkomthur alle Sarazenen, die sich zur Wehre setzten, niederhauen, Kinder und Weiber aber als Sklaven verkaufen, um mit einem Beispiele alle Eroberer von ähnlichen Plänen gegen Rhodus für immerdar abzuschrecken.

Allein auch jetzt reiften die wohlthätigen Früchte des Friedens nicht in diesem Staate. Seine Helden, nicht groß genug, um das, was sie mit Muth erfochten, mit Weisheit zu erhalten, vergeudeten die Vortheile des Sieges. Die Unruhen unter ihnen dauerten fort, die mit der Empörung unter Fulko von Villaret begonnen hatten. Schlecht bemannt und unthätig lagen die Schiffe im Hafen, die beschädigten Festungswerke blieben zertrümmert, einer um den andern von den Rittern verließ die Insel, und die sonst so furchtbare Flotte war von der See verschwunden.

In diesem Zustande fand den Orden

Helion von Villeneuve,
1323 — 1346.

Elione di Villa-Nuova aus der Provence, welcher schon im Jahre

1323, in welchem Fulko von Billaret fein Amt niedergelegt hatte, vom Papfte Johann XXII. zu Avignon zum Großmeifter vorgeschlagen und von den dahin berufenen Prioren und Rittern erwählt worden war. Er hielt fich, als erklärter Günftling des römischen Bischofs, mehre Jahre zu Avignon und noch 2 Jahre zu Marfeille, wo er erkrankt war, auf, und langte erft im Jahre 1332 zu Rhodus an.

Sogleich nach feiner Ankunft hielt er, wie früher zu Montpellier (1330), ein Generalcapitel, worin die Ordenswürden ohne Unterschied der Nationen nach dem Gebrauche verliehen wurden. Die Schuldenlaft wurde nach und nach getilgt, die Burgen der Hauptinfel und der umherliegenden Eilande befeftigt, neue Galeeren ausgerüftet und die Ritter felbft unabläffig in den Waffen geübt. So ward durch feine Thätigkeit das alte Anfehen des Ordens wiederhergeftellt, und auch deffen ursprünglicher Zweck, die Verpflegung der Armen und Kranken, aufs neue in Anregung gebracht.

Unter ihm wurde auch auf Veranlaffung des Papftes Clemens VI. ein Kriegszug gegen die Türken beschloffen und ein Bündniß errichtet, nach welchem die Rhodifer fechs Galeren halten mußten. Zur Beftreitung der Koften führte man in dem Orden drei verschiedene Abgaben ein unter den Namen: Mortuarium, Vacant und Spolium*). Die Galeren der Johanniter waren mit den päpftlichen, venetianischen und königl. cyprischen Kriegsschiffen vereinigt und bildeten unter dem Admiral der Ordensgaleren, dem tapferen Johann von Bianbra, eine anfehnliche Flotte. Zunächft wurde von diefem die Belagerung des Hafens von Smyrna, des Zufluchtsorts der türkischen Corfaren im J. 1345 beschloffen und ausgeführt. Doch machten die Sarazenen im darauf folgenden Jahre Anftalt, den ihnen weggenommenen Hafen

---

*) Mortuarium oder Annati di Mortorio wurden die Einkünfte der verftorbenen Comthure genannt, welche von ihrem Todestage an bis zum erften Tage des darauf folgenden Maimonbes der Ordenscaffe anheimfielen. Von diefem Tage an bis zu dem nächftfolgenden Mai mußte der gewählte Komthur feine Einkünfte noch einmal an die Ordenscaffe abtreten, und diefen Tribut nannte man Vacant oder Annata del vacante. S. Vertot (ed Par. 1775. 8.) II. 209. — Neueftes Gemälde von Malta, Ronneb. und Leipz. 1799. S. 183. — Das Spolium, zugleich mit dem Mortuarium und Vacant im J. 1344 eingefetzt, begreift Alles in fich, was die Ordensperfonen nach ihrem Tode verlaffen. Dies gehörte dann nebft allem väterlichen und mütterlichen Erbe, fowie den von Blutsverwandten geerbten liegenden Gütern dem Ordenschatze, im Falle der Verftorbene nicht zwei Monate vor feiner Profeffion, oder fpäter mit Genehmigung des Großmeifters anderweit barüber disponirt hatte. — S. Ofterhaufen, Statuta etc. Frankf. a. M. 1644. 8. S. 91.

den Rittern wiederum zu entreißen. Ein tollkühner Türke, Namens Morbassan, trat nachdem er die Stadt drei Monate belagert hatte, einen verstellten Rückzug an und überfiel, während die Christen sich dem Taumel einer sorglosen Freude überließen, beim Dunkel der Nacht den unbewachten Hafen und richtete ein entsetzliches Blutbad an. Nichts half nach solchem Verluste der Kreuzzug des schwachen Humbert II., Dauphins von Vienne, besonders seitdem die unglückliche Schlacht bei Creci, wo allein 1700 französische Ritter von altem Adel ihr Leben verloren, Frankreich zerrüttet hatte und die reichen Güter der Kirche durch den langen Krieg ausgesogen waren. In demselben Jahre (1346); als der König von Frankreich jene denkwürdige Schlacht verloren und sich dem schwarzen Prinzen selbst zum Gefangenen hatte ergeben müssen, beschloß Helion von Villeneuve seine ruhmvolle Laufbahn in einem Alter von beinahe 83 Jahren.

Auch unter der dreiundzwanzigjährigen Regierung Helion's de Villeneuve sehen wir das wechselnde Spiel der Ermannung und Erschlaffung im Orden der Johanniter. Es war eine Periode der Erschlaffung, als er sein Amt antrat. Durch den bedeutenden Zuwachs an Reichthum, den die Johanniter aus der Erbschaft der Templer erlangt hatten, waren sie übermüthig geworden, zogen es vor, im Genusse der Commenden zu schwelgen, statt nach Rhodus zu gehen, kündigten sogar dem Großmeister den Gehorsam, indem sie sich direct unter den Schutz des Papstes oder weltlicher Fürsten stellten. Sie waren zum größeren Theil verweichlichte Genußmenschen, welche die Insel Rhodus als einen Verbannungsort, als eine Strafanstalt, betrachteten. Daher setzte Villeneuve bereits 1330 in einem General-Capitel zu Montpellier fest, daß kein Ritter eine Würde im Orden bekleiden oder zu dem Genuß einer Commende gelangen dürfe, der nicht eine gewisse Anzahl von Jahren; und unter diesen wieder eine gewisse Kriegszeit, auf Rhodus zugebracht habe. Zugleich wurde bestimmt, daß die acht Baillis-Conventuels, welche als Vorsteher der acht Zungen des Großmeisters Geheimenrath bildeten, im Convent (Ordenssitz) wohnen oder doch einen Stellvertreter zurücklassen sollten. Vier von ihnen sollten aber stets persönlich im Convent sein.

Als Helion de Villeneuve, nachdem er bereits neun Jahre die Stelle eines Großmeisters bekleidete, endlich 1332 in Rhodus anlangte, waren abermals alle Verhältnisse ziemlich gelockert. Der Orden befand sich, trotz seiner Reichthümer, tief verschuldet, theils weil die Antretung der Erbschaft der Templer viel gekostet hatte, theils weil unter Fulko von Villaret große Anleihen gemacht waren, um die

Eroberung von Rhodus zu bewerkstelligen, theils weil der eben erwähnte Großmeister sehr verschwenderisch gelebt hatte und die Inhaber der Commenden die Responsionsgelder sehr unregelmäßig einsandten. Gelockerte Disciplin, Unzufriedenheit, mangelhafte Ausrüstung der Galeren, Verfall der Festungswerke waren die Folgen jenes Geldmangels. Wie Villeneuve deßhalb ein Generalcapitel berief und wie er kräftig und schnell diesen Uebelständen abhalf, ist schon oben erzählt. Der alte Geist durchwehte wieder den Orden, und zwar neben dem Geist der Tapferkeit auch der der Barmherzigkeit. In einem prächtigen Hospital fanden die Kranken körperliche und geistige Pflege. Die Bettler, welche unter Villaret die Insel überschwemmten, verschwanden, Glück und Zufriedenheit kehrten allenthalben ein. Binnen zehn Jahren war der Orden so gehoben, daß er nicht nur keine Schulden mehr hatte, sondern selbst der Gläubiger fast aller Banken in Europa war. Die Ungläubigen aber zitterten und in Folge hiervon herrschte ein zwanzigjähriger Friede.

Aber dieser Friede bewirkte neue Erschlaffung. Die Ritter begaben sich aus Mangel an Beschäftigung nach den Commenden und versanken wieder in Ueppigkeit, so daß Papst Clemens VI. dem Großmeister eine strenge Zurechtweisung zukommen ließ und ihn aufforderte, das Leben der in Europa zerstreut wohnenden Ritter einer strengen Aufsicht zu unterwerfen. Dem kam Villeneuve pünktlich nach: er befahl, daß kein Ritter theureres Tuch zu seiner Kleidung trage, als den Stab (etwa ⅔ pariser Ellen) zu zwei Goldgulden. Theure Weine wurden untersagt und nur ein Gericht zugelassen. Zugleich wurde der erwähnte Kriegszug gegen die Ungläubigen beschlossen, dessen unglücklichen Ausgang der edle Villeneuve nicht lange überlebte. Er starb beweint von der Bevölkerung von Rhodus, betrauert in ganz Europa, und manche Baudenkmale auf der Insel erinnern noch heute an seinen Namen.

Sein Nachfolger

Theodat (Dieu-Donné) von Gozon,
1346—1353.

dessen Stammschloß Gozon noch heute in Languedoc zu sehen ist, hatte die Erhebung zu der Würde des Meisterthums einzig und allein dem hohen Rufe seiner Tapferkeit und seiner ritterlichen Sinnesart zu verdanken. Längst schon hatte er die Aufmerksamkeit aller Ordensbrüder auf sich gezogen, indem er in jedem Kampfe gegen die Sarazenen der Erste war. Als er nun vollends, jener uralten Ordenstradition zufolge, am Fuße des sogenannten St. Stephansgebirges auf Rhodus, obwohl gegen den Befehl des Großmeisters, zum Kampfe wider das Ungeheuer *) ausgezogen war, welches durch seine Verwüstungen die ganze Insel unsicher gemacht hatte, und mit Stärke und List auf die Weise, wie Schiller den Kampf besingt, den Lindwurm getödtet hatte, stieg er von Ehrenstufe zu Ehrenstufe, wurde Komthur, Großkomthur, dann großmeisterlicher Stellvertreter und endlich Nachfolger jenes Villeneuve selbst, welcher ihn, trotz der Bitten der Ordensbrüder, wegen Uebertretung des Gebots seines Ordenskreuzes und Mantels beraubt und in ein finsteres Gefängniß geworfen hatte. Mit Unrecht haben einige Schriftsteller behauptet, er hätte, als er zufällig zum Wahlkomthur ernannt worden, sich selbst die Stimme gegeben, und so durch List die höchste Würde an sich gerissen. Ein päpstliches Breve von

---

*) Diesen abenteuerlichen Kampf erzählt Vertot, Tom. II. p. 149 — 198 ausführlich, und belegt die Wahrscheinlichkeit dieser Tradition mit dem Umstande. daß Rhodus von jeher sich durch die Menge seiner Schlangen ausgezeichnet, und deshalb schon von den Griechen (Strabo XIV. 890 ff. — Pomp. Mela II. 7.) den Namen Ophiusa, von ὄφις, Schlange, erhalten habe. Selbst die Phönizier, behauptet der gelehrte Bochart, sollen diese Insel Gesirath-Rod, d. i. Schlangeninsel, genannt haben.

Die Glaubwürdigkeit der Größe sucht er durch das Seeungeheuer, oder die Schlange zu beweisen, welche im karthaginensischen Kriege dem römischen Heere unter Regulus den Uebergang über den Fluß Bragada verwehrte, und gegen welche, wie Florus, Orosius, Valerius Maximus und Zonaras erzählen, ganze Legionen mit ihren Balisten und Katapulten zu Felde ziehen mußten.

A. von Winterfeld theilt in seiner Geschichte des ritterl. Ordens St. Johannis, S. 166 einen ausführlichen Bericht über diesen Drachenkampf aus einer weit zurückreichenden Quelle, dem Bosio, mit, von dem er annimmt, daß er aus den Acten geschöpft habe, da er Vicekanzler des Ordens war. Zugleich theilt er nach Rottiers, der um 1826 wissenschaftlicher Forschungen wegen Rhodos besuchte, die Schilderung eines Frescogemäldes mit, das die That Gozon's darstellt und sich in einem Hause der Ritterstraße in Rhodos befindet. „ Man führte uns in einen großen Saal, wo sich die bildliche Darstellung des Kampfes mit dem Drachen befindet. Die Freske ist über einem Kamin angebracht und nimmt eine Breite von 10 Fuß und eine Höhe von 7 — 8 Fuß ein. Das auf dem Gemälde dargestellte Thier muß zu der größten Art der eidechsenartigen Reptilien gehört haben. Auf dem besagten Bilde sieht man das Ungethüm auf dem Boden liegen und im Verenden begriffen. Die Lanze ist in der Brust abgebrochen; eine der Doggen liegt getödtet neben dem Drachen. Dieudonné von Gozon, vollständig gerüstet, ist zu Boden geworfen und scheint sich wieder erheben zu wollen, indem er sein langes Schwert noch in der Hand hält. In der Ferne bemerkt man einen Stallmeister, Gozon's Pferde nachlaufend, das scheu geworden durch den bestandenen Kampf, sich in vollem Galopp entfernt. Im Vordergrunde ist eine Grotte, in der ein Bach entspringt."

9

Clemens VI. v. 18. Junius 1346 bezeugt im Gegentheile, daß er dieselbe nur ungern und erst nach einem Kampfe mit sich selbst angenommen habe. Seine Regierung rechtfertigte die Klugheit der Wahl. Die Waffen der Rhodiser machten unter ihm glückliche Fortschritte. Unter seiner und des Admirals Bianbra Anführung verbrannten die Ritter den Türken, welche in dem Hafen bei Embro, einer kleinen Insel im Archipelagus, ihre Anker geworfen, 118 Schiffe, machten 5000 auf das Land geflüchtete Feinde zu Gefangenen und eroberten, als Bundesgenossen des Königs Constant von Armenien gegen Aegyptens Sultan, die Stadt Alexandrette. So glücklich aber auch diese Unternehmungen ausfielen, so hatten sie doch den Schatz des Ordens erschöpft. Der Großmeister nahm daher den Statuten zufolge, unerachtet er vom Papste Innocenz VI. aufgefordert ward, den Matthäus Paläologos in seinen Ansprüchen auf den griechischen Kaiserthron zu unterstützen, keinen Antheil an den politischen Unruhen, welche das byzantinische Reich damals beschäftigten, weil es dem Orden verboten war, sich in Kriege zwischen Christen zu mischen.

Theodat von Gozon hielt in Rücksicht einiger Disciplinar-Gegenstände zwei allgemeine Versammlungen, und befestigte Rhodus von allen Seiten. Namentlich baute er den Thurm St. Michel in einem einspringenden Winkel zwischen den Thürmen St. Jean und St. Nicolas, und wurde der Gründer der Molen im Hafen von Rhodus, wo von nun an stets die Handelsschiffe anlegten. Von den Beschwerden des Alters gedrückt, vielfach schmerzlich verletzt durch die stets von Neuem wieder einreißenden Uebertretungen der Regel Seitens der Ritter, gekränkt durch den Ungehorsam einiger Commendatoren in Europa und geschwächt durch ein bewegtes und sorgenvolles Leben, bat endlich Gozon den Pabst um seine Entlassung, welche ihm aber, in Berücksichtigung seiner Verdienste um den Orden, abgeschlagen wurde. So behielt er seine Würde, bis ihn der Tod davon befreite. Er starb am 7. December 1353, tief betrauert von den Seinigen, welche ihm die Grabschrift setzen ließen: „Hier ruht der Ueberwinder des Drachen." So erzählen namhafte Schriftsteller, als ein Bosio, Vertot, Helyot, Marulli, Niethammer u. A. m.

Peter von Cornillan
1353—1355.

oder von Cornelian, Pietro di Cornigliano, aus der Zunge von Provence, ein Mann von strengen Sitten und musterhaftem Lebenswandel, wurde von dem Generalcapitel zum Oberhaupte des Ordens gewählt.

Kaum war er als Großmeister feierlich ausgerufen, so schaffte er auch in einer allgemeinen Versammlung verschiedene Mißbräuche ab, welche sich nach und nach eingeschlichen hatten, und zwar erstens: die Anwendung des großen Ordenssiegels ohne Vorwissen und Erlaubniß des Großmeisters, und zweitens die eigenmächtige Besetzung der Provinzen durch die Großpriore.

Was aber alle Mißbräuche überwog, die sein väterlich gesinntes Gemüth verletzten, war der Vorschlag des Papstes Innocenz VI., welcher dem Orden rieth, Rhodus zu verlassen, um seinen Wohnsitz in einem den Ungläubigen näheren Orte in Palästina oder Natolien aufzuschlagen, weil die Ritter nach seiner Ansicht ein zu ruhiges und zu gemächliches Leben auf Rhodus führten. Diesen Plan konnte entweder nur Eigennutz, um die den Johannitern zugeschriebenen Tempelgüter dem Orden zu entreißen, oder Furcht vor feindlichen Einfällen der Türken dem h. Vater eingeben. Ein anderes Motiv ist nicht denkbar, indem der Antrag zu sehr gegen alle Klugheit und Politik streitet. Er schickte zu diesem Behufe Abgesandte nach Rhodus. Als aber Peter von Cornillan erwiderte: daß in einer so wichtigen Angelegenheit ohne Generalcapitel kein Beschluß gefaßt werden könne, berief Innocenz VI. die Ritter zuerst nach Montpellier, und später nach Avignon selbst zu einer solchen Versammlung, um durch seine Nähe seinem Begehren mehr Nachdruck zu geben. Kindliche Ergebenheit für das Oberhaupt der Kirche und natürliche Liebe für seine Untergebenen setzte den Großmeister nicht wenig in eine peinliche Verlegenheit, aus der ihn nur der Tod, nachdem er kurz zuvor noch Rhodus befestigt hatte, im Jahre 1355 befreite. Sein Nachfolger

Roger von Pins.
1355—1365.

Ruggiero di Pins aus Languedoc, einer alten und berühmten Familie entsprossen, die dem Orden in der Person des Odo be Pins schon einen Großmeister gegeben hatte, so wie ihr auch der Ordensstatthalter Gérard be Pins (unter Helion von Villeneuve) entsprungen war, kam dem Papste zu spät in Avignon an, sodaß Innocenz sich mit einer kleineren Versammlung begnügen mußte, wobei die Großpriore von Frankreich und Auvergne des Meisters Stelle vertraten. Das Resultat derselben war die Uebernahme Morea's von Robert, Fürsten von Tarent, und die Abschaffung verschiedener Mißbräuche, die sich in den Orden eingeschlichen hatten, sowie die Vorschrift über die Almosenvertheilung von den Tempelgütern und die Verschärfung der Statuten.

Bei der Ausführung des Projectes einer Verlegung des Ordens von Rhodus nach Morea, stieß man jedoch auf das Hinderniß, daß die augenblicklich um den rechtmäßigen Besitz von Morea streitenden christlichen Mächte nicht in eine Abtretung ihrer Rechte willigten. Zudem wurden die Unterhandlungen so sehr in die Länge gezogen, daß der Papst ermüdete und seinen unweisen, nur von der Feindschaft gegen den Orden eingegebenen, Plan fallen ließ.

Das allgemeine Zutrauen, welches der Großprior von Spanien und Castellan von Emposta, Johann Ferdinand von Heredia, bei dem Papste genoß, die dadurch veranlaßte Uebergehung älterer Ordensritter in Hinsicht der verliehenen Ordenspriorate, endlich die von diesem trotzigen Günstlinge der Ordenscasse verweigerten Responsiones*) (Abgaben) bestimmten den Großmeister, im J. 1354 zu Rhodus ein Generalcapitel zu halten, worin festgesetzt wurde, daß jedes Priorat seinen besonderen Einnehmer habe, der die dem Orden zukommenden Abgaben sammeln und an die Ordenskammer überschicken, und daß keine dienenden Brüder mehr zur Ritterwürde erhoben werden sollten. Kurz vor seinem Tode verkaufte der Großmeister bei einer allgemeinen Hungersnoth all' sein Silbergeräthe, um die Hilfsbedürftigen zu unterstützen, und legte (28. Mai 1365) unter tausend Segnungen der Armen mit dem Nachruhme eines Vertheidigers des Ordens und Vaters der leidenden Menschheit ruhig sein Haupt nieder.

Raymund Perauger
1365—1374.

aus dem Geschlechte der Grafen von Barcelona, aus der Zunge Provence, hatte sich durch seine Waffenthaten einen so ausgebreiteten

---

*) Responsiones, italienisch Risponsioni, sind eine seit dem 14. Jahrh. bestehende allgemeine Auflage auf alle Würden und Comthureien. In der ältesten Zeit der Ordensstiftung mußten die Ritter, nach Abzug des für die nöthigsten Bedürfnisse zu Vorwendenden den ganzen Ertrag der Einkünfte an die Schatzkammer einsenden. Nach dem Generalkapitel von 1776 sollten die Responsionen jährlich gegen 500,000 Thaler abwerfen; weil aber die deutsche Zunge bald darauf durch die Verwendung des Freiherrn von Rink einen Nachlaß an ihrem Antheil erhielt, so sank der Betrag des Ganzen auf 467,757 Thaler herab.

Doch haben sich diese Einkünfte durch die neuerrichteten Priorate von Bayern und Polen, welches Letztern Responsionen im J. 1782 angefangen haben, unvermuthet vermehrt, indem Polen 6000 Rthlr. und Bayern an 15,170 Rthlr. abgaben.

In jedem Priorate erhob diese Auflage ein eigends dazu bestellter Ritter, welcher den Titel Receveur, Ricevitore führte.

Ruhm erworben, daß ihn die einstimmige Wahl der Brüder von dem Castell Sarrasin, welchem er als Comthur vorstand, zur Meisterwürde berief. Seine erste That, womit er die Wahl rechtfertigte, war die in Gemeinschaft mit dem Könige von Cypern unternommene Zerstörung einer Cosarenflotte in dem Hafen von Alexandrien. Damit noch nicht zufrieden, entwarf er den Plan, diese Stadt zu überfallen und dem Orden zu unterwerfen; allein dies Vorhaben wurde verrathen, und der Feind rüstete sich nach Kräften zum Empfange der christlichen Streiter. So tapfer letztere auch stürmten, wurden sie von den Belagerten mit einem Regen von Steinen, Wurfspießen und Pfeilen zurückgeworfen. Auf die Mahnung des Königs von Cypern: „Wir sind verrathen, unsere Mühe ist umsonst!" antwortete Beranger mit Stolz: „Nein, die Johanniter können nicht von Sarazenen geschlagen werden!" Dies sprechend gibt er das Zeichen zum Angriff, schwingt sich auf eine Leiter, bahnt sich mit seinem Schwerte einen blutigen Weg durch die Reihen der Feinde, stürzt gleich einem losgerissenen Felsen, der alles zerschmettert, über sie her und röthet die Mauern mit dem Blute ihrer Vertheidiger. Durch das Beispiel ihres Meisters entflammt, erstiegen die Ritter auf den gehäuften Leichen ihrer Kampfgenossen die Seitenmauern der Stadt und streckten Alles zu Boden, was sich ihrer Gewalt entgegenstemmte (10. Oct. 1365.) Dann zogen sie aber als wilde Krieger, nicht als milde Christen, durch die Straßen der Stadt, tödteten die Männer an der Seite ihrer Weiber und schleppten außer einer unermessenen Beute an Gold, Silber und Juwelen, Alles, was ihrer ersten Wuth entging, in Sklavenketten mit sich fort.

Kurz nach seiner Rückkehr nach Rhobus machte Berengar die traurige Erfahrung, daß die meisten Comthure die Abgaben verweigerten, und die Brüder der italienischen und provencalischen Zunge in arger Entzweiung lebten. Dies bewog ihn, bei dem Papste um seine Entlassung anzuhalten. Dieser, zu sehr von seinen Verdiensten überzeugt, lehnte sein Gesuch ab und berief die ältesten Comthure zu einer außerordentlichen Versammlung (Assemblée in der Ordenssprache) nach Avignon. Von dem Großmeister selbst, den er wegen seines hohen Alters von der persönlichen Erscheinung befreite, trug er blos ein schriftliches Gutachten über die Verbesserungen im Orden vor. Das Endergebniß davon war Wiederherstellung der Eintracht und ein Gesetz, daß bei der Meisterwahl zwei Ritter von einer jeden Zunge das Wahlrecht ausüben, und der große Ordensrath aus acht Con-

ventual-Bailifs, drei Großprioren, aus zwei der ältesten Ritter und
dem Aufseher der Krankenpflege bestehen, der Großmeister aber jederzeit
den Vorsitz und doppeltes Stimmrecht haben solle. Berengar genoß
die Früchte dieser neuen Einrichtung nicht mehr. Im Jahre 1374
entriß ihn ein schleuniger Tod den Seinigen, und durch ihn dem
Orden eine Stütze. In die Fußstapfen dieses Mannes trat

Robert von Julliac,

1374—1376.

Roberto di Julliaco, welcher zur Zeit seiner Abwesenheit von Rhodus
erwählt wurde. Kaum war Robert erwählt, als er von dem Papste
Gregor XI. den Auftrag erhielt, die Vertheidigung von Smyrna zu
übernehmen, denn die Eroberungen der Türken griffen immer weiter
um sich und ihr Kreis schloß sich immer enger um das kleine Rhodos.
Der neue Meister beeilte sich, so sehr ein solches Unternehmen auch
die Kräfte des Ordens überstieg, den Befehl zu vollziehen. Ungewöhnliche Kriegsanstalten des türkischen Kaisers Amurats I., welche
sogar einen Ueberfall von Smyrna oder Rhodus selbst befürchten
ließen, bestimmten den römischen Bischof, eine Assemblée in Avignon
zusammenzurufen, dem Großmeister 500 Ritter und ebenso viel dienende
Brüder zu Hülfe zu senden. Noch herrschte jedoch in dem Orden
ein scheinbar dauerhafter äußerer Friede, indem Amurat seine Waffen
blos nach Servien und Bulgarien trug, jedoch in seinem Innern nagte
eine um so größere Unruhe, da der Großprior von England, Robert
von Alri, und Sanchez von Sumassa, Großprior von Castilien nebst
Alvarez von Gonsalva, Heermeister von Portugal, hartnäckig die Responsionen verweigerten, und erst nach Androhung des Kirchenbannes
zu ihrer Pflicht zurückkehrten.

So sehen wir also neben welthistorischen Thaten und christlichen
Tugend-Uebungen immer wieder die Keime der Habsucht und des
Strebens nach Unabhängigkeit in dem Orden wuchern. Die Besitzungen desselben waren aber auch zu sehr zerstreut durch die Staten
von Europa, als daß sie durch einen Willen hätten geleitet werden
können.

Nicht lange mehr überlebte Robert von Julliac die erwähnte un-
heilbringende Zerrüttung der Ordensdisciplin. Er starb am 29. Juli
1376, nachdem er kaum zwei Jahre regiert hatte, wegen seiner Weisheit
und Sanftmuth allgemein betrauert.

Johann Ferdinand von Heredia.

1376—1396.

Mit nicht geringem Erstaunen sah man nun einen Mann mit der großmeisterlichen Würde bekleidet, welcher nicht lange zuvor dem Orden die gebührenden Abgaben verweigert und durch sein klug-berechnetes Schmiegen in alle Formen als Günstling des Papstes einen gefährlichen Einfluß auf den Brüderverband geäußert hatte.

Aus einem der ältesten Häuser in Aragonien entsprossen, nahm Heredia erst als Witwer einer zweiten Gemahlin, nachdem er seine Kinder der Pflege seines Bruders übergeben hatte, unter dem Groß-meister Helion von Villeneuve das Johanniterkreuz und glänzte bald ebenso durch sein edles Betragen, seinen Anstand und die Feinheit seiner Sitten, als durch Muth und Tapferkeit, sobaß er sich in kurzer Zeit das allgemeine Zutrauen aller Ritter erwarb.

Vorzüglich aber gelang es seinem einschmeichelnden Wesen, den Großmeister ganz für sich zu gewinnen, welcher ihn nach der Ein-nahme von Alexandrien, wo der Orden viele seiner ältesten Brüder verlor, mit den reichsten Kommenthureien beschenkte, und ihn als Abgeordneten zur Schlichtung eines Erbschaftsprozesses zwischen zwei Ordensrittern an den Papst sendete. Seiner Feinheit und Bered-samkeit gelang es auch wirklich, die Vermittlung zu Stande zu bringen; doch erfuhr man zu Rhodus mit Verwunderung und Unwillen, daß er den Zweck seiner Gesandtschaft, die Theilung der Einkünfte, zu seinem eigenen Vortheile verwendet hatte.

Er hielt es daher auch der Klugheit gemäß, in Avignon zu bleiben, wo er sich die Liebe des Papstes in dem Maße zu erwerben wußte, daß dieser ihn zum Vermittler zwischen Philipp von Valois, König von Frankreich, und König Eduard von England erkor.

Als der Letztere Heredia's Friedensvorschläge verwarf, begab sich dieser in das französische Lager und rettete dem König von Frank-reich in der unglücklichen Schlacht von Creci nicht nur das Leben, sondern machte selbst an der Spitze einer kleinen Schaar Fußtruppen dem Gegner den Sieg streitig, sich dabei der äußersten Lebensgefahr in solchem Grade aussetzend, daß er, von Wunden überdeckt, kaum noch die Ueberreste der französischen Armee zu erreichen im Stande war. Endlich gelang es ihm auch, zwischen beiden Monarchen einen Waffenstillstand auf ein Jahr zu stiften.

Eine neue Periode seines Glückes begann, als Innocenz IV. an Clemens Stelle auf den päpstlichen Stuhl war erhoben worden.

Täglich stieg der erklärte Günstling höher in jeder Art von Auszeichnung; er wurde mit neuen Wohlthaten überhäuft; Alles ging nach
seinem Willen, durch seine Hände. Die mächtigsten Fürsten Europa's
buhlten um seine Freundschaft. Dies war die Ursache, warum das
Ordenscapitel, in Hoffnung einer glücklichen Zukunft keinen Andern,
als ihn, den Steyer=Castellan, Großprior von Castilien und St.
Gilles, Ordensstatthalter in Europa, zu Julliac's Nachfolger erwählte.
Um nun zu Rhodus mit einem Glanze zu erscheinen, der eine Rechtfertigung der auf ihn gefallenen Wahl sein sollte, rüstete er neun
Galeren und noch viele andere Fahrzeuge auf seine Kosten aus und
bemannte sie mit einer großen Anzahl Söldlinge.

Eben als er im Begriffe war, die Anker zu lichten, bat ihn Papst
Gregor XI., welcher vernommen hatte, daß der ehrgeizige Cardinal
Montcaffin die Rolle eines Gegenpapstes zu übernehmen gesonnen sei,
um sicheres Geleit von Avignon nach Rom. Heredia befehligte das
Schiff, welches Gregor XI. führte, in eigener Person, und hielt nebst
den Johanniter=Großprioren von England und St. Gilles an dessen
Seite einen feierlichen Einzug in Rom. Dann beurlaubte er sich von
dem Papst und bestieg zu Ostia wieder die Galeren.

Auf seiner Fahrt nach Rhodus traf er an der Küste von Morea
mit der venetianischen Flotte zusammen, welche eben im Begriff war,
die Stadt Patras wiederzuerobern, welche der Republik von den Türken
entrissen worden. Von Heredia's Tapferkeit und Kriegserfahrung
durch dessen weitverbreiteten Ruf unterrichtet, bat der Admiral den
Großmeister, ihn bei diesem Werke zu unterstützen. Dieser, seinem
Hange zum Abenteuerlichen folgend, begann in Vereinigung mit den
Venetianern den Sturm. Ohne zu sehen, ob ihm Andere folgten,
erstieg er der Erste die Stadtmauer und drang, das Schwert in der
Hand, auf den Platz. Hier fand er den türkischen Statthalter, der
sich ihm tapfer zur Wehre setzte. Ein besonderer Zweikampf beginnt.
Doch der Großmeister, trotz der schweren Rüstung rascher in seinen
Bewegungen und in den Waffen geübter, stößt seinen Gegner nieder,
haut ihm den Kopf ab, und ehe sich die andern Ritter zu seiner Hülfe
herbeidrängen, ist er schon im Besitze von Patras. Durch einen so
glücklichen Versuch ermuntert, wollte er nun ganz Morea erobern
und beschloß zuerst Corinth anzugreifen; aber gerade als er zur Be-
sichtigung dieses Platzes ausging, fiel er in einen Hinterhalt und
wurde als Gefangener in die Citadelle von Corinth gebracht, in welcher
er drei Jahre lang in einem finsteren Verließe schmachtete. Vergebens
machten die beiden Großpriore, welche diesem Kriegszuge beigewohnt

hatten, alle möglichen Versuche, ihren tapfern Anführer loszukaufen und boten selbst die Rückgabe von Patras an; doch umsonst. Heredia verwarf sogar jeden Antrag mit den Worten: „Theure Brüder, lasset einen unnützen Greis, der ohnehin nicht lange mehr leben kann, in seinen Ketten sterben, sucht euch vielmehr, anstatt als Geisel zu dienen, selbst zu erhalten; denn ihr seid jung und könnt dem Orden noch lange mit Nutzen dienen!"

Nach drei Jahren lösete sich der Großmeister mit seinem Privatvermögen aus und eilte nach Rhodus, um sich Rechenschaft über die Ordenskammer und den Zustand der Finanzen ablegen zu lassen. Sein Charakter hatte sich während der langen Gefangenschaft in einem engen und dunklen Verließ völlig umgewandelt. Plötzlich von einer glänzenden Stellung in das tiefste Elend geschleudert, lernte er die Unbeständigkeit und Eitelkeit aller menschlichen Größe kennen und trat, nach der Zeit der Büße, als neuer Mensch wieder an das Tageslicht der Freiheit. Wie blutete sein Herz bei dem Anblicke einer völligen Anarchie, des offenbarsten Ungehorsams, den Priore, Comthure und Ritter gegen den Orden ausübten. Der Schatz war erschöpft, die Finanzen in Verfall, und die Gemüther durch das neue KirchenSchisma aufs äußerste erregt. Die Ritter der italienischen und englischen Zunge wollten ihn nicht mehr für ihr Oberhaupt anerkennen, weil Papst Urban VI. (Bartholemäo Pignano, Erzbischof von Bari) ihn wegen seiner Anhänglichkeit an den Gegenpapst Clemens VII. (Cardinal Robert von Genf) seiner Würde entsetzt und eigenmächtig den Prior von Capua, Richard Carracciolo, zum Großmeister ernannt hatte.

Unerschrocken hielt er nichtsdestoweniger drei Ordensversammlungen: zu Avignon, Valencia und Emposta (für die Ritter der spanischen Zunge), in denen es ihm durch Bescheidenheit, Sanftmuth und Geduld gelang, die Ritter in die Grenzen ihrer Pflicht zurückzuweisen. Kaum war dieser Kummer beseitigt, so wurden Rhodus und Smyrna von Bajazet I., Sultan der Osmanen, zu gleicher Zeit mit einem Ueberfall bedroht. Jetzt zeigte sich Heredia's uneigennütziger Eifer für das allgemeine Beste des Ordens. Als hätte er jene Summen, wegen deren unrechtmäßiger Erwerbung man ihn beschuldigte, nur geborgt, um sie den Brüdern in dem Augenblicke der Gefahr mit verdoppelten Zinsen zurückzuzahlen, ließ er auf eigne Kosten Waffen und Lebensmittel nach jenen Orten führen und besoldete aus seinem Privatvermögen die Miethtruppen des Ordens. Um sich ganz mit dem Himmel wegen seiner frühern Untreue zu versöhnen,

stiftete er zu Capso und Rubrille (Rubulo) in Aragonien eine Commenthurei mit einer Collegialkirche für 12 Priester, zu deren Unterhaltung er die Einkünfte des Peterschlosses und der Landschaft Exariel
anwies. Durch neue vortreffliche Gesetze und kluge Maßregeln zur
Aufrechthaltung der Ordenszucht und Eintracht setzte er alle diesem
die Krone auf, und versöhnte, als einer der größten und würdigsten
Meister, bis zum letzten Athemzuge für das Wohl des Ordens thätig,
alle diejenigen, die ihn früher als ihren Feind zu verwünschen oft
genug Ursache hatten. Sein im zwanzigsten Jahre seiner Amtsführung
1396 zu Avignon erfolgter Tod wurde als ein schwer zu ersetzender
Verlust von allen Rittern mit Ausnahme der Italiener und Engländer
innigst betrauert. Sein Leichnam wurde in der von ihm gestifteten
Kirche zu Capso beigesetzt. Der im J. 1383 von Urban VI. ohne
Zuziehung des Conventes, folglich unrechtmäßig erwählte Gegengroß-
meister Riccardo Carracciolo starb am 18. Mai 1395, ohne je einen
bedeutenden Einfluß auf den Orden geäußert zu haben. Da Bajazet
mit jedem Tage die Grenzen seines Reiches erweiterte und auch ein
Angriff von ihm auf die Insel Rhodus zu befürchten war, so schritten
die Ordensbrüder mit verdoppelter Eile zur Wahl eines neuen Oberhauptes. Diese fiel auf

Philibert von Naillac,
1396—1421.

den Großprior von Aquitanien, und hätte schon darum — wenn er
gleichwol seinem Vorgänger an kriegerischem Sinne und Tapferkeit
weit nachstand — keinen Würdigern treffen können, weil er mit großer
Seelenruhe mitten in Stürmen aller Art als kluger Staatsmann das
Steuer der ihm anvertrauten Macht lenkte und dieselbe, stets nur der
Pflicht getreu, dadurch dem Gedeihen entgegenführte. Kaum hatte
Sigismund, König von Ungarn, von dem Papste und dem Könige
von Frankreich unterstützt, (welcher Letztere ihm ein ansehnliches Heer,
unter Anführung des Grafen von Nevers, ältesten Sohnes des Herzogs
von Burgund, zu Hilfe schickte,) eine Art von Kreuzzug gegen den
Eroberer Bajazet beschlossen, so stieß auch der Großmeister Philibert
von Naillac mit den Ordensbrüdern zu ihm, nachdem er zuvor, mit
den Venetianern im Bunde, eine Flotte ausgerüstet hatte, welche
Thomas Moncenigo befehligte. Seinem Beispiele folgte bald auch
der Großprior des Johanniterordens in Deutschland, Friedrich Graf
von Hohenzollern, der sich mit seinen Rittern unter die Fahnen des

Hospitals reihte. Graf Friedrich von Hohenzollern war damals schon ein achtzigjähriger Greis. Er war der zweite der drei Söhne jenes Grafen Friedrich von Hohenzollern († 1333), der den Namen „Ostertag" führte. Für den geistlichen Stand bestimmt, trat er als Chorherr in das Domstift zu Augsburg, wo seines Vaters Bruder Bisthum war. Nachdem sein jüngerer Bruder, Canonicus beim Hochstift zu Straßburg, 1343 das geistliche Gewand abgelegt, erhielt er auch dessen Pfründe. Im Jahre 1346 brach er nach dem Morgenlande auf, trat unter Gozon in den Johanniterorden, verdiente seine Sporen bei der Insel Embro, wo der größte Theil der Flotte der Ungläubigen zerstört wurde, und wohnte dann den Kämpfen bei, welche die Rhodiser als Bundesgenossen der Königs von Armenien gegen den ägyptischen Sultan bestanden. Nach funfzehnjährigen Kriegsfahrten kehrte er in seine Heimath zurück, wo wir ihn 1362 im Kreise seiner Verwandten auf Hohenzollern wiederfinden. Im Orden bekleidete er jetzt die Stelle eines Commendators zu Bubikon im Canton Zürich, die er 1371 gegen die gleiche Würde zu Hemmendorf und 1375 zu Villingen vertauschte. 1382 errichtete er mit dem Großprior Konrad von Braunsberg den für die Ballei Brandenburg wichtigen Heimbach'schen Vergleich, durch welchen das Verhältniß des Convents zu Rhodus wieder geregelt ward. Im Jahre 1393 wurde er Großprior von Deutschland, blieb aber auf seiner Commende Villingen, weil damals jene Würde noch nicht an einen bestimmten Sitz geknüpft war. In der letzten Hälfte des Jahres 1396 langte er in Ungarn an, war hier in allen Schlachten zugegen, deckte die schließliche Flucht bis an die Donaumündungen und schiffte dann mit dem Rest der Seinigen nach Rhodus. Zuletzt zeichnete er sich bei Eroberung eines alten Schlosses an der karischen Küste aus, in welchem Tamerlan eine tatarische Besatzung zurückgelassen hatte, und starb dann, fast hundertjährig, 1407 in voller Rüstung, von seinen Ordensbrüdern umgeben. —

Bei der festen Stadt Nicopolis kam es zu einem entscheidenden Treffen, in welchem die Christen den vollständigsten Sieg erfochten hätten, wenn nicht die ungestüme Hitze ihrer Anführer sie zur Verfolgung der feindlichen Reiterei fortgerissen hätte. Da empfing sie aber der Sultan mit einer wohlgeordneten Armee von 40,000 Mann hinter einem Hügel und richtete eine so große Niederlage an, daß der größte Theil der Franzosen und Ungarn getödtet wurde. Der Prinz von Burgund selbst und 300 von altem Adel wurden gefangen, und letztere sogar vor den Augen ihres Herrn hingerichtet; er selbst wurde blos wegen des Lösegeldes verschont. Niemand entkam, als

Ungarns König und der Großmeister der Hospitaliter, indem sie sich, die allgemeine Verwirrung benützend, in einem Schifferkahne flüchteten, den sie am Ufer der Donau unfern des Schlachtfeldes vorfanden.

Von nun ab machte Philibert ein stilles, friedsames Wirken zu dem Hauptzwecke seiner Regierung. Er schickte sechs Ritter an den ägyptischen Hof, um die gefangenen Christen zu befreien, unterhielt Consuln zu Alexandrien, Rama und Jerusalem, befestigte Rhodus mit Pracht, erwarb für den Orden die Provinzen Sparta, Coron und Morea, vermittelte die Streitigkeiten zwischen dem Könige von Cypern (Janus von Lusignan) und den Genuesen, welche ihn wegen des Ueberfalls der von ihnen eroberten Stadt Famagusta anfeindeten, lieh jenem Monarchen 64,000 Ducaten zur Bestreitung des Tributes an Genua, und unternahm in Gemeinschaft mit dem französischen Marschall Boucicault, damaligem Vicekönige von Genua, einige wenige, obwol glückliche Streifereien an den Küsten von Syrien und Palästina.

Wenn es auch der allgemeinen Kirchenversammlung zu Pisa (1409), welcher auch der Großmeister Naillac in Person beigewohnt hatte, nicht gelungen war, durch Erwählung eines neuen Stellvertreters Christi und durch Absetzung der beiden Gegenpäpste der Kirchenspaltung ein Ende zu machen, so verbannte doch das Concilium zu Constanz im Jahre 1414 den Geist der Zwietracht glücklich aus dem Herzen der Gläubigen, und Alles wurde scheinbar wieder ein Hirt und eine Heerde. In dieser Periode des allgemeinen Friedens versammelte der Großmeister alle Ordensbrüder zu einem Generalcapitel in Rhodus, um auch in seinem Reiche die brüderliche Eintracht, welche er in der zu Aix in der Provence gehaltenen Assemblée vergebens zu erstreben bemüht gewesen, wiederherzustellen. Der ehrwürdige Greis erlebte noch die Freude, die Wiedervereinigung des Ordens bestätigt und die Ritter alle unter wechselseitiger Versicherung der Liebe, in brüderlicher Umarmung von einander scheiden zu sehen. Bald darauf schloß er im Jahre 1421, unter Segenswünschen für das allgemeine Wohl, freudig und getrost sein Auge.

Anton von Fluvian,
1421—1437.

Antonio Fluviano de la Rivière, aus der catalonischen Zunge, Großprior von Cypern, Trapier des Ordens und Stellvertreter des Oberhauptes des letzteren, wurde nach ihm zum Meister erwählt. Dieser erhabene Mann zeigte gleich nach seinem Regierungsantritte so viel

Wachsamkeit und Thätigkeit, daß der Sultan von Aegypten mit dem Könige von Cypern, welchem der Großmeister zu Hilfe eilte, Frieden schloß und die Ausführung seines Planes auf längere Zeit verschob. Fluvian's Hauptaugenmerk war auf die Wiederherstellung der alten, zum Theil verfallenen Ordensdisciplin, auf das Einsammeln der rückständigen Abgaben und die Festsetzung der Strafen für die Saumseligen, gerichtet. Er ordnete daher auf den 23. Mai 1428 eine allgemeine Ordensversammlung zu Rhodus an. So zahlreich hatten sich noch nie die Brüder bei einer solchen eingefunden. Unter der Blüte der Ritterschaft erblickte man dort den klugen Johann von Vivonne, Großprior von Aquitanien und großmeisterlichen Statthalter in allen französischen Zungen, den ehrwürdigen 80jährigen Greis Thibaut de la Tour, Baillif von Rhodus, Anton von Saint-Chamand, Großmarschall, und die tapfern Brüder Johann von Lastic, Großprior von Auvergne und Johann von Ventabour, nebst vielen andern der angesehensten Ordensbrüder aller Zungen. Eine feurige Rede des Großmeisters, worin er auseinandersetzte, daß man der immer wachsenden Macht der Türken und Perser nur durch Vereinigung aller Kräfte widerstehen könne, daß aber die Ordenskammer weder aus dem Priorate von Frankreich, welches durch die Kriege mit England zerstört sei, noch aus dem böhmischen, dessen Ländereien durch den Hussitenkrieg ein gleiches Schicksal erlitten, noch aus Polen, das durch seine Fehden mit den Marianern oder Deutschordensherren ganz erschöpft sei, Unterstützungsgelder beziehen könne, folglich die ordentliche Berichtigung der jährlichen Responsionen zum Hauptzwecke gemacht werden müsse, damit die Religion (so hieß der Orden in seiner Sprache) keinen Schaden leide. Alle Brüder erkannten diese Gründe für vollwichtig und bewilligten, zum Ersatze der Rückstände, den lebenslänglichen Verkauf der Ordensgüter an Weltliche. Endlich wurde festgesetzt, daß die Comthure der einzelnen Ritterhäuser die Novizen frei halten sollten; als Oberhaupt über alle in Deutschland befindlichen Priorate wurde eine neue Würde, die des Großbaillifs oder Großcomthurs der deutschen Lande, dessen Sitz zu Heitersheim im Breisgau war, errichtet, und ihm nicht nur die Aufsicht über alle Commenthureien selbst in Böhmen und Mähren, sondern auch der Oberbefehl über das St.-Petersschloß in Carien anvertraut.

Anton von Fluvian leuchtete seinen Untergebenen als ein edles Beispiel der Mäßigkeit und Demuth vor. Er lebte so einfach, wie der geringste Ritter, baute von dem Gelde, welches für seinen Hofhalt bestimmt war, ein prächtiges Krankenhaus und hinterließ dessenungeachtet

200,000 Kronen in dem Ordensschatze. Er genoß das seltene Glück, durch keinen Feind von Außen gestört, bis zum letzten Athemzuge in stiller Thätigkeit für des Ordens Wohl bemüht, seine Tage zu beschließen, und nur die Liebe und Bewunderung seiner Brüder mit ins Grab zu nehmen. Er starb am 29. October 1437.

Johann von Lastic,
1437—1454.

welcher schon als Großprior von Auvergne durch seine strenge Rechtlichkeit die Augen Aller auf sich gezogen hatte, trat in Fluvian's Fußtapfen; doch war seine Regierung keine so ruhige. Schon im Jahre 1440 rüstete sich der Sultan von Aegypten im Bunde mit Amurat II., türkischem Kaiser. Um es wenigstens nur mit einem Feinde zu thun zu haben, erneuerte der Großmeister den Waffenstillstand mit Amurat. Der Sultan von Aegypten erschien dagegen mit 18 Galeren und vielen andern Fahrzeugen am 25. Sept. 1440 vor Rhodus, nachdem er vorher einige kleinere Inseln des Ordens geplündert hatte. Der kühne Widerstand der Rhodiser schreckte jedoch* die Aegypter bald wieder zurück, nachdem sie in einigen Gefechten besiegt waren. Aber im J. 1444 erschien eine neue und stolzere ägyptische Flotte mit 18,000 Mann zu Fuß und einer zahlreichen, größtentheils aus Mamelucken bestehenden Reiterei. Die Landleute verließen die Felder und flohen in die festen Schlösser. Die Ungläubigen landeten ohne Widerstand und schritten sofort zur Belagerung von Rhodus. In weniger als 40 Tagen waren durch die Tapferkeit Lastic's mehre Stürme muthvoll abgeschlagen und mehre Schiffe des Feindes durch den Großmarschall zerstört, und ein so vollkommener Sieg erfochten, das aus dem ganzen Abendlande Edelleute und Ritter zusammenströmten, um im Kampfe gegen die Sarazenen das Johanniterkreuz zu verdienen. Doch die ungewöhnliche Menge neuer Akolythen verursachte so große Ausgaben, daß in der Assemblee zu Rhodus vom J. 1444 die Auflage zweier Annaten oder doppelter Jahrgänge beschlossen wurde. Der Großmeister selbst trat, um sämmtliche gefangene Christen aus der Sklaverei des Sultans loszukaufen, seine Einkünfte großmüthig an den Orden ab. Nichtsdestoweniger wurde er von einigen Komthuren, welche über die Erhöhung der Jahrgelder aufgebracht waren, bei dem Papste verklagt. Nicolaus V. war schwach genug denselben Gehör zu geben, und maßte sich sogar den eigenmächtigen Entwurf neuer Ordensstatuten an. Unerschrocken und freimüthig, im Tone edler Unbefangenheit, wie ihn nur die gerechte Sache einflößt, vertheidigte sich Lastic, und dies hatte zur Folge, daß der römische Stuhl dem Großmeister nicht nur die höchste Macht, sondern auch die Finanzverwaltung überließ. Bald darauf wurde aber eine neue Würde, die eines Conventual-Conservators, eigentlichen Finanzministers, begründet, welche in allen Zungen abwechseln sollte. Der ehemalige Ordensschatzmeister war von nun an nichts mehr als Großsiegelbewahrer.

Die letzte kräftige That dieses Regenten war die Verweigerung des Tributes, welchen Mohammed II., Amurats Sohn, von dem Orden verlangt hatte, nachdem er Konstantinopel erobert, und die Sendung des Komthurs Peter von Aubusson an Karl VII., König von Frankreich, um ihn um Beistand gegen jenen Fürsten anzuflehen. Am 19. Mai 1454 verließ er den Schauplatz seiner Thaten, auf dem er unaufhörlich mit Stürmen aller Art zu kämpfen gehabt.

Jakob von Milly,
1454—1461.

verwaltete ruhig sein Amt als Großprior von Auvergne, als ihm der Ritter von Boisrond seine am ersten Juni desselben Jahres erfolgte Ernennung zum Großmeister überbrachte. Kaum war Jakob auf Rhodus angekommen, als auch die türkischen Schiffe in dem Gewässer dieser Insel erschienen. Nur die in Europa gebildete Ligue zwang Mohammed, sich von Rhodus ab und gegen Ungarn zu wenden. Die somit befreite Insel wurde dagegen von einem andern, gleich schrecklichen Feinde überfallen, der Pest. Gleichzeitig mit den vielen Opfern, welche sie verlangte, trat auch eine Hungersnoth ein, weil kein Handelsschiff mehr in Rhodus anlegte und den Schiffen der Rhodiser alle Häfen geschlossen waren. Nachdem diese Leiden überwunden, erschien Mohammed abermals mit einer mächtigen Flotte. Obwol von dem Eilande Cos oder Lango von den Rittern, denen die Vertheidigung desselben anvertraut war, zurückgetrieben, überfielen die Sarazenen den Flecken Archangelo auf Rhodus selbst, metzelten die Einwohner nieder und verheerten in einem gleichen Anfalle von Wuth die Inseln Lerro, Nissara, Simia und Calamo mit Feuer und Schwert. Durch diese traurigen Beispiele belehrt, wurden mehre Punkte von Rhodus befestigt und überall Wachen ausgestellt. Dann wurde der Komthur von Sacconah mit Friedensvorschlägen an Mohammed abgesendet, diesem jedoch das sichere Geleit von dem Feinde verweigert. Dies veranlaßte neue Reibungen. Die Johanniter hielten deshalb zwei

Galeren der Benetianer, welche damals aus Handelsinteresse mit den Sarazenen ein Bündniß geschlossen hatten, auf offener See an und nahmen alle darauf befindlichen Unterthanen des Sultans gefangen, wogegen wieder die Benetianer bei einer Landung auf Rhodus die allerunmenschlichsten Grausamkeiten verübten, den Hafen blockirten und die Hauptstadt selbst mit einer Belagerung bedrohten, wenn die gefangenen Moslims nicht sogleich ausgeliefert würden. Auf diesen Antrag wollten die jungen Ritter nur mit Kanonen antworten; allein der Großmeister, davon unterrichtet, daß die Flotte den geheimen Befehl hatte, im Verweigerungsfalle alle Ordensinseln zu verheeren, überwand seinen Stolz und lieferte zum Besten des Ganzen die Sarazenen aus.

Durch eine gleich weise Mäßigung verhütete Jakob von Milly den Ausbruch eines gefährlichen Zwistes unter den Brüdern selbst, welche sich darüber beschwerten, daß die Aemter und Würden ausschließend den Rittern aus Frankreich zugetheilt würden. Eine heftige Kopfgicht entriß den Großmeister zu früh seiner stillen Wirksamkeit und überließ die Schlichtung jenes Habers dem Bruder

Peter Raymund Zacosta,
1461—1467.

einem Castilianer von Geburt, welcher sogleich nach dem Antritte seiner Regierung bestimmte, daß eine neue Zunge zu Gunsten der Castilianer und Portugiesen errichtet, und dieser die Besetzung der Würde eines Großkanzlers eingeräumt werden sollte. Von nun an zählte der Orden acht Zungen.

Unter diesem Großmeister genossen die Ritter mehre Jahre der längst ersehnten Ruhe, indem ihr ärgster Feind, Mohammed II., die Eroberung des Reiches von Trapezunt beschlossen hatte. Diese Muße verwendeten sie zur Befestigung von Rhodus und zur Erbauung einer neuen, auf mehren Felsen im Meere gelegenen Burg, welche man den Thurm des h. Nicolaus nannte. Um noch andere Sicherheitsmaßregeln zu treffen, berief Zacosta im J. 1462 (nach Andern 1465) eine Hauptversammlung der Ordensbrüder. In Folge dieses Aufrufers beschwerten sich mehre Comthure bei Papst Paul II., daß ihr Meister sie aus grundloser Furcht immer zu langen und kostspieligen Reisen nöthige. Das Generalcapitel wurde daher zwei Jahre später zu Rom gehalten, wo der würdige Greis, durch seine Rechtfertigung die Ankläger beschämend, mit einem schönen Triumphe seiner

Unschuld am 21. Februar 1467 von dieser Erde schied. Da er während der Versammlung gestorben war, so begrub ihn der Papst selbst in der St.=Peterskirche, und die Brüder schritten sofort zu einer neuen Wahl. Die Stimmen waren zwischen zwei Rittern getheilt, bis endlich

Johann Baptist Orsini,

1467—1476.

Giambattista Orsini (Jean-Baptiste des Ursins), Prior von Rom, am 4. März 1467 durch die Mehrheit einer einzigen Stimme über seinen Nebenbuhler, Bruder Reymond von Ricard, aus der provençalischen Zunge, den Sieg davon trug. Nachdem er von dem Papste den Segen der Einweihung empfangen, eilte er nach Rhodus zurück, um gegen die Uebermacht der Türken in jedem Momente zu Schutz und Trutz gerüstet zu sein. Voller Besorgniß vor einem Ueberfalle machte er den tapfersten Ritter, Peter von Aubusson, der zugleich in der Be= festigungskunst sehr erfahren war, zum Oberaufseher aller Werke und Gräben und zum Statthalter der ganzen Insel, und berief außerdem die ältesten und erfahrensten Brüder jeder Zunge zu sich, um im Falle der Noth über die nützlichsten Maßregeln sie um Rath befragen zu können. Da erblickte man den edlen Bertrand von Cluis, Großprior von Frankreich, an dessen Seite den entschlossenen Johann von Wulner, Comthur von Dison, den unternehmenden Johann von Sailly, Prior von Fieffes, nebst dem feurigen Prinzen Johann von Bourbon, Com= thur des Ordenshauses Boncourt, so wie überhaupt die vorzüglichsten Ritter aller Zungen.

Hierauf schickte der Großmeister unter dem Befehle des Rit= ters von Carbon den Venetianern mehre Galeren zu Hilfe, so wie Peter von Aubusson an der Spitze mehrer Tapfern auf die Insel Negroponte, um die belagerte Stadt zu beschützen. Allein die Ueber= macht Mohammeds siegte, und die fürchterlichsten Mordscenen bezeich= neten auch hier die blutigen Fußtapfen des wortbrüchigen Eroberers. Ein mehrjähriger Krieg zwischen ihm und Usin=Kassan, Schach von Persien, der nichts geringerem als der Oberherrschaft über Asien galt, gewährte dem Orden auf kurze Zeit Ruhe und Zeit, sich gegen den Angriff Mohammeds zu rüsten. Peter von Aubusson, der indeß Groß= prior von Auvergne geworden, arbeitete mit rastlosem Eifer an der Befestigung der Stadt, der Bemannung der Galeren und der Be= waffnung und Ausbildung der Rhodioten. In dieser Zeit wurde der an einer langwierigen Krankheit danieberliegende Orfini am 8. Juni 1476 von Altersschwäche dahingerafft.

Peter von Aubusson,
1476—1503.

aus dem uralten Geschlechte der Grafen de la Marche, einem der ersten Häuser der Auvergne, geboren im Jahre 1423, war durch die Wünsche Aller recht eigentlich vor der Wahl schon zum Oberhaupte des Ordens bestimmt, dessen Leitung in den wichtigsten Angelegenheiten ihm schon von dem vorigen Großmeister überlassen war. „Aubusson!" riefen alle Ritter einstimmig in dem Capitel, und die ganze Insel hallte wider von dem geliebten Namen. Aubusson allein blieb stumm und unentschlossen. Noch flossen seine Thränen im Erguß freudiger Ueberraschung, als die ersten Comthure, nach der Sitte des Ordens, ihn auf ihren Schultern zum Hochaltare der Kathebralkirche trugen und ihm im Angesichte Gottes und der Menschen ihre lauten Huldigungen barbrachten. Ganz Rhodus feierte mit öffentlichen Lustbarkeiten und Freudenfesten diese Wahl. Die Furchtsamsten wurden herzhaft, und nur der Feind der Christenheit zitterte.

Nie hat ein Meister durch seine persönliche Liebenswürdigkeit, Thatenlust und Tapferkeit so glänzend die von ihm gehegten Erwartungen übertroffen. Unablässig mit der Verbesserung des Ordens im Innern und Aeußern beschäftigt, bildet er mit Villier de l'Isle, Adam und La Valette das glänzende Dreigestirn, das mit unvergänglichem Glanze aus der Geschichte des Johanniter=Ordens hervorleuchtet. Er ließ den Hafen von Rhodus mit einer großen Kette verschließen und rings um die Insel neue Thürme und Bollwerke errichten. Gleich einsichtsvoll in Staatsgeschäften als in Kriegsanstalten, hatte er überall Kundschafter ausgestellt, mit Klugheit und Kraft den Trotz der Venetianer zurechtgewiesen und mit fremden Mächten Unterhandlungen angeknüpft. Ebenso großmüthig gegen Jeden seiner Unterthanen gesinnt, als rastlos thätig für das allgemeine Wohl, erkaufte er aus seinem eigenen Vermögen von dem Gouverneur von Lycien die Auslösung der gefangenen Ritter, verschaffte vielen tapfern und edlen Männern die langersehnte Freiheit, die zeither hoffnungslos in schweren Ketten geschmachtet, und gab so dem Orden seine Stützen wieder. Einen solchen Mann, gleich groß als Mensch und Regent, der sich den Beinamen Vater und Schutzengel des Ordens erworben hatte, an ihrer Spitze, trotzten die Ritter allen Gefahren, und, stark genug gegen jeden Feind, stählten sie an seinem Beispiele ihren Muth.

Nur zu bald gab ihnen das Schicksal Gelegenheit, diesen zu er=
proben. Mittlerweile hatten die Venetianer mit der Pforte Frieden
geschlossen. Persiens König, der Einzige, dessen Macht Sultan Mo=
hammed zu fürchten schien, war zu sehr von der Bürde eines alten
schwachen Körpers gedrückt, und zu sehr durch unaufhörliche Kriege
entkräftet, um eine andere als vertheidigende Stellung anzunehmen;
Florenz und Genua folgten den eigennützigen Plänen, die ihnen der
Geist des Handels und der Gewinnsucht eingaben. Fast alle christ=
lichen Fürsten standen in gegenseitiger Fehde; Ungarns König, Ma=
thias Corvinus, führte einen blutigen Krieg wider Friedrich III., rö=
mischen Kaiser. Der Orden war also ohne Hilfe, auf seine eigene
Tapferkeit beschränkt. Nichts stand daher Mohammeds Absichten wider
Rhodus im Wege. Kaum war aber die Nachricht von dessen Kriegs=
rüstungen dem Großmeister zu Ohren gekommen, so sandte derselbe
auch schon durch den Ritter von Carbonne, Inhaber der Ballei Ma=
jorca, ein Sendschreiben an alle Zungen, worin er unter dem letzten
Juli 1477 eine große Versammlung auf Rhodus ansetzte. Dieser
Aufruf hatte die erwünschtesten Folgen; alle Brüder wetteiferten um
die Ehre, schneller an dem Orte ihrer Bestimmung einzutreffen, um
ihr Blut für den hohen Orden zu vergießen. Das Ergebniß dieses
Generalcapitels war, daß die Ritter, auf deren strahlenden Gesichtern
man Geistesstärke, Muth und Unerschrockenheit las, ihr geliebtes
Oberhaupt voll Zuversicht auf seine Weisheit zum unumschränkten
Dictator über den Orden ernannten. Alles drängte sich nun unter
die Fahnen Peters von Aubusson. Von allen Seiten strömten No=
vizen herbei. Eine Menge französischer Ritter vom ersten Range,
darunter des Großmeisters älterer Bruder, Anton von Aubusson,
Herr und Vicomte von Monteuil, Ludwig Freiherr von Craon, und
der ehrwürdige Benedictus Scaliger, Herr von Eskale, ein Abkömm=
ling der alten Fürsten von Verona, landeten mit einem ansehnlichen
Gefolge auf Rhodus. Selbst die auf der Insel befindlichen Fremden
griffen zu den Waffen und bald entbrannte ein edler Wetteifer zwischen
den geistlichen und weltlichen Rittern, der sich bis auf den gemeinsten
Wappenknecht herab erstreckte.

Der Großmeister ernannte nun vier Feldhauptleute, und den
Grafen Rudolph von Werdenberg, einen deutschen Ritter, der sich als
Großprior von Brandenburg nicht wenig Verdienste erworben hatte,
zum General der Reiterei. Er selbst aber besichtigte und verbesserte
die Festungswerke. Um wenigstens gegen die andern Beherrscher

der Ungläubigen gesichert zu sein, erneuerte er den Waffenstillstand
mit dem Sultan von Aegypten und dem Bay von Tunis.

Kaum waren diese Anstalten getroffen, so bekam er die Nachricht
(1470), daß die osmanische Flotte mit 200 Segeln die Meerenge
von Galipoli verlassen und sich von der Insel Scio, welche im Jahre
1770 durch den Sieg der russisch-kaiserlichen Flotte über die Türken,
auf welche die Zerstörung der türkischen Seemacht bei Tschesme erfolgte, weltberühmt geworden ist, nach Rhodus zu in Bewegung setzte.
Das Jahr 1480 war der Zeitpunkt, in welchem der Sieg neue
Strahlenkränze um die Häupter der Johanniter flocht.

Mohammeds II. Admiral und Großvezier Misach Pascha — der
übrigens wenig begründeten Angabe mehrer Geschichtschreiber zufolge
ein griechischer Prinz aus dem Hause der Paläologen, welcher nach
der Eroberung von Constantinopel zur mohammedanischen Religion
übergegangen war — landete am 23. Mai 1480 mit einer Armee von
100,000 Streitern, während das ununterbrochene Feuer des groben
Geschützes Insel und Meer erdröhnen machte. Die Kanonen der
Stadt antworteten mit gleicher Lebhaftigkeit und suchten die Schiffe,
welche die See ringsum bedeckten, zu zerstreuen. Das Schwert in
der Hand eilten die Ritter kühn dem Feinde bis an das Ufer entgegen. Der erste Angriff geschah auf den von Fluten rings bespülten
St. Nicolausthurm, von dessen Eroberung. der Besitz des Hafens
abhing. Der Großvezier hatte viele Spione, unter denen sich vor
allen ein Deutscher, Namens Georg Frapant, ein im Festungsbau
und in der Kriegswissenschaft hocherfahrener Mann, auszeichnete, der
seiner Kunst und Klugheit wegen gemeinhin nur Meister Georg genannt wurde, und der den ganzen Plan zu diesem Angriffe entworfen
hatte. Der Großmeister, die Gefahr eines Platzes, dessen Erhaltung
eine der unentbehrlichsten Schutzwehren für die Stadt war, erkennend,
verdoppelte die Sorgfalt für die Rettung desselben. Der Comthur
Caretto wurde mit einer Auswahl der tapfersten Ritter zur Verstärkung gesandt. Ueberall ließ er neue Verschanzungen, Batterien und
Laufgräben aufwerfen. Er selbst warf sich mit seinem Bruder und
wenig Getreuen in die Festung. Mit Anbruch des 9. Juni gab der
Großvezier das Zeichen zum Sturme. Seine Soldaten, kühn dem
Tode trotzend, der aus tausend Feuerschlünden sie bedrohte, sprangen
unter gräßlichem Gebrülle an das Land und versuchten den Schutt
zu ersteigen, der die Bresche deckte, aber überall fanden sie die Ritter
und die tapfersten Comthure an deren Spitze. Alle Einwohner, Greise,
Weiber und Kinder nicht ausgenommen, waren auf den Beinen, um

Vertheidigungsmaterial herbeizuschaffen, selbst die Nonnen hatten ihre Klöster verlassen, um für die Beschützung des Glaubens Handarbeit zu leisten. Durch keine der Schwierigkeiten aufgehalten, legten die Türken unerschrocken die Leitern an und erstiegen, den Säbel in der Hand, mit einer Entschlossenheit die Mauer, welche den muthigsten Kämpfer hätte außer Fassung bringen können. Die Ritter aber schleuderten schwere Steinmassen auf die Stürmenden, warfen sie von den Leitern und gossen siedendes Oel und Pech auf sie hinab. Ueberall, wo die Gefahr am höchsten war, focht Aubusson und entflammte durch sein Beispiel die Christen. Jetzt warf er sich mit einem Haufen der tapfersten Brüder dahin, wo der Großvezier, die Wuth seiner Truppen mit frischer Kraft reizend, die heidnische Tapferkeit am meisten glänzen ließ.

Hier befahl er die Fahne der Religion hoch in die Luft zu heben und im Angesichte des heiligen Zeichens, an dem der Welt-Heiland verblutete, um die Rechte der Christenheit zu kämpfen. Wie mit überirdischer Begeisterung wirkte das hellleuchtende Kreuz, und die Johanniter schlugen die Barbaren standhaft zurück. Misach Paläolog, der das Weichen seiner Truppen bemerkte, drängte sich mit den Janitscharen heran, um dem ritterlichen Pannerherren die Fahne zu entreißen. Schon wankt sie unter dem gewaltigen Hiebe des Veziers und röthet sich von dem eignen Blute ihres Trägers. Der Großmeister, den Augenblick der Gefahr erschauend, stürzt wie ein Löwe herbei und rächt fürchterlich die Wunden, die der Admiral dem Fahnenträger schlug. Rings sinken unter dem Arme der ergrimmten Ritter die Türken wie niedergemäht zu Boden, oder stürzen gleich übergewichtigen Erdklumpen von den Mauern herab. Inzwischen hatte der Janitscharen-Aga einen zweiten Angriff auf den Nicolausthurm gerichtet, welchen ein ziemlich breiter Canal von dem türkischen Lager trennte. Hier mußte eine Brücke geschlagen werden, um den Truppen den Uebergang zu sichern. Drei seiner vornehmsten Officiere, Merla-Bey, der Tochtermann von einem der Söhne Mohammeds, der General der Galeren, und der Commandant der natolischen Bogenschützen, übernahmen die Ausführung des Planes. In einer dunkeln Nacht befestigten sie an der Spitze des Walles vom Nicolausthurme am Fuße eines mit Wasser bedeckten Felsens einen Anker, durch dessen Ring man mittelst eines großen Taues die Brücke hinüberziehen wollte; allein der Anschlag wurde verrathen. Ein englischer Matrose löste geschickt das Seil ab und vereitelte so ihren Plan. Mit um so größerer Wuth ruderte der Feind jetzt auf einer schwimmenden Batterie heran und begann einen heftigern Sturm als je zuvor. Diesen empfingen die Ritter mit einem Regen von Kugeln und feurigen Pechkränzen. Der Ritter Hugo von Montholon war der Erste, der den Halbmond und das feindliche Banner von den Mauern schleuderte. Der Aga der Janitscharen suchte den Großmeister mit gierigen Augen, konnte ihn aber, weil er in dem dicksten Haufen focht, lange nicht finden; endlich erkannte ihn sein Blick besser und sicherer durch die Stärke seiner Schwertstreiche, als durch seine glänzende Rüstung.

Jetzt munterte er 12 der kühnsten Janitscharen mit den herrlichsten Versprechungen auf, den Großmeister zu tödten. Schon stürzen diese im Angesichte der umstehenden Ritter auf Peter von Aubusson los und versetzen ihm fünf bedeutende Wunden. Der Bitten der Seinigen unerachtet, welche ihn beschworen, auf seine Erhaltung zu denken, streitet er standhaft, die eignen Wunden vergessend, gegen 13 Heiden, und mit den Worten: „Besser, wir sterben, geliebte Brüder, als wir weichen! was ist schöner, als für Glauben und Orden zu sterben!" stürzt er mit seinen Rittern in die dichtesten Reihen der Feinde und richtet ein Blutbad an, das Alle mit Entsetzen und Staunen erfüllte. Dieser Angriff, welcher von der einen Seite eben so hartnäckig unterhalten, als von der andern entschlossen erwidert wurde, schien nur mit dem völligen sich Aufreiben beider Theile endigen zu wollen, als plötzlich das Feuer entschied, was die Waffen nicht hatten entscheiden können. Mehre von den türkischen Galeren wurden durch die Brander der Christen angezündet, andere waren durch das Geschütz aus der Festung in den Grund gebohrt worden. Die Türken selbst hielten jetzt die Johanniter für mehr als Menschen, verloren den Muth und ergossen sich in so eilige Flucht, daß einer den andern tödtete, um sich den Ausweg zu erleichtern.

Es war ein schreckliches Schauspiel, als die ersten Strahlen der aufgehenden Sonne den Kampfplatz beleuchteten; die Trümmer der Brücke, die schwimmenden Leichen, die zerbrochenen Waffen, die schwarz aufsteigenden Rauchsäulen, hier das Geprassel der Flamme, dort das Gekrach der einstürzenden Mauern, durchschwirrt von dem Geschrei der Unglücklichen, die dem Tode zu entfliehen suchten, von dem Aechzen der Verwundeten, dem dumpfen Donner der Kanonen, und dies Alles in dem Grauen der Dämmerung!!

Die Ritter benutzten die allgemeine Verwirrung der Feinde zur glorreichen Verfolgung. Vergebens ermahnte der Großvezier die Seinigen: weder Versprechungen noch Drohungen wurden gehört, er sah sich endlich durch den Strom der allgemeinen Flucht fortgerissen und fegelte, mit Schande bedeckt, voller Verzweiflung fliehend von Rhodus Beste *).

Als Aubuffon von seinen Wunden wieder hergestellt war, eilte er an der Spitze der wenigen Uebergebliebenen in die Kirche und feierte ein rührendes Dankfest für die glückliche Rettung der Insel. Darauf bethätigte er seinen Dank durch den Bau dreier Kirchen zu Ehren der h. Maria und des Schutzpatrons des Ordens, und errichtete ansehnliche Stiftungen. Die tapfersten Johanniter erhielten glänzende Belohnungen und wurden mit Ehren und Gütern überhäuft.

Mohammed II., welcher der schönen Griechin Irene, die er leidenschaftlich liebte, auf die Vorwürfe seiner Pascha's, daß ihn diese Liebe von Kriegsthaten abzöge, im Angesichte des staunenden Heeres mit blutendem Herzen den Kopf abschlug, um das Gegentheil zu beweisen, knirschte vor Wuth bei der Nachricht dieser Niederlage. Nun vereinte er Gewalt mit List; während er eine neue Armee gegen Rhodus rüstete, machte er durch Bestechungen den Versuch, Aubuffon zu vergiften. Aber vom Schicksal war es anders beschlossen. Gerade in der Zeit, als Rhodus von einem grausen Erdbeben heimgesucht wurde, das die Hälfte des Forts St. Nicolas und einen großen Theil der Mauerreste zum Einsturz brachte, wurde Mohammed, der schon eine neue Armee von 300,000 Mann gesammelt und neue, stolze Eroberungspläne im Kopfe hatte, plötzlich von einer heftigen Krankheit ergriffen, in deren Folge ein schleuniger Tod ihn in Bithynien überraschte. Dieser Monarch, welcher zwei Kaiserthümer, Constantinopel und Trapezunt, erobert, zwölf Königreiche und mehr denn 300 Städte unter seine Botmäßigkeit gebracht hatte, ließ — als ob Alles dieses noch nichts sei, auf sein Grabmal setzen: „Ich wollte Rhodus erobern, und Italien unterjochen!" — Auch auf dem Sterbelager sollen seine bleichen Lippen zu wiederholten Malen „Rhodus" gemurmelt haben. Er starb in seinem 53. Jahre, am 3. Mai 1481.

Zwei Söhne Mohammed's, beide zu stolz, um die Herrschaft mit einander zu theilen, stritten sich um den Besitz seines ungeheuren Reiches. Bajazet, der Aeltere, verstattete dem Orden Ruhe, denn er

---

*) Ueber die Belagerung von Rhodus unter dem Großmeister Aubuffon vergl. Caoursin (Guil.) Obsidionis Rhodiae urbis descriptio. Caesaraugustae 1481. 4. — idem Ulmae per Joan. Reger 1496. Davon gibt es eine deutsche Uebersetzung, gedr. zu Straßburg durch Martin Flach, 1513. Fol. — Guazzo (Marco) Istorie, ove si contengono le guerri di Maometo con la Signoria di Venezia etc. e l'Assedio di Rodi, in Venez per Bernard. Bindoni, 1545. 8.

liebte die Bücher mehr als die Waffen, und Wein und Weiber noch mehr als die Wissenschaft. In der Schlacht bei Bursa wurde der jüngere Bruder Zizim (Tschim) besiegt und genöthigt, auf der Flucht sein Heil zu suchen. Fliehend warf er sich in die Arme des Ordens, von dem er mit Freuden aufgenommen wurde. So führte das Schicksal selbst den Johannitern eine Geisel in die Hand, um ihnen die Ruhe, die sie durch Mohammed's Tod erhalten hatten, unter seinem Nachfolger zu sichern.

Der Großmeister Aubusson verweigerte ritterlich die Auslieferung seines Gastes, machte sich aber gegen eine jährliche Summe von 40,000 Ducaten für Unterhalt und Bewachung, anheischig, den Prinzen in keine andere Hände als die des Ordens gelangen zu lassen. Um persönlicher Sicherheit willen, sagte man, wurde der Prinz nach Frankreich auf die Commenthurei Bourneuf in Poitou geführt, wo er zwar mit Anstand behandelt, aber doch unter immerwährender Aufsicht gehalten wurde. Der stumme Schmerz zog den ehrgeizigen, kühnen Jüngling nach und nach in die finsterste Schwermuth herab. Dies ist ein unaustilgbarer Flecken auf Aubussons sonst so klarem Lebensspiegel; denn einen Prinzen, welcher Ansprüche auf eines der ersten Reiche der Welt hatte, seiner Freiheit berauben, und in — wenn auch noch so glänzender — Gefangenschaft zu halten, bleibt um so mehr ein Verrath an der Menschheit, als derselbe sich auf Treu und Glauben den Johannitern anvertraut hatte.

Später übergab er noch, sein Wort verletzend, den unglücklichen Tschim, gegen Zusicherung beträchtlicher Vortheile für den ganzen Orden und gegen das Versprechen eines Cardinalhutes für seine eigne Person, der Willkür des Papstes.

Papst Alexander VI., in Verbindung mit Bajazet, — damals etwas Unerhörtes, der Vater der ganzen Christenheit im Bunde mit dem Erbfeinde derselben! — welchem nach den 40,000 Ducaten jährlicher Einkünfte gelüsten mochte, verweigerte dem Könige Carl VIII. von Frankreich die Auslieferung des Prinzen, welchen dieser ebenfalls zu seinem tollkühnen Plane gegen Griechenland benutzen wollte. Eine Belagerung von Rom und die nothgedrungene Flucht des Papstes in die Engelsburg waren die Folge der Verweigerung. Unterhandlungen wurden angeknüpft, worin Alexander VI. zwar Alles versprach, was man wollte, jedoch entschlossen war, Nichts zu halten, sobald er wieder frei wäre. Sein Sohn, der Cardinal Borgia, ließ aber, um dem Sultan sein Wort zu halten, den jungen Prinzen vergiften.

So sehr nun auch Aubusson für das innere Wohl zu Rhodus

arbeitete, die Juden wegen verschiedener Verbrechen aus seinem Staate
verbannte, die Kleiderpracht der Ritter beschränkte und die Disciplin
auf die alte Einfachheit zurückführte, ebenso untergrub Papst Alexander VI. diese Ruhe durch die willkürliche Verleihung der welschen
Ordensgüter und Würden an die Cardinäle, hauptsächlich aber an seine
Neffen und Kinder. Daburch wurde das Ansehen des Ordens her-
abgesetzt, und viele der tapfersten Ritter, welche die ihnen nach dem
Alter und selbst auch nach den Verdiensten gebührenden Commenden
verloren hatten, auf das tiefste gekränkt. Der Großmeister verfiel
selbst in eine Gemüthskrankheit, welche ihn am 3. Juli 1503 im
80. Jahre seines Alters dahin raffte, nachdem er dem Orden 27 Jahre
vorgestanden hatte. Als er das Nahen seines Endes fühlte und das
h. Abendmahl empfangen hatte, ließ er die Ritter des Raths zu sich
rufen und sprach zu ihnen mit dem letzten Aufwand seiner Kraft:
„Ich habe, meine sehr lieben Brüder, nur noch einen Augenblick zu
leben; gestattet mir, ehe ich Euch verlasse, die inständige Bitte, zur
Ausfüllung meines Platzes einen Mann wählen zu wollen, der würdiger dazu ist, als ich es war; gestattet mir endlich, Euch zu beschwören, daß Euer ganzer Stolz stets in der Vertheidigung des Glaubens
und in der pünktlichen Befolgung Eurer Ordensregel bestehen möge.
Das ist die Gnade, die ich sterbend von Euch erflehe.“

Noch kurz vor seinem Tode sah sich der würdige Greis genöthigt,
dem großen Bunde der christlichen Mächte gegen die Türken beizutreten, an dessen Spitze außer dem Papste, Kaiser Maximilian I.
und die Könige von Frankreich, Portugal und Ungarn standen. Allein
da sich zwischen den Franzosen und Spaniern ein Krieg in dem Königreiche Neapel entzündet hatte, und der Admiral der französischen Flotte,
Philipp von Ravenstein, ein Günstling Ludwigs IX., nach dem unglücklichen Angriff auf Mithlene mit einem sehr beträchtlichen Verluste sich
zurückzuziehen genöthigt sah, waren die Johanniter abermals allein auf
dem Kriegsschauplatze und von allen Bundesgenossen verlassen.

Von den Begräbnißfeierlichkeiten, welche der irdischen Hülle des
verstorbenen Großmeisters zu Theil wurden, ist eine genaue Beschreibung auf uns gekommen. Als der erste Schmerz der Ritter vorüber
war, legte man die Leiche auf ein Parabebett, auf der Brust ein goldenes Crucifix und Ringe von großem Werthe an den Fingern. Zu
Häupten standen drei Ritter in tiefer Trauer. Der eine hielt den
Cardinalshut, der andere das Kreuz des Legaten, der dritte das
Banner. Vier andere Ritter hielten Paniere mit den Wappen des
Ordens und des verblichenen Großmeisters. Auf einem Tische an

der einen Seite des Bettes lag der Ornat des Carbinals, auf einem zweiten Tische an der andern Seite der Helm, der Harnisch, die Halbpike und das Schwert, in und mit denen der Großmeister eine Bresche von Rhodus vertheidigt hatte. Ueber 200 Ritter waren in Trauerkleidern und gesenkten Hauptes im Saale. Als am folgenden Tage der Sarg in die Gruft gesenkt wurde, zerbrach Dibier von St. Jaille den Stab über dem Grabe und Diego Suarez, sein Stallmeister, die goldenen Sporen. Dann ließen die Ritter ein prachtvolles Grabmal in Bronce errichten, auf welchem die ehrenden Worte „Schild der Kirche und Befreier des Christenthums" eingegraben wurden.

Kaum hatten die Brüder, welche alle in Thränen aufgelöset waren, wieder eine etwas ruhigere Fassung gewonnen, so schritten sie zur Wahl eines neuen Meisters.

Emmerich von Amboise,
1503—1512.

Emeri oder Americo d'Amboise, aus einer der ältesten und angesehensten Familien Frankreichs, Sohn Peters, Herrn zu Amboise (Kämmerers Karls VI. und Ludwigs XI.) und Anna von Bouilly, war der Mann, den die meisten Ritter zu ihrem Oberhaupte wünschten. Er befand sich damals noch als Großprior in Frankreich, reisete aber alsobald nach Rhodus ab und berief dort zu Anfang des Jahres 1504 ein Generalcapitel zusammen, um sich über die Wohlfahrt des Ordens zu berathen. Bajazet hatte nämlich, aufgebracht über den Schutz, welchen die Ritter dem Sohne des unglücklichen Tschim gewährt, den unter seiner Flagge kreuzenden, von dem berüchtigten Häuptling Kamali befehligten Corsaren, den Befehl ertheilt, das ganze Gebiet des Großmeisters zu verheeren. Diese wurden aber wacker zurückgeschlagen, und kaum hatte der Anführer gehört, daß die Ritter Fabrizio Carretto und Raimund von Balagne, damals der Schrecken aller Corsaren, die Insel Lango vertheidigten, so veränderte er seinen Plan und begnügte sich, auf der Insel Lero zu landen. Diese rettete jedoch Paul Simeoni, ein junger piemontesischer Ritter, erst achtzehn Jahre alt, der die Stelle des erkrankten Commandanten versah, durch seltene List und Geistesgegenwart, indem er selbst die Weiber als Krieger verkleidet auf den Mauern zur Vertheidigung herbeiführte. Die Türken hoben, eine so große Anzahl von Kämpfern nicht vermuthend, plötzlich die Belagerung auf.

Nicht lange nachher nahm der Comthur von Gastinau, einer der ersten Seehelden des Ordens, den Sarazenen die große Caraque weg, ein Schiff, welches alle Jahre mit kostbaren Spezereien und Handels= waaren beladen von Alexandrien nach Tunis und Constantinopel segelte. Dieser beträchtliche Verlust bewog den Sultan von Aegypten, eine Flotte auszurüsten, welche mit einem Schlage die Seemacht der Rhodiser zerstören sollte. Der vorsichtige Großmeister, von diesem Unternehmen unterrichtet, kam ihm zuvor, rüstete die große erbeutete Caraque, welche sieben Stockwerke hatte und mehr als tausend Sol= daten faßte, aus, und schickte sie von vier Galeren und 18 Linien= schiffen begleitet, dem Feinde nach dem Meerbusen Ajazzo, wo dieser Schiffsbauholz zu neuen Fahrzeugen zubereiten ließ, entgegen. Zum Anführer der Galeren wurde der Portugiese Andreas von Amaral, ein eben so muthvoller und erfahrener als eitler und unbiegsamer Seemann, erwählt und der Oberbefehl über die Schiffe dem franzö= sischen Ritter Villiers von l'Isle Adam übergeben, der durch seine ausgezeichneten Verdienste sich das Zutrauen des ganzen Ordens er= worben hatte. Ein dreistündiges, mörderisches Treffen setzte die Jo= hanniter in den Stand, die feindlichen Schiffe zu entern und Mann gegen Mann fechtend, den glänzendsten Sieg nebst vielen Gefangenen und ansehnlicher Beute zu erringen.

Unter ähnlichen Befehdungen dauerte der Krieg mit den Sara= zenen noch mehre Jahre fort und wurde Veranlassung zu zwei Ge= neralversammlungen (1510 und 1512), während welcher letzteren Emmerich von Amboise starb (8. Nov. 1512)*). Durch die reiche Beute, die er zu wiederholten Malen den Aegyptern abgenommen, und durch die weise Oekonomie, die er beobachtete, hinterließ er den Orden reich, während seine eigene Hinterlassenschaft fast nichts betrug.

Guido von Blanchefort,
1512—1513.

hatte schon als Großprior von Auvergne die Augen aller Mitbrüder auf sich gezogen. Die neue Wahl war daher bald entschieden. Sie traf den Mann der allgemeinen Liebe und des allgemeinen Wunsches. Aus einem der edelsten Häuser Frankreichs entsprossen, ein Sohn jenes Guido von Blanchefort, Herrn von Janurain und Bois=Lamy, welcher

---

*) Nach einigen Chronisten am 13. Nov. 1512.

unter Carl VII. von Frankreich das Amt des Seneschalls bekleidet, und in dieser Würde den Grund zu der nachmals so berühmt gewordenen Generation der Herzöge von Lesdiquières und Crequi gelegt hatte, und Anna's von Aubusson (Schwester des großen Meisters), übernahm er mit freudiger Zuversicht die Zügel der Regierung, ohne jedoch die Früchte seines Strebens zu ernten.

Schon ein Jahr und zwei Tage nach dem Antritte seines Meisterthums überraschte ihn der Tod zu Poppa della Caracca.

Fabrizio del Carretto,

1513—1521.

aus der Familie der Marchese bel Finale in Ligurien, Großabmiral des Ordens, hatte sich bei der letzten Belagerung von Rhodus so vortheilhaft ausgezeichnet, daß er einstimmig zum Großmeister der Johanniter ausgerufen wurde. Er soll, um seine Ritter in unermübeter Wachsamkeit zu erhalten, bei dem Kriegsheere jene großen Hunde eingeführt haben, die den ganzen Tag umherschwärmten, auf ein gewisses Glockenzeichen zum Futter kamen, und dann wieder herumliefen, um jeden Türken der sich sehen ließ, in Stücken zu reißen. Der älteste Historiograph des Johanniterordens, Bosio, erzählt von einem dieser Hunde, daß er täglich sein Brot nach einer Cisterne getragen habe, in die sich ein Christ vor der Wuth der Türken geflüchtet hatte; der Hund magerte zusehends ab, und als sein Wärter ihm einst folgte, entdeckte man den Unglücklichen, der sich nicht selbst heraushelfen konnte, und der bis dahin von dem Hunde allein war ernährt worden.

Der tapfere Carretto berief unmittelbar nach seiner Erwählung ein Generalcapitel nach Rhodus, um alle zu einer tapfern Gegenwehr erforderlichen Maßregeln zu treffen; denn als nach Selims Tode, 1520, dessen Sohn Soliman II. (fast zu gleicher Zeit mit Carl V., Kaiser der Teutschen) den Thron bestieg und seine Laufbahn mit einem siegreichen Feldzuge gegen die Ungarn eröffnete, waren die Augen von ganz Europa auf die Belagerung von Belgrad, dieser wichtigen Festung, gerichtet, welche man als Schutzwehr der Christenheit gegen die türkische Macht ansah. Während Soliman noch vor Belgrad lag, wurde der Orden durch Carretto's Tod (10. Jan. 1521) seines Oberhauptes beraubt, gewann aber an

Philipp Villiers d'Jsle-Adam,

1521—1534.

dem ehemaligen Armenpfleger und Großprior von Frankreich, eine
kräftige Stütze. Dieser Regent, dessen Jugend bis zur Erreichung
der großmeisterlichen Würde nichts anders als eine ununterbrochene
Kette ritterlicher Handlungen war, weshalb ihn die Geschichte mit
dem Beinamen des „Heldenmüthigen" bezeichnet, hatte sich durch
seinen biedern, menschenfreundlichen und offenen Charakter die Liebe
Aller, die ihn kannten, in so hohem Grade erworben, daß er, trotz
der Kabale eines mächtigen Gegners, am 22. Jan. 1521 einstimmig
zum Großmeister ausgerufen wurde. Dieser Gegner war Andreas
von Moral (nach Einigen, Antonio Amoral), Kanzler des Ordens
und Großprior von Castilien, welcher schon lange mit grenzenloser
Ehrbegierde nach der höchsten Würde strebte und Kunstgriffe aller
Art in Bewegung setzte, um die Herzen vieler leichtgläubigen Brüder
zu gewinnen. Wenn Geistesgegenwart, Muth und Tapferkeit allein
schon zu solchen Ansprüchen berechtigen, so gebührte ihm die hoffnungs-
vollste Zuversicht, denn er hatte jene Eigenschaften bei dem letzten
Ueberfalle der ägyptischen Flotte vor Ajazzo hinlänglich bewährt. Da
es ihm durch seine Beredsamkeit, geheuchelte Freundschaft und falsche
Vorspiegelungen gelungen war, eine bedeutende Anzahl von Rittern
auf seine Seite zu bringen, triumphirte er schon, sich auf dem Meister-
stuhle träumend, über sein Glück, als dieses ihm treulos den Rücken
wandte und einen Bruder zu der hohen Würde erhob, den er eben
so unversöhnlich haßte, als er dessen Ruhm schon lange beneidete hatte.
Dieses unvermuthete Ereigniß war ein Donnerschlag für Moral.
Gekränkter Ehrgeiz, Schaam und Betrübniß nagten an seinem Herzen.
Nach dem Blute Villiers und seiner Brüder lechzend, that sein stolzer
Sinn Rache brütend den Schwur: dies sollte der letzte Großmeister
sein, der zu Rhodus regiere! Die ihm verliehene Kanzlerwürde setzte
ihn in Kenntniß aller Rathschlüsse gegen die Türken und erleichterte
ihm die Ausführung seines Vorhabens. Der schändliche Moral wählte
einen Juden zu seinem niedrigen Werkzeuge, und dieser verschmitzte
Kopf sendete, damit jeder Verdacht wegfiele, die ihm anvertrauten
Briefe durch Pfeile an Soliman. Der Sultan erfuhr auf diese Weise
von dem Verräther Alles, was ihm die Belagerung von Rhodus
erleichtern konnte. Er erfuhr, wo die Veste am wenigsten verwahrt
und der Angriff am leichtesten sei; ja er wußte sogar, daß die Insel,
aller Hilfe von außen her entblößt, durchaus nicht auf Entsatz hoffen

könne. Inzwischen hatte Soliman an den Großmeister geschrieben, ihm zu seiner Ernennung Glück gewünscht und nebst der Nachricht von der Schleifung der Veste Belgrad die Versicherung gemeldet, daß jetzt Rhodus und die Ritter sein liebster Gedanke seien. Diese Worte waren kein Mittel, wodurch ein Billiers de l'Isle Adam eingeschüchtert werden konnte.

Am 24. Juni 1522 warf Soliman mit einer ungeheuern Kriegs-flotte auf der Höhe von Rhodus die Anker aus. Diese Armada, aus 400 Segeln bestehend und von dem Admiral Curtogli angeführt, hatte 140,000 Mann Landtruppen unter dem Befehle Muftapha's, des Günstlings und Schwagers von Soliman, am Bord. Achmet, ein sehr geübter Ingenieur, erhielt die Aufsicht über die Belagerungs-werke, und Peri, der des Sultans ganzes Vertrauen besaß, sollte den jungen feurigen, aber nicht genug erfahrenen General Muftapha, welcher an 8000 Pfähle mit sich führte, um die Christen daran spießen zu lassen, Weiber und Kinder aber dem großherrlichen Harem und den Janitscharen versprochen hatte, als Rathgeber begleiten.

Kaum erblickten die Rhodiser die schwellenden Segel, so schwellte auch schon ein Hauch der Tapferkeit die heldenmüthige Brust des Großmeisters. Er lud alle seine Ritter zu sich auf die Burg und fügte zu der großmeisterlichen Gewalt die schonende Milde des Bruders, zu den Befehlen des Feldherrn die Bitten des Freundes und zu den Drohungen des Richters die großmüthigen Worte des Rathgebers. Mit kaum 4500 Soldaten und 600 Rittern setzte sich der Groß-meister, nachdem er vergebens durch Gesandte alle christlichen Höfe um Beistand angeflehet hatte, zur Wehre. Er ließ sogleich den Hafen mit einer doppelten Kette verschließen, am Walle des Nicolaus-Thur-mes, um das Annähern der feindlichen Galeren zu hindern, einige Schiffe versenken, die Mauern mit zahlreichem Geschütz bepflanzen, und eben so die Basteien und Wälle mit Kriegsinstrumenten aller Art, mit Feuertöpfen und großen Steinen, um sie auf die Stürmenden zu werfen, auf das reichlichste versehen. Ritter, Soldaten, Bürger, Offiziere, selbst Priester und Mönche boten freiwillig zu allen Arbeiten die Hand; Greise, Frauen und Kinder trugen Erfrischungen auf den Mauern umher oder warfen siedendes Pech, Steine und Klötze auf die Belagerer. Besonders stachen die Franziskaner mit Spießen manchen Muselmann von der Sturmleiter.

Der Großmeister übergab die Aufsicht über den Mund- und Kriegsvorrath drei Commissarien, welche er aus den Großkreuzrittern wählte. Darunter befand sich auch der Verräther Amoral, welcher,

um die Sorgfalt des Ordens zu vereiteln, behauptete: daß die Rüstung
der Türken zuverlässigen Nachrichten zu Folge nicht sowol gegen
Rhodus als gegen Cypern gerichtet sei. Allein der vorsichtige Billiers
de l'Isle Adam schickte einen dienenden Bruder, Namens Anton Bosio,
nach Kandia, um von dem Statthalter 500 Mann Hülfstruppen nebst
einer Ladung Wein zu erbitten. Trotz der Verweigerung des ersten
Gesuchs gelang es dem verschmitzten Bosio, die Miethlinge, verkleidet
als Kaufleute und Matrosen auf die Schiffe zu bringen, und so seinen
Auftrag glücklich auszuführen. Vor allen zeichnete sich der Ingenieur
Gabriel Martenigo aus, der früher die Aufsicht über die Festungs-
werke in Kandia gehabt hatte. Sobald dieser, mit Beweisen des Zu-
trauens und der Achtung überhäuft, die Bastionen und Schanzen
verstärkt hatte, verließ der Großmeister seinen Palast und nahm seinen
Posten in der Nähe der Marienkirche, um desto schneller auf dem
Walle zu sein, welchem der erste Angriff drohte. Nach gepflogenem
Rathe beschlossen die türkischen Obersten, mit der Belagerung der
Hauptstadt den Anfang zu machen, und dann die festen Schlösser und
Burgen zu zerstören.

Die Laufgräben wurden geöffnet und eine Batterie nahe an der
Stadt aufgeworfen; allein die Ritter zerschmetterten in häufigen Aus-
fällen Alles, was sich in der Ebene sehen ließ, verjagten die Feinde
und zerstörten ihre Werke. Der türkische Krieger, von jeher gewohnt
aus dem ersten Treffen Vorbedeutungen zu ziehen, weissagte voll Angst
die schrecklichste Zukunft. Nur mit Peitschenhieben war der Sarazene
zu dem Angriffe und in den Kampf zu treiben. Er gebehrdete sich,
als ginge er, statt dem Siege, der unvermeidlichen Sklaverei oder
dem Tode entgegen. Erst der Donner der Kanonen, das Schmettern
der Trompeten und der Freudenschall der Instrumente, welche die
Ankunft des Großsultans im türkischen Lager verkündeten, brachte
einen neuen Geist unter die feindlichen Truppen. Alles bemühte sich,
die Schande der vorigen Feigheit wieder abzuwaschen. Soldaten und
Schanzgräber minirten Tag und Nacht. Eine unglaubliche Menge
Arbeiter verlor bei diesem Werke das Leben durch die Kugeln der
Johanniter, weil die türkischen Bollwerke von allen Seiten dem Kanonenfeuer der Festung ausgesetzt waren.

Der deutsche Posten wurde zuerst angegriffen, doch der Großmeister hatte ihn von innen mit Schanzkörben, Erde, Balken und
Reisig unterstützt, und so wurde das Vorhaben des Feindes vereitelt.

Nach einem so schlechten Erfolge des Angriffs von dieser Seite,
beschloß der Pascha Peri die Batterien gegen den Nicolausthurm zu

richten, allein auch hier war sein Bemühen umsonst. Auf seinen Befehl richtete nun der Feldherr Mustapha den Angriff auf die vorzüglichsten Basteien der Hauptfestung. Indeß die alte Mauer der Stadt leistete allen Stürmen unerschüttert Widerstand. Der Großmeister selbst eilte der italienischen und englischen Bastei zu Hülfe, und ließ auf Martenigo's Rath 200 Mann einen Ausfall machen, um dadurch Zeit zu gewinnen, neue Vorbaue und Verschanzungen hinter der Bresche anzulegen. Die Christen stürzten mit bewaffneter Faust in die Laufgräben, überfielen die Türken, hieben nieder, was sie erreichen konnten, und jagten, was ihrem Schwerte entrann, in die Flucht.

Allein dieser Widerstand der Ordensritter und alles Unglück ihrer Feinde schien den Belagerten nur wenig Erleichterung zu verschaffen. Die stets sich erneuende Anzahl der Türken, welche die Insel überschwemmt hatten, ward durch keine Niederlage vermindert, die ungeheure Menge ihres Geschützes durch keinen Verlust geschwächt. Der Großmeister suchte jetzt die Belagerung in die Länge zu ziehen, in der Hoffnung, daß der Feind während des Winters die See nicht länger würde behaupten können. Dies änderte Solimans Entschluß, und er gab Befehl, Anstalten zum Sturme der Festung zu treffen. Durch eine unzählige Menge von Schanzgräbern wurden Minen nach allen Richtungen angelegt, und Schutt und Steine herbeigeschafft, um die Gräben auszufüllen; doch Martenigo's Schlauheit wußte jede Mine aufzufinden und während der Nacht die Arbeit des Tages zu zerstören. Die Arbeiter wurden mit Granatenkugeln auseinander getrieben und die in den unterirdischen Gängen befindlichen Türken durch hineingeworfene Pulverfässer erstickt.

Aller angewandten Mühe unerachtet konnte man nicht verhindern, daß durch eine zerplatzende Mine die Mauer in einem Umfange von mehr als sechs Toisen einstürzte. Der fromme Villiers kniete eben an den Stufen des Altars der nahen Kirche, um den Himmel um Beistand anzuflehen, als die Mine mit einem fürchterlichen Gekrache sprang. Wie ein schnell aus dem Traume Erwachender fuhr er auf, ergriff Helm und Lanze und flog nach dem gefährlichsten Punkte hin. Hier hieb er, an der Spitze der Seinen, wie ein Wüthender auf die Sarazenen ein, schleuderte mit kräftiger Hand den Halbmond von der Mauer und zerstreute und stach Alles nieder, was sich ihm zu widersetzen wagte. Furcht und Schaam fesseln Mustapha's Arm, welcher die ersten Flüchtlinge mit gezücktem Schwert zu Boden streckte. Das Gefecht erneuert sich. Man kämpft von beiden Seiten mit gleicher Hartnäckigkeit. Steine, Granaten, Pechkränze, Kanonenkugeln, Feuer-

töpfe und Holzbrände hageln auf die Türken herab. Umsonst verschwendet Mustapha Drohworte und Versprechungen, Alles weicht,
Alles flieht. Wen der Tod in der Schlacht verschont, den ereilt er
nun auf der Flucht. Die aufgehende Sonne dieses Tages (17. September) erblickte an 3000 Türken todt dahingestreckt auf der Wahlstatt. Knirschend vor Wuth hielt Soliman einen Kriegsrath und
beschloß einen Generalsturm zu wagen. Der Großmeister traf indessen
von seiner Seite alle mögliche Anstalten zur Vertheidigung. Noch in
der Nacht vor dem Sturme musterte er alle Wälle und Bastionen der
Stadt und ermunterte seine Truppen, standhaft für die Ehre der Christenheit und des Ordens zu kämpfen, und lieber den Tod als eine
schimpfliche Knechtschaft zu wählen. Voll Rührung stürzten sich Bürger
und Ritter, Griechen und Lateiner einander in die Arme und schwuren
sich Treue bis in den Tod bei dem Kreuze des ewigen Ueberwinders.
Mit anbrechendem Morgen des 24. Septembers begann der Sturm
der Sarazenen von allen Seiten. Bewunderungswürdige Entschlossenheit glühte in den Adern der Janitscharen, welche sich nie so muthig
gezeigt als hier, wo sie im Angesichte ihres Sultans kämpften. Fromme
Zuversicht auf eine höhere Macht lenkte dagegen den Arm der Ritter,
welche die Gegenwart ihres Großmeisters gleich einer heiligen Erscheinung zu beschützen schien. Mitten durch eine Wolke von Kugeln
steigen die Feinde beherzt auf den Trümmern der Mauern empor,
aber eben so muthig schlagen die Ritter jeden Angriff ab und stürzen
sie sammt den Sturmleitern von den Wällen hinunter. Sechs volle
Stunden dauert das mörderische Getümmel mit gleicher Wuth und
gleichem Glücke fort, bis endlich der Großmeister als letzte Hülfe 200
Mann frischer Truppen aus dem Nicolausthurme herbeizog. Diese
geben dem Gefechte plötzlich eine andere Wendung. Die Janitscharen
wanken zurück, und Soliman sieht sich genöthigt, um dieser schimpflichen Flucht einen Anstrich von Ehre zu geben, zum Rückzuge blasen
zu lassen. Dem tapfern Comthur von Bourbon, welcher mit einer
kleinen Schaar durch die Kasematten in die am meisten bedrohte
Bastei vorgedrungen war, den Halbmond von dem Walle riß und statt
dessen die Ordensfahne wieder aufpflanzte, dann Alles, was die Kanonen noch am Leben gelassen hatten, niederhieb, gebührt die Ehre
dieses Tages! —

Schon beschloß Soliman, durch das Mißlingen dieses letzten
Hauptangriffes und durch den Verlust von 15,000 seiner tapfersten
Krieger muthlos gemacht, die Belagerung aufzuheben, als die Aus-
sagen eines Ueberläufers und, wie man erzählt, ein Brief des Ver-

räthers Amoral den Sultan benachrichtigten, daß die Festung un-
möglich einen zweiten Sturm dieser Art auszuhalten im Stande sei.
Er entfernte sogleich seinen Feldherrn Mustapha und übertrug die
Leitung seiner Armee dem kühnen Pascha Achmet, welcher die Batte-
rien mit verdoppeltem Nachdruck spielen ließ und sich zu einem zweiten
Hauptsturme bereitete.

Jetzt war Rhodus in der drohendsten Gefahr, seine Vertheidiger, bis auf wenige dahingerafft, die meisten an Krankheit oder
ihren Wunden daniederliegend, viele todtmatt vor Hunger und Verzweiflung. Nur die schleunigste Hülfe von Außen konnte den Orden
noch von seinem Untergange erretten. Mit jedem Augenblicke stieg
die Noth, die Sehnsucht verdoppelte sich, es eilte Alles nach dem Hafen,
und unruhevoll starrten die Blicke auf die offene See — doch vergebens, kein Fahrzeug war zu sehen, das die erwünschte Rettung ver-
kündete. Schon entsank den Ordensbrüdern der letzte Funke von
Muth, als am 22. November die englische und spanische Bastei durch
eine Mine in die Luft gesprengt und die Bresche 24 Stunden lang
mit den schwersten Kanonen unaufhörlich beschossen wurde. Der
zahllosen Menge der Eindringenden konnte die entschiedenste Tapferkeit der Ritter nicht länger widerstehen. Die Sturmglocken verkün-
digten mit schauderndem Getöse den Augenblick der größten Gefahr.
Schon schien Alles verloren, als der Himmel den Belagerten zu Hülfe
kam. Ein ungewöhnlicher Platzregen stürzte in Strömen danieder und
schwemmte den Erdwall hinweg, der die feindlichen Laufgräben deckte.
Ganz unbedeckt standen nun die Türken dem Kanonenfeuer der Festung
ausgesetzt und mußten sich mit großem Verluste zurückziehen.

So endigte der Tag, an welchem der Untergang von Rhodus
beschlossen war, mit Triumph für die Johanniter. Soliman, außer
sich vor Wuth, daß er schon 6 Monate vergeblich mit 200,000 Mann
die Festung belagerte, vergrub sich tiefsinnig in sein Zelt und ließ
erst nach langer Zeit die Besatzung durch einen Herold zur Uebergabe
auffordern. Der Großmeister aber gab zur Antwort: „Ritter des h.
Johannes unterhandelten mit den Ungläubigen nur das Schwert in
der Faust!" Erst auf die Vorstellungen des Comthurs Martenigo und
des Priors von St. Gilles, daß bei dem gänzlichen Verfall der Festungswerke die Stadt kaum länger mehr gehalten werden könnte, und
auf tausendfältige Bitten der Einwohner, schien Villiers de l'Isle-
Adam sich zu einem Vergleiche verstehen zu wollen. Doch die Sarazenen, durch seine Nachgiebigkeit kühn gemacht, erneuten den Angriff
auf die spanische Bastei, und obgleich die Stadt mehr einem Schutt-

und Steinhaufen als einer Festung ähnlich sah, vertheidigte der Großmeister selbst den Posten. Ein blutiges, hartnäckiges Treffen begann,
welches den ganzen Tag dauerte. Von beiden Seiten gleiche Tapferkeit, gleicher Muth. Villiers sucht im Gedränge den Sultan und
findet ihn. Die Kraft der Verzweiflung streitet in beiden Helden.
Mächtige Hiebe fallen auf des Großmeisters graues Haupt, doch er
antwortet auf jeden Schlag. Soliman kämpft wüthend und hitzig,
der Großmeister kalt und beharrlich. Nun bricht Solimans Schwert,
das Schild entsinkt seiner Hand, der Gegner stürzt über ihn und will
sich seiner bemächtigen, als der Emir Albasor mit seinen Janitscharen
zu dessen Befreiung herbeieilt.

Die Nacht brach ein und machte diesem Verzweiflungskampfe ein
Ende. Allein kaum hat der Tag gegraut, so wirft sich Villiers schon
wieder mit seinem schwachen Häuflein dem eindringenden Emir Mula
entgegen. Der kühne Feldherr Altomor fällt durchbohrt von seinem
Schwerte und hört noch im Fallen den Stoß von seinen Feinden
lobpreisen. Der Feldherr Ismael will den Tod jenes Helden rächen
und zückt sein blitzendes Schwert gegen den Großmeister; allein auch
er sinkt zur Erde. Nun ergrimmt Mula über den die menschlichen
Kräfte fast übersteigenden Widerstand, rafft all' seine Körperstärke zusammen und stürzt sich mit den Kühnsten über ihn. Noch ergibt sich
Villiers nicht. Gleich einer Flamme bei schwacher Nahrung erscheint
jetzt sein Kampf. Kaum von ein Paar Getreuen unterstützt, haut er
noch immer, obwol mit blutlosem Arme, obwol schon langsamer zu.
Da stürzt Soliman, dem dieser Heldenmuth alle Schärfe seines Zornes
benahm, wie ein Adler herbei, und ruft den Seinigen zu: „Haltet
ein! Euer Arm ist nicht berühmt genug diesen Helden zu tödten; und
Du Herr," sprach er zu Villiers, „ergib Dich, du Krone aller christlichen Kampfeshelden! erkenne mich, oder wenn Du willst, das Schicksal
für deinen Sieger! ich verlange keinen Triumph über deine Person;
Rhodus allein ist es, und nicht dein Leben, wonach ich strebe." —

Erst jetzt, da weder seine noch seines Ordens Ehre darunter litt,
senkte der Großmeister sein Schwert und forderte für sich und die
Ritter, als jeder Hoffnungsschimmer verschwunden war, freien Abzug.
Ein Vertrag kam zu Stande, dessen Hauptpunkte waren: Die Kirchen
und ihre Heiligthümer sollten verschont, die christliche Religion nach
wie vor auf der Insel geduldet, und das Volk 5 Jahre von allen
Auflagen befreit werden. Jedermann sollte es freistehen von der
Insel abzuziehen; 12 Tage war die Frist, binnen welcher die
Ritter ihre Habseligkeiten nebst allen Kleinodien, heiligen Bildern,

11*

Reliquien und Opfergefäßen aus der reichen St. Johanneskirche ein-
packen und nebst den wichtigsten Ordensdocumenten und dem ganzen
Geschützvorrath zu Ausrüstung der Galeren, an Bord bringen sollten.
Geiseln von beiden Seiten bekräftigten die Treue dieses Vertrags.
Kurz vor dem Abzuge bemühte sich der Sultan bei einem Besuche,
den ehrwürdigen Großmeister über den schnellen Wechsel seines Glücks
zu trösten, bot ihm sogar an, wenn die zur Abreise bestimmte Zeit
nicht zu einer bequemen Einrichtung seiner Geschäfte zureiche, dieselbe
zu verlängern, und sagte im Herausgehen aus dem Palaste zu seinem
Oberfeldherrn Achmet, der ihn begleitete: „Beim Propheten, es kostet
mir Ueberwindung, diesen alten Mann aus seinem Besitzthume zu
vertreiben." Hierauf machte der Großmeister mit der bewunderungs-
würdigsten Gemüthsruhe die Reiseanstalten und ließ alles zur nahen
Abfahrt bereit halten *).

Es war ein rührender Anblick, die unglücklichen Bürger, mit
ihren Habseligkeiten belastet und von ihren Familien umgeben, aus
ihren Häusern ziehen zu sehen, um ihr Vaterland Rhodus zu verlassen, welches der Orden 220 Jahre lang mit steigendem Ruhme
behauptet, und 600 Ritter nebst 4—5000 dienenden Brüdern sechs
Monate lang, eines Verräthers in ihrer eignen Mitte unerachtet,
gegen 200,000 Türken vertheidigt hatten. So verließ nun der Großmeister mit 50 Segeln ein Land, welches schon im Jahre 1310 vom
Kaiser Ottoman I., dann von seinem Sohne Orkan im J. 1322,
und weiter von Mohammed II. im J. 1480 harte Belagerungen muthig ausgehalten, und den Orden zu einer schwindelnden Höhe erhoben
hatte. Von allen Seiten hörte man ein Klagetön von weinenden
Kindern, von jammernden Weibern und von Greisen, die ihr Mißgeschick verwünschten. Nach diesem Unglücke wollte das unergründliche
Schicksal die Standhaftigkeit des heldenmüthigen Meisters Villiers

---

*) Die heldenmüthige Vertheidigung von Rhodus unter Villiers de l'Isle-
Adam ist ausführlich behandelt in dem: La grande et merveilleuse oppugnation
de la noble cité de Rhodes, redigée par escript par le Ch. Fr. Jacques Bâtard
de Bourbon, Par. 1525. 4. — Ottonis Brunfelsii oratio ut afflictionibus Rho-
diorum militum succurratur, Basileae ap. Andr. Gatandrum, 1523, 4. — Jacobi
Fontani, de bello Rhodio libri III. Rom 1524. fol. — La muy lamentable y
cruenda Bata de Rhodas, nuovamente lacada de la lengua latina en Castellano
por Christoval de Arcos. En casa de Juan Varela de Saiamanca Verini de la
Ciudad de Sevilla 1526. fol. — Le Siège de Rhodes fait par Soliman II., Poème
de M. Ressequier, cheval. de Malte. — Radi Srosa, Tragedia dal Andrea
Rubbi, Ven. 1773. 8.

de l'Isle=Abam auf eine neue Probe stellen. Bald nach der Aus=
fahrt vom Hafen zu Rhodus (26. December 1522) überfiel ein ge=
waltiger Sturm die unglücklichen Flüchtlinge, zerstreute die Flotte,
bohrte einige Fahrzeuge in den Grund und gestattete den Uebrig=
gebliebenen nur ein schwankendes Obdach in den Hafen von Kandia.
Der Großmeister erreichte zwar glücklich die Rhede bei Setia, wo er
bei einer Musterung fand, es seien ihm von seinen Unterthanen an
Männern, Weibern und Kindern gegen 5000 Seelen gefolgt.

Diese kleine Zahl, krank, ohne Kleider und ohne Vermögen,
sehnte sich nach Unterhalt, Bedeckung und einer bleibenden Stätte.
Der Großmeister schaffte sowol Lebensmittel als die nothwendigsten
Kleidungstücke herbei, aber einen bleibenden Aufenthaltsort hatte er
jetzt selbst für sich und seine Ritter nicht mehr. Sobald seine Schiffe
ausgebessert waren, ging er wieder unter Segel, nachdem er einen
Abgesandten auf einer leichten Brigantine an den Papst gesendet hatte,
um von diesem eine Bulle zu bewirken, welche den Rittern bei Strafe
der Excommunication und des Verlustes des Ordenskleides gebot, dem
Großmeister und dem Convente vollen Gehorsam zu leisten, und ihm
überall hinzufolgen, wo er seine Residenz aufzuschlagen für gut fände.

Widrige Winde hatten inzwischen den Großmeister genöthigt,
mit seiner Flotte bei der Insel Cerigo anzuhalten, und erst zu Anfange
des Maimonats langte er endlich in dem Hafen zu Messina an, wo
ihm der Vicekönig Pignatelli die Stadt zu seinem Aufenthalte anbot.
Hier pflanzte er, statt der gewöhnlichen Ordensflagge, eine Fahne auf
mit dem Bilde der Madonna, die ihren todten Sohn in den Armen
hält, mit der Umschrift: „Afflictis spes mea rebus." · Hier kam ihm
die päpstliche Bulle sehr zu statten, denn manche unzufriedene Ritter
hatten, wie er vorausgesehen, den Entschluß gefaßt, in ihr Vaterland
zurückzukehren, um bei ihrem Landesherrn ein besseres Schicksal zu
suchen. Die erste Sorge des Großmeisters war daher, ein Unter=
suchungsgericht niederzusetzen, um zu erfahren, welcher von seinen
einberufenen Rittern die Sache des Ordens verlassen habe. Auf die
Entscheidung, daß die Ausgebliebenen nur durch Winde und Stürme
zurückgehalten worden wären, brach er voll Freuden in die Worte
aus: „Dank sei es dem Himmel! Keiner meiner Ritter hat Schuld
an dem Sturze von Rhodus!" Kaum hatte indessen l'Isle Abam
durch päpstliche Drohungen oder sanftes Zureden die Ordnung wieder
hergestellt, so traf ihn ein neuer Schlag des Schicksals. Die Pest
brach zu Messina aus und nöthigte ihn, mit seinen Rittern, von denen
schon Einige das Opfer dieser wüthenden Seuche geworden waren,

eine gesündere Gegend aufzusuchen. Er fand diese im Meerbusen von
Bajä. Der Aufenthalt eines Monates in jener reinen Luft stellte
alle Kranke wieder her, und nun steuerte er mit seiner Colonie nach
Civita-Vecchia, voll Begierde, sich mit dem Papste über einen künf-
tigen Wohnplatz für seinen Orden zu unterreden.

Der Papst ging ihm bei seinem Eintritte ins Zimmer freudig
entgegen, umarmte ihn und machte ihm unter den ehrenvollsten Lob-
sprüchen wegen seiner heldenmüthigen Vertheidigung von Rhodus
schöne Hoffnungen rege. Allein der Tod vereitelte wenige Tage darauf (14. September 1528) die Erfüllung dieses Versprechens.

Was aber Hadrian nicht leisten konnte, das wurde von seinem
Nachfolger, Julius von Medici, der ehemals selbst ein Ordensmitglied
gewesen war und jetzt unter dem Namen Clemens VII. den päpstlichen
Stuhl bestiegen hatte, ausgeführt. Er wies ihm die Stadt Viterbo
(in dem Kirchenstaate) zur einstweiligen Niederlassung an und gestattete,
daß die Schiffe und Galeren zu Civita-Vecchia im sichern Hafen
bleiben durften. Man hatte dem Großmeister verschiedene Vorschläge
über die künftige Niederlassung des Ordens gemacht. Unter andern
schlugen ihm spanische Ritter vom ersten Range — vermuthlich im
Einverständnisse mit den kaiserlichen Ministern — die Inseln Malta
und Gozzo und die Stadt Tripolis vor, welche dem Kaiser als König
von Sicilien zugehörten.

Dieser letzte Vorschlag gefiel dem h. Vater am besten; es wurde
aber beschlossen, gegen Carl V., dessen Grundsatz war, kein Sklave
seiner Worte zu sein, und gegen die geheimen Absichten seiner Minister, welche den Orden ihrem Oberherr wieder unterthan zu machen
gesonnen sein möchten, mit äußerster Behutsamkeit zu Werke zu gehen.
L'Isle Adam schickte den Prior von Castilien, den Ritter Martenigo,
und den Comthur Bosio als Botschafter nach Madrid, den Kaiser
um die Abtretung der Insel Malta und Gozzo zu bitten. So sehr
es aber dem Kaiser, diesem tief berechnenden Politiker, darum zu
thun war, einen kriegerischen Orden auf diese Inseln, deren Besatzung
viel Aufwand erforderte, zu verpflanzen, und er deshalb in den Johannitern die sicherste Schutzwehr seiner Erbkönigreiche Neapel und
Sicilien gegen die afrikanischen Raubstaaten zu errichten strebte, so
spannte er doch seine Forderungen dergestalt hoch, daß es der Großmeister um so weniger für rathsam fand in dieselben einzugehen, als
ihm ein neuer Stern der Hoffnung, Rhodus wiederzuerlangen, bereits
aufgegangen war.

Endlich brachte jedoch die Aussöhnung des Papstes mit dem Kaiser,

bei welcher der Letztere dem Erstern in jenem verhängnißvollen Augenblicke nichts abzuschlagen wagte, die Unterhandlung zu Staube. Die
gegenseitige Uebereinkunft wurde den 24. März 1530 zu Castel Franco,
einer kleinen Stadt in dem Gebiete von Bologna, unterzeichnet. Diesem
Vertrage zufolge überließ der Kaiser dem Orden in Betracht so vieler,
seit Jahrhunderten der Christenheit geleisteten Dienste, die Schlösser
und Festungen von Malta, Gozzo und Tripolis, mit allen ihren
Gerechtsamen der höhern und niedern Gerichtsbarkeit und dem Rechte
über Leben und Tod, sammt allen übrigen Privilegien, Einkünften
und Immunitäten als ein freiadeliges Lehen, unter den Bedingungen:
1) dem Könige von Sicilien oder dessen Statthalter jährlich am
Allerheiligentage einen Falken zu überreichen. 2) Im Falle der Er-
ledigung des Bisthums zu Malta, ihm drei Candidaten vorzuschlagen,
aus welchen er einen wählen könne, mit dem Vorrechte, daß der
Erwählte das Großkreuz des Ordens erhalte und als solcher die
Freiheit habe, dem Conseil beizuwohnen. 3) Daß der Großmeister
bei jedem neuen Nachfolger im Königreiche das Lehen aufs neue
muthen, und sich in seinem und seines Ordens Namen eidlich verbinden sollte, 4) aus diesen eingeräumten Ländern dem Königreiche
beider Sicilien keinen Abbruch zu thun. 5) Keinen aus diesen Reichen
flüchtenden Verbrecher zu schützen, sondern ihn, wenn er ein Maje-
stätsverbrecher oder Ketzer sei, auf Verlangen auszuliefern. 6) Zu
dem Admiral stets einen Italiener zu nehmen, und 7) wenn der Orden
die Insel Rhodus je wieder erobern sollte, diese neu eingeräumten
Länder dem Könige von Sicilien wieder abzutreten*).

Der Papst ertheilte mittelst einer Bulle unter dem 25. April
1530 dieser Uebereinkunft seine feierliche Sanction. Bald darauf
wurden zwei Ordensritter als Gesandte nach Sicilien geschickt, um
dem Vicekönige, Hector Pignatello, Herzog von Monteleone, den Eid
der Treue abzulegen, und der Kaiser ernannte nun sechs Commissarien,
welche sich mit den beiden Bevollmächtigten nach Malta einschifften
und den Rittern die Besitzungen auf dieser Insel, sowie die von
Gozzo und Tripolis übergaben. Schon schickte der Großmeister eine
Menge von Werkleuten und Baumaterialien zur Herstellung des zerstörten Schlosses San Angelo, sowie Pulver und Schießbedarf nach
Malta ab, als sich dem Unternehmen neue Schwierigkeiten in den
Weg stellten. Der Vicekönig von Sicilien forderte Zoll für das

---

*) Die Schenkungsurkunde und den Eidschwur des Vicekönigs von Sicilien
f. Boisgelin, Vol. III. p. 317. Append. Nr. 5 ff. u. Vol. III. p. 325 Nr. 6.

Getreide, welches die Ritter einführten, und der Münzmeister machte
sogar die Anzeige, daß der Kaiser zu Malta keine andere Münze als
mit seinem Bilde und Stempel schlagen lassen wolle. Der Groß=
meister und der Ordensrath wußten, daß Malta bisher sein Getreide
frei aus Sicilien bezogen hatte, und sahen also den verlangten Zoll
als eine Art von Tribut, sowie das Verbot des Münzprägens als
einen Beweis der Abhängigkeit für die Zukunft an.

Einige Ritter waren hierüber so entrüstet, daß sie den ganzen
Vertrag vernichtet wissen wollten. Klüger und gemäßigter benahm
sich der ehrwürdige Großmeister. Er schickte Abgeordnete an Carl V.,
um ihm Gegenvorstellungen zu machen; doch diese wären ohne Erfolg
geblieben, hätte nicht der Papst die Rolle des Mittlers übernommen.
Clemens VII. benutzte durch seinen Neffen Salviati seinen Einfluß bei
dem Kaiser so glücklich, daß Letzterer auch noch die beiden streitigen
Artikel bewilligte. Jetzt stand der Besitznahme von Malta kein Hin=
derniß mehr im Wege. Am 26. October des J. 1530 lief der Groß=
meister mit seiner Flotte, nach einem glücklich überstandenen Sturme,
in den Hafen des neuen Ordenssitzes ein. Von nun an nahmen die
ehemaligen Hospitaliter und nachherigen Rhodiserritter den Namen
Cavalieri di Malta oder Malteserritter an.

Malta als Ordenssitz.

Wie Rhodus im Alterthume durch seine Seegesetze, durch die
berühmte Rednerschule des Aeschines, wo so viele Römer die Kunst
der Wohlredenheit sich anzueignen strebten, durch seine mit den Ge=
mälden des Protogenes gezierten Prachttempel und Paläste, so wie
durch das Kunstwerk des Chares, den 70 Ellen hohen, von Antiochus
als Leuchtthurm errichteten Koloß, der auf zwei Felsen am Eingange
des Hafens stand, und ferner als Vaterland des Aristophanes sich
berühmt gemacht hatte; so war auch Malta, welcher Insel schon
Vater Homer unter dem Namen Hyperia oder Ogygia gedenkt, wo
Ulysses mit der Kalypso und später sein Sohn Telemach mit der
Nymphe Eucharis seine Erstlingszeit der Liebe feierte, und welche die
Griechen des schönen Honigs wegen, den sie dem berühmten Honige
von Hybla gleich achteten, Melita nannten, ein hochgefeierter Gegen=
stand der älteren Geschichte. Die christliche Legende endlich nennt
Malta als die Insel, auf welcher sich dem Apostel Paulus, als er
Reiser zum Feuer zusammentrug, eine Natter um den Arm schlang,
die er sogleich in die Flammen schleuderte und so den Wahn seiner

Gefährten, die ihn für einen Mörder hielten, den die göttliche Rache verfolge, auf einmal vernichtete, und da er weder todt zur Erde fiel, noch seine Hand schwoll, sich bei den Heiden das Ansehen eines Gottes verschaffte. Obschon aber, wie viele Theologen behaupten, Malta nicht die Insel war, an welcher der Apostel Schiffbruch litt, sondern Meleba im adriatischen Meere, wie selbst die Apostelgeschichte durch die Worte: „da wir in Adria fuhren," beweiset, so verehrt dennoch die gläubige Christenheit die Grotte des h. Paulus, welche in drei Theile abgetheilt ist, in deren vorderstem das Volk auf den Knien liegt, während in dem mittleren die wunderthätige Erde aufbewahrt wird, und in dem letzten sich ein Altar mit der schönen von Caffa gefertigten Statue des Apostels befindet.

Die Insel Malta liegt 60 italienische Meilen südlich von Sicilien und 190 Meilen von Afrika im mittelländischen Meere und ist reich an Baumwolle, Zuckerrohr und edlen Früchten. Obgleich die Insel, etwa 20 Stunden im Umfange, keinen Fluß von Bedeutung, sondern nur Bäche, und dazu nur selten Regen hat, liefert sie, wenn sie auch kein Getreide erzeugt, die schönsten Melonen, Feigen, Pomeranzen und Trauben, und es ist dies alles um so mehr zu verwundern, da sich dem Auge fast nichts anderes als verwitterter Kalksteinfelsen und Mauertrümmer, welche die Wirkung der Sonnenstrahlen verstärken, darbieten; obwol die Kahlheit des Bodens nicht so wörtlich zu nehmen ist, daß man — wie viele ehedem glaubten — die Erde aus Sicilien herbeigeholt habe.

Malta mit seinen beiden kleineren Inseln, Gozzo und Comino oder Cumnetto (Kümmelinsel), kann das volkreichste Land von Europa genannt werden, denn es leben da auf 6 Quadratmeilen gegen 80,000 Menschen; auf Gozzo aber, welches noch nicht zwei geographische Quadratmeilen hält und von dem unbewohnten Comino nur durch den Canal Freghi getrennt wird, und das wahrscheinlich einst mit Malta zusammenhing, zählt man 24,000 Einwohner. Herrlich ist der Anblick der Insel Malta von der See aus. An dem von steilen Felsen rings umgürteten Ufer liegt im Nordwesten die Hauptstadt Valetta, ein Amphitheater von fünf Städten (la Valetta oder Citta nuova, Citta vittoriosa, Sanglea, Burmola und Cottonera), drei Festungen und einer Menge Bastionen, und überall ist die ganze Insel, wo sie nicht von steilen Naturfelsen geschützt wird, geschirmt durch Forts und Thürme. Auf der Erdzunge, die den herrlichen Hafen in zwei Hälften theilt, liegt Valetta, und auf deren Spitze das Castell St. Elmo, unsterblich in der Geschichte. In der Mitte der Insel

erhebt sich auf einem Hügel die Stadt Civita-Vecchia, wo man sehens=
werthe Katakomben und den durch ganz Italien berühmten blut=
stillenden Schwamm (Fungus Melitensis) findet, einst Regal, wie
in Preußen der Bernstein. Uebrigens bietet der Mangel an Vegeta=
tion im Innern, wo man statt Wälder, Wiesen und Baumgärten,
Flüsse und Auen nur Wälle, Thürme und Bastionen erblickt, einen
die Brust beklemmenden Anblick dar; und nur die Eingebornen, ein
seltsam gemischter Menschenschlag, zwischen Afrikanern und Europäern
stehend, mit Ueberresten der altpunischen und arabischen Sprache,
mögen im Ausbruch ihrer Vaterlandsliebe Malta „il fiore del Mondo"
(„die Blume der Welt") nennen.

Hier auf Malta fehlte es dem Orden nicht an neuen Kämpfen
nach Innen und nach Außen. Kaum hatte der Großmeister diesen
neuen Wohnsitz bezogen, so war seine erste Sorge darauf gerichtet,
die Festungswerke von Malta wieder herzustellen, Gozzo durch Ver=
schanzungen gegen die Ueberfälle der Corsaren zu decken, und Tripolis
mit einer zahlreichen Besatzung zu versehen. Sehnsüchtig blickten aber
während aller dieser Vorkehrungen seine, sowie der sämmtlichen Jo=
hanniter Augen nach ihrer verlornen Heimat — Rhodus hin. Die
Eroberung von Modon, durch welche er sich den Weg zu jener viel-
gewünschten Heimkehr zu bahnen hoffte, blieb daher die erste und wich=
tigste Angelegenheit seines Geistes. Zu diesem Ende wurden, so weit
es die Ordenskasse erlaubte, fremde Truppen gemiethet, und deren
Commando einem Verwandten des Papstes, dem Prior von Rom,
Ritter Salviati, übergeben. Der Feldzug mißlang, unerachtet die
Christen durch zwei von der Lage der Dinge genau unterrichtete
griechische Renegaten, Namens Scandali und Cajolan, unterstützt waren.

Von nun an richtete der Großmeister, erhaben über jedes Unglück,
seine ganze Aufmerksamkeit allein auf Malta. Die Kreuzesflagge
erschien wieder, ihrer Hauptbestimmung gemäß, auf dem Meere zum
Schutze ihrer Glaubensgenossen und zum Schrecken der Ungläubigen.
Jetzt vereinigten sich die Ordensgaleren mit der verbündeten Flotte
des Kaisers und des Papstes, welche unter dem Befehle des großen
Seehelden Andreas Doria einen Zug wider die Türken unternahm.

Bei der Insel Sapienza vorbeisegelnd wurde beschlossen, einen
Angriff gegen Coron, das alte Chäronea, zu unternehmen. Trotz der
wüthendsten Gegenwehr stürmten die Ritter unter Anführung der beiden
Priore von Rom und Auvergne mit so unerhörter Tapferkeit eine
Mauer, die zwar schon gewaltig beschossen war, aber aus Mangel
an Leitern nicht erstiegen werden konnte, sondern mit Händen und

Füßen erklimmt werden mußte, daß sie trotz des Stein= und Pfeil=
regens und des siedenden Oels die Ordensfahne auf der Bresche
aufpflanzten und bald darauf, da Schrecken vor ihnen herzog, Patras
eroberten. Bald sollte aber dieser so eben errungene Ruhm durch
einen Vorfall wieder ausgelöscht werden, welcher den edlen Villiers
de l'Isle Adam seinem Ende näher brachte. Ein junger französischer
Ritter aus der Zunge von Provence wurde von einem florentinischen
Edelmanne aus dem Gefolge des Priors von Rom im Zweikampfe
erstochen. Dies war die Veranlassung einer blutigen Fehde unter
den Ordensmitgliedern selbst, in der Franzosen gegen Italiener, taub
gegen alle Gesetze, nur der blinden Leidenschaft folgend, die Waffen
ergriffen und sogar zu Kanonen ihre Zuflucht nahmen.

Zwölf Ritter wurden des Ordenskleides beraubt, und einige Rä=
delsführer gesäckt in das Meer geworfen. Ein so auffallender Treu=
bruch im Gehorsam und die Verweichlichung seiner Ritter, verbunden
mit der sorgenvollen Ahnung einer noch weit schlimmern Zukunft ver=
senkten den alten Meister in eine düstere Schwermuth. Die schlimme
Nachricht aus England, daß Heinrich VIII. gegen den Orden wüthe
und nicht nur die ganze englische Zunge aufgehoben, sondern sogar
die Ritter Ingleh, Adrian Forrest, Adrian Fortescue, Bohus, Mar=
maduke, welche ihren Glauben nicht abschwören wollten, durch das
Beil des Henkers hingerichtet, Thomas Milton und Eduard Walde=
grave zu ewigem Gefängnisse verurtheilt, und James Bell, Richard
Bell und John Noel auf immer des Landes verwiesen habe, füllte
das Maaß seiner Leiden, welchen seine längst untergrabene Gesund=
heit am 21. August 1534 unterlag. Ihm folgte nichts in die Gruft
als die Anerkennung der Mitwelt, die sich in der schönen und wohl=
verdienten Grabschrift:

„Hic jacet virtus victrix fortunae."

ausspricht, und die ungetheilte Bewunderung späterer Geschlechter.
Sein Herz wurde in der Kirche de l'Observance beigesetzt, der Körper
dagegen nach dem großen Saal des Schlosses St. Angelo gebracht
und dort mehre Tage lang ausgestellt, wobei Brüder und Volk her=
beieilten, dem verehrten Todten die Hand zu küssen. Später ließ der
Großmeister de la Cassière Beides in die Kirche St. Jean zu la Va=
letta bringen, wo seinen Leichenstein die erwähnten Worte zieren. Die
Familienlinie dieses großen Mannes besteht noch, ist aber nach und
nach durch wiederholte Schläge des Schicksals in so mißliche Ver=
hältnisse gerathen, das nach der Art de vérifier les dates im J. 1730
ein Edelmann desselben Geschlechts in der Gegend von Troyes in

der Champagne durch Steinfuhren und Tagelöhnerdienste sein Leben zu fristen sich genöthigt sah.

Nach Villiers Tode wurde

Pierino del Ponte,
1534—1535.

Bailli von St. Euphemia, aus der Zunge von Italien, mit der Großmeisterwürde bekleidet. Gleich nach seinem Regierungsantritte fand er Gelegenheit zu großen Thaten. Ein türkischer Seeräuber Horuck Barbarossa, der schon im Jahre 1518 nebst seinem Bruder Khair-Eddin den Algierern zu Hilfe geeilt und dann nach Emir Selim Eutemis Tode zum Könige ausgerufen worden war, hatte sich nämlich mit einer ungeheuern Flotte, an deren Spitze er zum Schrecken von Sicilien und Malta im mittelländischen Meere erschien, im Namen Solimans, Tunis bemächtigt und jetzt Tripolis mit einer Belagerung bedroht.

In dieser bedrängten Lage nahm der Großmeister seine Zuflucht zu Kaiser Carl V., als dem mächtigsten Fürsten Europa's, der Muth und Kraft genug hatte, sich auch zur See mit diesem Feinde zu versuchen. Der Kaiser gab um so williger den Anforderungen Gehör, da die Macht jenes Corsarenfürsten seinen eigenen Staaten in Sicilien und Neapel gefährlich zu werden anfing. Allein gewohnt, nie etwas zu unternehmen, ohne zuvor alle geheimen Hebel der Politik zur Erweiterung seiner Vortheile in Bewegung gesetzt zu haben, versuchte er auch jetzt zuerst Barbarossa von Soliman, dessen Admiral er war, abtrünnig zu machen. Als aber der kühne Seeräuber auf das Anerbieten, ihn zum unumschränkten Herrn von ganz Afrika zu machen, wenn er sich mit dem Kaiser verbände und dann sein Reich als ein kaiserliches Lehen anzunehmen gesonnen wäre, mit Erdrosselung des Gesandten antwortete, schwur ihm der beleidigte Karl Rache und Untergang und verband sich zur Erreichung dieses Zweckes mit dem Orden der Johanniter.

Vierhundert Ritter, jeder mit zwei Knappen erboten sich freiwillig zum Kampfe. Achtzehn wohlbewaffnete Brigantinen, vier Galeren, sammt der großen Caraque wurden ausgerüstet, und ihre Leitung dem Comthur Botigella, als Admiral der Flotte, und dem Bailli Anton von Grolee, als Commandant der Landungstruppen und der großen Caraque anvertraut.

In dem Hafen von Cagliari stieß der Kaiser mit einer Flotte

von beinahe dreihundert Segeln und einer Armee von 25,000 Mann zu den Schiffen des Papstes, griff dann die feindliche Festung Goletta mit solchem Nachdruck an, daß sich die Christen, des tapfern Widerstandes der Türken unerachtet, in Zeit von einer Stunde, nach vielem Blutvergießen, des Platzes und der darin aufgefundenen reichen Beute, hauptsächlich in Geschütz und Munition bestehend, bemeisterten.

Als Karl V. nun siegreich vor Tunis vorgerückt war, kam ihm der italienische Ritter Paolo Simeoni, ebenderselbe, der schon in seinem achtzehnten Jahre durch List die Insel Lero gerettet und von Seeräubern gefangen worden war, mit 6000 Christen entgegen, welche ihre Sklavenketten zerbrochen und sich der Citadelle von Tunis bemächtigt hatten. Barbarossa floh in größter Eile aus der Stadt. Mit der unerhörtesten Grausamkeit überfielen jetzt die kaiserlichen Truppen, von Simeoni herbeigerufen, die unglücklichen Tunesen, sengten, mordeten, plünderten und verheerten Alles, auf was ihre blinde Rachelust zuerst fiel. An 200,000 Menschen sollen um das Leben gekommen sein.

Nachdem die Ruhe in Tunis — die wohl eine Todtenruhe genannt werden konnte — wieder hergestellt, und Muley Hasken, der jüngste Sohn des rechtmäßigen Königs Muley Mohammed, als kaiserlicher Vasall auf den Thron gesetzt war, trat das christliche Heer seine Rückfahrt nach Europa an und landete, nach einem ausgestandenen schweren Sturme, zu Drepano in Sicilien. Karl V. schrieb an den Großmeister der Johanniter, daß er nur dem Orden den Sieg verdanke und verlieh ihm die beiden Privilegien, alle Kriegs- und Mundbedürfnisse für ewige Zeiten ohne Zoll aus Sicilien zu holen, und daß in seinen Staaten kein Ritter, ohne den Willen des Großmeisters, in den Besitz von Ordensgütern kommen sollte. Das letztere brach er bald, indem er bestimmte, daß dem Ritter Ferdinand von Herebia die ihm mit Recht genommene Priorei Alhambra wieder verliehen werde.

Nachdem Ponte den Mißbrauch der Ritter, während des Carnevals maskirt zu gehen, aufgehoben und der Uebung wegen Kämpfe mit stumpfen Waffen eingeführt hatte, starb er 1535, kurz nach der siegreichen Rückkehr seiner Flotte von Afrika.

Dietrich von Saint-Jaille,
1535—1536.

nach Einigen Didier de Saint-Jaille, nach Andern Desiderio di Santa Jalla, mit dem Beinamen Tolone, Prior von Toulouse aus der provençalischen Zunge, wurde von den versammelten Brüdern als der Würdigste befunden, seine Stelle einzunehmen. Der neue Großmeister, von Natur ein starker gewaltiger Mann, aus ganzer Seele Krieger und hochbegeistert für das Wohl der Christenheit, ließ die Ritter des h. Johannes nicht lange unthätig in Malta. Sein Beispiel weckte den alten Kriegergeist wieder auf, der unter Vielen zu schlummern anfing. Gefangene Christen aus der Sklaverei der Ungläubigen zu erretten, war jetzt der Zielpunkt alles Strebens; die reiche Beute, die man auf Barbarossa's Schiffe gefunden hatte, ein neuer Sporn des heiligen Eifers.

Fast täglich wurden erbeutete Fahrzeuge und Schiffe in den Hafen von Malta eingeführt. Der kühnste und tapferste Verfolger der Corsaren war der Prior von Pisa und General der Ordensgaleren Botigella, der mit solchem Glücke gegen diese Feinde der Christenheit focht, daß sie in dessen großem schwarzen Hunde, der stets bei ihm auf dem Verdecke saß, den Teufel zu erblicken glaubten, der ihm von Allem, was auf den feindlichen Galeren vorgehe, Nachricht gebe. Kein Corsar und kein türkisches Schiff durfte sich mehr blicken lassen, ohne gefangen nach Malta geschleppt zu werden. Darüber wurden die Türken so aufgebracht, daß sie nicht nur die ihnen weggenommenen Städte Susa, Monastro und Tachiora wieder eroberten, sondern die Malteserritter auch aus Tripolis zu verjagen beschlossen.

Ein karamanischer Corsar, Namens Airabin, in der Schule Horuk Barbarossa's aufgewachsen und wegen seiner Grausamkeit allgemein nur: Chasse-Diables („Schrecken der Teufel") genannt, übernahm es, diesen Auftrag auszuführen. Von Tunis, welche Stadt er bald wieder durch einen unerwarteten Ueberfall in seine Hände brachte, marschirte er in der Nacht gegen Tripolis, in der Hoffnung, von der Finsterniß begünstigt, auf einer der schwächsten besetzten Seiten die Mauern der Festung mit Strickleitern zu ersteigen. Allein ein zweiter Manlius unter den Rittern, Georg Schilling, Großprior von Deutschland, der durch seine Kundschafter von dem zu befürchtenden Ueberfalle Nachricht erhalten hatte, empfing die Stürmenden mit nachdrücklicher Gegenwehr, warf den Vordersten mit der Wucht seines Schildes von der Mauer und schleuderte die Nachfolgenden und Alle, die auf der Leiter waren, über den Wall in den Graben hinunter. Doch die Corsaren hatten schon wieder einen andern Theil der Festung erstiegen, ehe der deutsche Ritter noch seine Untergebenen zu wecken Gelegenheit gehabt hatte. So drangen die Corsaren mit Gewalt immer weiter vor, und Tripolis hätte unterliegen müssen, wenn nicht

der gefürchtete Anführer Airabin, der seinen Soldaten zum anfeuern=
den Beispiele selbst an der Mauer hinankletterte, von des kräftigen
Schilling's Faust in den Graben hinabgestürzt worden wäre. Bei
diesem Anblicke sank den Türken der Muth, und sie ergriffen eiligst
die Flucht. Der Großmeister, von der ausgestandenen Gefahr seiner
treuen Ritter in Kenntniß gesetzt, beschloß die feindliche Burg, welche
der Thurm von Alkaiba hieß und Tripolis von der Landseite
gänzlich eingeschlossen hielt, zu zerstören, um diesen Ort vor einem
zweiten Ueberfalle zu sichern. Die Ausführung des Anschlags wurde
dem sieggewohnten Botigella übertragen, der durch die glorreiche
Schleifung jener Burg, wobei viele Feinde des Ordens unterlagen,
neue Lorbeeren um seinen Scheitel flocht. Auf dem Rückwege nach
Malta nahm er den Aegyptern noch eine, mit kostbaren Waaren be=
ladene Galere, deren Werth auf 160,000 Thaler geschätzt wurde.

Diesem tapferen Generale, zu dem die Ritter wie zu einem Heros
aus dem Alterthume emporblickten, gebührte eigentlich die Nachfolge
in der Großmeisterwürde, als ihm bei seiner Heimkehr aus Afrika
die Nachricht von dem Tode Dietrichs von Saint=Jaille, welcher am
13. November 1535 gestorben war, an der Rhede von Malta ent=
gegengebracht wurde. Allein durch die Cabale des spanischen Ritters
Cortes, welcher, wie alle seine Ordensbrüder der aragonischen und
castilischen Zunge, darüber eifersüchtig war, daß die höchste Ehre stets
nur den Franzosen und Italienern zu Theil wurde, fiel die Wahl auf

Johann von Omedes,
1536—1553.

Don Juan Omedes, einen Aragonier, ehedem Castellan von Emposta,
der bei der Belagerung von Rhodus glänzende Beweise seines Helden=
muthes an den Tag gelegt hatte, aber von dessen Eigennuze sich der
Orden zum voraus nicht viel Gutes versprechen konnte. Er hielt
sogleich ein Generalcapitel, wobei er bedeutende Veränderungen in
dem Ordensheere vornahm. So wandelte er den Namen des Drapier
in jenen des Gran=Conservatore um. Die Ernennung des Generals
der Galeren wurde dem Großmeister allein überlassen. Er ernannte
hierzu, aus geheimen Groll gegen seinen Nebenbuhler Botigella, den
jungen Florentiner Leo Strozzi, Neffen des Papstes Clemens VII.,
den sein Oheim trotz seiner Jugend bereits zum Prior von Capua
gemacht hatte. Unter dem berühmten kaiserlichen General Andreas
Doria gebildet, machte er jetzt auch seinen ersten Zug als Heerführer

mit diefem Feldherrn gegen eine Flotte von zwölf Galeren, welche eine große Anzahl von Janitscharen und Spahis nach Dalmatien überſetzen ſollte.

Entſchloſſen, ihr Leben nur gegen das eines chriſtlichen Ritters zu verkaufen, fochten die Janitscharen mit wahrem Löwenmuthe und richteten aus altem Haß ihren Hauptangriff gegen die Malteſer. Zwei türkiſche Schiffe fielen daher Strozzi's Hauptgalere mit ver- einigter Macht an. Schon war das Ordensſchiff in Gefahr, über- wältigt zu werden, als auf einmal ein gutgerichteter Kanonenſchuß das eine der feindlichen Fahrzeuge plötzlich in den Grund bohrte. Jetzt war der Kampf zwiſchen beiden Hauptgaleren gleich. Die Türken ließen ſich alle bis auf den letzten Mann niederſtechen, und Strozzi eroberte die Galere, ohne einen einzigen Gefangenen gemacht zu haben. Erſt als Doria nach ſeinem mit beträchtlichem Verluſte von Rittern, Officieren und Soldaten erfochtenen Siege gegen ein franzöſiſches Geſchwader kreuzte, trennte ſich der Ordensabmiral von ihm, um mit ſeiner Beute nach Malta zurückzukehren. Kaum war er da angelangt, ſo machte ihn die Kindesliebe dem Ordensgelübbe untreu. Auf die Nachricht, daß Philipp Strozzi, der ſich an der Spitze der unzufrie- denen Florentiner gegen das Haus Medici aufgelehnt hatte, um die republikaniſche Verfaſſung des Staates zu behaupten, in einer Schlacht wider den jungen Cosmus von Medici gefangen und in Ketten nach Florenz gebracht worden ſei, kannte der gute Sohn keine heiligere Pflicht, als zur Befreiung ſeines Vaters herbeizueilen. Doch ſchon unterwegs traf ihn die Trauerbotſchaft, daß ſich ſein Vater im Ge- fängniſſe ſelbſt entleibt habe. Um nun beſſer Tod und die unter- drückte Freiheit ſeiner Vaterſtadt an dem Kaiſer zu rächen, reihte er ſich unter Frankreichs Fahnen.

Der Johanniter-Großmeiſter ſah ſich daher genöthigt, als die Corſaren aufs neue Tripolis und das mittelländiſche Meer zu beun- ruhigen anfingen, den Oberbefehl über die Ordensflotte dem vielfach erprobten Ritter Paulus Simeoni, und das Commando der Land- truppen dem Marquis von Terranuova, einem jungen Sicilianer, zu übertragen. Allein letzterer ließ ſich durch einen Renegaten, der aus der Stadt ins Lager kam, und ihm aus Reue wegen ſeines Abfalls von der chriſtlichen Religion die ſchwächſte Gegend der Mauer zu bezeichnen vorgab, auf das ſchändlichſte betrügen. Die Ritter trafen die ſtärkſte Verſchanzung und eine zahlreiche Mannſchaft dahinter, und ſahen ſich durch einen Hagel von Kugeln und Pfeilen zum Rück- zuge genöthigt. Voll Unwillen und Verdruß kamen ſie von dieſem

Unternehmen nach Malta zurück und beschwerten sich bei dem Kaiser über ihren General.

Mittlerweile schlug Soliman die österreichisch=ungarische Armee und nahm selbst Buda (Ofen) in Besitz. Jedermann glaubte nun, der Kaiser werde sich mit seiner ganzen Macht nach dieser Seite hinwenden, um die Fortschritte des Sultans aufzuhalten. Allein ganz wider alles Vermuthen beschloß er jetzt einen Zug nach Afrika, welchen zwar sein erfahrener Admiral, der große Seeheld Doria, mißrathen, aber natürlich geschwiegen hatte, als ihm Karl V. entgegnete: „Zweiund= zwanzig Regierungsjahre können mir, und zweiundsiebenzig Lebensjahre Euch genügen, um zufrieden zu sterben." Als der Herrscher hierauf, unerschütterlich in seinem Willen, der vereinigten Flotte nach Afrika auszulaufen befahl, stieß Georg Schilling, der damals Admiral der Ordensgaleren war, mit 400 Rittern und 800 Knappen auf vier Galeren zu ihm. Um sich vor den übrigen Truppen bei dem ersten Anblick schon auszuzeichnen, trugen sie rothe Waffenröcke, welche von vorn und hinten in der ganzen Länge ein weißes Kreuz durchschnitt. Nach einem heftigen Sturme erreichten sie am 24. Oct. d. J. 1541 die Rhede von Algier. Die Aufforderung, sich zu ergeben, beant= wortete der Aga Hasken als Gouverneur mit den trotzigen Worten: „Es sei thöricht seinem Feinde einen Rath geben zu wollen, aber noch thörichter wäre es, einen von dem Feinde gegebenen Rath zu befolgen."

Inzwischen begann das Gefecht von allen Seiten. Ein kalter Nordwind, begleitet von Regen, und die Finsterniß der Nacht begün= stigten die mit doppelter Hitze erneuerte Schlacht. Schon war fast alles verloren, schon-flohen die italienischen Truppen oder ließen sich, von Kälte ganz erstarrt, ohne Gegenwehr umbringen; da schickte der Kaiser mit den Worten: „Ich kenne meine Deutschen", den Großbailli Schilling an den Ort der höchsten Gefahr. Mit erstaunungswürdigem Muthe schlug dieser die Corsaren in zwei Hauptangriffen und nöthigte sie zu fliehen. Der Kaiser war so voll Bewunderung der Helden= thaten des deutschen Ritters, daß er seinen Anführern zu See befahl, bloß den Maltesergaleren zu folgen, dem Georg Schilling im J. 1548 die Reichsfürstenwürde verlieh, und sie auch dem Johanniter=Meister= thume einverleibte. Auch der französische Ritter Villegagnon, welcher Karls V. Feldzug gegen Afrika selbst beschrieben hat, stürzte sich mit dem seiner Nation eigenthümlichen Ungestüm in den dichtesten Haufen des Feindes. Als er an der linken Hand schwer verwundet worden, stieg er, mit der rechten einen tödtlichen Streich abhaltend, vom Pferde und tödtete viele seiner Gegner. Der Ritter Savignac, der das Or=

12

denspanier trug, verfolgte die Barbaren bis dicht vor die Mauern
Algiers und stieß zum Wahrzeichen, daß er dem Herzen der feindlichen
Macht so nahe als möglich nachgestrebt habe, seinen Dolch in das
Stadtthor von Algier. Allein dieser Sieg kam dem Orden theuer zu
stehen; 75 Ritter und beinahe 400 Soldaten blieben theils im Gefechte, theils starben sie nach demselben an den mit vergifteten Pfeilen
erhaltenen Wunden. Durch das Toben des Sturmes wurden die
Schiffe von den Ankern losgerissen, aneinandergetrieben und zertrümmert oder an Felsen zerschmettert.

Das Meer um Algier umher war bedeckt mit Trümmern von
Schiffen, mit ertrunkenen Menschen und Pferden. Fünfzehn Galeren
und achtzig andere Fahrzeuge waren in Zeit von einer halben Stunde
ein Raub der Wellen geworden. Nach mannigfaltigem Ungemach kam
der traurige Ueberrest der vereinigten Flotte am 25. Nov. endlich zu
Carthagena an, wo die Ordensgaleren sich von den übrigen Schiffen
trennten und nach Malta zurückkehrten.

Ein Mann wie Schilling konnte aber, trotz des erlittenen Verlustes, nicht ruhig mit seiner Flotte den Hafen hüten. Er streifte daher,
sobald die beschädigten Schiffe wieder ausgebessert waren, unaufhörlich
gegen die Corsaren und säuberte durch seine unermüdete Wachsamkeit
das ganze Mittelmeer.

Dann war sein Augenmerk auf Tripolis gerichtet. Da er seine
Hoffnung auf kaiserliche Hülfe zur Befestigung von Tripolis vereitelt
sah, legte er mit seinen Rittern selbst Hand dabei an und vertauschte
das Schwert mit dem Spaten, um die Festung gegen Barbarossa's
Angriffe so herzustellen, daß sie im Stande wäre, sich wenigstens so
lange zu halten, bis ihr von Malta oder Sicilien Hülfe gebracht
werden könnte. Als der damalige Gouverneur von Tripolis, Ferdinand von Braquemont, seinen Abschied verlangte, so wurde der Comthur Johann von La Valetta, der sich bereits durch ebenso große
Rechtlichkeit als schöne Beweise seines Heldenmuthes das Vertrauen
des Ordens erworben hatte, dahin abgeschickt.

Barbarossa hatte sich inzwischen durch seine Ausschweifungen zu
Constantinopel einen schnellen Tod zugezogen, weshalb der furchtbare
Dragut, sein Lieutenant, ein blutdürstendes Ungeheuer, an dessen
Stelle von Soliman ernannt wurde. Das erste, was dieser neue
Corsarenanführer unternahm, war die Eroberung der Städte Susa,
Monastro, Fakes und Afrika, einer Stadt zwischen Tunis und Tri-
polis mit einem großen und sichern Hafen, was ganz Sicilien in
Schrecken setzte.

Der Kaiser Karl V., um seine Staaten besorgt, schickte seinen berühmten Admiral, den edlen Greis Andreas Doria, zu welchem sich, außer den päpstlichen Galeren, auch noch einige Ordensschiffe unter dem Ritter de la Sangle gesellten, dem Feinde entgegen, während Dragut, über eine so geringe Seemacht unbekümmert, Afrika's Küsten verließ, um Spanien zu beunruhigen. Die Festung Afrika sollte nun als Vormauer der christlichen Herrschaft wieder aus den Händen der Ungläubigen gerissen werden. Der Bailli de la Sangle, dem auch hier von dem Sohne des Vicekönigs von Neapel, Don Garzia de Toledo, die Ehre des ersten und gefährlichsten Postens überlassen wurde, theilte seine Truppen so ein, daß der Comthur Giou, begleitet von den ältesten Rittern, mit der Ordensfahne voranmarschiren, und der Ritter von Guimeran, oder im Falle dieser bleiben möchte, der junge Ritter Copier, mit den andern Edelleuten aus verschiedenen Nationen, die als Freiwillige dienten, ihn unterstützen sollte. Er selbst blieb mit einer Abtheilung hinter dem Zuge, um den am meisten Bedrohten zu Hülfe zu eilen.

Sobald das Zeichen zum Sturme gegeben war, bestiegen die Malteser leichte Barken, um sich an die Mauer führen zu lassen. Durch eine Sandbank aufgehalten, sprangen sie ins Wasser und drangen watend unter einem Regen von Musketenkugeln, Pfeilen und Steinen bis an den Fuß der Mauer vor. Ritter Giou ersteigt der Erste den Wall und ist schon im Begriff, die Ordensfahne auf demselben aufzupflanzen, als ihn eine Kanonenkugel zu Boden streckt. Jetzt ergreift Copier das Panier und behauptet mit wahrem Löwenmuthe seinen Posten. Auf allen Seiten stürzen die tapfersten Streiter. Guimeran sieht seinen Bruder wenige Schritte vor sich niedergeschmettert; nun kannte sein Ingrimm keine Grenzen mehr, der Schmerz reißt ihn zur wildesten Tapferkeit fort, er rafft alle seine Kräfte zusammen, öffnet sich mit Gewalt einen Weg über die Leichen der Sarazenen, die sein Schwert durchbohrte, und bringt siegreich in die Stadt ein. Bei dem Siegesgeschrei der Christen ergreifen die Türken und Mauren die Flucht, und Afrika ist wieder in der Gewalt der Ritter von Malta.

Aeußerst erbittert über den Verlust seiner stärksten und wichtigsten Stadt, faßte Dragut den Entschluß, sich an den Maltesern, als den Haupturhebern jener Niederlage, fürchterlich zu rächen. Er machte daher dem türkischen Kaiser den Antrag, er möchte vor Allem darauf bedacht sein, die Malteser ganz zu vertreiben, weil diese, als Erzfeinde der Religion des Propheten, allen seinen Plänen in dem Wege ständen. Soliman, auf die Ritter ohnehin schon längst aufgebracht, gab sogleich Befehl, eine mächtige Flotte zum Untergange von Malta auszurüsten. Die Nachricht von dieser außerordentlichen Kriegsrüstung machte auf den Großmeister nicht den Eindruck, der einem wachsamen Feldherrn geziemt. Um sich den Winken des spanischen Hofes immer gehorsam zu zeigen, ließ er seine Galeren unter dem Commando des Ritters Pied-be-Fer sich mit den kaiserlichen vereinigen. Doch kaum war dieser mit seinem Geschwader an der Küste von Italien angekommen, so verbreitete sich schon das Gerücht, daß die türkische Flotte unter Segel gegangen und Tripolis und Malta das einzige Ziel dieses Seekrieges seien. Beunruhigt durch diese Botschaften, welche der französische Ritter Villegagnon bestätigte, machte der Ordensrath dem Großmeister dringende Vorstellungen, daß er für die Sicherheit ihrer Besitzungen Sorge tragen möchte, indem zumal Tripolis in diesem Augenblicke nur von Greisen und kranken Rittern besetzt sei. Doch alle Vorstellungen waren vergebens bei einem Manne, dem Alles eine verlorene Maßregel schien, was nicht zur Bereicherung seiner Familie dienen konnte. Am meisten litten unter diesem Eigennutze die unglücklichen Einwohner von Gozzo. Omedes schickte ihnen nicht nur keine Hilfe, sondern war sogar grausam genug, ihre Weiber und Kinder, die sie nach Malta in Sicherheit bringen wollten, mit der äußersten Härte zurückzuweisen, blos weil er besorgte, daß die Unterhaltung derselben ihm zur Last fallen möchte.

Bald wurde der starrsinnige Großmeister durch die furchtbare Wahrheit belehrt, daß er sich und seine Untergebenen betrogen habe. Eine ungeheure Flotte von 112 Galeren mit vielen anderen Schiffen und Fahrzeugen unter dem Befehle des Pascha Sinam und der gefürchteten Corsaren Dragut und Salarais erschien plötzlich in dem Angesichte von Malta. Eine allgemeine Bestürzung bemächtigte sich der Bewohner der Insel. Vor Schrecken außer sich floh Jung und Alt den festen Burgen zu. Aber die Ritter, von dem Heldengeiste ihrer Ahnen beseelt, griffen muthig zu den Waffen, um die Türken von einer Landung abzuhalten. Während der Comthur Upson, ein Vorbild der englischen Ritterschaft, an der Spitze von 30 Rittern und einer großen Anzahl waffenfähiger Mannschaft das Ufer von der Seite der Burg deckte, besetzte der tapfere Guimeran mit 100 Rittern und 300 geübten Schützen den Berg Sceberras, einen Felsen, der die zwei größten Häfen der Insel trennt, und beobachtete von da, mit seinem Gefolge auf die Erde gelagert, die Bewegungen des Feindes. Nicht lange, so erschien der türkische Feldherr mit einigen

Brigantinen, um einen Landungsplatz zu suchen. Da er aber das Ufer an der Burgseite von dem groben Geschütze aus der Festung San-Angelo bestrichen und geschützt fand, so wendete er sich nach der Seite des Felsens Sceberras.

Sobald er nahe genug gekommen war, ließ Guimerau eine so wüthende Salve auf seine Schiffe geben, daß Alles in Schrecken und Unordnung gerieth, und der türkische Oberfeldherr kaum Zeit genug fand, seine Truppen ans Land zu setzen, um im Gefühle der Rache die Verwegenen dafür zu züchtigen. Bevor er aber seiner ganzen Wuth Luft zu machen Gelegenheit hatte, erhielt er von seinem Ge- bieter Sollman die geschärfte Weisung, über Malta und Gozzo nicht die Einnahme von Tripolis, das wegen der Belagerung von Afrika am wichtigsten wäre, zu versäumen. Er nahm sich also vor, die Insel blos zu verwüsten und dann sogleich an diesen Ort seiner neuen Bestimmung zu eilen; doch wollte er ein blutiges Andenken auf Malta zurücklassen. Die Truppen wurden also ausgeschifft und verbreiteten auf ihrem ganzen Zuge bis zu der Stadt Tod und Verderben. Das schwere Geschütz wurde mit äußerster Anstrengung über die Felsen und Abgründe fortgeschleppt. Wenige Tage — und die feindlichen Batte- rien spielten im lebhaftesten Feuer von allen Seiten gegen die Haupt- stadt der Insel.

Omedes, dem es darum zu thun war, vor Allem sich selbst und die großmeisterliche Burg in Sicherheit zu setzen, war kaum zu be- wegen, daß er den Ritter Villegagnon mit sechs Gefährten der Stadt zu Hülfe schickte; denn er fürchtete, die Zahl seiner Vertheidiger da- durch zu vermindern. Er gab sogar dem wackern Villegagnon, welcher den Rath ertheilt hatte, daß man die Altstadt, als einen Hauptpunkt des ersten feindlichen Angriffs, mindestens mit 100 Rittern besetzen müsse, zur Antwort: „Von seinen Untergebenen verlange er nur Muth und Gehorsam, aber keine Vernunft und keine prophetische Seh- kraft; wenn er sich fürchte, würden schon Andere seine Stelle ersetzen." Tief gekränkt entgegnete Villegagnon: „Ich will Dir zeigen, Herr und Gebieter, daß mich noch niemals die Furcht eine Gefahr fliehen ge- lehrt hat." In demselben Augenblicke schwang er sich, nur von sechs Gefährten begleitet, auf ein im Burggraben weidendes Roß und sprengte ohne Sattel und Rüstung nach der belagerten Stadt. Unter dem Mantel der Dämmerung erklimmt er, von keinem Feindesauge erspäht, die Mauer, und setzt durch seine plötzliche Erscheinung die Einwohner in die freudigste Bestürzung. Als ein Hülfe verkündender Bote ward er gleich einem Rettungsengel mit lautem Jubel und

Freudenschüssen bewillkommt. Diese Zuversicht und der Umstand, daß man eine christliche Flotte zu Malta's Entsatz im Anzuge wähnte, bestimmte den türkischen Feldherrn Sinam, die Belagerung aufzuheben und seine Truppen wieder einzuschiffen.

Durch diesen Mangel an Thatkraft und Aufopferung von Seiten des Ordenshauptes wäre die Stadt nebst der ganzen Insel eine Beute der Sarazenen geworden, hätte nicht der Einnehmer des Ordens zu Messina den glücklichen Einfall gehabt, durch eine Barke, von der man voraussehen konnte, daß sie in die Hände der feindlichen Corsaren gelangen würde, an den Großmeister einen erdichteten Brief mit der Nachricht zu schreiben: „Der Admiral Doria sei bereits mit einer wohlausgerüsteten Flotte aus Spanien zurückgekommen, er befinde sich schon an den Küsten von Sicilien und fliege mit dem Entschluß, das Aeußerste für das Wohl der Christenheit zu versuchen, zum Entsatz von Malta herbei.“

Durch diese Botschaft erschreckt, hob Sinam die Belagerung auf, erlaubte aber, bevor er abzog, seinen Truppen, die Insel Gozzo zu plündern. Der Commandant der Ordensburg, den Omedes bei seiner Wahl als einer der tapfersten Ritter gepriesen, war feig genug, die Thore zu öffnen und das Schloß der barbarischen Wuth der Türken zu überlassen. Nachdem die Mauern geschleift waren, steuerte der Osmanen-Feldherr gerade auf Tripolis los. Doch er fand, der schwachen Befestigung unerachtet, an dem Befehlshaber dieser Stadt, dem Ordensmarschall Kaspar von Vallier, einem alten, unter den Waffen ergrauten Krieger, einen unerwarteten, entschlossenen Widerstand. Die Belagerung begann. Durch das ununterbrochene Feuer von drei Batterien wurden die Laufgräben geöffnet. Glücklicherweise trafen sie den festesten Theil der Mauer, und das Bombardement blieb ohne Erfolg, bis einige Ueberläufer die Schwäche der Festung verriethen. Schon stürzte die Mauer ein, und nur wenige kranke Ritter zeigten sich hinter derselben als Gegner. Zur Vollendung des Unglücks brach unter den Ordensmitgliedern selbst, auf Anstiften einiger spanischen Ritter, eine Meuterei aus. Einer der Letztern, mit Namen Nunnez von Herrera, drohte sogar dem Marschall mit dem Tode, wenn er diesesmal nicht der Nothwendigkeit nachgeben und die Festung dem Feinde überliefern wollte.

Von der Menge der Treulosen, worunter sich besonders die Ritter Fauster und de Sousa bemerkbar machten, überstimmt und übermannt, entschloß sich der alte Mann, obgleich mit blutendem Herzen, zu einem mündlichen Vergleiche und ging, nur von seinem Freunde Montfort begleitet, in das türkische Lager. Allein dies edle Zutrauen kam ihm theuer zu stehen, denn als er auf die Frage, ob er das für die Kriegs- kosten geforderte Geld mitbringe, sich auf die bereits bestätigte Ueber- einkunft berief, antwortete der Pascha, vor Wuth knirschend: „Sol- chen Hunden werde er das Wort nicht halten", und als der Marschall ganz ruhig erwiderte: „so möchte er die Entscheidung dem Schicksal der Waffen überlassen", gab der Pascha Befehl, den Commandanten zu entwaffnen und mit Ketten belastet auf seine Galere zu schleppen. Den Ritter Montfort schickte er gleichsam zum Hohne in die Festung zurück und verlangte nochmals die Erstattung der Kriegskosten. Er ging noch weiter in seiner schändlichen Grausamkeit. Als er durch Ueberläufer endlich die Nachricht erfuhr, daß die Ritter entschlossen seien, den ihnen anvertrauten Platz bis zum letzten Blutstropfen zu vertheidigen, nahm er seine Zuflucht zu feiger List und ließ den Belagerten bekannt machen, daß er allen denen, welche augenblicklich die Stadt verlassen würden, völlig freien Abzug gestatte. Kaum hatten sich aber die Thore geöffnet, und die Weiber, Kinder und Greise die Stadt verlassen, so umzingelte Morat Aga, an der Spitze seiner maurischen Reiterei, die Heerstraße, schlug alles in Eisen und Bande und führte die Auswanderer als Sklaven hinweg. Der Groß- meister, auf diese Nachricht vor Schrecken und Entsetzen außer sich, suchte die Schuld dieses Verlustes auf den Marschall zu wälzen, so daß dieser durch ein bestochenes Gericht für schuldig erklärt wurde, bis es endlich einigen Gutgesinnten und namentlich dem edlen Ville- gagnon gelang, die Ehre des Beschuldigten zu retten und die schänd- lichen Kunstgriffe aufzudecken. In seiner trefflichen Schrift: De bello Melitensi, Par. 1552. 4., hat er seine Vertheidigungsgründe näher entwickelt, und somit, wie schon früher durch das vielgelesene Buch: Caroli V. Imperatoris expeditio in Africam ad Algeriam, Par. 1542. 4. dem Orden ebenso wesentliche Dienste mit der Feder, als vorher mit dem Schwerte, geleistet.

Inzwischen war Leo Strozzi aus dem französischen Dienste wieder nach Malta zurückgekehrt. Er wurde mit offenen Armen empfangen und ihm von dem geängstigten Großmeister die Wiederherstellung der Festungswerke zu Malta übertragen. Dieser Held war es, der in der Nähe der Burg auf dem Berge St. Julian das Fort St. Michael, und auf der Spitze des Sceberra das Fort San-Elmo er- baute, zum Andenken an einen der Thürme, welche den Eingang des Hafens zu Rhodus deckten. Allgemeine Achtung und innigste Dank- barkeit wurden ihm für die schnelle Ausführung dieser Werke zu Theil.

Nur der neidische Großmeister suchte einen Mann zu entfernen, der die Liebe Aller besaß, und gab ihm den Auftrag, die reiche Handelsstadt Zoara, das ehemalige Posidonia, an der Küste von Afrika, wegzunehmen. Strozzi, dem jede Gelegenheit, seinen Muth zu prüfen, erwünscht war, fügte sich mit Freude diesem Befehle. Im Dunkel der Nacht landete er im Hafen; keine Wache hielt ihn auf; er fand sogar die Thore offen und drang mit seinen Rittern bis in die Mitte der Stadt vor, ohne von den Einwohnern bemerkt zu werden. Das Geräusch der Trommeln und Trompeten weckte endlich die unglücklichen Zoarer aus ihrem Schlummer; doch wo sie immer hineilen, stürzen sie in die Hände ihrer Feinde. Schon wollte der Comthur la Baletta 1500 Gefangene abführen lassen, als die Nachricht erscholl, daß 4000 türkische Reiter unter Morat-Aga im Anzuge wären. Der anbrechende Morgen zeigte nun den Christen die Größe ihrer Gefahr. Die Einwohner der Stadt vereinigten sich jetzt mit ihren Rettern, und selbst die Gefangenen zerbrechen ihre Ketten. Vergebens rafft Strozzi seine von Mordsucht und Raubgier trunkenen Ritter zusammen, er muß der überlegenen Anzahl weichen. Allein wie ein gehetzter Bär zieht er sich kämpfend zurück, bis ihn eine Musketenkugel schwer verwundet niederstreckt.

Schon fallen die Türken wie eine Meute über ihn her, als der Ritter Tarnillos, ein Mann von außerordentlicher Größe und Leibesstärke, dies erblickend, Alles um sich niederhaut und den Feldherrn auf den Schultern durch das Wasser in ein Boot trägt. Groß war der Verlust an Maltesern gewesen, die meisten Waffengefährten dieses Feldzuges schlummern in Afrika's Erde den ewigen Schlaf, und nur wenige retteten mit genauer Noth die Ordensfahne.

Der Admiral Strozzi aber lief mit seiner Flotte, ehe er noch von seinen Wunden wiederhergestellt war, zu neuen Thaten von Malta aus, kreuzte den ganzen Sommer d. J. 1552 auf den Mittelmeere bis an die Mündung des Nils und kehrte, reich mit Beute beladen, zugleich mit einem englischen Schiffe, das eine sehr erfreuliche Botschaft brachte, in den Hafen von Malta zurück.

Die bis zur Ueberspannung fromme Maria, Königin von England, schrieb an den Großmeister: „Sie fühle sich durch ihr Gewissen aufgefordert, dem Orden alle Comthureien und Besitzungen wieder einzuräumen, die sowol ihr Vater Heinrich VIII., als ihr Bruder Eduard VI., ihm entzogen hätten; er möchte die Ordensgüter durch einen Bevollmächtigten zu London wieder in Besitz nehmen lassen." Der Comthur von Montferrat wurde mit dieser Sendung beauftragt und war so glücklich, sie ohne Schwierigkeiten zu beendigen. Ehe er aber zur Freude des ganzen Ordens wieder heimkehrte, erhielt er unterwegs die Nachricht von Omedes plötzlichem Tode. Derselbe starb den 6. September 1553.

Ohne Zweifel wäre jetzt kein anderer Ritter, als der berühmte General Leo Strozzi zu der Würde eines Großmeisters gelangt, hätte nicht der Ritter Villegagnon darauf aufmerksam gemacht, daß derselbe, in Folge seiner Feindschaft gegen das Haus Medici, die Kräfte des Ordens gegen dieses wenden und dadurch den Kaiser den Johannitern abgeneigt machen würde. Die Wahl fiel daher auf den bisherigen Großhospitaliter

Claudius von Sengle,

1553—1557.

Claude de la Sangle, einen Ritter voll Uneigennützigkeit und Biebersinn. Die Ernennung traf ihn zu Rom, wo er sich gerade als Gesandter des Ordens aufhielt. Das Wohl des letztern vor Augen, suchte er die Tapferkeit seiner Untergebenen durch unausgesetzte Uebung zu kräftigen, damit nicht Weichlichkeit den alten Geist unterdrücke. Er schickte daher den Prior von Capua, Strozzi, mit fünf Galeren ab, um gegen die Corsaren an der Küste von Sicilien zu kreuzen. Dieser übernahm den Auftrag mit um so größerer Bereitwilligkeit, als es ihm erwünscht sein mußte, von Malta entfernt zu leben, weil wider einen seiner vertrautesten Diener der Verdacht entstanden war, daß er den Ritter Villegagnon mit noch zwei andern, die bei der Großmeisterwahl am eifrigsten wider seinen Herrn gestimmt hatten, vergiftet habe. Der Wunsch, seine Ehre zu retten, fand eine unerwartete Gewährung, indem eine Musketenkugel, die ihn bei Portecole traf, ihn von dem Schauplatze des Lebens abrief. An seine Stelle wurde der Ritter Philipp von la Valette zum Admiral der Ordensgaleren ernannt. Soliman indeß über die unaufhörlichen Befehdungen dieses tapfern Feldherrn hoch entrüstet, schwur dem Orden den Untergang. Der Großmeister ließ dagegen mit großen Aufopferungen sogar aus seinem Privatvermögen Malta's Festungswerke mit neuen Bastionen und Gräben verstärken. Zum Danke für diese uneigennützige Vorsorge nannten die Ritter die Halbinsel St.-Michael von jetzt an die Insel von la Sangle.

Unter seiner Regierung wurde Malta's Blüthe des Wohlstandes durch ein Ereigniß geknickt, welches in der Geschichte der Natur-

erscheinnngen beinahe einzig basteht. Am 25. September 1556 erhob
sich nämlich ganz unerwartet gegen sieben Uhr Abends ein so furchtbarer Sturmwind, verbunden mit wolkenbruchartigem Platzregen (welchen Orkan die Neugriechen Syphon nennen), daß viele Schiffe im
Hafen zertrümmert, vier Galeeren nebst mehren Offizieren und Soldaten in den Grund gebohrt, und die meisten Häuser auf Malta zertrümmert wurden. Selbst das starke Fort St. Angelo bebte in seinen
Grundfesten, und der dicke Mastbaum, der auf seiner Spitze die
große Fahne der Religion trug, ward heruntergerissen und eine halbe
Meile weit in das Innere der Insel fortgeführt. Die Heftigkeit des
Windes, die Ströme von Regen, welche vom Himmel gossen, die
häuserhohen Wellen, welche drohend die Ufer überschwemmten, schienen
ganz Malta den Untergang bereiten zu wollen, als nach Verlauf einer
halben Stunde der Sturm sich ebenso schnell legte, wie er entstanden
war, und eine so vollständige Ruhe der Natur eintrat, als wäre
dieselbe nie gestört gewesen. Wo die Gefahr und Unordnung am
größten war, hatte man den Großmeister gesehen. So riß er mit
eigner Hand die Seitenbreter von einer umgestürzten Galeere, aus
deren Innern er ein klägliches Geschrei vernommen hatte, und rettete
so den Ritter von Esküre, bekannter unter dem Namen Romegas,
welcher die ganze Nacht bis ans Kinn im Wasser zugebracht, und nur
mit der größten Anstrengung, den Kopf im Kielwerke haltend, sein
Leben gefristet hatte. Mehr als 600 Personen waren ertrunken oder
von den zusammenbrechenden Häusern zerschmettert.

Die Sorgfalt des Großmeisters für das Wohl seines Staates
fand bei der Schlichtung eines Streites unter den Rittern selbst bald
darauf neue Gelegenheit, sich in einem glänzenden Lichte zu zeigen.
Ein Piemonteser, Namens Moret de Missard, hatte nach Strozzi's
Tode sich eine seiner Galeeren zugeeignet, um damit, unter dem Schutze
des Herzogs von Savoyen, nach der Levante zu segeln. Der Bruder
des verstorbenen Priors schickte mit Einstimmung des Papstes den
französischen Ritter Le Fouroux ab, um jene Galeere dem Räuber
wieder zu entreißen. Mit glücklicher List vollzog dieser den Auftrag
und brachte in wenigen Tagen den gefangenen Piemontesen mit seiner
Beute nach Malta zurück. Dieser wendete sich an die savoyischen
Ritter und beklagte sich, daß man die Ordensflagge durch Betrügerei
beschimpfen lasse. Der Franzose aber drang auf Bestrafung des
Räubers Moret. Die Ritter nahmen nach dem verschiebenen Interesse ihrer Landsmannschaften Partei, und so entspann sich ein heftiger
Zwiespalt, den nur die Ruhe und das ehrfurchtgebietende Ansehen des

Meisters zu dämpfen vermochte. Doch der dabei ihm verursachte
Verdruß zog ihm eine Krankheit zu, welcher er bald darauf, am 15.
September 1557, im Alter von 63 Jahren unterliegen mußte. Er
hinterließ dem Orden ein baares Vermögen von 60,000 Thalern,
wovon die Ritter 12,000 Francs nach Frankreich schickten, um ein
Fräulein von Mont-Chanar, eine Nichte la Sangle's, auszustatten.
Außerdem ward von dem geerbten Gelde eine Messe im Fort St.
Angelo gestiftet und mehre schöne Kirchengeräthe angeschafft.

Nie war eine Wahl schneller erfolgt und, noch ehe sie geschehen,
in den Gemüthern Aller einstimmiger beschlossen, als die eines Nachfolgers von la Sangle.

Johann de la Valette,
1557—1568.

mit dem Beinamen Parisot, Großprior von St.-Gilles, aus der Zunge
Provençe, war der Mann, den alle Herzen zu ihrem Gebieter wünschten.
Nie hat ein Herrscher mit mehr Würde die großen Erwartungen,
die man von seinem Gemeinsinn und seiner Tapferkeit im voraus
hegen zu dürfen glaubte, gerechtfertigt, als er. Geboren 1494 in
Querch, war er schon 63 Jahre alt, als er zur großmeisterlichen
Würde gelangte. Schon im 20. Jahre war er mit den Insignien
des Ordens, für dessen edle Zwecke er glühte, bekleidet und seitdem
fast ausschließlich im Convent gewesen. Nach harter Gefangenschaft
unter den Ungläubigen war er von Stufe zu Stufe zu den höchsten
Ehren hinangestiegen. Mit dem Beinamen „Vater der Soldaten"
war er bereits unter la Sangle Stellvertreter des Großmeisters gewesen, bis er am 21. Aug. 1557 selbst zu dieser Würde erhoben
ward. Schon am 13. November des Wahljahres hielt er ein Generalcapitel, um sich über das Wohl und Wehe des Ordens zu berathen, und entzog allen ausgebliebenen Rittern, welches Schicksal
besonders die Venetianer traf, als Zurechtweisung das Kreuz. Von
dem neuen Vicekönige von Sicilien, Giovanni Lacerba, aufgefordert,
nahm er gleich im Anfange seiner Regierung an einem Feldzuge gegen
Tripolis, die Residenz des gefürchteten Dragut, lebhaften Antheil.
Philipp II., König von Spanien, in der Hoffnung, durch die Eroberung
von Tripolis seine Lehnsherrschaft über Tunis zu sichern, trat diesem
Bunde bei und rüstete unter dem Befehle seines Großadmirals Doria
eine große Flotte aus. Auch la Valette schickte 400 Ritter und 1500
Soldaten unter dem Großcomthur d'Ur de Tessiers zu diesem Zuge

ab. Der Vicekönig, durch Draguts Vertheidigungsanstalten erschreckt, segelte nach der Insel Galves und verlor bei deren Belagerung durch Mangel an Wasser, Hitze und ansteckende Krankheiten fast die ganze Armee. Selbst von den Maltesern kehrte nur ein kleiner Ueberrest kranker Truppen in die Heimat zurück. La Valette schickte neue Truppen unter dem Ritter Malbonat mit drei Galeren ab. Die übrigen Schiffe befehligte der Galerengeneral Giou und der Admiral der großmeisterlichen Fahrzeuge Romegas. Allein da Lacerba auch jetzt noch nicht der Warnung der einsichtsvolleren Feldherrn achtete, so wurde die ganze christliche Flotte von den türkischen Geschwadern unter Kara-Mustapha und dem Pascha Piali eingeschlossen. Zwanzig Galeren und 14 große Fahrzeuge wurden eine Beute des Feindes, und der Comthur Malbonat, ein sehr geschickter Steuermann, entging nur durch schlaue Wendungen der Gefangenschaft. Der Vicekönig entfloh in der Nacht auf einer Brigantine und verdankte sein Leben einzig und allein Doria's Geschicklichkeit. Glücklicher waren dagegen die Ritter in den Unternehmungen, welche sie ohne fremde Hilfe, nur ihrer eignen Tapferkeit vertrauend, gegen die Osmanen unternommen hatten. La Valette's Heldengeist beseelte Hohe und Niedere mit gleichem Muthe. Seinem Beispiele folgten die Comthure, rüsteten auf ihre Kosten Schiffe aus und erhoben den Orden durch ihre Unterstützung mit Wort und That bis zu einem nie erreichten Grade der Vollkommenheit. So wurde la Valette's Periode der Höhenpunkt in der Geschichte des Malteser-Ordens.

Die unausgesetzten Fehden, welche die Ordensschiffe gegen die Türken und Corsaren führten, entzündeten den glimmenden Haß im Herzen Solimans zur lohenden Flamme. Der Verlust der Festung Pignon de Velez, an der afrikanischen Küste in der Nähe von Fez, welche der König von Spanien in Verbindung mit den Maltesern um diese Zeit erobert hatte, beschleunigte in dem Sultan den Entschluß, die Ritter von ihrer Insel zu vertreiben und ihre Festungen der Erde gleich zu machen. Auf einen Wink von diesem gefürchteten Gebieter wurden alsobald in seinem ganzen Reiche nie erhörte Zurüstungen gemacht, alle Schiffe und Galeren in seinen Häfen bewaffnet, und eine furchtbare Armee zusammengezogen. Er befahl dem Vicekönige von Tripolis und Algier, Muley Hassem, und dem Corsarenführer Dragut, zu seiner Flotte vor Malta zu stoßen. Das Commando zur See erhielt der Vezier Piali, die Landmacht vertraute er dem Befehle Mustapha's, eines geschickten Generals, aber grausamen Feindes des christlichen Glaubens und der Bekenner desselben.

Der Großmeister Johann de la Valette, von diesem Vorhaben
unterrichtet, bat sogleich den Papst, den König von Spanien und fast
alle christlichen Mächte um Beistand. Indessen unterließ er, von
einem glücklichen Mißtrauen geleitet, nichts, um die sorgfältigsten
Anstalten zur Vertheidigung Malta's zu treffen, beschied auch alle
Ritter durch ein Sendschreiben, sich unverzüglich auf der Insel einzu-
finden, eine Vorsicht, die um so nöthiger war, als er von Spanien
und Neapel vergebens Hülfe erwartete. Seinem Aufrufe zufolge landeten in kurzer Zeit mehr denn 600 Ritter mit ihren Wappnern und
Reisigen. Bei der Musterung zählte er ohne die dienenden Brüder
ungefähr 700 Ritter und 8500 streitbare Männer, theils Matrosen,
theils fremde von dem Orden angeworbene Truppen, theils in Compagnien vertheilte Städter und Landleute. Als die Meldung anlangte,
daß die türkische Flotte von Konstantinopel abgefahren sei, den Johanniter-Orden zu vernichten, und dann Sicilien und Tunis zu unterjochen, da versammelte la Valette die kleine Schaar seiner Kämpfer
und sprach zu ihnen im Geiste Aubusson's und de l'Isle Adam's:
„Eine furchtbare Armee, eine Wolke ungläubiger Barbaren wird sich
auf diese Insel senken. Es sind, meine Brüder, die Feinde Jesu
Christi; es handelt sich um die Vertheidigung des Glaubens; und
wenn das Evangelium dem Koran weichen soll, so verlangt Gott von
uns das Leben zurück, das wir ihm schon durch unser Gelübde geweiht haben. Glücklich diejenigen, welche zuerst einer so guten Sache
zum Opfer fallen. Aber um uns derselben würdig zu machen, meine
Brüder, laßt uns zu den Füßen der Altäre unser Gelübde erneuern,
und möge Jeder aus dem Blute des Erlösers der Menschheit, und
aus dem gläubigen Genuß des Abendmahls jene Verachtung des
Todes schöpfen, die uns allein unbesiegbar machen kann." — Und
wie neugeboren kamen die Ritter vom Tische des Herrn. Von Muth
war ihre Brust durchglüht und laut schwuren sie, den letzten Blutstropfen der Vertheidigung von Malta und seiner heiligen Altäre zu
opfern.

Am 18. Mai 1565 erschien die türkische Flotte auf der Höhe
von Malta. Sie bestand aus 159 Ruderschiffen, sowol Galeren als
Galiotten, und hatte 40,000 der tapfersten Truppen (Janitscharen
und Spahis) am Bord. Diese landeten in einiger Entfernung von
Burgo, dem damaligen Hauptorte der Insel, und verwüsteten von da
aus die ganze Gegend. Hierauf beschlossen sie das Fort San-Elmo
zu belagern, um durch dessen Einnahme für die Flotte einen sichern
Hafen zu gewinnen. Dem Commandanten schien es unmöglich, sich

gegen einen solchen Angriff lange halten zu können. La Valette, auf die Gefahr aufmerksam gemacht, wollte sich selbst mit einer ausgesuchten Mannschaft in das Fort San-Elmo werfen. Nur auf die dringendsten Vorstellungen der Ordensbrüder änderte er seinen Entschluß dahin ab, daß er die Vertheidigung desselben dem Comthur Deguavras, Bailli von Negroponto, und dem Ritter Medran, einem klugen und unerschrockenen Manne, mit einer Compagnie spanischer Fußtruppen unter dem Befehle des Ritters Johann von Lacerda, übertrug. Der tapfere Medran machte bald einen Ausfall, jagte die Feinde aus ihren Verschanzungen, sah sich aber am Ende genöthigt, dem hartnäckigen Widerstande zu weichen. Unglücklicherweise erhob sich ein heftiger Wind, welcher den Dampf des Geschützes nach dem Fort trieb und die Belagerten in eine so dichte Wolke einhüllte, daß sie die Bewegungen des Feindes nicht mehr unterscheiden konnten. Unter Begünstigung dieser Rauchwolke bemächtigten sich die Türken dieses Postens, verschanzten sich da und errichteten sogleich eine Batterie. Mittlerweile kam ein berüchtigter Corsar, der Renegat Ulucchi-Ali *) mit sechs Galeren und 900 Mann Landtruppen, und wenige Tage nachher der Vicekönig von Tripolis, Dragut, mit 1600 Mann und 13 Galeren, zur Unterstützung der Türken an. Die türkischen Ingenieure näherten sich endlich, unter der Bedeckung eines unaufhörlichen Musketenfeuers, dem Fuße des Ravelins, um wechselsweise auf den die Festung bedeckenden Cavalier **) zu feuern. Sie fanden die Schildwache und die sämmtlichen christlichen Soldaten in tiefem Schlafe auf der Erde liegend. Sogleich wurde Verstärkung herbeigeholt, das Ravelin erstiegen, und der größte Theil der Wache niedergehauen. Auf das Geschrei, welches die Fliehenden erhoben, eilte Medran mit den Rittern Gonzales und La Motte und deren Waffenknechten herbei, um den Posten nur mit dem Leben zu verlassen. Das Treffen, welches von Sonnenaufgang bis Abend dauerte, hat den Türken 3000 ihrer tapfersten Soldaten gekostet. Von den Belagerten starben ungefähr 100 Mann und 20 Ritter den Heldentod; doch war die Ehre des Sieges der unüberwindlichen Tapferkeit der Malteser zuzuschreiben.

---

*) Eigentlich Ochiali, Kilig-Ali, ein geborner Calabrese. Nach der Schlacht bei Lepanto 1572, aus welcher er die Trümmer der ottomanischen Flotte nach Constantinopel führte, wurde er von Selim III. zum Pascha erhoben, worauf er den Titel: „Kilig" (Degen) erhielte.

**) Der in der damaligen Terminologie der Kriegsbaukunst übliche Ausdruck war „Katze."

Unerachtet der großen Niederlage beschossen wenige Tage darauf die Türken die Festung von der Seite des Hafens Muscieto ohne Aufhören Tag und Nacht. Zu gleicher Zeit erhöhten sie das Ravelin, in dessen Besitz sie gekommen waren, durch Wollsäcke, Faschinen und Reisig so sehr, daß das schwere Geschütz von da aus den Wall des Forts bestreichen konnte. Der Pascha ließ endlich aus Bäumen, Segelstangen und Bretern eine Brücke erbauen, auf welcher die Türken bis an die feindliche Brustwehr vordrangen. Nun begannen selbst die tapfersten Ritter zu zagen, und schwerlich hätte sich eine Aussicht zur Rettung eröffnet, wäre nicht in der folgenden Nacht die Brücke durch den tollkühnen Lamiranda, der an der Spitze einiger Tapfern einen Ausfall machte, zerstört worden. In dieser bedrängten Lage schickte die Besatzung den Ritter Medran mit der Botschaft an den Großmeister ab, daß das Fort nicht mehr länger zu halten sei. Dieser aber, überzeugt, daß jetzt alles darauf ankomme, die Fortschritte der Belagerer zu verzögern, indem der Vicekönig von Sicilien nur unter der Bedingung Hülfe versprochen hatte, wenn St.-Elmo sich halte, glaubte jetzt zur Rettung des Ganzen einen Theil aufopfern zu müssen und forderte die Besatzung durch ihre Abgeordneten zur Ausdauer und standhaften Gegenwehr auf. Mit dieser Entschließung unzufrieden, setzten 53 Ritter in der Festung ein Schreiben an la Valette auf, worin sie sagten: „Wenn er nicht in der Nacht Unterstützung an Mannschaft oder Boote zur Abreise schicke, so würden sie einen Ausfall in das türkische Lager machen, um Mann gegen Mann eines ehrenvollen Todes zu sterben." Seine Antwort lautete aber: „Es haben sich tapfere Krieger genug gefunden, ich nenne darunter nur den edlen Constantin Castriota, jenen wackern Sprößling des großen Skanderbeg, die Vertheidigung eines Platzes zu übernehmen, an dessen Erhaltung Ihr verzweifelt. Kommt daher zu uns in die Burg zurück, meine Brüder! Ihr werdet dann für Eure Person sicherer, und ich werde wegen der Erhaltung eines Postens, von dem die Existenz des ganzen Ordens abhängt, um so ruhiger sein!"

Die Verachtung, welche in diesen Worten lag, machte auf die Unzufriedenen den lebhaftesten Eindruck. Sie beschlossen zu bleiben und sich und ihre Ehre unter den Ruinen der Festung zu begraben. Der Großmeister schickte ihnen, nachdem sie in den demüthigsten Ausdrücken um Verzeihung gebeten hatten, bei dem Dunkel der Nacht Mundvorrath, Rekruten und Munition, und gab ihnen nach seiner eigenen Erfindung ein ganz neues Vertheidigungsmittel an. Leichte hölzerne Reife, welche in siedendem Oele eingeweicht waren, wurden mit Wolle oder anderem Brennstoffe umwickelt und in siedendes Pech eingetaucht. Diese Reifen, brennend unter die Stürmenden geschleudert, umfaßten nicht selten zwei oder drei der Soldaten und nöthigten sie, wenn sie nicht ein Raub der Flammen sein wollten, sich eilends ins Wasser zu stürzen.

Die Belagerer hatten inzwischen täglich ihre Angriffe fortgesetzt. Vom 17. Junius bis zum 14. Julius verging kein Tag ohne Gefecht, ohne daß jedoch irgend wichtige Fortschritte in der Eroberung gemacht wurden. Endlich beschloß der Pascha mit seiner ganzen Macht einen Hauptsturm zu wagen. Der 16. Julius 1565 war der dazu bestimmte Tag. Mit anbrechendem Morgen zerschmetterte die Artillerie von der Landseite die letzten Ueberreste der Festungswerke, während die Schiffe von der Meerseite unaufhörlich Bomben warfen.

Mit noch nie erhörtem Heldenmuthe stand die Besatzung zum Empfange der Stürmenden bereit. Es kam bald zum Handgemenge. Nicht nur Mann gegen Mann stritten die Kämpfer, sondern, wenn das Schwert zerbrach, umschlangen sie sich wie gereizte Tiger und rangen so lange, bis der Dolch entschied. Jetzt bedienten sich die Malteser mit großem Vortheile der brennenden Reifen. Die meisten, welche davon ergriffen wurden, mußten lebendig verbrennen. Furchtbar war das Geschrei dieser Unglücklichen, verbunden mit dem Tumulte der Kämpfenden, dem Winseln der Verwundeten, dem Röcheln und Stöhnen der Sterbenden, dem Donner der Kanonen und dem Gekrache der einstürzenden Mauern.

Man konnte von dem Fort San-Angelo und selbst von der Burg aus diesen schrecklichen Kampf, wobei die Belagerten weder einen Zoll breit wichen, noch die Belagerer vom Angriffe abstanden, genau übersehen. Der Großmeister ließ, sein treues, mit Thränen gefülltes Auge dahin und dorthin richtend, wo die Gefahr jedesmal am höchsten war, die Batterien der Festung Sanglea, San-Angelo und der Burg unaufhörlich gegen die Belagerer spielen, und vernichtete so mit seinen Feuerschlünden mehr als 2000 Türken. Der Pascha sah sich endlich genöthigt, das Zeichen zum Rückzuge zu geben. Der Orden verlor bei diesem Sturme, welcher sechs volle Stunden gedauert hatte, 17 Ritter und an 300 Soldaten. Darunter befand sich auch der heldenmüthige Medran. Ihm folgte bald darauf der gefürchtete Dragut, der bei einem Streifzuge zur Erforschung der Schanzen tödtlich verwundet worden war, in die Gefilde des Friedens.

Am 21. Julius kamen die Türken mit ihrer ganzen Armee zum Sturme. Drei Mal rannten die Massen gegen das kleine Fort

Elmo an, und drei Mal wurden sie von der Tapferkeit der kleinen christlichen Schaar zurückgeworfen. Den ganzen Tag dauerte das Gemetzel zwischen den Trümmern der Festungswerke, bis die Nacht Ruhe gebot. Am 22. Juni erholten sich Christen und Türken von den schweren Anstrengungen des vergangenen Tages und erstere sandten, da alle Verbindung zu Lande abgeschnitten war, durch einen geschickten Schwimmer dem Großmeister die Nachricht, daß ihr Ende bevorstehe. Dann nahmen sie in der Nacht von 22. auf den 23. das heilige Abendmahl, umarmten einander zum Abschied und empfahlen ihre Seelen dem Herrn.

Eine stillrührende Begeisterung leuchtete auf allen Gesichtern. Die Liebe zum Leben war überwunden, die Todesahnung machte sie muthig. Sogar die Kranken und Verwundeten ließen sich auf die durchlöcherte Mauer tragen, um da, mit schwacher Hand noch den Degen haltend, den Feind zu erwarten, den sie aufzusuchen nicht mehr im Stande waren.

Der verhängnißvolle Morgen des Todestags — es war der 23. Julius — graute. Mit dem dröhnenden Siegesgeschrei „Allah! Allah!" stürmten die Türken heran. Die Ritter wehrten sich mit der Kraft der Verzweiflung. Vier Stunden hatte schon der blutige Kampf gedauert. Jetzt war alles Pulver verschossen, alle Vertheidigungsmittel erschöpft; da durchsuchten die sterbenden Ritter die Taschen ihrer erschlagenen Feinde, um mit den darin gefundenen Patronen sich noch einige Zeit lang zur Wehre zu setzen. Noch stand zwar der Comthur Lamiranda mit 60 Mann auf dem Hauptwalle und trotzte, wie ein Fels im Meere, dem gräßlichen Sturm. Um 11 Uhr des Mittags aber kamen die Osmanen mit verdoppelter Uebermacht. Ein Krieger aus der tapfern Christenschaar sank nach dem andern in die Bresche. Ritter Briviers de la Garbampe, tödtlich verwundet, sagte den Brüdern, die ihn nach dem Spitale bringen wollten: „Ich gehöre zu den Todten; laßt mich liegen und vertheidigt die Lebenden!" schleppte sich dann nach einer Capelle und hauchte am Fuße des Altars seinen Geist aus. Ritter Heinrich La Balette rief, als man ihn bewegen wollte, zum Besten des Ganzen sein Leben zu retten, voll Begeisterung aus: „Kann ich mein Leben glorreicher enden?" Endlich stürzte auch der Comthur und mit ihm die letzte Stütze von St.-Elmo; doch endigte sich der Angriff nur mit dem Tode des letzten Ritters.

Der Großmeister, den das Unglück, statt niederzubeugen, eher zu stärken schien, sagte zu einigen alten Rittern, welche ihn über den

13

Verlust seines geliebten Neffen Heinrich de la Valette trösten wollte:
„Alle Ritter sind mir gleich lieb; ich betrachte sie alle wie meine
Kinder; ich bedaure ebenso sehr den tapfern Polastron wie den la
Valette. Uebrigens sind uns diese, sowie die Andern, ja nur um ein
Paar Tage vorangegangen."

Mit schallender Musik und wildem Freudengeschrei zog jetzt die
türkische Flotte triumphirend in den Hafen Masa-Muscietto ein, und
das Panier des Halbmonds wehete auf dem zerstörten Fort. Der
wilde Mustapha selbst fühlte bei dem Anblicke so vieler edler Krieger,
die sterbend noch ihren Posten bedeckten, eine Regung von Mitleid
und sagte gerührt, als er in das kleine Fort St.-Elmo trat: „Was
wird uns erst der Vater kosten, da schon dieser kleine Knabe
so viel gekostet hat." In diesem Castell allein fielen 130 Ritter
und gegen 1300 Soldaten; aber auch 8000 Türken wurden ein Opfer
des Todes.

Grausamkeit und Uebermuth traten bald an die Stelle der
Siegesfreude. Um den noch in den übrigen Festungen befindlichen
Maltesern Schrecken einzujagen, ließ der racheschnaubende Mustapha
diejenigen Ritter auf dem Schlachtfelde heraussuchen, die noch nicht
ganz verschieden waren, gab den Befehl, ihnen das Herz aus dem
Leibe zu reißen, in die Leichname Kreuze zu schneiden, die verstüm-
melten Glieder auf Breter zu binden und in die See zu werfen, in
der Hoffnung, daß sie die Fluth an den Fuß des Schlosses St.-An-
gelo und bei der Burg des Großmeisters vorbei tragen werde.

Dieser Anblick preßte dem alten La Valette Thränen aus; allein
sehr bald trat gerechter Unwille an die Stelle seines Schmerzes. Um
den türkischen Feldherrn durch Wiedervergeltung zu strafen und ihn
zu vermögen, künftighin nicht mehr als Henker Krieg zu führen, ließ
er alle gefangenen Osmanen erwürgen und ihre noch blutigen Köpfe
statt der Kugeln durch seine Kanonen in Mustapha's Lager schleudern:
Eine Aufforderung zur Uebergabe der ganzen Insel, welche Mustapha
an den Großmeister ergehen ließ, wurde mit edlem Stolze zurück-
gewiesen. Die Folge davon war ein neuer Hauptangriff gegen die
Insel la Sangle. Seinem Unternehmen kam Haslem, Vicekönig von
Algier, mit seinen Beduinen zu Hülfe, und bat sich als einzige Belohnung die Erlaubniß aus, einen Sturm gegen das Fort St.-Mi-
chael wagen zu dürfen. Diese Bitte gewährend, übertrug der Pascha
den Angriff zur See einem alten griechischen Corsaren, dem Renegaten Candelissa, während er sich den Befehl über die Landtruppen
vorbehielt.

La Valette, durch einen Ueberläufer von Allem unterrichtet, ließ von dem Felsen Corabin an bis an die Spitze der Insel eine zusammenhängende Reihe von Pfählen einschlagen, welche mittelst eiserner Ringe durch eine Kette verbunden waren, um jede Landung zu verhindern. Schon wurde die Festung wiederum mehre Tage lang von allen Seiten heftig beschossen und am 15. Julius ein neuer Sturm gewagt. Das Schloß St. Angelo, die Burg und die Insel La Sangle wurden von allen Seiten mit heftigem Kanonenfeuer angegriffen. Sogar das Pfahlwerk wurde von Caudelissa angefallen, allein der Befehlshaber dieses wichtigen Postens, der alte Ritter Guimeran, feuerte nicht eher, als bis die Türken ganz nahe waren. So tödtete er mit einer einzigen Kartätschenladung an 400 Mann. Caudelissa aber, im Lager und Kriegsgetümmel aufgewachsen und dann am unerschrockensten, wenn die Gefahr am höchsten, brachte seine wankenden Truppen dadurch zum Stehen, daß er die Kähne vom Ufer entfernen und ihnen somit alle Hoffnung zum Rückzuge abschneiden ließ. Nun blieb ihnen nur die Wahl zwischen Sieg oder Tod. Ein wüthendes Gemetzel begann, das länger als fünf Stunden dauerte. Die Stürmenden bemächtigten sich endlich der Verschanzung, und pflanzten den Halbmond auf den zertrümmerten Wall. Schon wankten die Ritter zurück, als der Admiral Monte, durch einen solchen Vortheil des Feindes beschämt, mit verdoppelter Kampflust den Streit erneuerte, und la Valette seinen Getreuen die längst ersehnte Unterstützung zuschickte. Der Comthur Giou, General der Galeren, drang mit den Rittern Ruy Gomez Medina und Quinch, das Schwert in seiner gewaltigen Faust, auf die Osmanen ein, riß ihre Fahnen und Feldzeichen nieder und zwang sie, die Verschanzung zu verlassen. Caudelissa selbst verlor durch diese Tapferkeit die gewohnte Ruhe und schiffte sich eilig mit seinen Truppen ein; allein der Tod, dem er auf dem Lande entging, holte ihn auf dem Meere ein. Seine Bärken, von ganzen Haufen Flüchtender überladen, sanken unter oder wurden durch die Batterien der Christen in den Grund gebohrt. Weit umher war die See mit Leichnamen bedeckt. Mit den Worten: „Hier den Lohn von St. Elmo!" wurden diejenigen, welche an das Ufer schwammen und kniend um ihr Leben baten, unbarmherzig niedergehauen. Auch Haslem's Angriff zu Lande war nicht glücklicher. Die Ritter Carlo Rufo, Robles und de la Ricca setzten den Algierern von der Seite von Bormola und dem Castell St.-Michael ein so heftiges Kartätschenfeuer entgegen, daß sie nach einem furchtbaren Blutbade, welches über fünf Stunden dauerte und mehr als 40 Rittern und 200 der tapfersten

Soldaten das Leben kostete, zurückweichen mußten. Von 4000 Ungläubigen aber, welche zu dem Sturm auf la Sangle ausgerückt waren,
retteten sich kaum 500.

Mittlerweile ward die Stadt von allen Seiten unterminirt, sah
ihre Vertheidigungswälle zerstört und den Feind im Besitze der Außen-
werke, und stand so bei der immer geringerwerdenden Anzahl von
Kämpfern am Rande des Verderbens. In diesem Augenblicke der
Entscheidung berief der Großmeister seinen Ordensrath. Die meisten
Ritter stimmten dafür, man sollte sowol die Einwohner als die Besatzung in das Castell St. Angelo bringen, und dann alle noch übrigen
Werke in die Luft sprengen. Der unerschütterliche La Valette aber
sagte: „Es ist unsere Pflicht, theure Brüder, die Feinde der Christenheit von allen Seiten zu vertreiben, oder da zu sterben, wo wir
stehen!"

Von Tag zu Tag ward jetzt die Belagerung hartnäckiger und
mörderischer. Der Donner der Kanonen stürzte eine Mauer nach der
andern in den Grund und zerschmetterte ihre Vertheidiger. Bald
hier, bald dort, bald an mehren Orten zugleich waren die Ritter
zu blutiger Gegenwehr gezwungen. Nirgends Ruhe, nirgends Sicherheit, und doch überall Unerschrockenheit und Kraft. Ausdauer und
freudiger Todesmuth. Alle möglichen Mittel, welche Kunst oder List
darzubieten im Stande waren, wurden von den Osmanen ohne Unterlaß versucht; doch keiner ihrer Anschläge, weder der Sturm vom
2. August noch der folgende vom 7. August, welchen der Pascha selbst
an der Spitze von 800 Mann unternommen hatte, gelang. Die
Besatzung der Burg St. Michael widersetzte sich mit eben der Entschlossenheit, mit der sich die heldenmüthige Schaar auf St. Elmo
unverwelkliche Lorbeern auf dem Felde der Ehre pflückte. Der alte
Comthur Mesquita, von der Bedrängniß dieses letzten Forts in
Kenntniß gesetzt, hatte den Ritter Baudouin de Ligny mit einem Haufen
Bewaffneter ausgesendet, um die Aufmerksamkeit des Feindes von
diesem Punkte abzulenken. Ligny überfiel das türkische Lazareth und
tödtete Alles, was ihm in die Hände gerieth. Der Zweck wurde erreicht. Das Schreien der Kranken, das Getöse der Fliehenden und
das Stöhnen der Sterbenden verbreitete allgemeinen Schrecken in dem
Lager der Osmanen. Voll Angst, den Vortrab der sicilianischen
Hülfsarmee im Anzuge wähnend, ergriffen die Meisten die Flucht.
Der Pascha selbst, dem das Gerücht zu Ohren kam, hob schnell den
Sturm auf, um dem ankommenden Feinde, wie es Männern geziemt,
entgegenzugehen.

Außer sich über den Umstand, so sich getäuscht zu sehen, und den Vortheil aus den Händen gelassen zu haben, beschloß endlich Mustapha mit Piali gemeinschaftlich einen Hauptangriff so lange fort-zusetzen, bis die Ritter, durch Ermattung mehr als durch Gewalt besiegt, freiwillig die Waffen strecken würden. Am 18. August stürmte Piali die castilische Bastei, während Mustapha seinen Angriff auf das Castell St.-Michael erneuerte. Die an das Unbegreifliche grenzende Ausdauer und Tapferkeit der Ritter allein rettete den Platz. La Valette, mit einer leichten Pickelhaube bedeckt, ohne sich Zeit zu nehmen, seinen Panzer umzuschnallen und die Schienen anzulegen, in der Hand bloß sein treues Schwert, eilte ohne Schild den angegriffenen beiden Posten zu Hülfe. Er stürzt sich so wüthend auf die Türken, daß diese zu wanken beginnen. Der Ritter Mandosta bat ihn fußfällig, sein für die Existenz des Ordens und die Sicherheit der Insel so wichtiges Leben zu schonen. Der Großmeister aber zeigt nach den feindlichen Bannern, die auf den Wällen wehen und sagt: „Nicht eher, bis jene verhaßten Fahnen dort verschwunden sind!" Wiederum dringt er vor, ein entsetzliches Gefecht entspinnt sich, die Türken weichen der über-menschlichen Tapferkeit der Ritter.

In der folgenden Nacht ließ la Valette eiligst Verschanzungen aufwerfen; Weiber und Kinder waren sowie die vornehmsten Ordens-beamten in unansgesetzter Arbeit, um den Türken jeden Fußbreit Landes so lange als möglich streitig zu machen. Nachdem auch die Stürme am 19., 20. und 23. August glücklich abgeschlagen waren, trug der Großmeister dem Comthur Claramonte auf, mit einer kleinen Schaar Auserwählter einen Ausfall auf den gefährlichsten Erdwall des Feindes zu machen. Dieser schlich sich, vom Dunkel der Nacht unterstützt, mit den Seinigen leise dahin und griff die Wachen mit solchem Ungestüm an, daß sie ihren wichtigen Posten verließen und in das Lager zurückflohen. So sahen die Türken mit Erstaunen und Bestürzung ein Werk, durch welches sie den Ruin der Stadt zu voll-enden hofften, nun gegen sich selbst angewendet, und die Belagerten wiederum aufs Neue gesichert.

Außer sich vor Wuth über diesen Vorfall, beschloß der Pascha, der mit Schrecken bemerkte, daß seine Vorräthe zu Ende gingen, mit seiner ganzen Heeresmacht einen Hauptangriff gegen die Citta notabile zu machen, um wenigstens, wäre er auch genöthigt, unverrichteter Sache von Malta abzuziehen, eine Menge Gefangener als Zeugen seines Sieges mit nach Constantinopel zu führen und dadurch den Sultan über den unglücklichen Ausgang seines Unternehmens zu trösten.

Fest entschlossen, sich unter den Trümmern der Hauptstadt zu begraben, leisteten die Ritter auch jetzt noch eisernen Widerstand, wiesen jeden Angriff zurück, begegneten jeder Mine durch eine Gegenmine, vertheidigten jede Bresche, — als auf einmal die lange umsonst erhoffte Hilfsarmee des Vicekönigs von Sicilien, unter dem Befehle des Feldmarschalls Ascanio della Corne, an dem von den Belagerern am weitesten entfernten Gestade der Insel landete.

Die türkischen Feldherren hatten durch Kundschafter die Nachricht erhalten, die Spanier würden sich bei dem Castell San Angelo ausschiffen. Dies zu verhindern, hatten sich der Osmanenführer Piali mehre Tage hindurch in dem großen Hafen vor Anker gelegt, nachdem er den Eingang desselben durch eine Kette von Booten, Stangen und Segeltauen versperrt. Mustapha aber hob, als er hörte, die spanisch-sicilianischen Ritter seien unter ihrem Obersten Alvarez de Sande an einem andern Orte der Insel gelandet, ungesäumt die Belagerung auf, ohne ihre eigentliche Anzahl zu erforschen, zog seine Besatzung aus San-Elmo zurück und schiffte sich mit solcher Eilfertigkeit ein, daß er sogar die ungeheuren Kanonen, die eine so furchtbare Wirkung gemacht hatten, mitzunehmen vergaß. Bald aber folgte Beschämung auf diesen Schrecken. Ein Sklave brachte die Nachricht, daß die angekommene Armee, vor welcher 16,000 Mann geflohen waren, kaum aus 6000 Mann bestand. Was seine innere Wuth noch erhöhte, war, daß er von seinem Schiffe aus die Malteserritter auf eben der Stelle die Fahne des h. Johannes aufpflanzen sah, wo wenige Stunden vorher noch das Panier des Propheten geflattert hatte.

Doch Mustapha, durch die Botschaft des Ueberläufers doppelt in Unruhe gesetzt, da er mit seinem Kopfe vielleicht seine Uebereilung bezahlen mußte, beschloß umzukehren und eher das Aeußerste zu wagen, als sich der Verantwortung wegen eines übereilten Rückzuges auszusetzen. Seine Soldaten jedoch, längst über die Grausamkeit ungeduldig, mit der man sie zu Tausenden dem Tode entgegengeführt hatte, widersetzten sich. Sie mußten mit Stockschlägen und Ruthenhieben an das Land getrieben werden; doch gegen ihren Willen zur Schlacht geführt, thaten sie keinen Widerstand. Kaum sahen sie die Christen ernstlich auf sich eindringen, so ergriffen sie wie gescheuchtes Wild die Flucht. Nur mit Mühe erreichten sie, unter Bedeckung von Hassems Algierern und des Geschützes auf Piali's Schiffen, ihre Boote. Mustapha wurde von seinen fliehenden Soldaten mit fortgerissen. Die Spanier verfolgten den Feind bis an das Ufer, und die Osmanen verließen die Insel nach einem Verluste von mehr als

80,000 Mann. Zum Andenken der großen Thaten, gab man dem Borgo, welcher der Hauptschauplatz der blutigen Stürme gewesen war, den Namen Citta vittoriosa, die siegreiche Stadt, ein Ehrenname, den er noch jetzt führt.

So endigte die viermonatliche Belagerung von Malta, und die Ritter von St. Johann blieben in ihrem theuer erkauften Eigenthum. Sie hatten den Verlust von 260 Rittern und 5000 Soldaten und Einwohnern der Stadttheile zu beklagen. Nicht leicht wird es in der Geschichte ein Beispiel größerer Selbstaufopferung geben, und ohne Erhebung des Gemüths Niemand die heldenmüthige Vertheidigung von St. Elmo lesen, eine That, gleich dem Spartanerkampf bei Thermopylä. Der ganze Erdball tönte wieder von dem Ruhme dieser Helden.

Der Name La Valette und seiner Ritter war von nun an hochgefeiert in der ganzen Christenheit*). Die prächtigsten Beleuchtungen, die köstbarsten Feuerwerke, feierliche Gebete und Danksagungen, Gesandtschaften und Freudenfeste der seltensten Art lösten einander ab, und zu Rom wurde die Befreiung Malta's auf Befehl des Papstes von der Engelsburg herab mit Kanonendonner verkündet.

---

*) Diese Belagerung beschäftigte, wie ehemals die von Rhodus, ganz Europa, und wie in neuerer Zeit die Belagerung Gibraltars und die schwimmenden Batterien. Wie letztere den geistreichen Lichtenberg zu seiner Romanze, so begeisterten diese Heldenkämpfe die Dichter älterer und neuerer Zeit. Wir haben darüber des Jesuiten Alessandro Donati Défensa Melita, Poema. MS. 4. S. b. Smitner's Literat. der geistlichen und weltlichen Militär- und Ritterorden, Amberg 1802. S. 53. — Ferner des Paters Mayre Liladamus, 1686. — Privat de Fontanilles Malte, ou l'Isle Adam, 1749. — Fratta's Maltéide. — Vincenza Montana, Poema eroico sopra l'Isola di Malta. — Porcacchi (Tommaso) Descrizione dell Isola di Malta. — Vid. l'opera di questo autore intitolata: l'Isole piu famose de Monde, Venezia 1575. 4. p. 58. — Gloriosa defensa de Malta por los Cavalleros de S. Juan de Jerusalem contra el formidable exercito de Solimán II. Madrid. Museo 1779. 4. — Claudii Grangei, Comment. de bello milit. ap. Gabr. Cartier, 1582. 8. — Commentarii d'Antonfrancesco Cirni Corso, ne quali si descrive la guerra ultima di Francia etc., et l'Istoria dell' Assedio di Malta. In Roma appresso Giullo Accolta 1567. 4. — Comment. de acerrimo et omnium difficillimo Turcarum bello in Insulam Maltam gesto anno 1565. Venet. ex officina Stellae Jordani. Zlletti, 1566. 8. — Beschreibung derer Geschichten, so sich mit der Belagerung des türkischen Kriegsvolkes gegen die Insul Maltam im Jar 1565 zugetragen. Durch Hieronymum, Graben zu Alexandria, in lateinischer Sprach beschrieben, und durch Hieronymum Zoberum in unser Teutsch transferiret, zu Dillingen gedruckt durch Sebaldum Mayer, 4. — Das lat. Orig. s. in Schardii Script. rer. germ. Tom. IV.

Die Monarchen Europa's wetteiferten in Glückwünschen, Lobeserhebungen und Geschenken für den tapfern Großmeister.

Philipp II., König von Spanien, übersandte ihm einen goldenen, mit kostbaren Edelsteinen besetzten Degen.

Pius IV. bot ihm sogar den Cardinalshut an, eine Ehre, nach welcher die größten Aebte und nicht selten selbst Prinzen aus regierenden Häusern geizten. Johann von La Valette wollte aber als souverainer Fürst seinen Titel nicht durch eine untergebene Ehrenwürde verdunkeln und schlug das Anerbieten aus.

Alle diese Beweise der Achtung, alle Lorbeern des Ruhms waren aber nicht im Stande, das väterlich gesinnte Herz des Großmeisters zu beruhigen, als er die Nachricht erhielt, daß Soliman, im höchsten Unwillen über den erlittenen Verlust, schon die Vorbereitungen zu einer neuen ungeheuren Rüstung gegen Malta vorgenommen habe. Nun blickte der Held mit doppelter Rührung auf das entvölkerte Land, auf die zerstörten Häuser, die zertrümmerten Waffen, die entblößten Magazine, die vielen umherliegenden Todesopfer und verwundeten Ritter, und Thränen des Mitleids rollten über seine bleichen Wangen. Die Burgen waren ohne Mauern, die Cisternen ohne Wasser, die Artillerie unbrauchbar und die wenigen übriggebliebenen Brüder ohne Nahrung, todtmatt und ohne tröstende Hoffnung. In diesem Momente der Verzweiflung, durch die Gefahr, welcher seine entvölkerte und verwüstete Insel nichts entgegenzustellen vermochte, auf das Aeußerste gebracht, nahm La Valette seine Zuflucht zu einem Mittel, welches ihm nur die Verzweiflung eingeben konnte. Er fand Wege und Leute, im Zeughause zu Constantinopel Feuer anlegen zu lassen. Die Gewalt des Pulvers sprengte die Vorrathskammern in die Luft und vernichtete die meisten kaum noch vollendeten Galeren. Eine große Anzahl der Arbeiter verlor bei dem entsetzlichen Brande das Leben.

Soliman wurde dadurch genöthigt, seinen Racheangriff aufzuschieben, und Malta war zum zweiten Male gerettet. Er kehrte seine Waffen jetzt nach Ungarn, wo er bei der Belagerung der durch Zriny's Heldenmuth so großartig vertheidigten Veste Segeth seinen Tod fand. Sein Sohn Selim, mit den Venetianern im Kriege, ließ dem Großmeister Zeit, die Spuren der Zerstörung durch unausgesetzte Thätigkeit zu vertilgen, die Wälle auszubessern, neue Mauern aufzuführen und durch weise Anstalten den Grund zu der ruhigen Größe zu legen, in welcher der Johanniterorden blühte. Er selbst, der alte unermüdliche Held, leitete den Bau, er selbst wachte über die Vollziehung seiner

Befehle, überall gegenwärtig, überall arbeitsam, eiftig und mit großer Umficht thätig.

Der Papst, die Könige von Portugal, Spanien und Frankreich wiesen namhafte Summen zur Wiederherstellung der Festungswerke von Malta an, selbst die meisten Comthure verkauften ihre besten Hausgeräthe und schickten Alles, was sie im Vermögen hatten, um den edeln La Valette in seinem Unternehmen zu unterstützen. So war der Großmeister im Stande, schon am 28. März 1566 auf dem Berge Sceberras den Grundstein zu der neuen Stadt zu legen, die noch heutiges Tages als Hauptstadt der Insel seinen Namen führt und verherrlicht*). Eine ununterbrochene Arbeit, von der Niemand fich ausschloß, folgte auf diese Feierlichkeit. In diesem militairischen Freistaate war Alles thätig, von dem ersten Ordensbeamteten bis zum Handlanger. Der Großmeister verließ während zwei Jahren selten seine Arbeiter und brachte ganze Tage auf dem Baue zu. Hier gab er jedem Bittenden Gehör; von hier aus erließ er seine Befehle.

Der Comthur de la Fontaine, ein in der Befestigungskunst hoch-erfahrner Mann, führte die Aufficht über das Ganze und hatte dabei über nichts zu klagen, als über den sehr fühlbar gewordenen Mangel an Geld. Jeder Tag kostete den Orden an Arbeitslohn und Material gegen 1500 bis 2000 Thaler. Um diesem Uebelstande einigermaßen abzuhelfen, ließ der Großmeister Kupfermünzen von verschiedener Größe und ungleichem Werthe schlagen, welche auf der Stirnseite mit zwei verschränkten Händen, auf der Kehrseite mit La Valette's Wappen und der Inschrift: „Non aes, sed fides!" geziert waren. Wie sehr wurde aber der edle Meister durch das Gegentheil dieses Wahlspruches

---

*) Der Grundstein der Stadt La Valette wurde von der eigenen Hand des ehrwürdigen Helden am 28. März d. J. 1566 auf dem Berge Sceberras auf der äußerften Spitze des Boulevards St. Jean gelegt, und gemauert, nachdem man zuvor eine bedeutende Anzahl Gold- und Silbermünzen zum ewigen Gedächtniß hineingelegt hatte. Eine davon stellte David, den Sieger des Goliath, dar, mit der Inschrift: „Unus decem millia." — Zwei andere trugen die Worte: „Dei propugnatoris sequendae victoriae," und „Perpetuo propugnaculo Turcicae obsidionis!" Wieder andere zeigten das Bild der Insel Malta und hatten die Inschrift: „Melitta renascens," — und „Immotam colli dedit." Die meisten Münzen aber hatten auf dem Avers das Bildniß des Großmeisters La Valette, und auf dem Revers Tag und Jahr der Stadtbegründung, welche man auch nebst dem Conventbeschluß in den Stein grub. — Eine reichliche Spende an Geld und Lebensmitteln unter die Armen machte den Beschluß der Feierlichkeit. S. Boisgelin, Malte ancienne et moderne, Tom. II. p. 227 ff.

getäuscht! So glorreich auch der Zenith seines vielbewegten Lebens war, in dem er als eine Sonne an dem politischen Himmel glänzte, trüb und gewitterschwer war sein Abendroth: Die letzten Augenblicke dieses Helden waren, wie einst bei Villiers de l'Isle-Adam, durch innere Zwiste unter den Ordensbrüdern selbst mit düsterem Kummer umwölkt.

Einige junge spanische Ritter glaubten sich im Ausbruche ihrer Freude über den erfochtenen Sieg zu dem ausgelassensten Lebenswandel berechtigt, und schmälerten bald durch Trunk, bald durch Unzucht und allerlei Spottgedichte die Ehre der wackersten Ordensbrüder und der angesehensten Frauen von Malta. La Valette, ein milder Vater, aber strenger Richter, vernahm kaum die Kunde dieser Ausschweifungen, als er, obwol mit blutendem Herzen, den Ordensrath versammelte, um die Uebertreter des Gebots und hauptsächlich die Verfasser jener Lieder zur Strafe zu ziehen.

Während man noch versammelt und mit Abfassung des Urtheils beschäftigt war, stürmten die Aufrührer in den Kapitelsaal, rissen im Angesicht des Großmeisters dem Kanzler die Feder aus der Hand, warfen das Tintenfaß zum Fenster hinaus und zogen sich unter Spottreden und Schmähungen aller Art zurück. Durch ihre Mitverschwornen unterstützt, begaben sie sich eiligst auf schon zum Absegeln bereit stehende Barken und steuerten nach Sicilien. La Valette, durch eine solche Meuterei bis zu Thränen gerührt, tilgte ihre Namen aus der Ordensliste, nahm ihnen Kreuz und Mantel ab, und erkannte ihnen, wenn sie es je wieder wagen sollten, nach Malta zurückzukehren, ewiges Gefängniß zu. Er schickte alsbald den Ritter Caprona als Abgesandten zu dem Statthalter von Sicilien, die Flüchtlinge als Rebellen zurückzufordern. Sein Wunsch wurde nicht erreicht; denn der Statthalter ließ diese Unwürdigen in ihr Vaterland zurückkehren.

Noch schien das Maß seiner Leiden nicht voll zu sein. Ein neuer Kummer beugte sein graues Haupt. Der Papst, der kurz zuvor La Valette den Cardinalshut angeboten und seinen Schutz und Schirm zur Aufrechthaltung der bestehenden Statuten dem gesammten Orden verheißen hatte, besetzte eigenmächtig die Stelle eines Ordenspriors in Rom und verbot sogar, als sich der Großmeister über diesen Eingriff in statutarische Rechte beschwerte, dem Abgesandten von Malta den Aufenthalt in Rom. Vergebens machte der Großmeister dem Papste wichtige Vorstellungen, vergebens verband er die triftigsten Gründe mit den gerechtesten Vorwürfen in seinen Briefen, um den Papst mit der lauten Stimme der Wahrheit von Eingriffen in die

Rechte des Ordens abzuhalten. La Valette fand kein Gehör; päpstliche Neffen genossen das römische Priorat, so oft es durch den Tod eines Cardinals erledigt wurde, und Pius V. befreite jene Usurpatoren selbst von den gewöhnlichen Gebühren, die dem allgemeinen Ordensschatze von jeder Präbende anheimfielen.

Diese Kränkungen umdüsterten die Seele des alten Helden mit einer finstern Melancholie, welcher zu entfliehen er sich mit Leidenschaft den Freuden der Jagd hingab, die aber auch nur zu unheilbringend für ihn wurden. Eines Tages traf ein Sonnenstich sein weißes Haupt, an dessen Folgen er nach drei Tagen, am 22. August 1568, starb. Kurz vor seinem Tode berief er die Zungenhäupter zu sich und ermahnte sie gegenseitig zum Frieden, zur Einigkeit und zur Erhaltung der alten Ordenszucht. Dann erinnerte er sie noch einmal an den vor dem Angesichte des Gekreuzigten am Altare geleisteten Schwur des unbedingtesten Gehorsams gegen ihr künftiges Oberhaupt. Zum Nachfolger empfahl er ihnen den Ritter Antonio von Toledo, einen Vetter des Herzogs von Alba, welchen sie aber wegen seines Hochmuthes und harten Charakters, den er von seinem Oheim geerbt zu haben schien, nicht wählten.

Kaum hatte der Tod die Leiden des alten, um den Orden sowol, als um die ganze Christenheit so hochverdienten Meisters geendigt, so meldeten sich auch schon viele der angesehensten Ritter, einem Manne von solchen Tugenden nachzufolgen. Darunter waren: Alfonso von St.-Clemente (Oberhaupt der Zunge von Aragonien), Jacques de la Motte aus Frankreich, Nunnez de Maldonat und Antonio von Toledo aus Spanien. Diese Bewerbung, der man in frühern Zeiten nie begegnet, beweist, wie von Winterfeld richtig bemerkt, die eingetretene Erschlaffung des alten Ordensgeistes, den Mangel an wahrhaft christlicher Tugend. Früher hatte man die Großmeister gesucht, jetzt bieten sie sich an, und die Selbstsucht tritt an die Stelle der Demuth. Indeß die Tugend, welche allein Vertrauen schenkt und Vertrauen erntet, trug auch hier den Sieg über Anmaßung davon und gewann die meisten Stimmen dem Großprior von Capua, Pietro Guidalotti, welcher, da er von mütterlicher Seite ein Großneffe von Julius III. war, den Geschlechtsnamen dieses Papstes — del Monte — angenommen hatte.

Peter von Monte,
1568—1572.

Pietro del Monte, verherrlichte diesen edeln Namen sowol durch seine Gerechtigkeitsliebe, als durch seine Tapferkeit und den heldenmüthigen

Widerstand, den er während Maltas Belagerung zum Schrecken des Feindes bewiesen hatte. Seine erste Sorge nach dem Regierungsantritt war, seinem unvergeßlichen Vorgänger die letzte Ehre zu erzeigen. Er ließ dessen Körper im großmeisterlichen Ornate auf einem Paradebette in der Kirche unserer lieben Frauen von Philerme feierlich ausstellen, dann auf der entmasteten Capitane, die der Held im Leben selbst befehligt hatte, von zwei Trauergaleren gezogen, mit einem Gefolge von mehren schwarz behangenen Ordensschiffen, auf denen die türkischen Trophäen ausgebreitet lagen, von dem großen Hafen nach dem Hafen Musciet führen, von wo er in Begleitung seiner Hausofficiere und der ganzen Dienerschaft, von denen ein Jeder eine brennende Fackel trug, von der Geistlichkeit in die Kapelle Notre Dame de la victoire getragen wurde, welche er einst auf eigene Kosten hatte erbauen und zu seiner letzten Ruhestätte einrichten lassen. Unmittelbar nach dem Katafalk folgten der Großmeister mit den höchsten Ordensbeamteten, dann die sämmtlichen Ritter, jeder eine türkische Fahne oder ein erobertes Waffenstück tragend, und die Knappen beschlossen den Zug.

Nachdem La Valette, von Jedermann beweint, in seiner selbsterbauten Gruft zum ewigen Schlafe beigesetzt war, richtete der neue Großmeister seine ersten Sorgen auf die neuangelegte Stadt und vollendete das Werk als ein heiliges Vermächtniß seines Vorgängers. Drei Jahre nach der Grundsteinlegung, 1571, wurde sie schon feierlich zum Ordenssitze eingeweiht.

Hierauf verlieh Peter de Monte den verdientesten Gliedern verschiedene, durch den Tod vieler bei der Belagerung von Malta gefallener Comthure und anderer Beamteten erledigte Würden, und belohnte selbst die Laienbrüder und Knechte, die sich durch Pflichttreue oder Tapferkeit ausgezeichnet, auf eine reichliche Weise. Die Ritter François de Bourges, Pierre de Pelloquin, Christophe de Montgaudry, Baudouin de Sevre und Franz von Arkenburg erhielten die einträglichsten Pfründen.

Im zweiten Jahre von Monte's Amtsführung wurden die Ordensgaleren plötzlich von den Raubschiffen des berüchtigten Corsaren Ucchi-Ali angefallen und deren drei weggekapert. Die übrigen wurden durch diesen unvermutheten Angriff so sehr in die Enge getrieben, daß die Capitane (das Fahrzeug, welches der Ordensadmiral in eigener Person befehligte) am Fuße des Thurmes von Monchians auf der sicilianischen Küste scheiterte. Diesem Unglück folgte ein zweites nach. Der General der Ordensgaleren, St. Clement, hatte gegen den Rath

erfahrner Seeleute den Versuch gemacht, zwischen Trapani und Malta
mit vier reichbeladenen Kriegsschiffen durchzusegeln, wo Ucchi-Ali mit
zwölf Fahrzeugen Wache hielt. Angegriffen von dieser Uebermacht,
lud St. Clement außer der Schuld der Unvorsichtigkeit noch die der
Feigheit auf sich, indem er, zwei Galeren in der Gewalt des Feindes
sehend, mit seinem Gelde entfloh. Zweiundsechszig Ritter wurden in
diesem unglücklichen Gefechte getödtet. St. Vincent suchte Schutz beim
Papste, wurde aber an den Großmeister verwiesen, von dem Ordens-
gericht des ritterlichen Kleides beraubt und zum Tode verurtheilt.
Nach Einigen wurde er in seinem Gefängnisse erdrosselt, der todte
Körper in einen Sack gesteckt und dann in das Meer geworfen, nach
Andern wurde er zu Malta enthauptet.

Durch diese Unfälle verhindert, konnte sich die Ordensflotte nicht
so zahlreich, als man wünschte, bei der glorreichen Schlacht von Lepanto einfinden, welche die spanisch-italienische Flotte unter Don Juan
d'Austria am 7. Oct. 1571 den Türken lieferte. Die wenigen Schiffe
aber bedeckten sich mit Ruhm. Die Türken wurden gänzlich geschlagen.
Es wurden, außer dem Feldherrn selbst, 5000 Türken getödtet, und
20,000 Christensklaven fanden ihre Freiheit wieder. Der heldenmüthige Sieger Don Juan d'Austria und der venetianische Admiral
Veniero nahmen den Ungläubigen 140 Galeren, ohne die Schiffe,
welche verbrannt oder in den Grund gebohrt wurden. Von Seiten
der Christen fielen 7600 Mann und 14 der ersten Hauptleute. Als
der türkische Großvezier die ungeheure Niederlage erfuhr, ließ er
den von ihm widerrechtlich gefangen gehaltenen Bailli von Benedig
zu sich kommen und sagte zu ihm: „Wisse, daß die Kräfte des os-
manischen Reiches in stetem Wachsen sind. Wir haben Benedig einen
Arm abgeschnitten, indem wir ihm Cypern nahmen. Wenn man uns
aber Schiffe nimmt und Leute tödtet, so will das nichts Anderes
bedeuten, als wenn man uns den Bart abschneidet, — denn der wird
uns um so stärker nach dem Abschneiden wachsen."

Kurz vor seinem Tode hatte der Großmeister noch die Genugthuung, sein und des Ordens Ansehen von dem königlichen Hause der
Hospitaliterinnen zu Sixena wieder anerkannt und dessen Unterwürfigkeit
ausgesprochen zu sehen. Die Königin Sancha, Gattin Alphons II.
von Aragonien, mit dem Beinamen „der Keusche", hatte aus Betrübniß über den Verlust des heiligen Landes zum Andenken so vieler
in Palästina für den Glauben verblut-ter Ritter zu Sixena, einem
kleinen Städtchen zwischen Saragossa und Lerida, ein Hospitaliter-
Nonnenkloster gestiftet, welches unter der Gerichtsbarkeit des Groß-

priorats von Aragonien stand. In der Voraussetzung, daß dieses Haus
ihr sowol als andern Prinzessinnen der königlichen Familie einst in
stiller Abgeschiedenheit von dem Gewühle der Welt zum Aufenthalte
dienen könnte, wurde bei dem Baue nichts vernachlässigt, was die
Pracht zu erhöhen, die Bequemlichkeit zu vergrößern und die Marken
von dessen Umfang zu erweitern im Stande war, sodaß es vielmehr
einem Palaste als einem Kloster ähnlich sah.

Nach der ersten Stiftung sollten 60 Jungfrauen darin aufgenommen
werden, und zwar Cataloniens und Aragoniens Töchter aus so alten
und angesehenen Familien, daß sie gar nicht einmal nöthig hätten,
die Adelsprobe abzulegen. Sixena wurde gar bald das reichste und
berühmteste Kloster im Königreiche. König und Papst (Cölestin III.)
wetteiferten mit Ertheilung von Freiheiten und Gütergeschenken. Die
Nonnen erhielten, wie alle Hospitaliterinnen im J. 1195, die Regel
des h. Augustin. Ihre Kleidung bestand aus einem Rocke von schar-
lachrothem Tuche und einem schwarzen Mantel mit einer Kapuze;
auf der Brust das achteckige weiße Kreuz. In der Kirche trugen sie
ein Chorhembe von feiner Leinwand, und während des Gottesdienstes
hielten sie, zum Andenken an ihre königliche Stifterin, einen silbernen
Scepter in der Hand. Die Priorin hatte das Recht, Gnaden aus-
zutheilen, und konnte selbst den Priestern, welche das geistliche Amt
ihrer Kirche verwalteten, Strafen zuerkennen. Sie hatte Sitz und
Stimme in den Ordens-Generalcapiteln von Aragonien und folgte
im Range auf den Großprior oder den Castellan von Emposta.

Diese Gemeinde geistlicher Jungfrauen, die selbst die Königin
Sancha nebst einer ihrer Prinzessinnen Töchter unter ihren Schwestern
zählte, wollte sich zu Ende des sechzehnten Jahrhunderts, um d. J.
1569, der Oberherrschaft und dem Gehorsam der Großmeister entziehen
und keinen Herrn als den Papst über sich erkennen. Die Priorin
Hieronyma Olibo aber schrieb unter dem 4. August 1571 an den
Großmeister zu Malta, daß sie sich in Allem seiner weisen Einsicht
fügen wollte.

Peter von Monte starb am 26. Januar 1572 in einem Alter
von 72 Jahren.

Johann l'Evesque de la Cassière.
1572—1581.

Bisheriger Großmarschall des Ordens und geboren im Jahre 1503,
stand er bereits im 70. Lebensjahre, als er zum Meister gewählt

wurde. Seine Erhebung zu dieser Würde verdankte er einzig und allein seiner beispiellosen Frömmigkeit, Tugend und Einsicht, verbunden mit der dem reinen Gewissen so eigenthümlichen Festigkeit und einem durch nichts zu erschütternden Muthe. Er war der Erste, dem der Ordensrath in Anerkennung seiner Verdienste den Titel eines regierenden Fürsten von Malta, Gozzo und Comino beilegte. Doch seine Regierung war keineswegs eine glückliche und ruhige zu nennen, denn er verband mit den vielen Vorzügen einer großartigen Seele kleinliche Fehler, welche theilweise sein und des Ordens Unglück herbeiführen halfen. Er war besonders in Geschäften mit auswärtigen Fürsten heftig, bitter und bis zum Starrsinn eigenwillig. Selbst gegen seine Untergebenen brach diese Leidenschaftlichkeit hervor. Die Folge davon war heimliche Unzufriedenheit unter den Ordensmitgliedern, innerer Zwiespalt und im Finstern schleichende Verschwörung. Unter diesem Großmeister hat auch die gesetzmäßige Gewalt des Souverains von Malta die empfindlichsten Eingriffe erlitten. Das Consiglio entschied vor Alters über Alles, was den Glauben und die Religion betraf. Jetzt wußten es aber die Bischöfe Cubelles und Royas in Rom dahin zu bringen, daß ihnen das Richteramt in Glaubens- und Religionssachen zugesprochen wurde. Beleidigt dadurch, beklagte sich der Großmeister beim Papste Gregor XIII. (1574), allein dieser sandte einen Inquisitor als bleibende Behörde nach Malta, welcher entscheiden sollte, wie weit der Bischof seine Jurisdiction ausdehnen dürfe. Zwar machte man zur Bedingung, daß der Inquisitor nichts ohne Zuziehung des Großmeisters, des Bischofs, des Priors der Kirche und des Ordensvicekanzlers entscheiden sollte, allein derselbe wußte sich bald andere Beisitzer zu verschaffen, und so ward in Malta eine neue Herrschaft begründet, die bald zwei Dritttheile der Unterthanen dem rechtmäßigen Regenten raubte. Denn jeder maltesische Unterthan, der sich der Autorität des Ordens entziehen wollte, konnte sich an das Inquisitions-Gericht wenden, welches ihm einen Unabhängigkeitsbrief (Patent genannt) verkaufte, worauf er mit seiner ganzen Familie unter dem unmittelbaren Schutze des heiligen Stuhles stand, so daß in allen Rechtsfällen der Patentirte zunächst in Malta vor dem Inquisitionstribunale verhört wurde und dann in wichtigen Rechtssachen an die Rota*) appelliren konnte. Die Freiheit ihrer Personen war

---

*) Die Rota oder Ruota Romana heißt das höchste Appellationsgericht des Papstes über die ganze kathol. Christenheit, welches nicht nur in geistlichen Streitsachen, sondern auch in Allem, was klerikalische Pfründen betrifft, und über 500

demnach so gesichert, daß sie von der Ordensregierung weder ver-
haftet, noch sonst in irgend einer Weise bestraft werden konnte. Neben
dem Inquisitor beanspruchte aber auch der Bischof von Malta eine
besondere Jurisdiction und schon die einfache, einem maltesischen Unterthanen ertheilte Tonsur hatte die Kraft, denselben nur vom bischöflichen
Tribunal und der Rota abhängig zu machen. Es entstanden bald die
heftigsten Reibungen zwischen den Anhängern des Bischofs und jenen
des Großmeisters, die zu so stürmischen Auftritten führten, daß die
Besatzung von La Valetta um 50 Mann vermehrt werden mußte.

Indessen ging die Inquisition in ihren Bestrebungen noch weiter,
und drei verhaftete Mitglieder der heiligen Brüderschaft gestanden, daß
sie den Großmeister la Cassière hätten vergiften wollen. Mehre spanische
und italienische Ritter wurden von ihnen als Mitschuldige angegeben,
und als dieselben vor Gericht gefordert wurden, beleidigten sie den
Großmeister vor dem versammelten Rathe und verlangten die Ab-
sendung eines Gesandten an den Papst, damit dieser Recht spreche.
Indessen unterblieb diese Gesandtschaft, weil es, wenn auch mit großer
Mühe, gelang, die Meuterei und Cabale für dieses Mal zu unter-
drücken.

Während dieser innern Unruhen, welche alle Bande der Ordnung zu
lösen schienen, war Benedig auf dem Punkte, dem Orden den Krieg
anzukündigen, weil einige Waarenkisten, welche der venetianischen Juden-
schaft gehörten, von den maltesischen Schiffen weggenommen worden;
doch kam es endlich noch zu einem Vergleiche, und Malta vergaß die
vielen kleinen Neckereien jener stolzen Republik. Es schickte ihr sogar
bald darauf Hülfstruppen nach Candia, einer ihrer schönsten Besitzungen.

Kaum war dieser Sturm von Außen beseitigt, so erhob sich ein
neuer, noch gewaltigerer von Innen. Auf Ansuchen des Königs von
Spanien wurde im Jahre 1577 dem Herzoge Wenzeslaus von Oesterreich, aus der deutschen Zunge, das Großpriorat von Castilien und
Leon, und zugleich die Würde eines Bailli von Lora übertragen,
indem der klug berechnende Großmeister glaubte, einem Monarchen,
welcher dem Orden schon so vielen Vortheil gewährt habe, die Bitte
nicht abschlagen zu dürfen. Allein diese unzeitige Schmiegsamkeit in

Scudi beträgt, ja selbst in weltlichen Händeln entscheidet. Sein Sitz ist zu Rom
und es besteht aus zwölf Prälaten (Auditores). Der Name ist von dem Fußboden
des Gerichtssaales hergeleitet, welcher mit marmornen Tafeln in Gestalt von Rädern ausgelegt ist.

fremden Willen ward nur zu bald das Vorspiel einer gänzlichen Unzufriedenheit aller Ordensmitglieder.

Die castilianischen Ritter beschwerten sich laut bei dem Großmeister und dem Convente über diese Ungerechtigkeit, und letzterer sah
sich genöthigt, den Handel an den Papst zur Entscheidung gelangen
zu lassen. Die Aufrührer wurden von der römischen Curie verurtheilt,
bei der großen Ordensversammlung, ein Jeder eine brennende Kerze
in der Hand, den Großmeister um Verzeihung zu bitten.

Bald darauf brachen schon wieder neue Unordnungen aus. Sechs
junge Portugiesen, gegen einen ihrer Landsleute, den Ritter Carera,
einen längst gehegten Haß im Busen nährend, überfielen diesen bei
der Dunkelheit der Nacht unter Verkappung in seiner Wohnung und
erdrosselten ihn. Eine so große Greuelthat konnte nicht lange verborgen bleiben. Die gerechte Strafe folgte dem Verbrechen auf dem
Fuße nach. Wenige Tage darauf sühnten sie, gesäckt und in das Meer
geworfen, die Frechheit ihres lasterhaften Betragens.

Doch schienen einmal die Bande jeder Zucht und Ordnung gelöst
zu sein. Die spanischen Ritter brüteten, in Verbindung mit den
Italienern, nachdem sie selbst die ehrlichen Deutschen in ihrem strafbaren Beginnen mit sich fortgerissen hatten, heimlich eine furchtbare
Verschwörung aus. An der Spitze dieser Meuterer stand ein Mann
aus der französischen Zunge, der durch seine ungewöhnliche Tapferkeit
in der Feldschlacht sich schon früh zu der Würde eines Großpriors
von Toulouse und Irland emporgeschwungen und später (1575) als
General der Galeren seinen Namen im Orient gefürchtet, im ganzen
Orden aber beliebt gemacht hatte, der Ritter Matarin Lescaro de
Romégas. Durch einen brennenden Ehrgeiz verzehrt, ließ sich dieser
große Seeheld von den Spaniern, welche ihm Hoffnung zur Meisterwürde machten, zum Verrathe an seinem Treuschwur verleiten, wußte
jedoch seinen Groll gegen den ihm viel zu lange lebenden Großmeister
zu verbergen. Offen und ohne Scheu zeigte sich hingegen Cressin als
sein gehässigster Gegner, ein Mann, den la Cassière mit zärtlicher
Aufmerksamkeit wie einen Sohn behandelt, mit Wohlthaten überhäuft
und sogar zum Prior der Kirche St. Johannes erhoben hatte, mit
welchem Vorsteheramte stets auch die Würde eines Großkreuzes verbunden war.

Die Klagen gegen den Großmeister, welche die Ruchlosen als
Beweggründe ihres Beginnens vorgaben, beschränkten sich darauf, daß
er die Güter des Ordens verschwende, die Geschäfte seines Amtes
vernachlässige, Malta nicht in Vertheidigungsstand versetze, nach weniger

die Religion (d. i. den Orden) gegen die Anfälle der Türken und Seeräuber schütze, und die Franzosen vor andern Rittern begünstigt habe. Die wahre Ursache jedoch war sein rüstiges Alter und der Ehrgeiz jedes Einzelnen, denn Jeder hatte der stillen Hoffnung in seinem Busen Raum gegeben, dereinst dessen Stelle zu ersetzen. Anfänglich schickten die Verschworenen einen Abgeordneten aus ihrer Mitte mit dem Gesuche an ihn, sich einen Stellvertreter zu wählen, auf dessen Schultern er die schwere Last der Regierungsgeschäfte niederlegen könnte, deren Bürde ihm die allmählich herannahende Alterschwäche kaum mehr zu tragen erlaubte. Der Großmeister verwarf diesen Antrag den 6. Jul. 1588. Die Verschworenen aber wählten sogleich aus freien Stücken in einer Versammlung, die bei Creffln gehalten wurde, den Ritter Romégas zum Statthalter, und der Kanzler fertigte hierüber, der Wahrheit zum Hohne, eine Urkunde aus, worin es hieß: „daß alle Zungen — in Betracht des hohen Alters und der daraus entstandenen Schwäche ihres Meisters — einstimmig einen Verweser erwählt hätten". La Cassière genoß aber einer so guten Gesundheit, daß er noch täglich einen Spaziergang rings um die Stadt machte.

Um sich daher seiner Person zu versichern, ward beschlossen, ihn als Gefangenen in die Feste San-Angelo abzuführen. Das Laster siegte wirklich über die unbefangene Tugend des Ordenshauptes. Von einem zahlreichen Gefolge ihrer Helfershelfer umgeben, stürzten die Verschworenen mit entblößtem Schwerte in den Palast des Großmeisters, setzten ihn unter Vorwürfen und Schmähungen aller Art in eine offene Sänfte und führten ihn, mit Soldaten umgeben, gleich einem Verbrecher auf das Castell.

Kaum war die That vollbracht, so rächte sich das ängstigende Gewissen mit nie gefühlten furchtbaren Schlangenbissen an den Verräthern. In qualvoller Unruhe sahen sie nämlich kurz darauf den unbescholtenen Galerengeneral, Ritter von Chabrian, vor Maltas Hafen die Anker auswerfen. Dieser würdige Feldherr, über eine so schändliche Untreue entrüstet, war jetzt, an der Spitze von 2000 Soldaten und umgeben von einer Schaar tapferer Ritter, welche mit ihm die Caravane gegen die Corsaren ruhmvoll mitgemacht, zu einflußreich, als daß man ihm einen Besuch bei dem Meister hätte verweigern können.

Sein erster Gang war daher in die Feste. Hier warf er sich mit Thränen des Mitleids dem verkannten und schwer verfolgten Gebieter zu Füßen und machte ihm mit dem edeln Selbstgefühle, welches das Bewußtsein unverbrüchlicher Treue einflößte, den Antrag, ihn durch die Gewalt der Waffen aus den Händen der Aufrührer zu befreien und in die vorige Würde einzusetzen. Allein la Cassière schlug mit eben so großem Stolze dies edle Erbieten aus und sprach in dem Gefühle seiner Unschuld: „Lieber will ich mein Leben im Gefängnisse beschließen, als die Freiheit mit dem Blute meiner, wenn auch tief gesunkenen Brüder erkaufen." Hierauf bat er ihn, sich zu beruhigen und seine Genugthuung dem Papste, als dem ersten Ordensvorgesetzten, zu überlassen.

Mittlerweile hatten die Aufrührer drei Gesandtschaften nach Rom geschickt, um sich über ihre That zu rechtfertigen. Der Großmeister hatte aber, trotz der strengen Bewachung, Mittel gefunden, ihnen durch ein Schreiben an den h. Vater zuvorzukommen. Schon am 24. Jul. wußte man in ganz Rom, was sich zu Malta zugetragen. Allgemeine Entrüstung der Einwohner und gänzlicher Zwiespalt unter den anwesenden Ordensbrüdern war die nächste Folge davon. Der piemontesische Ritter Besio tödtete sogar auf dem Petersplatze im Angesichte der päpstlichen Leibwache den Bruder Guimarra, weil dieser ihm vorgeworfen, daß er die Partei des Großmeisters nehme.

Frankreichs König, Heinrich III., der auf seinen ehemaligen, nun zur Großmeisterwürde erhobenen Vasallen stolz war, empfahl dem h. Vater die genaueste Untersuchung der Empörung zu Malta, und versicherte dem alten La Cassière durch seinen Gesandten in Rom, den Ritter de Foix, daß er Alles aufbieten werde, die Aufrührer zu unterwerfen und ihn aufs Neue auf den erhabenen Stuhl, den er so lange mit Würde bekleidet, wieder emporzuheben. Der Papst gab den inzwischen zu Rom angelangten Abgeordneten des Empörten Ordensrathes zwar Gehör, berief aber zu gleicher Zeit durch den Auditor der Rota, Grafen Visconti, den Großmeister in seine Residenz. Dies war es, was der keiner Schuld sich bewußte La Cassière längst schon gewünscht hatte, um mündlich in Gegenwart der Kläger vor dem höchsten Richter der Christenheit genügende Beweise seiner Unschuld darzulegen.

Er schiffte sich am 14. Sept. ein, mußte aber widriger Winde wegen bis zum 19. im Hafen St. Paul vor Anker liegen bleiben. Seine Begleitung bestand aus drei Galeren und 300 treugebliebenen Rittern, aus dem Ordensmarschall und dem General der Galeren. Kaum an Neapels Küste gelandet, erkrankte der Großmeister und war dadurch genöthigt, sich einige Zeit in Puzzuolo und später in Neapel selbst aufzuhalten. Ueberall, wo er hinkam, erwies man ihm

14*

die größte Ehre und behandelte ihn, nicht wie einen Staatsgefangenen, sondern wie einen Fürsten in der größten Fülle seiner Macht. In Neapel wohnte er in dem Palast des Vicekönigs. Sein Einzug in Rom (26. Oct.) glich einem wahren Triumphzuge. 800 Ritter kamen ihm entgegen. Die Schweizerleibwache des Papstes ging an der Seite seines Wagens, und als er ausgestiegen war, ritt er, auf der einen Seite von dem Patriarchen von Jerusalem, auf der andern von dem Bischof von Imola, dem Obersthaushofmeister des Papstes, umgeben; die Glocken ertönten und von der Engelsburg begrüßten ihn Freudenschüsse. In dem Palaste des prachtliebenden Cardinals von Este am Monte Giordano empfingen ihn der französische Botschafter und acht Cardinäle mit allen Ehrenbezeigungen, die seinem hohen Range gebührten. Der Papst selbst behandelte ihn in der Audienz vom 28. Oct. mit der größten Zuvorkommenheit, tröstete den ehrwürdigen Greis mit dem rührendsten Mitleid und versicherte ihm, daß er niemals den Anklagen gegen ihn Glauben beigemessen.

Romégas, das Haupt der Gesandten der Verschworenen, hatte unterdessen sein Amt als großmeisterlicher Stellvertreter niedergelegt, war jedoch nicht zu bewegen, dem Großmeister seine Aufwartung in Rom zu machen, obgleich ihm dies von dem französischen Botschafter als Wunsch des Papstes mitgetheilt war*). Dieser Wink war jedoch hinreichend, um Romégas von dem schrecklichen Urtheile zu überzeugen, welches der Lohn der Empörung sein würde. Seine Seele, von Reue, Schaam und der Erwartung der gerechten Strafe erschüttert, griff den sonst so kräftigen Körper mit den Waffen des Grams an; ein heftiges Fieber bemächtigte sich seiner und raffte ihn nach dem siebenten Tage dahin.

So starb ein in der Geschichte des Ordens durch seine Tapferkeit berühmter Held, von Allen, die ihm sonst ergeben waren, verlassen, als Opfer seines Ehrgeizes. — Die übrigen drei Gesandten der empörten Ritter wurden zur Abbitte und neuen Huldigung des Großmeisters verurtheilt. Zwar sollten nach dem ersten Ausspruche des römischen Richterstuhls sie mit Schimpf und Spott der Ritterwürde entsetzt, ihnen das Kreuz herabgerissen und der Kopf abge-

---

*) Bertot irrt sich, wenn er behauptet, daß der Papst den Ritter Romégas nicht eher habe zu Audienz lassen wollen, bevor er nicht den Namen und die Wirksamkeit eines großmeisterlichen Statthälters abgelegt hätte. Schon mehre Tage zuvor hatte er freiwillig und öffentlich auf diese Würde Verzicht geleistet. S. Boisgelin, T. II. L. 4. C. p. 268.

schlagen werden; allein die Fürbitten des versöhnlichen Großmeisters, der keine Rache suchte und sich mit einer aufrichtigen Reue begnügte, milderte die anfangs festgesetzte Strafe in feierliche Abbitte und die während einer Woche zu beobachtende Enthaltung von der Tracht des Rittermantels und der Ehrenzeichen. Der Comthur Sacquenville, Vertrauter von Romégas, war der Erste, welcher in Gegenwart des Papstes und der versammelten Cardinäle den gekränkten Großmeister um Verzeihung bat und ihm zum Zeichen seines reumüthigen Herzens die Hand küßte. Somit glaubte er aller weitern Demüthigungen enthoben zu sein; allein der Cardinal Montalto (nachmals Sixtus V.) stand, als er dieses sah, erzürnt vom Stuhle auf und rief ihm voll Unwillen zu: „Auf die Knie, auf die Knie nieder, aufrührerischer Ritter! und bitte in der Demuth eines Verbrechers um Gnade! Du hast Denjenigen beleidigt, dem Du am Fuße des Altars Gehorsam geschworen, und ohne dessen Fürbitte der Henker auf dem navonischen Platze Deinen Kopf Dir zu Füßen legen würde!"

In Malta war inzwischen Alles wieder zur Ruhe und Ordnung zurückgekehrt. Nun wollte der Papst den Großmeister mit aller Pracht und mit neuer Machtvollkommenheit nach dem Ordenssitze zurückgeleiten lassen; allein dieser Plan wurde durch höheren Beschluß geändert, welcher den lebensmüden La Cassière nach dreimonatlichem Aufenthalte zu Rom am 21. Dec. 1581 im achtundsiebzigsten Jahre in die Ewigkeit rief. Sein Leichnam wurde zwar nach Malta abgeführt, aber sein Herz unter Begleitung aller Cardinäle und fremden Gesandten zu Rom in der Kirche des heil. Ludwigs beigesetzt und mit folgender Inschrift aus der Feder des berühmten Marcus Antonius Muretus, der ihm auch die Leichenrede hielt, versehen.

„Dem Bruder Johann l'Evesque de la Cassière, Großmeister der Ritter von Jerusalem, dem besten Fürsten, dessen Tugend durch Widerwärtigkeit und Unglück gereinigt, gleich dem im Feuer gereinigten Golde sich bewährte, — die dankbaren Ordensbrüder!"

Kurz nachdem der erhabene Greis erblichen war, ließ der Papst den Malteserrittern dessen Tod durch den Nuntius Visconti mit der Erlaubniß bekannt machen, ohne Aufschub zur Wahl eines neuen Oberhauptes zu schreiten, indem er von dem Rechte, des in Rom gestorbenen La Cassières Nachfolger selbst zu wählen, keinen Gebrauch machen wollte. Er schlug ihnen zugleich drei Ritter zu Candidaten vor, mit dem Wunsche, einen aus den Dreien zu wählen. Es waren: Pavisse, Großprior von St. Gilles, Chabrillan, Bailli von Manosque,

und Hugo von Loubenz von Verdale, Großcomthur, — alle drei aus
der Zunge von Provence.

Die Wahlherren, welche bereits begannen, fremden Beeinflussungen
nachzugeben, gehorchten diesem Befehle und vereinigten sich fast einstimmig in der Wahl des Letztgenannten.

Hugo von Loubenz von Verdale's
1581—1595,

Erhöhung wurde zwar mit großem Beifall aufgenommen, denn sein
herablassendes Betragen und seine Menschenfreundlichkeit machten ihn
zum Gegenstande allgemeiner Achtung, und der Papst, der ihn als
Ordensgesandten als ein Muster ritterlicher Tugend längst verehrt
hatte, billigte die Wahl. Doch ist kaum zu bezweifeln, daß die Stimmen
Aller, wäre die Wahl gänzlich frei gewesen, auf den Prior von Neapel,
einen Italiener von großem Ansehen, gefallen wären. Wenigstens
entfernten sich die spanischen Ritter sogleich nach der Bekanntmachung
der Wahl von der Insel Malta zum Zeichen ihrer Mißbilligung.
Verdale war kaum 55 Jahre alt, überaus sanft und friedliebend, und
gewann sich die Liebe Vieler dadurch, daß er aus Bescheidenheit den
Fürstenhut und die übrigen Kleinodien nicht eher annehmen wollte,
als diese dem erlauchten Todten, dem er im Amte gefolgt war, selbst
in der Gruft wieder erstattet wären. Der Cardinal von Este hatte
sie zwar auf den Sarg legen lassen, als La Cassière's sterbliche Hülle
nach Malta gebracht wurde, allein sie gingen — ob absichtlich, oder
aus Zufall? — bleibt unentschieden — unterwegs verloren.

Die Neuerungen, welche Verdale als Meister vornahm, beschränkten
sich anfänglich auf eine kleine Veränderung des Ordenssiegels und des
großmeisterlichen Haushalts. Hierauf hielt er im Jahre 1585 ein
Generalcapitel, nahm eine allgemeine Abschätzung der Ordensgüter
vor, ordnete die Befestigung der Insel Gozzo an, entschied mancherlei
Streitigkeiten, namentlich zwischen der italienischen und aragonischen
Zunge, wobei er der erstern den Vorzug zuerkannte; und richtete den
General der Galeren, Avogadro, sowie den Großmarschall Sacconay,
welcher einen des Diebstahls beschuldigten Laienbruder aus dem Gefängnisse befreite. Doch eben diese Strenge war es, welche gar bald
den frühern Enthusiasmus der Ritter in Kaltsinn, deren Liebe in Haß
verwandelte. Der finstere Geist des Aufruhrs erhob sein Schlangen-
haupt aufs Neue in dem verweichlichten, jeder Ordnung entwöhnten Convente. Verdale versuchte zwar alle möglichen Mittel und war namentlich

estrebt, mit ernstlichem Zuspruch die Empörung zu dämpfen. Als
aber jede Bemühung umsonst war, reiste er nach Rom, um von dem
Papste Recht und Schutz und Abhülfe des Unfugs zu fordern. Dies
geschah im Jahre 1587. Seine Heiligkeit nahm ihn äußerst zuvor-
kommend auf und hoffte dadurch, daß er ihn mit der Cardinalswürde
auszeichnete, den Geist der Unruhe bei den Ordensbrüdern zu dämpfen.
Allein der Funke war bereits zu hellen Flammen aufgelodert. Nichts
war mehr im Stande, das allumfassende Feuer zu löschen. Der
Großmeister, aufs Aeußerste bestürzt, eilte, kaum erst in Malta angekommen, schon wieder zurück nach Rom, und beschloß in dieser Stadt
am 4. Mai 1595 ein Leben, welches für ihn nur ein Kelch der bittersten Leiden war.

Die innern Unruhen in des Ordens Mitte waren es indessen
nicht allein, welche Verdale's Meisterthum trübten. Eine gefährliche
Seuche, schlechtweg der schwarze Tod oder die Pest genannt, richtete
auf der Insel die gräßlichste Verheerung an und raffte selbst Viele
der Ordensbrüder dahin. Dann bemächtigte sich eine zweite Land-
plage, — gegen die weder Quarantaine noch andere Schutzmittel
halfen — der Ritter des h. Johann von Jerusalem — die Jesuiten.
Der Bischof Gargallo wußte diesen den Eintritt und die Einsicht in
die Verhältnisse des Ordens zu verschaffen, und ob letzterer dadurch
an Eintracht und Redlichkeit gewonnen habe oder nicht? — läßt sich
leicht ermessen.

Von dem ersten Augenblicke an war der Einfluß dieses durch
seine hohe Bildung und Feinheit sich auszeichnenden Ordens auf die
Malteser sichtbar. Wie letztere noch kurz zuvor unter Spaniens Einfluß geseufzt hatten, dessen Herrscher, der Kaiser Karl V., ihnen den
jetzigen Wohnsitz schenkte und von dieser Großmuth eine Art von
Oberherrlichkeit abzuleiten sich bemühte: so waren es jetzt Loyola's
Jünger, welche im Bunde mit Frankreich, dem Papste und Spanien
das Gegengewicht zu halten sich angelegen sein ließen.

Unter dem Großmeister de Verdale nahm der römische Stuhl
auch den Ordensrittern das Recht, fernerhin zur Würde eines Bischofs von Malta oder Priors von St. Johann zu gelangen. Daß
Verdale übrigens, trotz der vielfachen Verkennung, die ihm zu Theil
geworden, ein Mann von nicht gewöhnlicher Einsicht war, beweist
schon der Umstand, daß er seine Leute für die Geschäfte des Friedens
ebensowol, als für die des Krieges zu wählen und an ihren Posten
zu stellen verstand. Seinem Einflusse verdankt man hauptsächlich die
Hervorziehung der Ordensnachrichten aus dem Staube der Archive.

Als der Comthur Johann Anton Foffan, welcher damit beschäftigt war, Materialien zu einer Geschichte des Johanniterordens zu sammeln, zu frühe vom Tode abgerufen wurde, übertrug der Großmeister die Vollendung des Werkes dem Ritter Jakob Bofio (1589), und er hätte diese wol schwerlich in bessere Hände legen können; denn wenn dessen mühsam zusammengetragene Arbeit wegen einer zu großen Weitschweifigkeit gerade nicht angenehm zu lesen ist, so wird sie doch stets als die zuverlässigste Quelle über die Geschichte des Ordens zu Rathe gezogen und als eine wahre Fundgrube betrachtet werden*).

Auf die stürmischen Regierungsperioden der beiden Großmeister La Caffière und Loubeux de Verdale folgte eine nur Weniges ruhigere unter

Martin von Garzes,
1595—1601.

aus der aragonischen Zunge, früher Castellan von Emposta, einem Fürsten ohne Parteilichkeit, ohne Lieblinge, ohne Vorurtheil, einem Manne ganz nach dem Sinne und Wunsche der Ritter, dessen reine Seele nie die Qualen des Ehrgeizes oder in sich zerfallender, oft widersprechender Empfindungen kannte. Eine gute Erziehung und strenger Felddienst von unten auf hatten ihm frühzeitig Leutseligkeit mit Jedermann, milde Nachsicht mit den Untergebenen und treue Freundschaft mit Seinesgleichen eingeflößt; als Meister kannte sein

---

*) Giacomo Bosio, Secretair und Agent des Malteserordens, war nach der gewöhnlichen Annahme aus Mailand, wahrscheinlicher aber aus Chivas in Piemont gebürtig, und lebte unter Gregor XIII. in Rom. Hier sammelte er mit vielem Fleiße und nicht ohne Kritik die Materialien zu einer Geschichte des Malteserordens, aus welcher in der Folge, als der zuverlässigsten Quelle, häufig geschöpft wurde, obgleich sich das Werk weder durch Composition, nach durch Darstellung auszeichnet. Sein Titel ist: Dell' istoria della sacra religione ed militia di San Giovanni Gierosolimtiano. Rom. 1594—1602. III. Vol. in Folio. Dann neu gedruckt eben daselbst 1630 und 1678, auch in Neapel 1684. Es reicht bis zu dem Jahre 1571. Eine Fortsetzung desselben, den Zeitraum von 1571—1688 umfassend, lieferte Bartolomeo del Pozzo in seiner Historia della relig. milit. di S. Giovanni eet Verona 1703—1715. Vol. II. 4. — Vorher hatte Bosio schon drucken lassen: La corona del Cavaliere Gierosolimitano. Rom. 1588. 4. und Statuti della sagra religione gierosolimitana. Ib. 1589; 1597. 4. — Sein Todesjahr ist unbekannt. (Freytag Anal. lit. 145. Saxii Onom. T. IV. 571. Biograph. univ. T. V. Wachler's Gesch. der hist. Fortsch. 1. Bd. 2. Abth. 440. Baur in Ersch und Gruber's Encycl. I. Sect., Th. 12. 68.)

Herz, das nur aus einer Verkettung menschenfreundlicher Gefühle bestand, nur eine Empfindung, und die hieß — Schonung, sowie sein Geist nur einen Grundsatz — Gerechtigkeit. Eine ungetheilte Sorge für seine Brüder im Innern ließ ihn aber die hohen Pflichten der Regierung des so bedeutenden Ritterstaates und dessen Ansehen nach Außen nicht vergessen. Er sah die Glieder des Ordens für Männer und Helden an, die eine tyrannische Behandlung erniedrigen, eine zu weiche Leitung aber sich selbst vergessen machen würde.

Als Augenzeuge der Zwiste, welche den alten Glanz des Ordens so oft verdunkelt hatten, ließ er nichts unversucht, den Müssiggang — diese Quelle alles Uebels — zu verscheuchen, und dem Orden ein weiteres Feld seiner Thätigkeit zu verschaffen. Sein Bemühen gelang ihm so gut, daß sich die Anzahl der Ordensbrüder von Jahr zu Jahr vermehrte und dadurch eine Vorbedeutung der längern Dauer der ritterlichen Regierung zu Malta wurde. Großmeister Garzes war es, welcher den jungen Schweizern aus angesehener Familie, von ehelichen Aeltern, Groß- und Urgroßältern entsprossen, wenn sie in dem katholischen Glauben erzogen waren, in den Malteserorden deutscher Zunge einzutreten erlaubte, denn ihm genügte der Waffendienst statt der Adelsprobe, vorausgesetzt, daß sie Offiziers- und Commandantensöhne waren. Dieser Umstand ist späterhin Veranlassung zu vielfachen Streitigkeiten unter den Ordensmitgliedern geworden, deren Schlichtung endlich Papst und Kaiser selbst übernehmen mußten.

Der Großmeister versäumte, seiner mildväterlichen Regierung ungeachtet, nichts, was zur Aufrechthaltung der äußern und innern Ruhe beitragen konnte. Er ließ unausgesetzt an der Befestigung des Schlosses Gozzo und an den Bollwerken der Insel Malta arbeiten. Ebenso ermunterte er die Ritter, den Ungarn, welche damals von den Türken überfallen und hart gedrängt wurden, Beistand zu leisten, und versicherte sogar, daß er jeden Feldzug dieser Art für eine Karavane gelten lassen wollte.

So sehr sich Martin von Garzes auch bemühte, durch Herablassung die Herzen seiner Untergebenen zu gewinnen, und durch stets erneuerte Gnade den dienenden Bruder bis hinauf zu dem Großwürdenträger glücklich zu machen, so gelang es ihm doch nicht, den innern Frieden, der sich nur auf das Glück des Einzelnen gründet, dauerhaft aufrecht zu erhalten. Die von dem Papste nach Malta gesendeten Inquisitoren wußten immer mehr durch politische Kunstgriffe die Macht des Großmeisters und seines Rechts zu vernichten, und hatten bereits Alles versucht, was Stolz, Klugheit oder Furcht vermochten, um die

Ritter entweder für ihre Pläne zu gewinnen, oder zu demüthigen. Vielleicht aber hatte selten einem Oberhaupte das Ansehen der großen Ritterfamilie und die Ehre jedes einzelnen Gliedes derselben mehr am Herzen gelegen, als dem jetzigen Großmeister. Martin von Garzes setzte daher mit edlem männlichen Sinne den Eingriffen der stolzen Prälaten Schranken und führte ihre Anmaßungen in die engen Grenzen ihres geistlichen Amtes zurück. So sehr diese auch alle Minen ihrer geheimen Ränke springen ließen, Garzes blieb fest und unerschrocken, und nahm, bevor deren Rache ihn noch erreichen konnte, das Bewußtsein treu erfüllter Pflicht mit sich hinüber in die Gefilde ewiger Ruhe. Er starb am 7. Febr. 1601 *).

Alfons von Vignacourt,

1601—1622.

aus einem der berühmtesten Geschlechter der Picardie, Großhospitalier von Frankreich, ein Mann, welcher seine fürstliche Würde zwanzig Jahre hindurch mit Glück zu behaupten wußte, folgte dem edlen Martin von Garzes. Den Stolz auf die Größe des Ordens, die Erweiterung seiner Macht und seines Ansehens, und die Beschränkung der römischen Inquisitoren hatte er von jenen geerbt. Seinem Vorgänger in allen Tugenden des Regenten gleich, übertraf er ihn noch an Tapferkeit und Feldherrntalent. Seine Seele hatte sich in der rauhen Schule des Krieges gebildet und war in jeder Empfindung heftig und groß; der Körper aber, in den Seegefechten erstarkt, diente einem durch unglaubliche Standhaftigkeit gestählten Charakter zur Stütze. Lange hatte in dem Orden kein Ereigniß solches Aufsehen erregt, als seine Ernennung zum Meister und Herrn. Er selbst war von der Hoheit seiner neuen Würde so durchdrungen, daß er diese glänzende Epoche durch feierliche Gesandtschaften allen christlichen Monarchen verkündigte, damit aber auch eine Aufforderung durch Wort und Schrift an alle Ordensglieder verband, ihren Namen durch Heldenthaten in dem Andenken aller Biedermänner unvergeßlich zu machen. Der Ton seiner Stimme, als er zu der versammelten Ritterschaft sprach, der durchbringende Sinn seiner Rede und der edle Anstand, womit er alle und Jeden auf die Großthaten der Vorfahren aufmerksam machte, — vor Allem aber sein Beispiel und das Großartige in seinen Handlungen wirkten mächtig auf die Gemüther der

---

*) Nach Bolsgelin, II. 282, am 16. Febr.

Brüder. Bald waren auch die reichsten Früchte davon sichtbar; denn die achteckige weiße Kreuzesflagge wehte bald auf allen Theilen des Mittelmeers, die Malteserwaffen drangen siegreich bis nach Afrikas Küsten vor. Die berühmte Seestadt Mohammeta wurde durch die glänzende Tapferkeit der Ritter erobert (1602).

Mit ebenso großer Tapferkeit als Gewandtheit und List unterwarf sich der Orden im folgenden Jahre die wichtigen Hafenplätze Lepanto und Patras; die sonst so geliebte Insel Lango, als die Ritter noch auf Rhodus ihren Sitz hatten, wurde 1604, als den Sarazenen gehörend, verwüstet und 165 Sklaven als Beute davon weggeführt. Die Ritter Fresnet, Mauros und Gancourt nahmen die Festung Lajazzo, am Meerbusen gleiches Namens, mit List. Sie sprengten, nachdem sie durch einen verstellten Kampf durch Waffengeklirr und Nothfeuer die Aufmerksamkeit der Besatzung auf einen entgegengesetzten Punkt der Stadt zu lenken versucht hatten, die Stadtthore mit Hülfe von Springraketen, plünderten die Häuser, machten die Festungswerke dem Erdboden gleich und schleppten mehr als 300 Bewohner in Fesseln geschmiedet hinweg. Dies geschah im Jahre 1610. In demselben Jahre nahmen die Ordensgaleren sogar Korinth, dieses berühmte Bollwerk des Alterthums, nach hartnäckigem Kampfe ein und machten es sich zinsbar, sowie sie überhaupt vielleicht unter keinem Großmeister den Türken und Barbaresken, welche mit ihren Flotten beständig auf dem Mittelmeere kreuzten, größern Schaden zugefügt haben, als jetzt, da man die Galeren insgeheim nur den „Schrecken des Orients" nannte.

Um sich für die so oft erlittene Unbill zu rächen, schickte der Sultan im Jahre 1615 sechzig stark bewaffnete Kriegsfahrzeuge mit ungefähr 5000 Mann vor Malta; allein kaum hatten sich die feindlichen Geschwader auf der Höhe des Meeres entfaltet, so stürmte schon die Ordensflotte heran, der Himmel unterstützte sie mit günstigem Winde, und was die stolze Elisabeth vor 27 Jahren (1588) von dem Seesieg ihrer Admirale Howard, Frobisher und Drake über die spanische Armada sagte: „Gott blies, und sie waren zerstreut!" galt auch von diesem Unternehmen.

Fünf Jahre später fiel das Castell Tornese, gleichsam die Vorrathskammer für ganz Morea, auf kurze Zeit in die Hände der Malteser. Der Comthur Saint-Pierre, den ein Grieche vor einem heimlichen Ueberfall von mehren hundert Türken gewarnt hatte, machte einen so schleunigen und kühnen Rückzug, daß er, ohne von dem Feinde erreicht zu werden, mit Beute beladen die Galeren bestieg und das

Weite gewann. Minder glücklich waren die Landtruppen auf Afrikas
Küste; denn 1619 erhielt der Orden vor Susa einen empfindlichen
Schlag, und viele der wackersten Ritter rötheten den afrikanischen Sand
mit ihrem Blute.

Mitten unter diesen Stürmen von Außen ward Bignacourt's
Seele durch die Ränke und Kabalen der päpstlichen Inquisitoren be-
trübt. Vor Allem maßte sich der Inquisitor Betelli, ein Günstling
Clemens VIII., die Oberaufsicht über die innersten Angelegenheiten
der Regierung an, und ging sogar, um dies Vorrecht zu behaupten,
nach Rom. Sein Statthalter war noch tückischer als er. Da konnten
viele der jüngern Ritter ihren Zorn nicht mehr länger zügeln, sie
ergriffen ihn in seinem Hause, um in den Wellen des Meeres seine
verwegene Neugierde zu kühlen. Dies vernahm der Großmeister noch
zu rechter Zeit; er stürzt herbei, entreißt den Rittern das unwürdige
Opfer, giebt den Prälaten frei und sendet ihn sogar mit allen Pa-
pieren der gegen ihn geführten Untersuchung unversehrt nach Rom
zurück. Allein der Papst ließ seine Geistlichen nicht fallen. Bignacourt und der Orden wurden mit dem Bannstrahle bedroht und so
gezwungen, nachzugeben.

Ein Generalcapitel vom Jahre 1603 hatte sich durch nichts Be-
sonderes ausgezeichnet, als daß man einige Mißbräuche in der Verwaltung der Ordensgüter abschaffte und neue Vorschriften über die
zur Aufnahme der Akolythen nöthige Ahnenprobe entwarf.

Die Ritter der deutschen Zunge nämlich hielten sehr streng an
dem Grundsatze fest, keinen Bruder aufzunehmen, der nicht ehelich
erzeugt und aus ritterbürtigem Geschlechte entsprossen wäre, da hingegen die übrigen Zungen den natürlichen Söhnen von Fürsten
ohne Bedenken den Beitritt gestatteten. — Als Graf Karl von Brie,
natürlicher Sohn des Herzogs Heinrich von Lothringen, zur Aufnahme
in die deutsche Zunge vorgeschlagen wurde, lehnten sich die Ritter
derselben mit solcher Heftigkeit dagegen auf, daß sie zuletzt das Wappen
des Großmeisters über der Thüre der Albergia herunterrissen und in
solchem Falle nur dasjenige des Kaisers anerkennen wollten.

Der Ruhm des Ordens war indeß damals so allgemein verbreitet, daß Fürsten sich glücklich schätzten, demselben angehören zu
dürfen. Der Herzog von Vendôme, von dem Schimmer dieses Ruhmes
und den kriegerischen Thaten der Malteser geblendet, verlangte nichts
so sehr, als selbst der Anführer der Ordensgaleeren zu sein. Der
Großmeister erfüllte seinen Wunsch; doch kaum war der Orden durch
dieses ruhmgierige Mitglied bereichert, als schon die afrikanischen

Seeräuber sich rüfteten, die Insel Gozzo zu überfallen und ihrer
Botmäßigkeit zu unterwerfen. Alfons von Bignacourt ließ Waffen in
Menge nebst Vorräthen aller Art nach Gozzo führen, und machte
sich und den Seinigen die Vereitelung dieses Plans zur heiligsten
Pflicht. Diese Vorsicht war nicht ohne Wirkung und befreite den
Orden, wenigstens auf einige Zeit, ohne Schwertstreich von seinen
gefährlichsten Feinden.

Als im Jahre 1616 der Herzog von Nevers den Vorschlag that,
den alten Orden des heiligen Grabes mit dem Johanniter-Orden zu
verbinden, schickte der Großmeister den Titular-Bailli von Acre, Dom
Luis Mendez de Vasconcellos, einen sehr gewandten Diplomaten,
nach Paris, das Vorhaben des Herzogs zu hintertreiben, was demselben auch durchaus gelang.

Eines der schönsten Denkmäler, womit Bignacourt seine Regierung verherrlichte, ist der unterirdische Kanal und die damit bezweckte
7478 Ruthen lange Wasserleitung, welche durch ganz Baletta bis
auf den Platz vor dem großmeisterlichen Palaste führt, und so die
ganze Stadt mit diesem nothwendigsten aller Bedürfnisse reichlich versorgt. — Doch war dies nicht das einzige Denkmal, welches er sich
errichtete. Die Plätze San Paolo, Marsa Sirocco, Marsa Scala,
sowie die Insel Comino wurden immer mehr und mehr befestigt. Am
meisten aber sicherte er seinem Throne die Liebe aller Derer, die mit
ihm in Berührung kamen. Faskardin, Fürst der Drusen, bethätigte
selbst auf die Gefahr hin, bei dem Großherrn in Ungnade zu fallen,
aus Achtung für den erhabenen Meister, mit stets neuen Beweisen
seine unerschütterliche Freundschaft und Anhänglichkeit gegen die Malteserritter. Bignacourt nahm ihn auch, als er aus seinen Staaten
vertrieben worden, wie ein Kind in seinen väterlichen Schooß auf.
Eben so kam um 1620 Ottoman, ein Dominicaner-Mönch, der sich
für einen Sohn des Sultans Achmet ausgab, nach La Baletta, um
daselbst gegen seine Verfolger Schutz zu finden.

Mitten unter diesen Beweisen von Achtung, welche er von allen
Seiten empfing, raffte den Großmeister Bignacourt am 14. September 1622 ein Schlagfluß, als er in der höchsten Sommerhitze des
Monats August ein Wild verfolgte, von der Seite seiner Brüder
hinweg, in einem Alter von 75 Jahren.

Ludwig Mendez von Vasconcellos,
1622—1623.

aus dem portugiesischen Priorate von Ebora, Bignacourt's Nachfolger, ein bereits faſt achtzigjähriger Greis, hatte in den ſechs Monaten, welche ihm als Großmeiſter zu verleben vergönnt war, kaum Zeit, die weiſen Anordnungen ſeines Vorgängers in demſelben Geiſte fortzuführen und zu befeſtigen. Wie geſucht damals die Ehre des Malteſerkreuzes ſein mußte, geht aus dem Umſtande hervor, daß unter dieſem Meiſter die Bevölkerung von Malta, die Geiſtlichkeit und Inquiſitionsangehörigen nicht mitgerechnet, ſich auf 51,750 Köpfe belief, da die Inſel im Jahre 1569, nach Aufhebung der großen Belagerung, kaum 10,000 Seelen gezählt hatte. So hatte ſich deren Einwohnerzahl in dem kurzen Zeitraume von 73 Jahren auf das Fünffache vermehrt — ein in ſeiner Art einziges Beiſpiel! Von nun an war Malta dem Flächenraum nach das am meiſten bevölkerte Land auf dem Erdball. Basconcellos hohes Alter ſetzte ſeiner ſonſt ungewöhnlichen Lebensthätigkeit bald ein Ziel. Die Kräfte ſeines Geiſtes und ſeines Körpers nahmen mehr und mehr ab, bis ſein Puls am 7. März 1623 auf einmal ſtill ſtand und er ebenſo heiter und ſanft, wie ſein ganzes Leben es geweſen, entſchlief.

Schon drei Tage nach ſeinem Tode hatte die hirtenloſe Schaar der Malteſer, das Bedürfniß einer kräftigen Leitung inniger fühlend als je zuvor, ein neues Oberhaupt erwählt.

Anton von Paula,

1623—1636.

Prior von St. Gilles in der Gascogne, war der Mann, in deſſen Perſon ſich alle Wünſche begegneten, alle Stimmen vereinigten. Gerechtigkeit und feſte Handhabung der Ordensgeſetze, unerbittliche Strenge gegen verbrecheriſche, eidbrüchige Ritter, und Aufrechthaltung der Größe und Macht von Malta waren die Hauptzüge in Anton von Paula's Charakter. Die zum großen Theile in Weichlichkeit und Wohlleben erſchlafften Brüder ſcheinen, da ſie ihn wählten, das Bedürfniß gefühlt zu haben, an dieſer Säule des Ordens ſich emporzurichten.

Zwei ſtrenge Urtheile bezeichneten den Anfang ſeiner Regierung. Johann Fonſeca, Noviz der portugieſiſchen Zunge, des Diebſtahls und Mordes überwieſen, wurde auf des Großmeiſters Befehl auf dem Platze des Palaſtes enthauptet. Der Prior von Capua, Ritter Falco, welchen man überwieſen hatte, große Summen von den Ordenseinkünften unterſchlagen zu haben, büßte das Verbrechen ſeines Geizes zeitlebens im finſterſten Gefängniß.

Allein noch waren nicht drei Jahre verflossen, so sah sich der Großmeister genöthigt, gegen die schwarzen Verläumbungen seiner Feinde bei dem römischen Stuhle sich zu vertheidigen. Er war der Simonie beschuldigt und überdies noch angeklagt worden, die Stimmen zu seiner Wahl mit reichlichen Spenden erkauft zu haben. Anton von Paula, seiner Unschuld sich bewußt, hielt es unter der Würde seines Amtes, selbst nach Rom zu reisen, und sendete nur einen Stellvertreter in der Person des Comthurs Polastron, eines Ritters ohne Furcht und Tadel, dem es auch sehr bald gelang, den niedrigen Verdacht von dem Haupte seines Herrn abzuwälzen.

Zu dieser Kränkung kam sehr bald eine noch betrübendere von Seiten des h. Vaters selbst, wobei Urban VIII. sowol Kläger als Richter war. — Nach dem Beispiele seiner Vorgänger Paul's V. und Gregor's XIV. besetzte er nach Willkür die Commenden der italienischen Zunge und verfügte über deren Einkünfte zu Gunsten seiner nächsten Anverwandten. Dieses Betragen mußte natürlicherweise die Herzen der Ritter von dem Papste entfernen; die italienische Zunge verweigerte sogar den Dienst der Caravanen — wie man die Seezüge der Johanniter gegen die Ungläubigen nannte — und Galeren; die meisten zogen sich auf ihre Güter oder in den Schooß ihrer Familie zurück. Der Großmeister hielt im J. 1631, um diesem Unwesen zu steuern, ein General-Capitel, welches einen Bevollmächtigten nach Rom zu senden beschloß, um sich bei dem Papste im Namen des ganzen Ordens zu beschweren. Zu gleicher Zeit wurden drei andere Gesandtschaften an die wichtigsten Höfe der Christenheit abgeordnet, nämlich an den Kaiser und an die Könige von Frankreich und Spanien; doch Alles war umsonst. Der Papst hegte nur um so feindseligere Gesinnungen wider den Orden; er betrachtete ihn als den Verdunkler seines Glanzes, sann auf die Auflösung von dessen innerer Regierungsform, nahm dem Großmeister den Titel Altezza Serenissima, den ihm Kaiser Ferdinand II. ertheilt hatte, und gab ihm dafür, wie den Cardinälen, den der Eminenza, welcher indeß nachmals in Altezza Eminentissima umgeändert ward, — und veränderte endlich durch eine Bulle („motu proprio") die bisher bestandenen Gebräuche bei den General-Capiteln und bei der Wahl des Großmeisters. Anton von Paula widersetzte sich diesen Eingriffen in seine und seiner Brüder Rechte mit der ganzen Kraft seines Charakters, vermehrte die kriegerische Wachsamkeit des Ordens durch die Ausrüstung einer sechsten Galere, und schickte im April des J. 1634 eine wohlausgerüstete Flotte unter dem Befehle des Generals Balbi gegen die Seeräuber.

Dieser heldenmüthige Ritter belohnte das Zutrauen seines Gebieters durch einen entscheidenden Sieg über die tunesischen und tripolitanischen Corsaren, von denen sie an dreihundert Gefangne fortführten. Außerdem verherrlichte er seinen Feldzug durch die Befreiung von sechzig Christensklaven, die Jahre lang in schmählichen Ketten geseufzt hatten.

Auf diesen Sieg folgte bald ein neuer. Unfern der Insel Zante nahm der unermüdliche Seeheld Baldi vier mit Negern beladene Schiffe weg und schenkte den unglücklichen Opfern der Habsucht, welche in die Serails constantinopolitanischer Großen bestimmt waren, ihre Freiheit wieder. Die Venetianer, längst schon eifersüchtig auf die von dem Orden errungenen Vortheile, führten bittere Klage, daß die Galeren desselben fortwährend Beutefahrten auf dem mittelländischen Meere unternähmen, und machten die Auslieferung der gefangenen Corsaren zur ersten Bedingung. Anton von Paula aber war nicht der Mann, der durch ein drohendes Wort sich abschrecken ließ. Er durchblickte das Gewebe dieser Arglist und erklärte mit stolzem Selbstgefühle, daß ein Malteserritter nie aufhören werde, die Seeräuber, welche nur auf den Untergang der Christen und den Sturz des Seehandels ausgingen, als geschworne Feinde aller gesetzlichen Ordnung zu bekämpfen, so lange ihm Gott das Leben friste. Die Unternehmungen zur See wurden von Tag zu Tag kühner. Ueberall siegten Malta's Waffen. Nur von der Insel Santa Maura, welche die Türken besetzt hatten, wurden sie zurückgedrängt. Der Orden verlor zwölf seiner tapfersten Glieder und bedauerte eine ungleich größere Anzahl Verwundete. In einem noch heftigern Seegefechte (1633) verloren die Ritter zwei ihrer Galeren: den h. Johannes und den h. Franziskus. Der Ruf ihrer Siege war nichtsdestoweniger so groß, daß die schismatischen Griechen, welche die Bewachung des h. Grabes, des Calvarienberges und der h. Oerter zu Bethlehem übernommen hatten, welchen Ehrenposten ihnen die Mönche von der Regel des h. Franz von Assisi, als die früheren Wächter derselben, streitig machten, Palästina's Heiligthümer den Minoriten auf die bloße Nachricht räumten, daß die Malteser, von den Letztern bestochen, kein griechisches Schiff auf dem Mittelmeere verschonen würden.

Die blühenden Tage des Sieges, welche die Regierung dieses Großmeisters verherrlichten, eilten schon zu Ende, als er, ganz besonders auf inneren Frieden bedacht, die Ordensstatuten und Capitel-Beschlüsse von mehren wohlunterrichteten Rittern in einem Werke sammeln ließ und mit deren Sichtung den Prior Imbrolt beauftragte.

In lateinischer Sprache abgefaßt und in einem einzigen Bande gedruckt, sollte das Werk dann jedem Ordensritter eingehändigt werden,
damit man alsdann auch, wenn jeder die Gesetze genau kenne, eine
um so gewissenhaftere Befolgung derselben von ihm verlangen dürfe.
Dies kann als sein politischer Schwanengesang betrachtet werden;
denn kurz darauf befiel ihn eine schwere Krankheit, die drei Monate
hindurch in seinem Körper wüthete, die Wirkung jeder Arznei vereitelte und am 10. Junius 1636 seinen Geist von der Last des siechen
Körpers befreite. Seine Grabschrift beginnt mit den Worten: Fratri
Antonio de Paula, Magno Militiae Hierosolymitanae Magistro, Principi
gratissimo etc. Bemerkt sei noch, daß die Benennung Princeps in
damaliger Zeit in eines jeden Großmeisters Grabschrift vorkommt.

Paul Laskaris von Castellar,

1636—1657.

aus dem Geschlechte der Grafen von Bentimiglia in Piemont her-
stammend — ein edler Sprößling der alten Kaiser von Constantinopel —
wurde wenige Tage darauf mit den Insignien des Großmeisterthums
bekleidet und ihm die unumschränkte Herrschaft über die Inseln Malta,
Gozzo und Comino mit allen fürstlichen Rechten verliehen.

Die Hauptsorge des Neuerwählten war auf die Tilgung der in
Malta ausgebrochenen Getreidetheurung gerichtet. Schon bei diesem
ersten Unternehmen hatte er mit Widerwärtigkeiten zu kämpfen. Der
Vicekönig von Sicilien legte seinem Bemühen Schwierigkeiten in den
Weg, bis es dem Galerengeneral gelang, die freie Ausfuhr von Feld=
früchten auf ein Jahr zu bewirken. Kaum war dieses abgelaufen, so
erschien nicht nur ein strenges Verbot gegen die Ausfuhr, sondern
jedes maltesische Schiff, welches sich in irgend einem Hafen von Sicilien blicken ließ, wurde in Beschlag genommen. Dies geschah jedoch
nur aus gerechtem Rachegefühl, weil unlängst zuvor einige französische
Ritter, welche mit der weißen Flagge kreuzten, im Angesichte Maltas
einige ficilianische Fahrzeuge weggekapert hatten, weil Frankreich damals mit Spanien in Krieg verwickelt war. Der Großmeister war
jedoch an dieser sträflichen Parteinahme seiner Ritter durchaus un-
schuldig, und hatte denselben das alte Verbot, die Waffen gegen
irgend eine christliche Macht zu kehren, aufs neue streng eingeschärft.

Indessen mißbilligte doch der Vicekönig von Sicilien, Herzog von
Montalto, das Benehmen des Gouverneurs von Syrakus, welcher
auf zwei von dem Hafen auslaufende Galeren der Malteser feuern

heß, und erlaubte, um dem Orden gleichsam Genugthuung zu geben, von Neuem die Ausfuhr des Getreides. Allein dies verhinderte doch nicht, daß im J. 1640 eine Hungersnoth in Malta ausbrach. Zu diesem Uebel gesellte sich ein großer Geldmangel, welcher den Großmeister nöthigte, eine neue Münze zu schlagen, um die an der Befestigung Valetta's arbeitenden Schanzgräber bezahlen zu können.

Die Oberaufsicht über die Arbeiten führte Florian, Obrister eines Infanterieregiments, welcher durch seinen Diensteifer und durch seine Kenntnisse im Festungsbau die Achtung aller Ritter und die Aufmerksamkeit des Großmeisters auf sich zog. Mit dankerfülltem Herzen betrachtete Laskaris die stolz sich emporthürmenden Festen und Bastionen, die stolzen Zeugen von der Geisteskraft eines Offiziers, der sich durch seine unwandelbare Treue gegen den Orden zum Nebenbuhler der ersten Brüder aufwarf. Als Lohn seiner Verdienste wurde ihm das ganze Ordenskreuz und der Titel eines großmeisterlichen Ritters (Cavaliere di gracia) zu Theil. Diese gerechte Anerkennung des Verdienstes von Seiten des Großmeisters ermunterte alle Offiziere und Ritter zu neuer Thatkraft.

Der Dey von Tripolis fühlte bald die Wirkung dieses begeisterten Heldenmuthes. Der Comthur von Charolt, Galerengeneral, stieß auf drei der größern Kriegsschiffe dieses Barbareskenfürsten, welche zwanzig Kauffahrteischiffe begleiteten. Ohne sie mit Kanonen zu Grunde zurichten, denn dies wäre kein so glorreicher Sieg gewesen, griff er dieselben von allen Seiten an und machte Versuche zu entern. Der Kampf war hartnäckig; die Ungläubigen wehrten sich wie Verzweifelte. An Charolt schlossen sich die beherztesten Ritter mit ihren Galeren und griffen das Admiralschiff an, welches ein Renegat, Namens La Becasse aus Marseille, befehligte, der als tripolitanischer Gefangener unter dem Namen Ibrahim Rais den Islam angenommen und sich durch seine Talente bis zu der Würde eines Admirals emporgeschwungen hatte. Von allen Seiten angegriffen, wollte er mit seinem Schiffe weichen, allein die Ritter Chateauneuf, Galilei und Talhunt nöthigten ihn, Stand zu halten. Jetzt begann ein Gefecht, wie die Kriegsgeschichte des Morgenlandes nur wenige kennt. Ibrahim Rais kannte die Tapferkeit der Malteser und wußte, daß — ging er besiegt aus dem Kampfe — ewige Ketten oder ein schimpflicher Tod sein Loos sein würde. Er setzte sich, wie ein angeschossener Eber, zur Wehre; doch diese Hartnäckigkeit vermehrte noch den Muth der Ritter. Sein Fahrzeug wird geentert. Marcel von Chateauneuf, Bruder des Galerenbefehlshabers, ist der Erste auf dem feindlichen Schiffe. Ihm

folgen die Ritter, das Schwert in der Fauſt, ſtoßen die türkiſchen
Soldaten nieder, umzingeln den Admiral und ſchleppen ihn gebunden
vor ihren Führer. Die ganze Flotte der Barbaren (zwanzig mit
reicher Beute beladene Schiffe) fiel in die Hände der Sieger, und
dreihundert und zwölf Sklaven verherrlichten den Triumph der chriſtlichen Waffen.

Der Großmeiſter, deſſen edle Seele das Gefühl des Neides nicht
kannte, umarmte ſeine tapfern Brüder alle. Allein als er, wie ein
Vater, bald nach dieſem, bald nach jenem theuern Haupte fragte, erfuhr er erſt aus Charolt's Munde, wie theuer ihnen der Sieg über
die Tripolitaner zu ſtehen kam. Von Wunden bedeckt waren der
tapfere Dionyſius Bionteſſancourt, Bernard Perrot von Malmaiſon,
die Ritter von Saubolin, von Riaucourt, aus der franzöſiſchen Zunge
— und Franzesco Jsnardo, Angelo Piccolomini, Alfonſo Garzes de
Marcilly, Filiberto Gattinara und Gaſparo de Suza, Ritter der italieniſchen und portugieſiſchen Zunge, gefallen. Der Verwundeten war
eine ungleich größere Anzahl.

Ein bedeutender Schlag traf den Orden unter der Regierung des
Großmeiſters Laslaris. Er verlor, obſchon ſeine Kaſſe durch be-
ſtändige Rüſtungen faſt ganz erſchöpft war, durch die Friedensver-
handlungen von Osnabrück und Münſter (1648) die meiſten deutſchen
Güter, welche den deutſchen Fürſten proteſtantiſcher Religion zugetheilt
wurden. Dieſer Verluſt war um ſo empfindlicher, als das Einkommen
aus dem deutſchen Großpriorate ſchon während des breißigjährigen
Krieges faſt gänzlich ausgeblieben, und die Renten der franzöſiſchen
und italieniſchen Comthureien in großer Unordnung waren. Bei den
immer noch fühlbaren Nachwehen der Hungersnoth hatte der Orden
nicht eigene Kräfte genug, dem Großherrn zu Conſtantinopel die Spitze
zu bieten, der Malta mit einem furchtbaren Kriege bedrohte. Jeden
Andern würden dieſe widrigen Verhängniſſe muthlos gemacht haben;
allein Laslaris Seele blieb unerſchüttert. Er errichtete nichts deſto
weniger die ſiebente Ordensgalere, befeſtigte St. Agatha an der
Seite von Malacca und übergab nach Herbeiſchaffung von Lebensmitteln, Waffen und Truppen die Vertheidigung deſſelben einem Häuflein
wackerer Ritter unter der Leitung eines Comthurs.

Dieſe Anſtrengungen, die faſt die Kräfte des Ordens überſtiegen,
übten ſelbſt auf Fremde ihre moraliſche Kraft.

Ludwig, Graf von Arpajon, einer der reichſten Dynaſten in der
Chriſtenheit, bot alle ſeine Vaſallen auf, rüſtete zweitauſend Reiſige
auf ſeine Koſten und befrachtete mehre Schiffe mit Kriegsbedarf,

15*

Lebensmitteln und Waffen, warb Edelleute und Bürger aus den ihm
benachbarten Gauen, stach in die See, steuerte nach Malta und bot
somit dem Großmeister eine Unterstützung an Geld, Mannschaft und
Kriegsbedürfnissen an, wie sie nur ein unumschränkter Monarch zu
bieten im Stande war.

Laskaris, über diese unerwartete Hülfe tief gerührt, glaubte
einen solchen Freundschaftsdienst mit nichts besser belohnen zu können,
als wenn er dem Grafen den Oberbefehl über die Ordenstruppen
und die Vollmacht einräumte, sich selbst drei Stellvertreter für solche
Zeiten und Orte zu wählen, wo er nicht persönlich erscheinen könnte.
Beim Abschied hing er ihm und seinem ältesten Sohn als Ehren-
rittern des Johanniterordens das große goldne Kreuz um und gab
Beiden in einer besondern Urkunde die Erlaubniß, das Malteserkreuz
in ihr Wappen aufnehmen zu dürfen; sowie deren Nachkommen schon
zum Voraus als zu verschiedenen Vorzügen bei der Aufnahme in den
Orden berechtigt erklärt wurden. Die gleiche Freiheit gewährte er
den Brüdern Aegidius und Johann Franz von Fay, Grafen von
Maulevrier aus der Normandie, und dem neapolitanischen Edlen
Franzesco Bollo, welche mit einer ansehnlichen, auf ihre Kosten aus-
gerüsteten Heeresmacht dem hart bedrängten Malta großmüthig zu
Hülfe gekommen waren.

Unter diesem Großmeister thaten sich besonders drei Ordensglieder, die man schlechthin die „Säulen der Religion" nannte, durch
großartige Eigenschaften hervor. Der Eine, Prinz von Hessen-Darmstadt, hatte seit dem Eintritt in den Orden eine Entschlossenheit und
einen Unternehmungsgeist bewiesen, der seiner erhabnen Geburt würdig
war und ihn bald auf die Stufe eines Generals der Galeren erhob.
Stets den Ordensgelübden treu, war sein ganzes Sinnen und Trachten
nur dahin gerichtet, dem erhabnen Johanniterorden nach Kräften zu
bienen. Kein Opfer war seiner starken Seele zu groß, kein Unternehmen seiner Kühnheit zu schwierig. Im J. 1640 kreuzte er um
die benachbarten Häfen von Malta, ließ sich in ein mörderisches Gefecht mit den Seeräubern ein, schlug sie in die Flucht, steckte ihre
Raubschiffe in Brand, nahm sechs ihrer größern Galeren, die er entwaffnete, gefangen und führte sie im Triumphe nach Malta's Hafen.

Bei dieser That unterstützte ihn der Ritter Boisbaudran, der
späterhin seine Stelle ersetzte, und als er eine seiner Galeren in Gefahr
erblickte, aus Mangel an Ruderern in die Hände der Barbaren zu
fallen, sein Leben auf das Spiel setzte und durch einen verzweifelten
Angriff eins der Hauptschiffe des Ordens rettete.

Nebst dem Herzoge von Hessen verherrlichte Martin von Redin, Prior von Navarra, durch seine Unerschrockenheit, Heldenstärke und Staatspolitik den alten Ruhm der Ordensverbindung. — Den ersteren Eigenschaften verdankte er die nachmals ihm zu Theil gewordene Großmeisterwürde, der letzteren aber den Sieg über seinen unversöhnlichsten Feind, den Großinquisitor von Malta, der später so sehr gedemüthigt wurde, daß er ihm die päpstliche Bestätigung seines in der Folge erlangten hohen Amtes überbringen mußte. Der Scharfblick und die Klugheit seines Geistes gewannen ihm das Vertrauen des Königs von Spanien, der ihm nach dem Tode des Herzogs von Ossona den Ehrentitel eines Vicekönigs von Sicilien verlieh.

Würdevoll schloß sich an diese Beiden der Ritter von Sales, Neffe des h. Franziskus von Sales, Bischofs von Genf, an. Seinem Oheim in allen Tugenden der Frömmigkeit nachstrebend, hatte er Laskaris und Redin zum Vorbilde der Tapferkeit gewählt. Wie sehr er diesen Helden nachstrebte und ihnen Ehre machte, beweiset der glänzende Sieg von Candia, den der Orden hauptsächlich seiner Tapferkeit verdankte. Die Venetianer, welche sonst immer den leisesten Vorwand ergriffen, um Malta's Einkünfte zu schmälern, sahen jetzt in dem Augenblicke der Noth die Ordensflagge erscheinen, um jene Insel vertheidigen zu helfen. Mocenigo befehligte im dem Fort, Morosini beaufsichtigte die Verschanzungen der Küste. Als Seele des Ganzen aber wirkte der Comthur Balbiano, der damals die Ordensgaleeren anführte. Es galt die Wegnahme eines Halbmondes auf der Bastei von Bethlehem, deren sich die Türken schon bemächtigt hatten; der Besitz dieses Punktes war von hoher Wichtigkeit. Balbiano erbietet sich, das Werk zu erobern. Im Augenblicke umgeben ihn dreißig der tapfersten Ritter und hundert Soldaten von der Capitane, welche der Ritter von Sales befehligte. Die Nacht deckte noch mit ihrem schwarzen Schleier das Gewässer, noch schloß ein fester Schlaf die Augen der Feinde; da bringen die Ritter schweigend durch die Vorposten hindurch, die Wachen fallen unter ihren Schwertern; schon sind sie auf der Höhe des Halbmondes, als die Besatzung erwacht und ein wildfürchterliches Geschrei die Luft durchdröhnt. Kampf von allen Seiten. Der türkische Heerführer springt auf, wappnet sich, sammelt die Besten seiner erschrockenen Krieger und widersteht wie ein Fels dem Eindringen der Malteser. Doch der Ritter von Sales, und an seiner Seite Balbiano, weichen keinen Finger breit. Sie stürmen, der erhaltenen Wunden nicht achtend, unaufhaltsam vorwärts, die

Uebrigen ihnen nach, zwingen den Feind zum Rückzuge, und der voll-
ständigste Sieg krönt ihr Bemühen.

Dieser glückliche Erfolg lockte die Galeren des Ordens im J. 1644
aufs Neue in die See. Ihre Fahrt war nicht minder begünstigt,
denn es dauerte nicht lange, so stießen sie auf ein großes, stark be-
waffnetes Fahrzeug des Großherrn. Die h. Maria, welche eine
stärkere Ruderbande als die übrigen zwei hatte, stürzte sich, den andern
voraneilend, unter Anführung des kühnen Ritters Piancourt auf die
Galione, ihr folgte die Laurenz-Galere unter Rafael von Cottoner,
und die Victoria unter Ritter Noel von Billegagnon-Chanforest unterstützte Piancourt's raschen Angriff. Der feindliche Admiral, jetzt zu
spät bedauernd, durch Nichtschießen die Ordensschiffe über die Stärke
seiner Bewaffnung täuschen gewollt zu haben, sank nebst vielen seiner
Offiziere unter ihren Schwertstreichen. Sechshundert Mohamedaner
verloren ihr Leben, und drei Mal mehr geriethen in Gefangenschaft.

Der Großmeister, stets als Vater für die Seinigen besorgt,
fühlte bei der Nachricht von diesem Siege und der reichen Beute tiefe
Trauer, denn der Gewinn war mit dem Verluste acht tapferer Brüder,
unter Andern des Generals Boisbaudran, des Ritters Piancourt, der
Brüder Nicolaus und Robert Boufflers und eines muthvollen dienenden
Bruders deutscher Zunge, Namens Severin Rigart, erkauft. Außer
diesen Helden fielen noch die hoffnungsvollen Novizritter Camillo
Scotti, Karl von Moran und Sebastian von Partonmonbah.

Ein noch größerer Schmerz über eingerissene innere Unordnungen
traf den alten Laskaris wenige Jahre vor seinem Tode, zu denen
vielleicht seine, bei sehr vorgerücktem Alter (er war damals schon über
86 Jahre alt) zu entschuldigende eigne Schwäche Veranlassung gegeben.
Der Papst und der König von Spanien verlangten, er sollte dem
Sohne des Dehs von Tunis, Don Philipp, welcher im J. 1646
Christ geworden war, das große Ordenskreuz verleihen. Als er schon
im Begriff war, diesem Wunsche zu willfahren, widersetzte sich der
Ordensrath mit Bitterkeit und selbst nicht ohne Hohn gegen eine
Handlung, welche man mit des Ordens Ehre nicht vereinbar hielt.
Der Papst, der Bischof von Malta und der Großinquisitor schalteten
überhaupt nach Willkür. Der Bischof unter Andern gab fast allen
Knaben der Insel die Tonsur und die vier untern geistlichen Weihen;
diese jungen Priester erschienen alsdann spöttelnd in den Compagnien,
zu welchen sie der Großmeister angewiesen hatte, verrichteten aber
keine ihrer Dienstobliegenheiten. Ueberhaupt war eine höchst verderb-
liche Schlaffheit unter den Ordensmitgliedern eingerissen, und die

Schwäche des Hauptes theilte sich den Untergebenen mit. Urban VIII., einer der Päpste, welche dem Orden vom h. Johannes von Jerusalem am wenigsten gewogen waren, verlangte die Beihülfe der Galeren gegen mehre italienische Fürsten, und Laskaris willfahrte diesem Ansinnen, trotz dem, daß eins der ersten Ordensgesetze ausdrücklich verbot, jemals gegen christliche Regenten die Waffen zu ergreifen. Die letzte wichtige Handlung, welche den alterschwachen Greis bis zu seinem Hinscheiden bald freudig, bald unangenehm beschäftigte, war die Erwerbung der Insel St. Christoph als Ordensbesitz auf der andern Hemisphäre. Der Ritter von Poincy leitete im Jahre 1653, in Verbindung mit dem maltesischen Gesandten in Paris, Herrn von Souvré, die darauf bezüglichen Verhandlungen. Der Kaufbrief ward zu Paris und auf Malta unterzeichnet; die stipulirte Kaufsumme betrug 120,000 Franken. Der Orden erhielt dafür nicht nur St. Christoph, sondern auch die benachbarten Inseln, als St. Barthélemi, St. Martin, Sainte-Croix mit allen darauf befindlichen Besitzungen, liegenden Gütern, schwarzen Sklaven, Waarenvorräthen u. s. w., nur mußten sich die Malteserritter anheischig machen, alle Schulden an die Einwohner, welche die frühern Besitzer (eine Gesellschaft Kaufleute) gemacht hatten, zu übernehmen. So vortheilhaft auch der Kauf zu sein scheint und in der That auch hätte sein können (denn 180 Jahre später betrugen die jährlichen Einkünfte eines einzigen Grundbesitzers mehr als der ganze Ankaufspreis) — so reichte der Ertrag bei der damaligen Verwaltung kaum hin, die Schulden, welche der Ritter von Poincy als Commandant daselbst gemacht hatte, zu bezahlen. Schon im J. 1665 verkaufte der Orden diese amerikanischen Besitzungen wiederum an eine Handelsgesellschaft.

Die, wie wir schon sahen, seit Kurzem auf Malta eingewanderten Jesuiten begannen, ihr Haupt unter Laskaris Regierung immer stolzer zu erheben und dadurch so unangenehm zu werden, daß sie manchen öffentlichen Scandal veranlaßten. So verkleideten sich, um eines solchen Falles zu erwähnen, einige junge Ritter während des Carnevals als Jesuiten und machten ihre Maske zur allgemeinen Belustigung des Volks lächerlich. Die heiligen Väter führten deßhalb Klage beim Großmeister, der die jungen Muthwilligen einsperren ließ. Eine Anzahl anderer jüngerer Ritter befreite indessen die gefangenen Brüder und zog, mit ihnen vereint, nach dem Jesuiter-Collegium, wo man alle Möbel aus den Fenstern warf. Dann begab sich der ganze Haufen nach dem Palaste des Großmeisters und zwang diesen gleichsam, die Jesuiten von der Insel zu verweisen. Elf derselben wurden sofort

ergriffen und zu Schiffe gebracht; vier andern gelang es jedoch, sich
n La Valette zu verbergen und der Rache der Ritter zu entgehen.

Mit dem wohl ungern ertheilten Befehle, künftighin keine Genueser als Brüder aufzunehmen, weil diese Republikaner im J. 1656
fünf Galeren im Hafen von Malta angegriffen und beleidigt hatten,
bevor der Orden nicht volle Genugthuung erhalten, neigte der sieben
und neunzigjährige Greis sein sorgenschweres Haupt und entschlief
am 24. August 1657, von Allen beweint, wie ein Vater geliebt, wie
ein Weltweiser verehrt *).

Martin von Redin,
1657—1660.

aus der aragonischen Zunge, Prior von Navarra und Vicekönig von
Sicilien, folgte dem verewigten Großmeister in seiner Würde trotz
dem tödtlichen Hasse des Großinquisitors von Malta und seiner vielfach
gegen die Erhebung Redin's ins Werk gesetzten Umtriebe. Der eben-
genannte geistliche Würdenträger zeigte nämlich, als Laskaris noch auf
dem Parabebette lag, ein päpstliches Breve vom 9. December 1656
vor, wodurch Se. Heiligkeit ihm befohlen habe, im Falle der Großmeister Laskaris stürbe, alle der Simonie verdächtige Ritter oder
Solche, welche sich entweder durch Versprechungen oder Drohungen
Stimmen zu verschaffen gewußt, von dem Rechte der Wählbarkeit
auszuschließen — und unter diesen hätte der h. Vater vor Allen den
Bailli von Redin, Vicekönig von Sicilien, genannt und ihn als einen
gottlosen Simoniak bezeichnet. Allein diese Kabalen brachten gerade
die entgegengesetzte Wirkung hervor. Die Zahl und die Rechtschaffen-
heit von Redin's Freunden überwog bei weitem die zweideutigen
Eigenschaften seiner Nebenbuhler, meist Männer, von Selbstsucht und
Leidenschaftlichkeit verleitet, oder Männer, welche von der Last der
Jahre gedrückt, sich von dem stolzen Prälaten am Gängelbande führen
ließen und einem fortgepflanzten Hasse anhingen, ohne die Gründe
ihrer Handlungen zu prüfen. Redin's Freunde aber glaubten, es sich
und des Ordens Ehre schuldig zu sein, gerade jetzt sich frei und unabhängig zu zeigen, und wählten daher denselben mit großer Stim-
menmehrheit. Der Papst selbst, die Verdienste des neuerwählten
Meisters zu gut kennend, bestätigte in Hinsicht auf das unumschränkte

---

*) Mit diesen Worten bezeichnet das von dem Ordensbailli Laskaris zu seinen
Ehren in der Johanniskirche errichtete Grabmal sein Leben und seinen Tod.

Vertrauen, welches Redin bei dem Könige von Spanien genoß, die getroffene Wahl.

Somit feierte Martin von Redin den herrlichsten Triumph über seinen ärgsten Feind, und der Großinquisitor Obi mußte die Demüthigung erdulden, dem verhaßten Manne die Bestätigungsbulle selbst zu überbringen, und ihn bei versammeltem Ordensrathe als Großmeister des Ordens vom h. Johannes und als regierenden Fürsten von Malta, Gozzo und Comino auszurufen und zu begrüßen. Redin zeigte wie an Hoheit und würdevoller Haltung, so auch an Großmuth und Herablassung den gebornen Regenten. Statt sich an seinem Widersacher Obi zu rächen, verlieh er vielmehr dessen Neffen, dem Prior Bicchi, welcher mit den päpstlichen Galeren zu den ritterlichen gestoßen war, die reiche Commende von Polizzi in Sicilien, und als besondere Auszeichnung ein mit Diamanten besetztes Ordenskreuz von hohem Werthe.

Die Insel Malta vor feindlichen Ueberfällen, besonders zur Nachtzeit, zu sichern, ließ der Großmeister an allen Seeküsten in mäßiger Entfernung Leuchtthürme für die Landleute bauen, welche an diesen Stellen die Hochwacht hielten, und stiftete aus eignen Mitteln einen beträchlichen Fond zum lebenslänglichen Unterhalte der Wächter.

La Valetta wurde mit großem Kostenaufwand neu verschanzt, und damit die Thatkraft der Ritter nicht durch eine weichliche Ruhe erschlaffe, ließ er die Streifzüge gegen die Seeräuber rastlos fortsetzen. Noch in dem ersten Jahre seines Regierungsantritts wurde in der Nähe der Dardanellen eine entscheidende Seeschlacht zwischen den Osmanen und den Venetianern nebst deren Bundesgenossen, den Maltesern und päpstlichen Soldaten, geliefert, in welcher die Türken auf das Haupt geschlagen wurden. Bloß der Tapferkeit der Ritter verdankte der venetianische Admiral den glücklichen Ausgang des Treffens, erkaufte aber den Sieg mit seinem Leben, indem, als er die türkischen Schiffe zu nahe an die Festen verfolgte, eine aus der Mitte derselben herausgeschleuderte Kugel das Admiralschiff der Venetianer in Brand steckte und in die Luft sprengte.

Zuletzt wurden den Barbaren von dem ehemaligen päpstlichen Galerengeneral und Ordenscomthur Bicchi nahe bei Augusta zwei Raubschiffe genommen. Die Regierungsperiode Redin's war zwar kurz, aber dennoch durch manche, hohe Staatsklugheit verrathende Maßregel ausgezeichnet. Vor Allem rühmt die Geschichte seine durch nichts zu bestechende Unparteilichkeit gegen die christlichen Fürsten Europa's, und wenn es selbst Angelegenheiten des römischen Stuhles

betraf. Kurz vor seinem Hinscheiden befahl er noch allen Großkreuzrittern in Frankreich, den Gesandten von Malta, und wenn er auch
nur Ritter des Kleinkreuzes wäre, zur Aufrechthaltung des Ansehens,
bei allen öffentlichen Aufzügen zu begleiten und bei den Audienzen
am Hofe sich dessen Gefolge anzuschließen. Dies war seine letzte
Anordnung. Eine chronische Krankheit, die nur unbedeutend seine
Thätigkeit zu hemmen vermochte, entriß ihn den wahren Freunden
des Ordens zu früh — am 6. Februar 1660.

Annet von Clermont zu Chattes-Gessan,
1660—1660.

verdankte seine Erhebung seiner außerordentlichen Frömmigkeit und
seinem fast schwärmerischen Religionseifer. Er stammte aus dem
berühmten Geschlechte der Grafen von Clermont, welche zwischen der
Dauphiné und Savoyen eine Reihe der schönsten Güter mit den
Vorrechten eines unmittelbaren Reichsfürsten besaßen, auf ihre Kosten
Armeen ausrüsteten, Kriege führten und Frieden schlossen — und
gehörte der Zunge von Auvergne an. Selten schien ein Fürst mit
so herrlichen Anlagen und solchem ernsten Willen zum Beglücken seiner
Untergebenen geboren zu sein. Eine liebevolle Herablassung fesselte
alle Herzen, während ein milder Ernst und ein auch über den leisesten
Vorwurf erhabener Lebenswandel Ehrfurcht einflößte.

Von diesem würdigen Oberhaupte kann die Geschichte, da Clermont nur drei Monate regierte, nichts erzählen, als daß er vor seiner
Wahl allgemein als ein Muster echtritterlicher Tapferkeit und Tugend
von Jung und Alt war verehrt worden. Zur größten Trauer aller
Brüder öffneten sich durch einen Sturz vom Pferde seine Wunden
wieder, die er bei der Eroberung der afrikanischen Stadt Mahometa
empfangen hatte. Diese neuen Schmerzen brachten in seinem ohnedies
von Natur etwas schwächlichen Organismus eine Entkräftung hervor,
welche den drei und siebenzigjährigen Greis nach schweren Leiden endlich am 2. Junius desselben Jahres in das Grab legte. Es sprach
sich bei der Nachricht von dem Tode dieses verehrten Mannes eine
Theilnahme und tief aus dem Herzen quellende Trauer aus, wie sie
keinem Großmeister, seit Peter von Asbuisson's Tode, zu Theil geworden war.

Rafael Cotoner y Oleza,
1660—1663.

bisheriger Baili von Majorca, aus dem catalonischen Priorate, war
der Mann, den der Wunsch aller Ordensritter zu Clermont's Nach-

folger bestimmte, weil er diesem schon zu dessen Lebzeiten der nächste
an Regententugenden und echter Fürstengröße war. Er liebte die
Pracht · und die Freuden des Lebens, aber nur zum Nutzen und
· Frommen des ganzen Ordensstaates; denn er verwendete große Summen zur Verschönerung Malta's, errichtete Krankenhäuser und andere
wohlthätige Institute, und suchte damit den Nebenzweck „Beschäftigung
der brotlosen Menge" zu verbinden; nur selten aber betraf der Aufwand seine Person und er zeigte sich nur dann im fürstlichen Ornate,
hielt nur dann auf Gefolge und Tafel und Prunk, wenn es das Ansehen des Ordens, fremden Gesandtschaften oder Regenten gegenüber, galt.

Unter Cotoner's Regierung wurde mit abwechselndem Kriegsglücke gegen die Ungläubigen gestritten. Die Aufrechthaltung der
christlichen Religion hatte er sich zum Ziele aller seiner Thätigkeit
gesetzt. Der hartbedrückten Insel Candia gewährte er reichlichen Schutz
und ließ jedem Schiffe, welches deren Einwohnern zu Hülfe kam, sei
es mit Lebensmitteln oder Waffen oder Mannschaft, durch die Ordensgaleren sicheres Geleit geben. Vielleicht würde es den Bemühungen
der Malteser und ihrer Bundesgenossen gelungen sein, Candia aus
den Händen der Türken zu befreien, hätte nicht die kleinlichste Selbstsucht das Wohl der ganzen Insel und das Leben so vieler Tapferer
einem erbärmlichen Rangstreit aufgeopfert. Die Genueser hatten sich
nämlich erboten, den Krieg mit Mannschaft und Geld zu unterstützen,
und baten sich nur dieselben Vorrechte und das gleiche Ansehen mit
den Venetianern aus. Diese aber lehnten · aus alteingewurzeltem Stolze
unter solchen Bedingungen das Anerbieten ab. Das Hülfsheer von
Malta zeichnete sich hauptsächlich bei dem Sturme von Santa Vene-
randa unweit Suba aus, war jedoch nicht im Stande, die Stadt
Canea selbst zu erobern. Doch fielen die benachbarten Festen Calo-
garo, Calami und Apricorno in die Hände der Christen.

Im J. 1661 nahm der General der Ordensgaleren einem tune-
fischen Corsaren, unfern des Caps Passaro in Sicilien, das Raubschiff
weg und machte 100 Mann zu Sklaven. Um dieselbe Zeit fing der
dienende Bruder Gravier ein türkisches Schiff mit 500 Janitscharen,
welches zur Verstärkung der Barbareskenfestung Gigibarta abgesendet
war, mit List. — Trotz der bedeutenden Ausgaben, welche die Ab-
sendung der Hülfsflotten nach Candia verursachte, wußte die Ord-
nungsliebe des Großmeisters die Wirthschaft im Gleichgewichte zu
erhalten. Der enge Freundschaftsbund mit Venedig brachte auf einer
andern Seite dem Orden wieder bedeutende Vortheile, und jene Re-

publik wetteiferte von nun an, sich den tapfern Kriegern erkenntlich
zu erweisen. Kein Malteser, und wenn er selbst ein geborner Benetianer war, durfte vorhin zu Benedig gewaffnet erscheinen; von nun
an ward dieses Verbot nicht nur aufgehoben, sondern jedes Ordensmitglied genoß Gastfreundschaft und Auszeichnung aller Art.

Leider konnte sich Rafael Cotoner nicht lange dieser glänzenden
Aussöhnung erfreuen. Ein plötzlich eingetretenes bösartiges Fieber
raffte ihn mitten in seiner Laufbahn hinweg — am 20. October 1663.
Die Ritter seiner Zunge errichteten ihm aus Dankbarkeit ein herrliches
Denkmal in der aragonischen Kapelle. Sein Leben und Wirken wurde
indessen von dem besten Ersatzmann, den er sich und der sämmtlichen
Brüderschaft wünschen konnte, ganz in dem Sinne seines eignen Ichs
fortgeführt, so daß man ihn als Meister kaum für verstorben ansehen
konnte, — und dieser Ersatzmann war sein eigener, von ihm aufs
zärtlichste geliebter Bruder,

Nicolaus Cotoner y Oleza,

1663—1680.

so wie er, Bailli von Majorca und Comthur von Negroponte, gleich
ihm ein Mann von patriarchalischer Frömmigkeit und in ritterlichem
Sinn und Treiben oft mit Bayard verglichen, nur schwärmerischer
im Glaubenseifer, übrigens bieder, großmüthig und von allen Rittern
so geliebt und verehrt, daß nur der Unterschied des Alters seinem
Bruder zuerst den Vorzug des Meisterthums gewährte. An kluger
Umsicht und Besonnenheit mag er den Bruder noch übertroffen haben.
Die Geschichte bewahrt einige redende Beispiele, wie behutsam er
Alles, was er anordnete oder unternahm, der strengsten Prüfung
unterwarf, und wie sorgfältig er jeder Schlinge, welche ihm hämische
Schelsucht oder Eigennutz aufstellten, auszuweichen verstand. Seine
meist kühnen Entschlüsse machte er wenigen Freunden bekannt, zu
denen er zwar alle Ritter zählte, aber doch nicht einen Einzigen zum
Vertrauten machte.

Gleich nach seinem Regierungsantritt hatte er Gelegenheit, sein
militärisches Talent zu offenbaren. Als einige Seeräuber ihre Streifereien bis an die Küste der Provence ausdehnten, bat Ludwig XIV.,
der seiner sonst so trefflich ausgerüsteten Flotte nicht Kraft genug
zutraute, die Malteser um Hülfe, welche ihm Nicolaus Cotoner mit
Freuden bewilligte. Beide Escadren vereinigten sich im J. 1664 bei
Mahon. Um diesen Krieg mit dem untrüglichsten Erfolge zu krönen,

sollte das Barbareskendorf Gigeri zwischen Algier und Bugia befestigt und so gleichsam zu einem Asyl für die Schiffe bestimmt werden. Ludwig ernannte zum Vollstrecker dieses Planes den Herzog von Beaufort, Großadmiral von Frankreich. Kaum hatten jedoch die Arbeiten an den bestimmten Orten begonnen, so wurden dieselben von den Kanonen der Mauren zerstört und die christlichen Truppen von Letztern überfallen und genöthigt, mit einem Verluste von 400 Mann sich zurückzuziehen.

Bei dieser Katastrophe hatten sich Malta's Krieger weit mehr, als die Franzosen, hervorgethan, und die Ordensflagge wurde trotz dieses Rückzugs von Tag zu Tag gefürchteter in den Augen der Feinde der Christenheit. Bald darauf kreuzten die Ritter Téméricourt und Creiville, der Erstere mit einem Kriegsschiffe von 40, der Zweite mit einer Fregatte von 22 Kanonen, in dem Archipel, wo sie auf eine von Konstantinopel nach Alexandria bestimmte türkische Flotte von 10 Schiffen stießen. Die Ueberlegenheit des Feindes spornte den Muth der Ritter noch mehr. Sie stürzen sich, keine Gefahr achtend, über die Fahrzeuge her, bohren einige in den Grund, nehmen vier der am reichsten beladenen gefangen und zerstreuen die übrigen.

Um dieselbe Zeit verewigte der Ritter Hocquincourt seinen Namen durch eine Heldenthat, welche fast die Grenzen der Wahrscheinlichkeit zu überschreiten scheint. Bei der Insel Dauphine von 33 Galeren des Großherrn, welche Truppen nach Candia führten, auf einmal angegriffen, sieht er einen großen Theil seiner Mannschaft theils durch die türkischen ans Land gesetzten Arquebusirer, theils durch das schwere Geschütz von den Schiffen dahingerafft, und dennoch ergiebt er sich nicht. Schon ist er so umzingelt, daß die Feinde im Kiel und an den Flanken Strickleitern anlegen, aber er steht wie ein Fels, schießt mit stets neu dargereichten Flinten die Stürmer vom Boden herab, schlägt, als das Pulver ausgeht, mit dem Schwerte wie ein Wüthender um sich und schmettert Alles, was ihm in den Wurf kommt, nieder. — Erst als sein Schiff, ganz durchlöchert, die einbringende Wassermasse nicht mehr auszupumpen vermag, erst als der feindliche Admiral die Reihen der Galeren öffnen und sich einen Weg zu ihm bahnen läßt, zieht er sich, und zwar mit Hülfe eines frischen Windes glücklich der Gefangenschaft entgehend, in den nächsten christlichen Hafen zurück, nachdem er mehre Fahrzeuge des Feindes unbrauchbar gemacht und über 600 Soldaten getödtet hatte. Diese außerordentliche Tapferkeit hätte einen bessern Lohn verdient, als dem wackern Ritter kurze Zeit darauf von dem Geschicke zu Theil geworden.

Ein Sturmwind warf den Seemann, der so oft der Wuth des Orkans trotzte, unfern der Insel Scarpanto gegen ein Felsenriff, an welchem seine Galere scheiterte und den Helden mit ihren Trümmern begrub.

Ein ebenso grausames Schicksal raubte dem Orden den unerschrocknen Téméricourt, den ältern Bruder des schon oben erwähnten Seehelden. Nach mancherlei Streif- und Querzügen auf dem Meere stieß er im J. 1669 mit einem von dem Ritter La Barre angeführten Schiffe in der Gegend von Alexandrien auf zwei türkische Sultanen (schnellsegelnde Fahrzeuge). Schon hatte er sie erreicht, schon gelang es ihm, die eine zu entern, schon war er am feindlichen Bord, als ihn eine Musketenkugel am Kopfe verwundete. Auf das Verdeck zurücktaumelnd, ermunterte er nichtsdestoweniger, obwol mit schwacher Stimme, die Offiziere und Soldaten zum muthigen Angriff. Jetzt giebt der türkische Anführer Befehl, das Schiff, auf dem sich Téméricourt befand, in die Luft zu sprengen; da stürzt Ritter La Barre athemlos herbei, entreißt, als die verhängnißvolle Lunte schon brennt, seinen Freund solchem Tode und hat wenigstens den Trost, ihn in seinen Armen die tapfere Seele aushauchen zu sehen.

Der andere Téméricourt schien seinen Bruder nur überlebt zu haben, um dessen Tod zu rächen und denselben noch an Heldenmuth zu übertreffen. Im J. 1672 sah er sich von fünf tripolitanischen Schiffen angefallen, doch wich er nicht eher, als bis er zweien derselben ihre Mannschaft getödtet hatte. Bald sollte aber dieser triumphvolle Rückzug nur der Vorläufer eines noch ehrenvollern Todes sein. Kurze Zeit darauf ward er nämlich vom Sturm an die Küste der Barbarei verschlagen, sein Schiff zerschellt, und er selbst gefangen genommen. Die Mauren führten ihn rachedürstend vor den Sultan nach Adrianopel. „Bist Du es", redete ihn Mohammed IV. an, „der allein gegen fünf meiner größten Schiffe gestritten?" „Ich bin es", gab Téméricourt zur Antwort. „Welches ist Dein Vaterland?" „Frankreich". — „Du bist also ein Ausreißer", fuhr der Großherr fort, „denn ein feierlich abgeschlossener Friede zwischen mir und dem Könige von Frankreich gebietet den Waffenstillstand". — „Ich bin Franzos, aber außerdem bin ich auch noch Malteserritter, und das Gelübde meines Ordens verpflichtet mich, mein ganzes Leben gegen die Feinde des christlichen Namens zu streiten".

Mohammed, über den Edelsinn dieses kaum 22jährigen Jünglings erstaunt, versuchte alle Mittel der Ueberredung, alle Versprechungen aufzubieten, ihn für seine Dienste zu gewinnen; allein umsonst. Téméricourt blieb standhaft, und weder das Versprechen, eine Prinzeſſin aus dem kaiſerlichen Hauſe zur Gattin, noch das, die Würde eines Kapudan-Paſcha zu erhalten, konnte ihn bewegen, ſeinen Glauben abzuſchwören. Da ließ ihn der erzürnte Sultan auf die Folter ſpannen und zu Tode martern. —

Mit edler Würde benahm ſich Nicolaus Cotoner ſelbſt Königen und Fürſten gegenüber. Als die portugieſiſchen Miniſter gleich nach dem Tode des Prinzen Ferdinand von Spanien das reiche Großpriorat von Crato in Portugal an ſich zogen, ſo ſuchte er durch feſtes Entgegentreten dies Eigenthum des Ordens dem Ritter Johann von Suſa, der die nächſte Anwartſchaft darauf hatte, zu erhalten. Die von den holländiſchen Provinzialvorſtehern unternommene eigenmächtige Einziehung vieler Ordensgüter in Holland bewog ihn, darüber bittere Klagen zu führen und ſein Recht auf dieſe Beſitzungen durch den Großprior von Deutſchland, Prinzen von Heſſen, geltend zu machen. Glücklich kam der Vergleich zwiſchen ihm und Johann von Vigeurs, Großpenſionär von Holland, zu Stande, und der Orden erhielt nebſt einer angemeſſenen Entſchädigung ſeine vorigen Güter wieder. Selbſt die eigenmächtige Vergebung der welſchen Commenden, welche ſich der Papſt unter dem Vorwande, das erſte Ordensoberhaupt zu ſein, häufig und meiſt zu Gunſten ſeiner Neffen erlaubte, ſtellte Cotoner der römiſchen Curie von der ganzen Seite des in dieſen Handlungen liegenden Unrechts mit der edelſten Freimüthigkeit vor. Dieſem Grundſatz getreu, ließ er den Novizritter, Herzog von Vendôme, die ihm vom Papſte verliehene Anwartſchaft auf das Großpriorat von Frankreich nur unter der Bedingung antreten, daß er dann auf ſeine Koſten alle für den Orden beſtimmten Kriegsſchiffe ausrüſte.

Um Malta vor jedem Anfalle der Türken, der nach Candia's Sturz um ſo wahrſcheinlicher war, zu beſchützen, ließ er durch den Ingenieur Valpergo neue Feſtungswerke anlegen, welche ihm zu Ehren den Namen Cotoner erhielten, und baute dann das Fort Ricaſoli, deſſen Benennung von dem Comthur entlehnt iſt, welcher zur Befeſtigung der Inſel 30,000 Thaler hergab. Er errichtete hierauf in dem Hafen Marſa Musceit ein Krankenhaus, das allgemein als muſtergiltig betrachtet und ſpäter von dem Großmeiſter Manoel de Vilhena mit einem Fort umgeben wurde. Auch ſteuerte er der Möglichkeit einer Hungersnoth durch Abſchluß eines Kornvertrags mit Karl XII., Könige von Schweden.

Mit dieſer Vorſorge eines wahrhaft väterlichen Herzens ſchloß er im J. 1680 am 29. April, 73 Jahre alt, nach einer ſchmerzvollen

Krankheit, die aber weder seinen Muth noch seine Wachsamkeit vermindern konnte, sein müdes Auge, nachdem er 16 Jahre hindurch mit
großem Ruhme die Zügel seines Staates geführt hatte.

Gregor Caraffa,

1680 — 1690.

Prior von Rocella, aus Neapel gebürtig, wurde nach Cotoner's Tode
fast einstimmig zum Großmeister erwählt, seit 128 Jahren der erste
Ritter aus der italienischen Zunge. Inwiefern er das allgemeine
Zutrauen gerechtfertigt habe, beweist der Umstand, daß die meisten
Ordensschriftsteller von ihm sagen: „Durch Huld und brüderliches,
herablassendes Benehmen gewann er mehr Herzen, als viele seiner
Vorgänger durch die glänzendsten Heldenthaten Ehrfurcht und Be-
wunderung erregten". Caraffa's erste Sorge war, die von seinem
Vorgänger begonnenen Arbeiten zu vollenden. Das Castell St. Elmo
wurde fast ganz neu erbaut, und die Festungswerke des Forts St.
Angelo ausgebessert.

Doch mitten unter diesen Beschäftigungen blieb er den Angelegenheiten der Außenwelt nicht fremd. Als im J. 1683 die Türken Wien
belagerten, und Papst Innocenz XI. mit dem Kaiser, dem Könige von
Polen und dem Freistaate Benedig ein Bündniß gegen diese Feinde
der Christenheit schloß, wollte er nicht an Eifer für die gute Sache
zurückstehen. Auf seinen Befehl lichtete das Ordensgeschwader im
J. 1684 die Anker und verbreitete, nachdem es den Feind von den
Inseln Prevesa und Santa Maura vertrieben, Entsetzen über die See-
küste der Barbaren.

In dem folgenden Jahre (1685) rüsteten die Malteserritter ihre
Flotte von neuem unter den Befehlen des Comthurs Hektor von
Latour-Maubourg, und stießen bei Messina zu den päpstlichen und
venetianischen Galeren. Bald erneuerten ihre Waffen das Andenken
an den alten Ruhm der Brüder von St. Johann; denn eine von den
Heiden für unüberwindlich gehaltene Beste sank unter ihren Streichen:
das stolze Koron fiel, und seine Bewohner mußten wider ihren Willen
sich den Rittern zu Füßen werfen, welche sie aus Neid verkannt und
heimlich an deren Feinde verrathen hatten. Doch wurde der Sieg
von Koron theuer erkauft. Er kostete dem wackern Latour-Maubourg
das Leben. Als einigen Ersatz für diesen Verlust fielen bald darauf
die Stadt Alt- und Neu-Navarin und Modon in die Hände der
Verbündeten. Selbst die mächtige Hauptstadt der Halbinsel Morea,

Napoli bi Romania, öffnete nach einem Widerstande von vier Wochen
bie Thore (1686).

Der Tod von 19 der tapferſten Ritter und einer großen Anzahl
Soldaten, ſtatt den Orden muthlos zu machen, flammte die ent-
ſchloſſene Hingebung Aller nur noch mehr an. Der Großmeiſter
rüſtete nun acht Galeren aus und nahm im kühnen Siegerlaufe mit
ben Benetianern und päpſtlichen Schiffen Caſtell-Nuovo auf der Küſte
von Dalmatien weg, ein um ſo wichtigerer Punkt, da er dem Frei-
ſtaate Benedig die unumſchränkte Herrſchaft über den abriatiſchen
Meerbuſen verſchaffte. Zwar ſtellten ſich noch hier und da einige
Haufen der Feinde in den Weg, zwar erkühnten ſich noch hier und
und da einige Beſten zu trotzen, allein ihre Gegenwehr wurde vereitelt,
ihre Beſchützer überwunden, und der Halbmond auf lange Zeit aus
dem mittelländiſchen Meere verbannt.

Der Papſt, entzückt über die Aufopferung und unerſchütterliche
Tapferkeit der Malteſer, ſchrieb an Caraffa, in den verbindlichſten
Ausbrücken ihm und ſeinen Brüdern für ſolche Thaten Glück zu
wünſchen, und ſegnete das Andenken jener verklärten Helden, die in
der Vertheidigung des chriſtlichen Glaubens vor Caſtell-Nuovo gefallen waren.

Das Kriegsglück, welches bisher die verbündete Flotte begleitet
hatte, fing im J. 1689 an, derſelben den Rücken zuzuwenden. Die
größte Tapferkeit und eine wahrhafte Rieſenanſtrengung ſcheiterte vor
Negroponte. Lange währte die Belagerung, hart war der Kampf an
ben Mauern, mörderiſch der Sturm, und ſchon lachte der Sieg, als
plötzlich Hülfstruppen der Negroponter den Belagerern in den Rücken
fielen und dieſe zum Rückzuge nöthigten. An dieſem Tage beſiegelten
29 Ritter, darunter mancher Liebling des Großmeiſters, den Chriſtus-
glauben mit ihrem Blute. Caraffa's Betrübniß und Kummer bei
der Nachricht des beklagenswerthen Verluſtes ſo vieler treu erprobter
Kampfgenoſſen überſtieg jede Schilderung. Stiller Schwermuth voll,
ſank ſein Haupt zur Erde, häufige Thränen entquollen ſeinen matten
Augen, ſeine Kräfte ſchwanden dahin, in ſeinem Palaſte herrſchte die
Stille des Grabes.

Er kannte von nun an keinen andern Wunſch mehr, als mit
ſeinen vorangegangenen Brüdern vereint zu werden. Es dauerte nicht
lange, ſo wurde dieſer Wunſch von der Vorſehung erhört. Der na-
genbe Kummer vereinigte ſich bald mit einem anhaltenden Fieber,
welches am 21. Juli 1690 im 76. Jahre ſeines Alters ſeinem Leiben
ein Ende machte.

Adrian von Vignacourt,

1690—1697.

Groß-Schatzmeister des Ordens und Neffe des frühern Großmeisters Adolf von Vignacourt, aus der französischen Zunge, wurde nun von den versammelten Brüdern zum Herrn und Meister gewählt. Wenn er seinen Vorgänger an Einfachheit und edler Sanftmuth nachstand, so übertraf er ihn wieder an Freigebigkeit, Prachtliebe und Großmuth. Sein Seelenadel hob ihn weit über das Ansehen seiner Familie, die mit herzoglichen Häusern verwandt war, und sein mitleidvolles Herz gegen Kranke und Schwächliche machte ihn zum Vater der Untergebenen und somit dem unvergeßlichen Oheime ähnlich; ja er würde dessen Herrschertugenden vielleicht erreicht haben, hätte er nicht sein ganzes Vertrauen an eigennützige Günstlinge verschwendet.

Seine Mildthätigkeit bewies er an den Wittwen und Kindern der für die Religion und die Ehre des Ordens gefallenen Krieger durch jährliche Gnadengehalte, und an den durch ein Erdbeben (11. Januar 1693) verunglückten Einwohnern von Augusta.

Diesen schickte er fünf Galeren mit Vorräthen aller Art zu Hülfe, ließ ein öffentliches Kirchengebet anstellen, verbot in diesem Jahre alle Lustbarkeiten und dachte durch Anlegung von Magazinen auf neue Unterstützungsmittel. — Unter keinem Meister haben die Johanniter seit der Verlegung ihres Ordenssitzes den doppelten Zweck ihres Gelübdes, „Pflege der Kranken und Unglücklichen und Bekämpfung der Heiden", schöner erfüllt, als unter Adrian von Vignacourt, wie sich das namentlich zeigte, als am 11. Januar 1693, Abends um 10 Uhr, ein Erdbeben begann, das bei einer dreitägigen Dauer die ärgsten Verwüstungen auf der Insel Malta, namentlich in La Valetta, anrichtete, die sicilianische Stadt Augusta aber in einen vollständigen Trümmerhaufen verwandelte. Nachdem Vignacourt der augenblicklichen Noth der Seinen abgeholfen, sandte er sofort fünf Galeren, beladen mit Allem, was den Unglücklichen erwünscht sein konnte, nach Augusta ab, und mehre Ritter blieben in dieser Stadt, um da den Hülfsbedürftigen mit Rath und That beizustehn, während gleichzeitig Andere in das Meer stachen und gegen die Ungläubigen fochten. Unter Vignacourt wurden theils von dem Prior von Messina ein Tuneserschiff mit einer Bemannung von 130 Köpfen, theils von dem Galerengeneral Franz Siegmund, Grafen von Thun, ein Schiff aus Tripolis nach einem schnell besiegten Widerstande gefangen genommen und nach Malta geführt.

Der Wachsamkeit und unermüdeten Fürsorge des Großmeisters waren hauptsächlich die Fortschritte der Ordenswaffen zu verdanken, indem er mit großem Kostenaufwand die Schiffe stets in segelfertigem Zustande zu erhalten suchte.

Im J. 1694 eroberten die Malteser die Stadt Chio nach achttägiger Belagerung, welches Ereigniß in Vignacourt's Seele jedoch nicht die hohe Freude zurückließ, als die durch sein persönliches Bemühen endlich bewerkstelligte Aussöhnung mit der Republik Genua, deren Andenken er durch Ertheilung des Ritterkreuzes an viele Genueser feierte.

Seiner klugen Standhaftigkeit verdankten die Ordensmitglieder in Frankreich und Savoyen die Befreiung von Abgaben und Steuern, denn er wies mit edler Freimüthigkeit die Herrscher jener Länder auf -r alten Vorrechte und Begnadigungen zurück, welche die Johanniter von jeher genossen, und brachte sie so zur Verwerfung ihres gefaßten Entschlusses. Auch Papst Innocenz XII. zeigte sich dem Orden geneigt, als seine Vorgänger und vermied Eingriffe in die Rechte desselben.

Am 4. Februar 1697 erlag Vignacourt einem heftigem Fieber im 76. Jahre seines musterhaften Lebens und im siebenten seiner Regierung.

Raimund Perellos von Roccaful,

1697—1720.

ein Ritter aus der aragonischen Zunge und Bailli von Negroponte, war der erste Großmeister, der sich eine Leibwache hielt, vielleicht aus Vorsicht oder Furcht dazu genöthigt, weil nach Vignacourt's Tode die Wahlcomthure in verschiedne Parteiungen getheilt waren, und viele Stimmen sich gegen ihn hatten vernehmen lassen, obwohl die meisten seinen Namen ausriefen. Die ganze Regierungsepoche dieses berühmten Oberhaupts war nichts Anderes, als eine fortlaufende Kette von siegreichen Thaten des Malteserordens. Welch ein Ansehen letzterer in allen Ländern und Zonen erreicht hatte, beweist der Umstand, daß ein russischer Bojar, Namens Kzérémetz*), General der mosko-

---

*) Voltaire in seiner „Historie de l'empire de Russie sous Pierre le grand" (chap. VIII) sagt, er sei ein Preuße von Geburt gewesen und schreibt seinen Namen Sheremeto, obgleich ihn andere Schriftsteller unter den Namen Sheremetou, Sheremetoff, und Czeremetoff aufführen. Lévesque in seiner: „Historie

wittschen Truppen und Botschafter Peter I., nach Malta kam, um,
wie er sagte, nachdem er den Hauptort der Welt, die berühmte Gottes-
stadt, mit den Reliquien der Apostel Petrus und Paulus gesehen und
von dem Stellvertreter Christi den Segen empfangen habe, nun auch
mit eignen Augen die Blume der Welt*) zu schauen und den ersten
Helden der Christenheit, den Rittern von Malta, seine Huldigung
darzubringen. Er wurde schon als Verwandter des großen Czars
mit zuvorkommender Artigkeit empfangen und vom 11. bis 19. Mai
1698 in dem Palaste Cotoner, der schönsten und geräumigsten Wohnung auf der ganzen Insel, auf das prachtvollste bewirthet.

Viele haben in unsern Tagen jener Gesandtschaft anderweite
Eroberungszwecke untergeschoben, die ich jedoch anzunehmen oder auch
nur zu vermuthen weit entfernt bin. Da Peter gar wohl wußte,
wie furchtbar die ottomanische Macht sei, welche am Pruth die Lorbeern von Pultawa knickte und seiner Person die Gefahr drohte, in
dieselben Hände, wie der Sieger von Narwa, zu fallen, blieb ihm
nichts übrig, als sich seinen frühern Feinden zu nähern. Schon mit
Polen, dem Kaiser von Deutschland und mit dem Freistaate von Venedig im Bunde, mußte ihm besonders viel an der Freundschaft der
Malteser, dieser geschwornen Feinde des Halbmondes, liegen.

In dem folgenden Jahre wurde auf dringendes Ersuchen des
Großmeisters der Jurisdictionsstreit zwischen den Großmeistern, dem
Bischof von Malta und dem Kirchenprior zu St. Jean durch Inno-
cenz XII. entschieden, und somit der lange Hader geschlichtet. Aus
Dankbarkeit verewigte Perellos dieses Ereigniß durch eine dem Papste
zu Ehren errichtete Bildsäule.

Der Orden war so sehr gewöhnt, seine Waffen über die Feinde
der Christenheit triumphiren zu sehen, daß der geringste Unfall Trauer
und Bestürzung in den Gemüthern aller Brüder hervorbrachte. Im
J. 1700 griff der General der Ordensschiffe, Comthur Spinola, ein

de Russie", édit. 1800, schreibt: Cheremeteff. — In dem Beglaubigungsschreiben
des Czars Peter an den Großmeister, welches sich im Ordensarchive zu Catania
befindet, steht: Boris Petrowitsch Szeremetz, obgleich er sich selbst in der Anrede
an den Papst, deren Originalschrift noch im Vatican bewahrt wird, und wovon
der Malteserritter Ludwig von Boisgelin (s. dessen „Malta ancienne et moderne",
Tom. III. p. 10.) eine treue Abschrift besaß, Kremer nennt. In dem Empfeh-
lungsschreiben des deutschen Kaisers Leopold I. an den Großmeister kommt Sze-
remphen vor. — S. Sebast. Paolo, Cod. diplomat. Tom. II. p. 373.
*) Malta wird noch heutzutage von den Einwohnern „Il flore del mondo"
genannt.

feindliches Geschwader mit dem gewohnten Ungestüm an. Jeder Johanniter erfüllte seine Pflicht, dies zeigten die tödtlichen Wunden des
Ritters Spinola, Brubers des Generals, dies bewies der Helden-
kampf des alten Großpriors von Messina, der, von der Last der
Jahre gebeugt, auf seinen Waffenknecht gelehnt focht und, als ihm
auch dieser durch einen feindlichen Säbelhieb geraubt worden, sich
auf das Schiffsholz stützte und mit dem Muthe eines Jünglings um
sich schlug. Schon war der Sieg auf der Seite der Malteser, als
plötzlich ein heftiger Seesturm sich erhob und das feindliche Schiff
mit solcher Gewalt gegen die Capitane trieb, daß diese, an mehren
Punkten leck geworden, ihrem Untergange entgegensah. Jetzt eilt der
tapfere Comthur von Javon, der den St. Paul befehligte, herbei und
rettet funfzig theure Brüder, darunter Spinola und den Prior von
Messina, vom Tode. Schon sinkt das Fahrzeug immer tiefer, die
Wogen ergießen sich mit Gewalt in den Raum, da ruft ihm der
Steuermann erschrocken zu, es sei die höchste Zeit, er möchte
fliehen, sonst sei er verloren. Er aber antwortete: „Wäre ich nicht
glücklich zu preisen, auch nur ein theures Haupt der Mannschaft
gerettet zu haben, und sollte es mein eignes Leben kosten." Trotz
seiner Anstrengung fanden 22 Ritter und 500 Soldaten sowohl
durch Feindeshand, als durch die Gewalt des Sturms in den
Fluten ihr Grab. Bei dieser Gelegenheit zeigte sich Perellos als
Vater seiner Untergebenen, indem er die Verwaisten lebenslänglich
versorgte.

Im J. 1701 eroberte der Ritter Richard, gleichsam als Entschädigung für den obigen Verlust, an der afrikanischen Küste das
mit 84 Kanonen und 300 Kriegern bewehrte Sultansschiff Benghem
und führte es im Triumph nach Malta. Dem Sieger zu Ehren ließ
der Großmeister die Flagge desselben in der Kirche des h. Johannes
zu Aix, dem Geburtsorte Richard's, hinter dem Altar aufpflanzen.
Die Galeren gingen noch weiter in ihrer Kühnheit und erbeuteten
selbst im Hafen von Goletta, im Angesichte der Festungskanonen, eine
Fregatte und eine Brigantine.

Der Comthur von Langon führte mit einem einzigen Fahrzeuge
den nach Oran bestimmten Kriegsvorrath mitten durch die algierische
Flotte, welche, von dem Dey selbst befehligt, sein Schiff mit furcht-
barem Geschützesdonner begrüßte.

Nicht weniger eifrig zur See erwies sich der Comthur von Flo-
rigny, der mit seiner rastlosen Wachsamkeit ein tripolitanisches Admiralschiff auf der Höhe des Meeres erspähte, welches unter dem

berüchtigten Seeräuber Ali-Oglou-Pascha stand. Der kühne Galeeren-
führer Langon fand durch diese Entdeckung Zeit, das Schiff zu umzingeln und von allen Seiten auf einmal zu beschießen. Der Ueberfall
war unerwartet, somit auch der Angriff unvorbereitet. Dadurch sank
den Barbaren der Muth. Sie stürzten sich voll Verzweiflung ins
Meer, sobaß die Malteser zuletzt nur mit der Rettung ihrer Feinde
beschäftigt waren. 50 Christensklaven erhielten ihre Freiheit wieder,
und doch hatte der Sieg nur das Leben des Ritters Pagani von
Nocera und fünf dienender Brüder gekostet. Leider konnte sich Langon
nicht lange mehr des weit umher verbreiteten Ruhmes erfreuen. Im
J. 1710 ereilte ihn der Tod, als er an Spaniens Küste ein Raubschiff von Algier angriff. Noch lebt aber sein Andenken unter den
Bewohnern Malta's fort, noch zeigt man mit ehrfurchtvollem Staunen
das Grabmal unter dem Hochaltare der Kathedrale von Karthagena,
welches Perellos dem Helden auf eigne Kosten errichten ließ.

Ein jüngerer Bruder schien die kühne Todesverachtung des ältern
geerbt zu haben. Drei Jahre darauf schlug nämlich Adrian von
Langon, Befehlshaber der h. Katharina, sieben algierische Raubschiffe in die Flucht, nahm den Barbaren das Hauptschiff von 40
Kanonen, welches sie den „Halbmond" nannten, weg, führte 400
Seesoldaten gefangen mit sich fort und löste 36 unglücklichen Christen,
die Jahre lang in der grausamsten Sklaverei geschmachtet hatten,
die Fesseln.

Im J. 1714 verfolgte er mit gleichem Glücke wieder ein Al-
gierschiff mit 56 Kanonen und 500 Soldaten bemannt, erreichte es bei
den hierischen Inseln unfern Frankreichs Küste, schlug ihm nach einem
sechsstündigen Gefechte den Mast ab und bohrte es in den Grund.
Jedes neue Jahr brachte Siege, den Maltesern neue Vortheile, den
Barbareskenstaaten neue Verluste. Nach und nach waren die Hauptschiffe der Corsaren, dieser Schrecken des Mittelmeeres, zerstört, und
Italiens und Spaniens Küsten weniger beunruhigt.

Doch hatte der Orden unter Perellos Regierung zwei Mal die
Waffen des Großsultans zu fürchten, aber eben so oft wendete der
Eifer und die mit nichts zu vergleichende Aufopferung der Ritter die
Gefahr ab. Die Ordensglieder strömten von allen Seiten zum Kampfe
gegen die Ungläubigen herbei, und die Alten und Schwachen schickten,
wenn sie selbst die Waffen nicht mehr führen konnten, den Jahres-
ertrag ihrer Einkünfte zum Besten der Caravanen. Perellos, in Erfüllung der hohen Ordenspflichten stets der Erste und Strengste, gab
aus seinen Mitteln 200,000 Gulden, erwirkte von dem Papste Hülfs-

Schiffe nebst der Erlaubniß, in dem Kirchenstaate Truppen zu werben, sowie das Versprechen, keinem Ritter mehr weder eine Präbende, noch ein Großkreuz, noch sonst ein Breve zu ertheilen, der nicht persönlich gegen den Islam gefochten.

Bald nach diesen Vorsichtsmaßregeln erfuhr der Großmeister von seinem Kundschafter Andreas Beran, der in Konstantinopel war, daß die großen Zurüstungen der Pforte gegen Venedig gerichtet seien. Es folgten zwei mißliche Jahre für die stolze Republik. Schon im J. 1716 war sie genöthigt, den Orden um Hülfe anzurufen. Der Wunsch wurde ihr gewährt. Fünf Galeren stachen zu ihrer Unterstützung in See, nahmen ein großes feindliches Raubschiff und vier andere mit Kaufmannswaaren beladene Fahrzeuge aus Griechenland nebst der gesammten Mannschaft gefangen. Das J. 1717 war noch unglücklicher für die Osmanen. Die vereinigten Flotten der Venetianer und Malteser siegten, die Feinde flohen mit zu Grunde gerichteten Schiffen, mit zertrümmerten Waffen und mit gebrochenem Muthe. Die Geschichte nennt den Bailli von Bellefontaine als den Helden dieser blutigen Seeschlacht.

Mittlerweile führte eine immer mehr und mehr überhand nehmende Entkräftung den greisen Großmeister dem Grabe zu. Mit guten Werken wollte er, sowie er gelebt, die Reise nach Jenseits antreten, deshalb verbesserte er noch mit zitternder schwacher Hand die Statuten des Ordens, verbot gold= und silberverbrämte Kleider, untersagte jede Art von Hazardspiel und warnte vor Wohlleben und Luxus. Unter solchen Ermahnungen an seine Brüder schloß sich sein Auge am 10. Januar 1720, im vier und achtzigsten Jahre seines Lebens.

Die treueste Liebe seiner Untergebenen folgte ihm in die Gruft, und aller Zungen blieben seines Ruhmes voll; nur die deutschen Ritter warfen ihm vor, den natürlichen Sohn des Königs August I. von Polen zum Ritter und den sittenlosen Herzog von Orleans zum Großprior von Frankreich gemacht zu haben.

Perellos war, wie schon oben (S. 243) erwähnt ist, der erste Großmeister, welcher sich eine Leibwache hielt, theils wohl zu seiner Sicherheit und Unterstützung seiner persönlichen Macht, theils aber auch, um es andern Souverainen gleich zu thun. Auch bot sein Hof, wie der Bailli von Chambray erzählt, das glänzendste Bild, das man sehen konnte, und funfzehnhundert Ritter, unter denen man hohe Officiere aller christlichen Mächte zählte, zierten mit ihrem zahlreichen Gefolge die Residenz des Ordens der Johanniter.

Marc-Anton Zondadari,

1720—1722.

zu Siena aus einer der edelsten Familien Italiens entsprossen, hatte sich als Ordensbaillí durch viele seiner erhabenen Geburt entsprechende Eigenschaften so hervorgethan, daß nach Perellos Tode die Wahl der versammelten Brüder fast einstimmig ihn zum Oberhaupte bestimmte. Eine langjährige Erfahrung, verbunden mit seltener Frömmigkeit, sowie unermüdeter Eifer für Verbesserung der Vesten Malta und Wiederherstellung der alten Ordenszucht machten ihn des hohen Amtes vollkommen würdig. Die Freude über diese Wahl löste sich in ganz Malta in lauten Jubel auf. Feste folgten auf Feste und verherrlichten die Siegesfeier über die Erbeutung zweier großer Barbarenschiffe. Doch selbst dieser Triumph wurde bald noch durch die Nachricht erhöht, daß das Admiralschiff der Algierer nebst 500 Mann seiner besten Seetruppen in die Hände des Ordens gefallen sei. Kein feindliches Fahrzeug durfte sich jetzt mehr in offener See blicken lassen, seitdem der Comthur Adrian von Langon auf ausdrückliches Bitten des Königs von Spanien zur Sicherung der Küste kreuzte. Der schnellsegelnde „St. Johann" nahm in kurzer Zeit ein algierisches und ein tunesisches Raubschiff weg, und errettete somit 33 gefangene Christen aus der Sklaverei. Der Anführer dieser Galere, welchem die Ehre des Sieges vor allen gebührte, war der Ritter Aloysius de la Grois, dessen Name schon Schrecken und Verwirrung unter den afrikanischen Kapern hervorbrachte.

Zum größten Leidwesen der sämmtlichen Brüder überlebte der edle Zondadari die Freude über so herrliche Fortschritte seiner Waffen nicht lange. Eine hartnäckige Krankheit raffte ihn mitten unter den lachendsten Hoffnungen für die Zukunft im 63. Jahre seines Alters und im 3. seiner Regierung dahin, am 16. Junius 1722.

Anton Manuel von Vilhena,

1722—1736.

ehedem Ordensschatzmeister, ein Portugiese von Geburt und zu der castilianischen Zunge gehörend, ist, nachdem der Großcomthur Raimund Despuig den Ordensrath versammelt hatte, von den Wahlherren als der Würdigste zu eines Zondabari's Nachfolger anerkannt und ausgerufen worden. Und in der That konnte nicht leicht ein Ritter geeigneter zum Befehlen sein, als der Mann, der von der untersten Stufe durch alle Grade des Ordens sich durcharbeitend, bis zu dem letzten und höchsten emporgestiegen war und somit ein immer fortschreitendes Beispiel im Gehorchen gegeben hatte. Er war vom Novizritter sogleich zu dem dienstthuenden Heerhaufen getreten, wurde zu Anfang seiner Caravane schon Schiffshauptmann, bald darauf Major, dann Oberster der Landmiliz des Ordens, später Befehlshaber der achten Galere, von wo er die Führung des h. Anton übernahm und im J. 1696 als Ritter des Gnadengroßkreuzes die Stelle eines Kriegscommissarius bei dem Zurüstungsgeschäfte vertrat, bis er endlich Wahlritter bei der großmeisterlichen Ernennung, Bailli von Atri, Großkanzler und Schatzmeister wurde, von welcher Stufe ihn die Liebe seiner Brüder zur höchsten Würde erhob.

Wie sehr dem neuen Großmeister die Sorge, Malta von allen Seiten von den Ueberfällen der Osmanen zu sichern, am Herzen lag, beweist das Fort Manuel auf der kleinen Insel des Hafens Marsa-Musciet, die bei der großen Belagerung von Malta schon beinahe erobert war und auch jetzt wieder ganz leicht ein Raub der Ungläubigen hätte werden können. Doch damit nicht zufrieden, einen Theil der Hauptstadt geschützt zu haben, legte er noch zu einer neuen Vorstadt, welche mit La Baletta durch die Königspforte verbunden war, den Grund und ließ sie durch einen von dem Papste nach Malta gesendeten sehr geschickten Ingenieur, Namens Floriani, befestigen (1736). Vilhena lehnte die Ehre ab, sie nach sich, als dem Gründer, benennen zu lassen, sondern gab ihr nach dem Erbauer den Namen „La Floriane". Auch an diesem Orte verewigte er nichts desto weniger sein Andenken durch zwei seiner Großmuth und Menschenliebe würdige Denkmale — ein Versorgungshaus für alte gebrechliche Menschen, und eine Anstalt für unheilbare Kranke beiderlei Geschlechts, von wo aus bis zum J. 1798 täglich tausend Segenswünsche für den edlen Stifter zum Himmel stiegen.

Vilhena's Vorsorge erstreckte sich nicht einzig und allein auf das Innere der Insel. Mit Freuden ergriff er, ein ebenso großer Politiker, als gewandter Regent, die Gelegenheit, Frankreichs Hofe zu gefallen und mit dem gefürchtetsten Feinde des Ordens zu unterhandeln; denn an den ungeheuern Rüstungen, welche die Pforte mittlerweile gegen den Orden machte, trug Hali, ein von Mehemet Effendi, dem türkischen Botschafter zu Paris, losgekaufter Sklave, allein die Schuld. Als Oberaufseher der türkischen Gefangenen zu Malta war er durch die Gunst des Großmeisters in den Stand gesetzt worden, den Befestigungszustand der ganzen Insel genau kennen zu lernen. Nach seiner Rückkehr überzeugte er den Sultan von der Leichtigkeit, die Insel zu erobern, da namentlich die Zahl der gefangenen Türkensklaven, welche derjenigen der Einwohner von Malta fast gleichkomme, nur auf eine Gelegenheit warte, ihre Fesseln zu zerbrechen und ihren Glaubensbrüdern Stadt und Insel ꝛc. in die Hände zu liefern. Ohne Verzug rüstete der Großvezier eine Flotte aus, übergab den Oberbefehl dem unlängst erwählten Kapudan-Pascha Abdi und machte Hali selbst zum Anführer eines Schiffes. Mit zehn Kriegsschiffen stach Ersterer in See; allein die weisen Anstalten des Großmeisters vereitelten alle Pläne der Ungläubigen. Nach vergeblichen Landungsversuchen zogen sie ab, und der Admiral ließ seinen verhaltenen Ingrimm in einem besondern höchst rohen Schreiben an den Großmeister freien Lauf, worin er diesem vorschreibt, die türkischen Sklaven auszuliefern und seine Antwort nach Tunis zu senden.

Vilhena besaß Großmuth genug, diese Beleidigung um eines höhern Zweckes willen zu verzeihen. In der Hoffnung, die vielen Christensklaven, die in türkischer Gefangenschaft schmachteten, jetzt auswechseln zu können, sendete er durch den französischen Botschafter in Konstantinopel, Marquis von Bonnac, ein höfliches Schreiben an den Sultan, welches sogar einen Friedensschluß mit Malta und Konstantinopel zu Stande brachte, dessen Hauptpunkte waren:

1. Die wechselseitige Auslösung der Sklaven, und wenn deren auf der einen Seite mehr als auf der andern wären, sollte der Kopf mit 100 Piaster bezahlt werden.

2. Hierunter verstehe man aber nur die unter türkischer Flagge gefangenen Sklaven.

3. Die Dauer des Friedens, einstweilen auf 20 Jahre festgesetzt, müsse nach Verlauf dieser Frist erneuert werden.

4. Die Raubstaaten auf Afrikas Küste sollten jedoch von diesem Vertrage ausgeschlossen sein, und ihnen die Pforte weder auf unmittelbarem, noch mittelbarem Wege Hülfe angedeihen lassen.

5. Die Malteser haben hinfür in den Staaten des Großherrn gleiche Rechte mit den Franzosen.

6. Dieser Friedensschluß sei von dem Augenblicke an ungiltig, wo ein christlicher Herrscher mit der Pforte in Krieg verwickelt werde.

Während diese Unterhandlungen noch im Gange, erfuhr der Großmeister, daß ein tunesischer Kaper zwischen den Inseln Maritimo und Pentalaria kreuze und bereits zwei Kauffartheischiffe von Genua und Sicilien erbeutet habe. Sogleich ertheilte er der Galere St. Johann den Befehl, mit einem Rennschiffe Jagd darauf zu machen.

Die Malteser erreichten sehr bald das tunesische Fahrzeug, ob dieses gleichwol ein Schnellsegler und dem Bey von Tunis durch den Groß-sultan selbst war geschenkt worden, überwanden die Corsaren in einem vierstündigen Kanonenfeuer und führten sie gefangen nach Malta. Durch diesen Sieg erhielten 33 Christensklaven ihre Freiheit wieder. Der Befehlshaber der Malteserritter, welcher diesen Sieg erfocht, war der tapfere Comthur von Cambray, der wie ein Triumphator von seinen Brüdern empfangen wurde.

Papst Benedict XIII. übersandte dem Großmeister Vilhena zum Zeichen seiner Achtung und seiner Zufriedenheit über die errungenen Vortheile durch einen Ehrenkämmerer den Estoc, einen silbernen, stark vergoldeten, fünf Fuß langen Degen und den Casque bénit, einen purpurnen, mit Gold gestickten und mit dem Zeichen des h. Geistes von Perlen gezierten Hut, — Ehrengeschenke, welche der Papst nur hochgestellten Personen verlieh, die sich durch wichtige Dienste gegen die Ungläubigen ausgezeichnet hatten, — ein neuer Sporn für Vil-hena, durch Ausübung jener ritterlichen Tugend als Held, als Fürst und Ordensbruder die Bewunderung der Mit- und Nachwelt zu er-ringen. Dieser erhabene Entschluß leuchtete unstreitig aus allen seinen Handlungen hervor, und der schönste Erfolg krönte sein Bemühen. Alle Monarchen der Christenheit, vom h. Vater bis zum kleinsten Fürsten, bewarben sich um seine Freundschaft, und die Geschichte nennt unter den größten Männern seiner Zeit den Namen Vilhena. Er starb am 12. December 1736 im 14. Jahre seiner mit ungestörter Ruhe und mit unzweideutigem Kriegsglücke gekrönten Regierung, und dem 74. Jahre seines Lebens.

Raymund Despuig,

1736—1741.

Bailli von Majorca, aus einer der edelsten Familien Cataloniens, trat, obwol mit weniger hervorragenden Geistesgaben, aber mit ebenso reiner Absicht und einem ebenso edeln Herzen ausgestattet, in die Fußtapfen seines Vorgängers. Eine jede Prüfung bestehende unge-heuchelte Frömmigkeit, väterliche Liebe für seine Untergebenen, Groß-muth gegen seine Feinde, Mildthätigkeit gegen die Armen, treue Be-folgung seiner Pflichten und eine eifrige Unterstützung der militairischen Pläne des Ordens sind hervorleuchtende Züge seines Charakters.

Die vierjährige Regierung dieses Fürsten glich einem ruhig

dahinfließenden Strome, der Alles um sich erheitert, befruchtet, ernährt, aber geräuschlos seinem Grabe, dem großen Weltmeere, zueilt.
Er starb zu Neapel am 15. Jan. 1741.

Emanuel Pinto von Fonseca,

1741—1773.

aus einem der einflußreichsten und ältesten Geschlechter Portugals,
folgte im Großmeisterthum und hatte eine ebenso lange, als durch
Ruhm und Ansehen verherrlichte, Regierungsperiode. Wenn er auch,
gleich seinem Vorgänger, sich nicht durch große Waffenthaten auszeichnete, welche den Fürsten in der Regel einen bedeutenden Platz
in der Geschichte anweisen, so verschafften ihm doch seine strenge Ord-
nungsliebe und die von ihm geübte, auf eine bewunderungswürdige
Gerechtigkeit gestützte Mannszucht die Liebe seines Volkes, und gaben
ihm so in der Achtung und dem Vertrauen Aller reichlichen Ersatz
für den Ruf der Feldherrngröße. Wenige Großmeister haben Malta
so glücklich gemacht als Pinto, wenige wurden von allen auswärtigen
Monarchen im Leben so hoch geachtet und nach dem Tode so innig
und allgemein beweint. Während die blutigsten Kriege fast ganz Europa
verwüsteten, wurde die Unabhängigkeit der Insel von Jedermann für
unverletzlich gehalten. Genua war sogar im Begriffe, dem Malteserorden die Oberhoheit von Corsica zu übertragen, als Frankreichs
geheime Einmischungen diesen Plan vereitelten. Wer vermag das
Glück abzuwägen, welches Pinto als König von Corsica über ein
Volk würde verbreitet haben, welches unter keinem Herrscher, wie
derselbe auch geheißen, jene Zufriedenheit kannte, deren sich kleine
Staaten so selten erfreuen, wenn ihre großen Nachbarn dieselbe ent-
behren müssen.

Malta, stets im Kriege nach Außen begriffen, konnte sich unter
ihm bis zum Jahre 1749 eines ununterbrochenen innern Friedens
rühmen. Allein der St.-Peter- und Paulstag des genannten Jahres,
der zur Erinnerung des Apostels Paulus, als Schutzpatrons der Insel,
auf Malta mit großem Pompe gefeiert wird, sollte der Zeitpunkt sein,
an dem eine der schwärzesten Verschwörungen, welche die Geschichte
kennt, ihre verruchten Zwecke zu erreichen hoffte. Damals lebten zu
Malta gegen 1000 mohammedanische Sklaven, von denen ein großer
Theil an die Ruderbank geschmiedet war, die übrigen aber zu allen
öffentlichen Arbeiten, ja sogar zum persönlichen Dienste der Ritter,

als Köche, Stallknechte, Kutscher u. s. w. gebraucht wurden, weil sie die christlichen Diener an Gewandtheit, Dienstfertigkeit und Treue zu übertreffen schienen. Selbst der Großmeister hatte einige unter ihnen zum nächsten Dienste seiner Person gezogen und sie in seinem Vorgemach schlafen lassen. Unter diesen befand sich auch ein Neger, der durch die Empörung mehrer Christensklaven, an welche er sich angeschlossen, auf einer türkischen Galere von Afrika nach Malta kam, wo man den Befehlshaber des Schiffs, Mustapha, Pascha von Rhodus, dem Großmeister zum Geschenke machte. Der Neger, eine größere Belohnung für den begangenen Verrath hoffend, als ihm zu Theil geworden war, beschloß sich zu rächen und die Stadt Valetta nebst allen ihren Schätzen dem Pascha Mustapha in die Hände zu liefern. Die Nachsicht der Malteser, die jetzt überhaupt schon den Frieden mit der Pforte mehr liebten, als den Krieg mit derselben, ging so weit, daß man den Pascha frei umhergehen ließ, ihm in der Vorstadt Firmiane eine Wohnung nebst schönem Garten einräumte, und jeden Monat 5000 Thaler zu seinem Unterhalte bestimmte, ja sogar allen türkischen Sklaven erlaubte, ihn zu besuchen. Der Neger eröffnete ihm seinen Plan; dieser, in der Hoffnung, beim Großherrn durch Malta's Eroberung reiche Belohnung und ungewöhnliche Gunst zu erlangen, ging darauf ein; alle Mohammeder werden gewonnen; der Ausbruch der Empörung wird auf den Peter- und Paulstag festgesetzt, wo die meisten Ritter Valetta verließen und in die alte Stadt wallfahrteten. Schon ist Alles in Bereitschaft, der erste Kämmerer beim Großmeister sollte diesen während der Siesta im Bette erdolchen, die Köche ihre Herren vergiften, ein Theil des Zeughauses und der Veste San-Elmo sich bemächtigen, und der andere die Ordensgaleren in Beschlag nehmen und den Hafen, sowie alle Zugänge zur Stadt besetzen. Es fehlt nur noch das Zeichen, — da entdeckte ein geringfügiger Umstand das wohlbewahrte Geheimniß. Der Neger und ein junger Perser, in der großmeisterlichen Leibwache dienend, haben sich in dem Kaffeehause eines getauften Juden, wo das abscheuliche Complott geschmiedet wurde, in Branntwein berauscht, gezankt und Einer dem Andern seine Schandthaten vorgehalten. Die Frau des Juden, welche dies mit anhörte, schlich sich heimlich weg und zeigte die Verschwörung dem Großmeister an. Noch war sie im fürstlichen Palaste, so kam auch der Perser, sein Vergehen bereuend, athemlos zu dem Comthur von Bignier, dem Befehlshaber der großmeisterlichen Leibgarde, gerannt, Alles zu bekennen und sich Pinto's Großmuth auf Gnade oder Ungnade zu ergeben. — In aller Stille ließ der edle Fürst den Neger verhaften und das Haus des Pascha mit Kriegern umstellen. Der Anklage gegen seinen geheimen Kämmerer wollte er indeß immer noch keinen Glauben schenken, als dieser einmal um das andere in sein Schlafgemach trat und sich jedes Mal scheu umsah. Den schändlichen Plan wissend, aber nicht für möglich haltend, fragte Pinto in seiner gewohnten Güte: „Che voi, figlio, cosa voi?" Durch diese Großmuth bestürzt, wirft sich der Sklave zu seinen Füßen, vergießt Thränen der Reue und bittet um Gnade.

Mittlerweile waren alle Mitschuldigen gefangen genommen, vor ein Gericht gestellt, und wer sein Verbrechen eingestand, sogleich gehangen worden. Der Pascha aber wurde dem französischen Gesandten ausgeliefert, weil der Orden schon früher der Krone Frankreichs versprochen hatte, seine Streifzüge nicht mehr bis an die mit ihr befreundete Küste von Asien auszudehnen.

Aehnlichen Eingriffen vorzubeugen, wurde von jetzt an die Vorkehrung getroffen, daß sämmtliche Türkensklaven bei Untergang der Sonne in ihre Bagnos zurückkehren müßten. Zum Andenken an die glückliche Rettung Valetta's und des ganzen Ordenspersonals wurde der Jahrestag der Entdeckung des Mordplans gefeiert, und dies zwar bis zur Einnahme der Insel durch die Franzosen. Der Jude, dessen Frau die Verschwörung entdeckt und angezeigt hatte, erhielt zur Belohnung ein Haus und große Freiheiten für sich und seine Nachkommen.

Im September des Jahres 1760 wurde der Pascha Mehemet vom Sultan abgesandt, den der Pforte schuldigen Tribut auf den Inseln des Archipelagus zu erheben. Als er aber bei der Insel Stanchio Anker geworfen, und mit dem größten Theile der Truppen die Schiffe verlassen hatte, um sich in das Innere der Insel zu begeben, empörten sich die auf den Fahrzeugen befindlichen Christensklaven, bemächtigten sich des reichbeladenen Admiralschiffes, kappten eiligst die Taue und gingen bei günstigem Winde unter Segel. Nach 18 Tagen meldete man zu Malta die Ankunft eines großen türkischen Schiffes, welches unter tausend Freundschaftsbezeugungen im Hafen einlief. Es waren die Christen, welche es dem Orden zum Geschenke darbrachten.

Allein schon im folgenden Jahre rüstete der Großherr sich durch unerhörte Waffnungen, um furchtbare Rache an dem Malteserorden zu nehmen. Alles stand jetzt zu befürchten. Da schlug sich Frankreich in das Mittel, schickte den Comthur von Fleury nach Malta, kaufte durch ihn das türkische Schiff, um es seiner Herrlichkeit sobald als möglich wieder einzuhändigen. Schon am 10. Dec. 1761 lief es wieder in den Hafen von Konstantinopel ein.

Durch diese Dazwischenkunft wurde Frankreich auf das innigste mit den Johannitern vereinigt. Die Ordensflotte verband sich mit der französischen und half mehre feste Plätze auf der Küste von Afrika bombardiren. Bei allen diesen Waffenthaten zollte der französische Befehlshaber der Flotte, Ritter von Brodes, den Maltesern und ihrem Gefolge den ehrenvollsten Dank mit unzweideutiger Anerkennung ihrer Verdienste.

Die Sorge des Großmeisters erstreckte sich aber nicht nur auf vortheilhafte Verbindungen nach Außen. Die Bildung und das Wohl des Ordens lagen ihm mehr als die Politik am Herzen. Er errichtete im Jahre 1756 ein eigenes Erziehungshaus, eine Buchdruckerei, eine Akademie der Wissenschaften und eine Universität. Ebenso sorgfältig dachte er auch auf die größere Aufnahme des Handels durch die Errichtung verschiedener Stoff- und Seidenfabriken auf Gozzo und Malta, verhinderte die Geldausfuhr aus dem Lande und minderte die Theuerung der verarbeiteten Waaren.

In seiner Regierungsperiode immer glücklich, trat Pinto am 24. Jan. 1773, freudiger Ahnungen voll, mit der Freude eines still kräftigen Wirkens aus dem Kreise der Lebenden, im hohen Alter von 92 Jahren, nachdem er seiner großen Familie, wie er die Ordensmitglieder zu nennen pflegte, während 32 Jahren vorgestanden hatte, aber auch dabei, seines freundlichen und gütigen Charakters ungeachtet, gleichsam absoluter Herrscher gewesen war. Man berichtet, daß er gesagt habe: „Wäre ich König von Frankreich, so würde ich nie die Generalstaaten, und wäre ich Papst, nie das Concilium berufen." Dabei hielt er in La Valetta mit königlichem Prunk Hof und verschaffte den Gesandten des Ordens dieselben Vorrechte, welche die Gesandten gekrönter Häupter genossen. Auch erwarb er sich das Recht, eine geschlossene Krone über sein Wappenschild zu stellen.

Franz Jimenes von Cerada,

1773—1775.

Großprior von Navarra, der im siebzigsten Jahre seines Alters mit dem Meistermantel bekleidet, die Zügel der Regierung gegen seinen Willen ergriff, war bei allen Vorzügen eines reinen Gemüths und einer großartigen Seele gerade das Gegentheil seines Vorgängers Pinto. Ihm fehlte jene Ruhe, jene Ausbauer, jene Kraft, welche den

Herrscher bezeichnen, und die Bewunderung der Mit- und Nachwelt
auf Pinto richteten.

Die Schwäche der Regierung unter dem Großmeister Ximenes
schien für die Mißvergnügten im Lande, deren Unzufriedenheit hauptsächlich wegen der zwischen dem Orden und der Inquisition getheilten
Gerichtsbarkeit entstanden *), ein allzu günstiger Zeitpunkt zu sein,
als daß sie denselben nicht hätten benutzen sollen. Die Nacht vom
15. auf den 16. April 1775 war ausersehen, den längst gehegten
Plan in das Werk zu setzen, weil sich damals die Galeren gerade auf
der See befanden, die Kriegsmacht vertheilt war und Ritter und
Bürger in den verschiedenen Quartieren von Valetta im tiefsten
Schlafe lagen. Ein Haufe verworfenen Gesindels, von zwei Priestern
angeführt, ging unter Begünstigung der Nacht auf San-Elmo los,
stürmte die Schanzen, entwaffnete die Wache und bemächtigte sich des
Castells. Als der Morgen graute, beschossen die Eroberer den Palast
des Großmeisters und steckten eine Freiheitsfahne auf.

Jetzt ermannte sich Ximenes, über diese Frechheit entrüstet, befahl
eiligst die Thore zu schließen, und Niemand weder Ein- noch Ausgang
zu gestatten. Hierauf stellte er sich muthig an die Spitze von 40
Rittern, dem ganzen damaligen Ordensbestande auf Malta, und eilte,
die von den Aufrührern besetzten Werke zu stürmen. Keine Vorstel-
lung seiner Freunde, kein Bitten seiner Untergebenen, sich nicht selbst
der Gefahr auszusetzen, vermochte ihn abzuhalten. Im gerechten
Gefühle seines Zorns erklimmt er, obwol ein schwacher Greis, den
Degen in der Faust, die Schanze und bringt siegreich in das Castell
ein. Die Rebellen wollen jetzt das Aeußerste nicht abwarten und
in Unterhandlung treten. Allein ihre Bitte wird ihnen verweigert;
die einzige Bedingung ist: „gänzliche Unterwerfung!" Jetzt versuchen die Meuterer, noch einen Augenblick Widerstand zu thun; allein
die Thore werden gesprengt. Der Haupträdelsführer, ein Priester,
fiel, keine Gnade mehr hoffend, wie ein Rasender die einziehenden
Ritter an und schlug, nachdem er zwei Pistolen auf einmal los-
gedrückt, mit dem Säbel in der gräßlichsten Verzweiflung um sich,
bis ihm ein Ritter zum Lohne seines Verraths eine Kugel durch den
Kopf jagte.

*) Andere erzählen, Ximenes habe sich durch sein stolzes und hochmüthiges
Benehmen den größten Theil seiner Unterthanen zu Feinden gemacht. Noch Andere berichten, die Verschwörung wäre von Rußland ausgegangen, das Malta,
als den Schlüssel zum Mittelmeere, in seinen Besitz habe bringen wollen.

Alle Theilnehmer der Empörung wurden nun gefangen genommen, sieben bis acht Geistliche zu lebenslänglicher Gefangenschaft im Fort Emanuel und drei andere zum Strange verurtheilt. Als die Franzosen 1798 Malta eingenommen, fanden sie noch mehre der gefangenen Geistlichen in ihren engen Mauernischen und ließen dieselben sofort frei.

Das edle Gemüth des Großmeisters wurde durch diesen Vorfall so sehr erschüttert, daß er erkrankte und nach Verlauf von zwei Monaten gerade zu der Zeit starb, als die Hauptverbrecher aufgehangen wurden, wobei die Priester nicht ermangelten, unter dem gemeinen Volke den Glauben zu verbreiten: Gott selbst sei über Limenes zu Gericht gesessen, und sein Tod sei die gerechte Strafe für den Frevel, daß er an das Leben der Gesalbten des Herrn Hand anzulegen gewagt habe.

Manche finden es nicht unwahrscheinlich, daß ihm der beleidigte Clerus ein langsam tödtendes Gift beigebracht habe, welches seinem Leben am 9. Nov. 1775 im dritten Jahre seiner Regierung ein Ende gemacht hat. Er war der erste Großmeister von achtundsechzig, dem man kein Grabmonument errichtete. Ein einfacher Stein mit seinem Namen und der Angabe seiner Regierungszeit deckt seine irdische Hülle.

Emanuel Maria, Prinz von Rohan,
1775—1797.

Großkreuz, General der Galeren und Mitglied der französischen Zunge, ergriff nach Limenes mit kräftiger Hand das schwankende Ruder des Staats. Nie war eine Meisterwahl von kürzerer Dauer gewesen. — Ein Kanonenschuß von St.-Elmo herab verkündigte zu Malta den erfolgten Tod des Großmeisters Limenes. Da berief Sebastian von Sarassa, Großcomthur und Prior von Navarra, den Ordensrath, um keine der üblichen Formen zu verletzen; allein es war überflüssig, zu einer geheimen Wahl zu schreiten. Laut riefen alle versammelten Ritter: „Der Herzog von Rohan sei unser Herr und Meister!" Er war der letzte Großmeister, der mit der alten, vollen Einstimmigkeit gewählt wurde.

In Spanien erzogen, wohin sich sein Vater, von dem Regenten von Orleans vertrieben, hatte flüchten müssen, trat er als Jüngling in spanische Dienste und folgte als einer der ersten Hofbeamten dem Infanten Don Philipp, Herzog von Parma, auf allen seinen Reisen. Als seine Familie endlich wieder nach Frankreich zurückberufen ward,

17

lebte er kurze Zeit in Paris und faßte den Entschluß, dem erhabenen Johanniterorden sein künftiges Leben zu weihen. Gleich bei seinem Eintritt war er, der Heiterkeit seines Geistes und der Rechtlichkeit seines Charakters wegen, die Wonne der Brüder, sowie er später als Oberhaupt durch Beibehaltung seiner Grundsätze und durch eine mit nichts zu vergleichende Liebenswürdigkeit der Abgott seines Volkes wurde.

Der Neuerwählte mußte sich, um nur zum Theil die über seine Erhebung freudetrunkenen Malteser zu beruhigen, auf dem großen Balcon der Hauptkirche zeigen, wo ihm ein rauschendes „Eviva" entgegenscholl, und Glückwünsche aller Art ihn bestürmten. Voll liebenswürdiger Herablassung beantwortete er den Volksjubel mit lautem Danke, dann warf er Geld unter die Menge und bewirthete Ritter und Volk mit fast königlicher Pracht.

Wie er schon durch sein tapferes Einschreiten bei der Eroberung von St.-Elmo, da er noch Bailli war, sich Ansprüche auf den Dank aller Ordensglieder erworben hatte, so jetzt als Meister noch mehr, da er die später entdeckten Rebellen, ohne Unterschied des Standes und Ranges, züchtigte, Malta von jedem Verdächtigen säuberte und die Priester streng bewachte. Seine Handlungen erfüllten im vollsten Maße die Hoffnungen, welche man von ihm hegte.

Frömmigkeit und Klugheit, Mäßigung und Edelmuth, Gerechtigkeitsliebe und Freigebigkeit, gepaart mit gerechter Strenge und einem bei jeder Gelegenheit hervorleuchtenden Hange, die Malteser zu beglücken, dem Drucke der Armen abzuhelfen und Künste und Wissenschaften zu befördern, erwarben ihm von Tag zu Tag ein größeres Vertrauen bei seinen Unterthanen.

Rohan suchte sein Glück nur in der öffentlichen Wohlfahrt, in der Zufriedenheit und Eintracht des Volkes, nahm Alle, die bei ihm Zuflucht suchten — es mochten Fürsten, Grafen oder arme Laienbrüder sein — gleich gütig auf und handelte gegen verdienstvolle Ritter, ohne Unterschied ihrer Herkunft und ihres Ranges, wie ein lohnender Freund. Nichts war ihm verhaßter, als Schmeichelei. Alle Ehrenschriften, Lieder, Toaste oder andere Anerkennungen lehnte er mit den Worten ab: „J'aime mieux mériter ces éloges que de les entendre!"

Kaum hatte er an seinem Erwählungstage die Kirche verlassen, in der er den Eid vor dem Hochaltare in die Hände des Bischofs Meinardi abgelegt, so gab er auch schon dem Fiscal Dr. Franz Maria Torregiani den Befehl, die auf dem Festungswalle aufgesteckten Köpfe dreier Missethäter herabzunehmen und die im Schuldthurme Schmachtenden frei zu laffen, indem er deren Schulden aus feinem eigenen Vermögen zu bezahlen verfprach. Zugleich hob er das Verbot der Fifcherei auf, welches der fürftlichen Kammer ehedem bedeutende Einkünfte verfchaffte, befchränkte den Vorbehalt der ebenfo einträglichen Jagd, fetzte die Kornpreife um ein Bedeutendes herab und vergrößerte das Gehalt feiner Beamten.

Ihm gebührt das Verdienft, eine eigene Commerzienkammer zur Verwaltung des äußern und innern Handels in dem ganzen Rittergebiete errichtet, und aus dem Orden die gefchickteften Brüder in Verbindung mit mehren Rechtsgelehrten und geborenen malteficchen Edelleuten zu Beifitzern gewählt zu haben. Wiewol Malta's Seemacht unter Rohan's Herrfchaft in einer ungewöhnlichen Blüte war, fo ließ er dennoch neue Schiffe bauen, alte ausbeffern, die Galeren ftets in gutem fegelfertigen Stande erhalten und die Ritter durch beftändige Caravanen in der Kriegskunft üben.

Doch wurden über den Waffen die Künfte und Wiffenfchaften keineswegs vernachläffigt. Er felbft ging — wie überall — fo auch hier, den Seinigen mit gutem Beifpiele voran. Er begründete eine anfehnliche Bibliothek, deren Zutritt Jedermann offen ftand, und im ganzen Palafte war kein Zimmer fchöner und koftbarer ausgeftattet, als diefer Stapelplatz des geiftigen Reichthums, der Schätze aller Schätze.

Als im Jahre 1773 der Jefuitenorden *) aufgehoben wurde, zahlte er einem jeden der mit dem Unterrichte der Jugend befchäftigt gewefenen Väter ein anfehnliches Jahrgehalt, zog aber deren Güter ein und ftiftete ein eigenes Collegium mit weltlichen Lehrern, befchenkte daffelbe mit naturhiftorifchen Sammlungen, einem phyfikalifchen Apparate, und errichtete fogar auf feinem Schloffe eine Sternwarte, deren Oberaufficcht er dem gefchickten Aftronomen Ritter von Angoft anvertraute.

Der Großmeifter Rohan wurde durch das letzte Generalcapitel, welches er im J. 1776 veranftaltete, gleichfam der letzte und neuefte Gefetzgeber des Johanniterordens. Das Ergebniß hiervon war ein neuer, nur Verbefferung des Ganzen und Einzelnen bezweckender Codex, den Papft Pius VI. unterm 20. Jul. 1779 nach einigen Abänderungen fanctionirte, und welchen Rohan mit dem Ordensrathe am 10. Jul.

---

*) Durch Clemens XIV. berühmte Bulle: Dominus ac redemtor noster, vom 21. Juli 1773, welche gleichfam die Acht des Zeitgeiftes über die verderblichen Grundfätze jener Ordensgefellfchaft in allen Staaten der Chriftenheit ausfprach.

1782 burch den Druck bekannt machte. Er führt die Aufschrift: „Codice del sagro militare ordine Gerosolimitano riordinato per commendimento del sagro generale Capitolo celebrato nell' anno 1776 sotto gli auspici di Sua Altezza eminentissima il Gran-maestro Fra Emanuele de Rohan." In Malta nella Stamperia di S. A. E. per Fra Giov. Mallia, suo Stampatore 1782. Fol. 505 S. *).

Damit die ersten Pflichten der Johanniterbrüderschaft nicht versäumt würden, schärfte er das Gesetz, daß allwöchentlich einer der Ritter den Dienst im Krankenhause verrichte und selbst mit der niedrigsten Pflege der Hülfsbedürftigen sich beschäftige. Im Jahre 1784 hatte sein Scharfblick mancherlei Mängel in der Gerechtigkeitspflege wahrgenommen. Um denselben auf einmal abzuhelfen, begründete er

---

*) Je weniger dies Werk in Deutschland bekannt ist, desto mehr glaube ich dessen Inhalt hier kurz angeben zu müssen, indem es die Gesetzgebung nur läutert und reinigt, von der ursprünglichen Hauptgrundlage aber keineswegs abweicht. — Man vergl. damit des Ordenscomthurs Christ. von Osterhausen: „Eigentlicher und gründlicher Bericht dessen, was zu einer vollkommen Erkenntniß und Wissenschaft des hochlöbl. ritterl. Ordens St. Joh. v. Jerus. zu Malta vonnöthen. 2. Ausg. 1650. 8. m. Kpfrn.

Den Anfang von Rohan's Codex macht die Bulle des Consiglio compito, welches ihn herausgibt, hierauf folgt die Bulle Papst Sixtus V., welche die vom Consiglio compito delle Retensioni des im J. 1583 gehaltenen Generalcapitels bekannt gemachten Statuten bestätigt; 2) die Bulle des nämlichen Consiglio, welche die Beobachtung dieser Statuten befiehlt; 3) die Bestätigung vom Papst Paul V. ber im Generalcapitel 1588 entworfenen acht neuen Statuten; 4) die Bestätigungsbulle Papsts Pius VI. der Statuten und Gesetze des Generalcapitels von 1776. Uebrigens zerfällt der Codex in folgende Abschnitte: 1) Chronologia de Granmaestri. 2) Statuti e ordinazioni promulgate nel Capitolo generale del 1776. 3) Ceremoniale da osservarsi nell amare li cavaliere e dar l'Abido dell'ordine. 4) Regolamento per la osservazione e taglio de' boschiappartenenti all ordine nel Regno di Francia. 5) Privilegi concessi all ordine da diversi Sommi Pontifici. Der II. Abschnitt von den Capitul. Statut. ist in 22 Titel getheilt: 1) Della regola. 2) Del Ricevimento de' Fratelli. 3) Della Chiesa. 4) Dell' Ospitalita. 5) Del commun Tesoro. 6) Del Capitolo. 7) Del Consiglio e de Giudizi. 8) Dello Sguardio. 9) Del Maestro. 10) De' Baglivi. 11) De' Priori. 12) Dell Ufficio de' Fratelli. 13) Delle Elizioni. 14) Delle Commende ed Administrazioni. 15) Delle Visite. 16) Dei Contratti e delle Alienazioni. 17) Delle Allogazioni osiano Affiti. 18) Delle Prohibizioni e Pene. 19) Della Cancellaria. 20) Delle Albergie. 21) Delle Galere e dei Vascelli. 22) Delle Significazioni delle Parole. Ein Auszug aus diesem Werke, oder vielmehr ein Realregister über dasselbe trat im darauf folgenden Jahre mit der Aufschrift ans Licht: Compendio delle materie contenate nel codice del sagro militare ordine Gerosollmitano. — In Malta nella stamperia del Palazzo di S. A. E. per Fra Giov. Mallia 1783. 162 S. Fol.

sofort einen sogenannten **höchsten Gerichtshof** in letzter Instanz (Suprème magistrat de Judicature), deren Mitglieder sich wöchentlich zwei Mal und in dringenden Fällen alle Tage versammelten, und in zwei Kammern oder Rotas, jede unter einem eigenen Vorsitzenden, getrennt waren. Damit jeder seiner Pflicht um so genauer nachkommen möge, ließ er die Gesetze von Malta in einem besondern Codex sammeln.

Während dieser Zeit bereicherte er den Orden durch mancherlei neue Erwerbungen in Frankreich. Die bedeutendste war die Vereinigung des Malteserordens mit dem Orden der Spitalherren des h. Anton von Vienne in Frankreich. Letzterer wurde im Jahre 1095 gestiftet und bestand anfangs aus einer frommen Brüderschaft einiger weniger Edelleute aus der Dauphiné. Der Zweck ihres Zusammentretens war, Aussätzigen und andern unheilbaren Kranken beizuspringen. Ihren Namen erhielten sie wahrscheinlich daher, weil man zur Zeit des Mittelalters jene furchtbare Krankheit „das h. Feuer des h. Anton" (fuoco sagro di S. Antonio) nannte. — Im J. 1218 wurde diese Gemeinschaft von Brüdern zu einer Art Hospitaliterorden erhoben und hat als solcher bis zum J. 1297 unter einem Großmeister fortbestanden. Zu dieser Zeit aber wandelte Papst Bonifacius VIII. das großmeisterliche und Priorathaus in eine Hauptordensabtei (Abazia capo de ordine) um, gab dem Ganzen eine geistliche Richtung und machte die ritterlichen Mitglieder für die Zukunft zu regulirten Chorherren unter der Regel des h. Augustin. Seit jener Epoche hat der Orden bis zum Jahre 1634, wo man bedeutende Reformen damit vornahm, keine wichtige Veränderung erlitten. Allein im J. 1768 erließ der römische Hof an denselben das Verbot, fernerhin Novizen aufzunehmen, und stellte ihm sogar die Wahl zwischen seiner Aufhebung oder seinem Uebertritt zu einem andern Orden frei. Wie man sich leicht vorstellen kann, wählten die bestürzten Mönche von den Uebeln das kleinste; doch gelang es erst nach jahrelangen Unterhandlungen und hin und her gemachten Bedingungen, die Antonier mit den Maltesern zu verschmelzen, und zwar dergestalt, daß alle Güter des h. Antonordens, wovon die Johanniter im J. 1777 Besitz nehmen, mit dem Orden des h. Lazarus zu gleichen Theilen vertheilt würden, und jeder Mönch ein mit seinem Alter im Verhältniß stehendes lebenslängliches Jahrgehalt genießen sollte. Erst im J. 1781 kam es zu einem Endvertrag, und die Mönche vom h. Anton traten als Conventual-Capelläne in den Johanniterorden ein.

Außer dieser Erwerbung setzte eine glückliche Unterhandlung im J. 1780 den Orden in den Besitz der Erbschaft des Herzogs von

Oftrog in Bolhynien, die ihm seit 1674 rechtmäßig zustand, aber durch andere Erben vorenthalten war. Rohan schickte nun den Comthur Sagramoso, aus der italienischen Zunge, im J. 1772 nach Polen, um die Rechtsansprüche darauf zu erneuern. Diese Sendung blieb nicht fruchtlos, denn Sagramoso war, obwol erst nach acht Jahren, so glücklich, dem Convente einen günstigen Erfolg anzukündigen. So wurde der Orden wieder durch ein Großpriorat und acht ordentliche, so wie acht Privat-Commenden mit ungefähr 40,000 Thalern jährlicher Einkünfte bereichert, die Passagi, Spogli, Mortori und Vacanti nicht mitgerechnet.

Im J. 1782 sah Rohan sogar eine seit der Reformation erloschene Zunge wieder aufleben, indem der Kurfürst von Pfalz-Baiern, Karl Theodor, die in seinen Ländern eingezogenen Güter der Jesuiten dem Malteserorden zuwendete.

Dem klugen Benehmen des deutschen Comthurs Freiherrn von Flachsland war es gelungen, trotz den vielen Hindernissen, die man ihm entgegenthürmte, mit des Kurfürsten Genehmigung eine neue Zunge an die Stelle der englischen zu begründen. Sie wurde im J. 1782 förmlich anerkannt und erhielt den Namen: „englisch-baierische Zunge", mit den Würden eines Turkopoliers, eines Großpriors von Baiern, eines Bailli von Neuburg und zwanzig rechtmäßigen Rittercomthureien und vier Priestercommenden.

Wie sehr auch die christlichen Fürsten durch Geschenke und Stiftungen ihre Theilnahme an dem Gedeihen des Ordens bewiesen haben, so kann doch nicht in Abrede gestellt werden, daß er unter Rohan's Leitung aller dieser Wohlthaten im höchsten Grade würdig war; denn abgesehen davon, daß die Malteserflotte in den Jahren 1775, 1782 und 1783 dem Kaiser gegen die Türken zu Hülfe eilte, hatte sie auch bei dem Feldzuge des Königs von Spanien gegen Afrika's Küstenländer mitgewirkt, dessen Endergebniß bewies, daß man zu geringe Mittel aufgeboten habe, um die Raubnester der Barbareskenstaaten, hauptsächlich Algier, zu zerstören.

Im Jahre 1783 lichteten die Galeren zu einem ganz andern Zuge, als früher, die Anker, und die Schiffsmannschaft bestand diesmal nicht aus jenen gefürchteten Kriegern, welche die Sarazenen mit Feuer und Schwert zu vertilgen strebten, — es waren fromme Hospitalbrüder, die an christlichen Ufern landeten, um Hülfe zu spenden, den Armen Speise und Trank, und den Verlassenen ihre zerstörten Häuser wieder zu bauen, oder ein neues Obdach für die Herumirrenden zu errichten. In Sicilien und Calabrien hatte nämlich das

Erdbeben eine furchtbare Verwüstung angerichtet, so daß die Städte
Reggio und Messina fast gänzlich in einen Schutthaufen verwandelt
waren. Kaum war die Nachricht davon in Malta angelangt, so
stürzten Herr und Knecht, Laienbruder und Ritter in die Vorrathskammern, befrachteten die Schiffe, arbeiteten die ganze Nacht, und
ehe der Morgen graute, war eine Caravane mit den geschicktesten
Aerzten und Wundärzten des Ordens, mit Zimmerleuten, Maurern
und andern Handwerkern, mit 200 Betten und einer noch größern
Anzahl Zelten auf offener See, und hatte, ehe noch die Nacht hereinbrach, an der calabrischen Küste die Anker ausgeworfen. Nachdem
die Malteser auf diese Weise die unglücklichen Bewohner von Reggio
unterstützt hatten, segelten sie weiter über die Meerenge und erreichten
noch zu guter Stunde den Hafen von Messina, um auch da gleiche
Barmherzigkeit zu üben. Wer schilderte die grauenhafte Verwüstung!
—. Die Stadt mit ihrer fruchtreichen Umgebung glich einer Nomaden-
wüste, auf der zerlumpte Menschengestalten mit Geberden der Verzweiflung zwischen Trümmern wandelten. — Unter diesen, oft durch
Quetschungen und Wunden ganz entstellten Einwohnern, die sich
schaarenweise nach ihren Wohlthätern drängten, sah man 40 Johanniterritter, dem altangestammten Ordensgelübde treu, oder dieses vielmehr neuerdings ins Leben rufend, Lebensmittel, Kleidung und andere
Vorräthe vertheilen, und so die schönsten Pflichten der Menschlichkeit
ausüben.

Doch diese Blütezeit des Ordens, dieses durch alle Zungen
verbreitete Glück und die Erneuerung der Ordenszucht unter dem
Großmeister Rohan glich dem letzten Aufflackern eines Lichtes, welches
nach langem Glimmen noch einmal emporflammt, um desto schneller
zu erlöschen. — Während Malta's Galeren zwei Kauffahrteischiffe
aus Marseille unfern den Küsten der Provence tunesischen Corsaren
entrissen und sie ohne Entschädigung ihren Eigenthümern zustellten,
schleuderte die französische Republik durch einen Beschluß vom 19.
Sept. 1792 den Bannstrahl gegen den Malteserorden, schloß jeden
Ordensritter, der eine Ahnenprobe verlangte oder ablegte, von dem
Ehrenvorrechte, den Titel „Citoyen français" führen zu dürfen, aus,
und erklärte alle Ordensgüter auf französischem Grund und Boden
für Eigenthum des Staates.

Mitten unter solchen Stürmen behauptete Malta eine völlige
Neutralität, und gewährte sogar fast den ganzen Winter des Jahres
1793 hindurch 60 reichbeladenen Schiffen aus Frankreich in seinem
Hafen gastliche Aufnahme. — Die Verfolgungen des Adels in Frank-

reich nöthigten einen großen Theil der Malteserritter, ihr Vaterland zu verlassen und auf der Ordensinsel eine Zufluchtsstätte zu suchen. Ihre Aufnahme bei dem Großmeister entsprach dem hohen Rufe, welcher von dem edeln Charakter und der Großmuth Rohan's allgemein verbreitet war. Ein zweiter l'Isle-Adam nahm er, wie ein Vater seine verlassenen Kinder, die Ritter auf und erwies ihnen oft mehr Wohlthaten, als sein eigenes Vermögen gestattete. Als ihm eines Tages der Haushofmeister eröffnete, daß, wenn er seiner Freigebigkeit keine Schranken setze, er nicht mehr im Stande sein würde, die nothwendigsten Ausgaben der Haushaltung zu bestreiten, antwortete er mit der ihm eigenthümlichen Einfachheit: „Behalte täglich einen Thaler für meine Tafel zurück, und vertheile das Uebrige unter meine Brüder!"

Ein anders Mal, als man Rohan aufforderte, die erwähnten 60 französischen Schiffe mit Beschlag zu belegen, antwortete er im alten Geiste des Ordens: „Unsere Verbrüderung wurde ins Leben gerufen, nicht um Rache zu üben, sondern um Unrecht zu dulden". Doch verweigerte Rohan einem Gesandten des Directoriums von Frankreich den Aufenthalt in Malta und gestattete ihm nur einen Consul.

Die letzte einflußreiche Handlung des so innig verehrten Meisters war der Abschluß eines Vertrags mit dem so eben (Nov. 1796) auf den Thron gestiegenen Kaiser Paul I. von Rußland, welchen auf einer Seite der Reichskanzler Fürst Besborodsko und dessen Stellvertreter Fürst Alexander Kurakin, auf der andern der Bailli von Litta im Namen des Großmeisters am 4. (15.) Jan. 1797 zu St.-Petersburg unterzeichneten, wodurch Rußland zu einem Großpriorate erhoben und der englisch-baierischen Zunge einverleibt wurde, mit einem Geschenke von Ländereien, deren jährlicher Ertrag die Summe von 300,000 Gulden überschritt. Der edle Rohan erlebte die Freude nicht mehr, seine Wünsche so schnell und so leicht erfüllt zu sehen; denn ehe noch die von dem Comthur Litta aus St.-Petersburg abgefertigten Couriere in Malta ankamen, war er am 16. Jul. 1797 in den Armen seiner trostlosen Brüder im Alter von 72 Jahren entschlummert.

Ferdinand Joseph, Freiherr von Hompesch,
1797—1798.

aus einem der alten ritterbürtigen Geschlechter des deutschen Reichs entsprossen, Erbherr zu Bulheim, wurde durch den überwiegenden

Einfluß der baierſchen Zunge nach Rohan's Tode zum Großmeiſter erwählt. Er war der erſte Deutſche, der dieſe Würde bekleidete, denn die deutſchen Ritter führten mehr ein friedliches Leben auf ihren Commenden und richteten ihren höchſten Ehrgeiz auf die gefürſtete Würde des Johanniter-Meiſters zu Heitersheim, daher ſie im Convent auf Malta ſtets zu wenig vertreten waren, um die Wahl eines der Ihrigen zur Großmeiſterwürde durchzuſetzen. Im Jahre 1744 zu Düſſeldorf geboren, Sohn des fürſtlich Jülich-Bergiſchen Erb-Oberjägermeiſters von Hompeſch, kam er ſchon in ſeinem zwölften Jahre nach Malta, wo er Page des Großmeiſters ward, ſich nach und nach bis zum Comthur von Lagow und Heervorden, dann zum Großkreuz und endlich zum Bailli von Brandenburg emporſchwang, 25 Jahre lang bevollmächtiger Miniſter des wiener Hofes bei ſeinem Orden war, bis man ihn am 19. Jul. 1797 mit dem Barret (Barretone) bekleidete.

Seit dem Beginne der Unruhen in Frankreich hatte Rohan die tüchtigſten Ritter zu einem außerordentlichen Ordensrathe um ſich verſammelt, um mit ihnen gemeinſchaftlich die in ſo bewegten Zeiten doppelt ſchwierigen Angelegenheiten des Ordens zu berathen und Mittel zur Abwendung jedes Nachtheils zu ergreifen. Auch auf Hompeſch war dabei ſeine Wahl gefallen, weil er ſich von jeher als der entſchiedenſte Feind aller Neuerungen gezeigt hatte.

Merkwürdig iſt die Aeußerung, welche Rohan auf ſeinem Sterbebette über Hompeſch gethan haben ſoll. Schon ſeit dem 30. Juni, an welchem Rohan's Krankheit begann, hatten ſich nämlich in allen Zungen geheime Kabalen in Bezug auf die Wahl eines Nachfolgers gebildet. Am 5. Juli empfing dann der Großmeiſter das heilige Abendmahl und ernannte den Bailli von Bachon-Belmont zu ſeinem Stellvertreter. Als er dann am 7. ſein Teſtament gemacht, wurde am Sonntag den 9. mit allen Glocken geläutet und das Volk eilte in die Kirchen, für ihn zu beten. Am folgenden Tage befand er ſich etwas beſſer, unterſagte das Läuten und fragte, wer ſein Nachfolger ſein würde. „Man ſpricht vom Bailli von Hompeſch,“ entgegnete einer der anweſenden Comthure. „Die Wahl wird nicht ſchlecht ſein, wenn er gute Räthe bekommt,“ ſagte Rohan, „übrigens bin ich der letzte Großmeiſter, wenigſtens eines berühmten und unabhängigen Ordens.“ Nach dieſen prophetiſchen Worten ſchloß er die Augen.

Das Erſte, was Hompeſch in ſeiner neuen Würde vornahm, war, daß er dem ſowol für den Malteſerorden, als für alles Ritterthümliche bis zum Schwindel eingenommenen Czaar Paul 1. ein öffentliches Zeichen des Dankes mit der großmöglichsten Feierlichkeit darzubringen beschloß. Zu diesem Behufe wurde der Ordensritter von Raczynski, Comthur von Litta, zum außerordentlichen Botschafter am russischen Hofe ernannt, und mit der Ueberreichung des Kreuzes, welches einst der große La Valette getragen haben soll, des Waffenrockes und vieler alten noch von Rhodus herstammenden Ordenskreuze für die Prinzen und Prinzessinnen des kaiserlichen Hauses beauftragt *).

In einer längern Rede ertheilte der Ritter Raczynski dem Czaar im Namen des Großmeisters den Titel „Beschützer des Ordens", den Paul I. sehr gnädig annahm, so wie auch beschwor, durch sein Auftreten den Orden bei allen europäischen Mächten in Schutz zu nehmen. Jedoch wurde eben durch diese neue Protection nur der Haß des französischen Directoriums gegen den Ritterstaat vermehrt und führte die revolutionaire Regierung auf den Gedanken, daß Rußland Malta nur beschütze, um dadurch selbst festen Fuß im Mittelmeere zu fassen.

Ueberhaupt thürmten sich jetzt immer drohender furchtbare Gewitterwolken über dem Horizont von Malta zusammen. Der Ministercongreß von Rastadt hatte sich gegen das Ende des Jahres 1797 versammelt und den Vorschlag zur Sprache gebracht, den deutschen Orden mit dem von Malta zu verschmelzen. Der Großmeister schickte den Bailli von Truchseß als seinen Stellvertreter dahin; allein ein eheimer Artikel des Friedens von Campo Formio verlangte, daß nur die Bevollmächtigten des deutschen Reichs bei dem Congresse erscheinen sollten. So mußte nun der Großprior von Deutschland als Fürst von Heitersheim einen Vertreter des Ordens nach Rastadt senden. Seine Wahl fiel auf den Comthur von Pfürdt, welchem der Ritter von Bratz als Gesandtschaftsrath beigegeben wurde, eine Stelle, welche Letzterer schon lange bei dem Reichstage zu Regensburg bekleidet hatte. Beide begünstigten die Ideen einer Verschmelzung mit den Marianern, um die Religion, welche in Frankreich einen so gewaltigen Stoß erlitten, aufs Neue zu befestigen, und weil sie hofften, daß zwischen zwei Orden, von denen der eine allen christlichen Flaggen noch täglich die wichtigsten Dienste leistete, der andere aber nur den Pfründenbesitzern durch den Nießbrauch herrlicher Güter nützte, die Vereinigung

---

*) Das dabei beobachtete Ceremoniel, das kaum je bei einer Gesandtschaftsaudienz prachtvoller mag gesehen worden sein, hat Boisgelin in s. Malte anc. et mod. T. III. S. 129—130, ausführlich beschrieben.

nothwendig zu Gunsten des erstern ausfallen müsse. Aber nie hätte man geglaubt, daß bei einer solchen Verschmelzung selbst der Name, der Residenzort und die Unabhängigkeit verloren gehen würde.

Mittlerweile war der Augenblick heran gekommen, wo das über Malta schwebende Gewitter sich entladen sollte. Der junge General Bonaparte, vom Directorium zuerst mit Treilhard und Bonnier zum Abgeordneten bei dem Reichsfriedenscongresse zu Rastadt ernannt, war, nachdem er die Unterhandlung eingeleitet, nach Paris zurückgekehrt, denn er fühlte, daß er geboren sei, sich durch das Schwert und nicht durch die Feder den Weg zur Unsterblichkeit zu bahnen, um so mehr, da alle ihm erwiesenen Ehrenbezeugungen nicht aufrichtig gemeint zu sein schienen. Sein Hauptaugenmerk war von nun an auf Aegypten gerichtet. Ihn trieb nach dem Pyramidenlande der Gedanke, das britische Reich in Indien zu erschüttern. Sein eroberungssüchtiger Geist fühlte mit der kühnsten Einbildungskraft in sich die Macht Alexanders des Maceboniers. „Alles oder Nichts!" war sein Wahlspruch, den er aber nur unter vertrauten Freunden laut werden ließ, und das Leben erschien ihm nicht anders, als ein ungeheures Glücksspiel.

Das französische Directorium hatte inzwischen eine Cohorte von Kundschaftern, Aufwieglern und Freiheitspredigern auf der Insel gewonnen, die auf geheimen Schleichwegen mit Gold und Versprechungen das Volk bearbeiteten. Plötzlich stand der Großmeister, ohne es zu ahnen, in der Mitte einer Rotte schändlicher Verräther. Darunter waren selbst Ritter, denen Hompesch all sein Vertrauen geschenkt hatte: der Commandant der Artillerie, Comthur Barbonneche, der Aufseher der Brunnen und Festungswerke Comthur von Fay, und der Befehlshaber des Ingenieurcorps Comthur Touzard, vor allen aber der Prinz Camilla und der Ritter Bosredon von Ransijat. — Seit langer Zeit war Hompesch benachrichtigt, daß die Zurüstungen der Franzosen hauptsächlich Malta galten. Mündliche und schriftliche Warnungen gaben Gewißheit. Er aber verwarf alle von der Vernunft ihm vorgestellten Vertheidigungsmittel und schläferte sich in eine strafbare Unthätigkeit ein.

Mit geschäftiger Eile ward indessen zu Tonlon eine Flotte ausgerüstet, deren Bestimmung selbst für die meisten Heerführer ein Geheimniß war. 194 Segel faßten den Kern jener italienischen Armee, welche den Frieden von Campo-Formio erkämpft hatte (gegen 40,000 Mann) unter dem ersten General Frankreichs. Am 9. Jul. 1798 erschien die Flotte von Malta.

Bonaparte ersuchte den Großmeister Hompesch um die Erlaubniß, in den Ankerplätzen der Insel frisches Wasser einnehmen zu dürfen. Die Verweigerung entschied Malta's Schicksal.

Am andern Morgen waren die Franzosen auf allen Punkten der Insel gelandet, und am Abend hatte General Baraguay-d'Hilliers sich des ganzen südlichen Theils der Insel bemächtigt, Reynier hatte, trotz des tapfern Widerstandes des Comthurs Mesgrigny, Gozzo genommen und Desaix war mit Belliard bis Civita-Vecchia vorgedrungen. Am 12. Juni Abends hielt General Bonaparte seinen Einzug in Valetta und nahm seine Wohnung bei dem Marquis Parabisi, einem geborenen Malteser.

Bei dem ersten Erscheinen der französischen Flotte vor Malta war mit den furchtbarsten Symptomen eine innere Verschwörung unter dem Volke ausgebrochen. Während die Ritter erwürgt oder verstümmelt vor den Palast des Großmeisters geführt wurden, verlor der Fürst alle Besinnung, und statt mit den wenigen Treuen, die ihn umgaben, wie es ihm der Befehlshaber des maltesischen Regiments, Comthur Pfyffer aus Luzern, gerathen hatte, sich unter die Empörer zu stürzen und, sein Recht vertheidigend, in den Tod zu gehen, weinte er, ein anderer „Pius Aeneas", über das Schicksal seiner Waffengenossen.

Hatte er gleichwol kein Talent zum Anführer, so mußte er wenigstens den Muth und die Seele eines Soldaten haben, und die Verrichtungen eines militairischen Oberhauptes Denen überlassen, welche vermöge ihres Ranges dazu berufen waren: dem Ordensmarschall Bailli von Loras, oder dem Seneschall Comthur von Rohan, oder jedem Andern, welchen er zu seinem Stellvertreter zu ernennen das Recht hatte.

Der tapfere Comthur von Rohan, ein trefflicher Artillerieoffizier, der die letzte Belagerung von Mahon gelenkt hatte, gab noch zur rechten Zeit eine Denkschrift über die zur Rettung Malta's zu ergreifenden Maßregeln ein, fand aber kein Gehör. Der achtzigjährige Großprior von Champagne, Bailli von Tignié, welcher 40 Jahre lang den Posten eines Ingenieurchefs des Ordens bekleidet hatte, warnte durch Briefe, — wurde aber abgewiesen. Wie zur Lethargie verbannt, hemmte der Großmeister Hompesch aus der Tiefe seines Palastes, aus welchem er von dem Augenblicke seiner Erwählung bis zu dem Momente seiner Abreise nie gekommen war, als um sich bei Dorffesten huldigen zu lassen, jede Schwungkraft des alten Malthesermuthes und lähmte durch sein feiges Beispiel die Tapferkeit der Untergebenen.

So wurde die Insel, an der sich mehr als ein Mal der Sarazenen Stolz gebrochen, die unter einem Lavalette unüberwindlich gewesen, und jetzt noch der stärkste Platz von Europa genannt wird, am 12. Juni in der Nacht den Franzosen übergeben, ohne einen Kanonenschuß versucht zu haben, eine um so weniger begreifliche Handlung, als man des schleunigsten Beistandes von Seiten Großbritanniens gewiß sein konnte.

Von vielen Seiten hat man den Verdacht ausgesprochen, Hompesch habe Malta verkauft und den schimpflichen Kaufschilling für sich allein und seine Agenten erhalten, da in dem Capitulationsvertrage*), welcher den Franzosen die Insel überliefert, nur von dem Interesse des Großmeisters, nur von seiner Entschädigung die Rede ist, des Ordens nicht einmal erwähnt wird.

In der Nacht vom 17. auf den 18. Juni verließ Hompesch, nur von seinem Oberkämmerer, dem Comthur Ligondez, seinem Adjutanten und Geheimschreiber, dem Ritter von St.-Priest, seinem Stallmeister, Ritter von Saulx, zwei Kammerherren, Comthur Miari aus Italien und Desbruß aus Spanien, einem Pagen, von Roquefeuille, und zwei dienenden Brüdern, Lenormand und Becker, begleitet, die Insel Malta und begab sich nach Triest. Das Einzige, was er mitnehmen zu dürfen bat, war ein aus Palästina stammendes Stückchen Holz von

---

*) Die Uebereinkunft zwischen dem fränkischen Freistaate und dem Orden der Ritter des h. Johannes von Jerusalem war in folgende acht Artikel abgefaßt: 1) Die Ritter des h. Johann übergeben der französischen Armee die Stadt und die Forts von Malta. Sie entsagen zu Gunsten des fränkischen Freistaates ihren Souveraineitäts- und Eigenthumsrechten sowol auf diese Insel als auf die Inseln Gozzo und Comino. 2) Die fränkische Republik wird sich bei dem Congresse zu Rastadt verwenden, um dem Großmeister auf seine Lebenszeit ein Fürstenthum zu verschaffen, das dem, welches er verliert, entsprechend ist. Unterdessen verpflichtet sie sich, ihm jährlich einen Gehalt von 300,000 Francs zu bezahlen, und er wird überdies den Betrag von zwei Jahren des obigen Gehalts als Schadloshaltung für sein Mobiliarvermögen erhalten. Ihm gebühren, so lange er in Malta bleibt, die militairischen Ehrbezeugungen, die er vorher genossen hat. 3) Die französischen Ritter des Ordens, welche gegenwärtig in Malta sind, und von denen der Obergeneral ein Verzeichniß aufnehmen wird, können in ihr Vaterland zurückkehren, und ihre Residenz in Malta soll als ein Aufenthalt in Frankreich angesehen werden. Die französische Republik wird sich bei der cisalpinischen, ligurischen, römischen und helvetischen verwenden, damit der gegenwärtige Artikel auf die Ritter dieser ver-

dem h. Kreuze, der Arm des h. Johannes, welchen Sultan Bajazet dem Großmeister Aubusson geschenkt hatte, und das Bild der h. Jungfrau von Philerme. Diese Bitte wurde ihm gewährt. Ihm folgten, außer obigen zum Hofstaate gehörigen Personen, noch der Großcomthur, Bailli von Montauroux, die Comthure Suffren de St. Tropez, Amabilis von Pigonbez, Bosredon, und die Ritter von Reinach und Henneberg in ein freiwilliges Exil.

Am 19. desselben Monats lichtete Napoleon die Anker und steuerte gegen Alexandrien, nachdem er 4000 Mann Besatzung unter dem Befehle des Generals Baubois auf Malta zurückgelassen hatte. Mehre der französischen Ritter reihten sich unter die dreifarbigen Fahnen, die übrigen aber zerstreuten sich nach allen Himmelsgegenden.

Von Triest aus schrieb Hompesch an das deutsche Großpriorat und an sämmtliche Befehlshaber des Ordens, die im östlichen, südlichen und nördlichen Deutschland ihre Sitze hatten. Der alte ehrwürdige Fürst Johanniterobermeister von Heitersheim (Freiherr Rink von Baldenstein), welcher als Großprior von Deutschland zugleich der oberste Meister und das Haupt der deutschen Zunge war, antwortete ihm mit Würde, jedoch in einem Tone, der bewies, wie sehr der edle Greis von dem Gefühle der durch ihn der Nationalehre widerfahrenen Kränkung durchdrungen war.

Laut und einhellig sprach sich der Wunsch aller Ritter der germanischen Zunge aus: „Der Großmeister von Hompesch soll sich wegen der Uebergabe von Malta rechtfertigen!" — Doch während man das

---

schiebenen Nationen ausgedehnt werde. 4) Die gegenwärtig in Malta befindlichen Ritter erhalten Zeitlebens ein Jahrgehalt von 700 Francs. Diejenigen, welche sechs Jahre und darüber auf der Insel residiret, sollen jährlich 1000 Francs bekommen. 5) Die fränkische Republik wird sich bei den andern europäischen Mächten verwenden, damit jede den Rittern ihrer Nation den Genuß ihrer Rechte auf die in ihren Staaten gelegenen Güter des Malteserordens bewillige. 6) Die Ritter werden ihr Eigenthum auf den Inseln Malta und Gozzo als Privateigenthum behalten. 7) Die Einwohner der Insel Malta und Gozzo werden, wie vorher, in der freien Ausübung der römisch-katholisch-apostolischen Religion erhalten; ihr Eigenthum und ihre Vorrechte bleiben ihnen unverletzt, und keine neue Auflage soll errichtet werden. 8) Alle unter der großmeisterlichen Regierung ausgefertigten Urkunden sollen gültig sein und ihre volle Wirkung behalten. So geschehen, in Duplo, am Bord des Schiffes „l'Orient" vor Malta, den 24. Prairial, J. VI. (12. Juni 1798). Unterz. Buonaparte, Bosredon de Ransijat, Comthur, Maria Testaferrata, D. Joh. Nikol. Mascat, D. Benedict Schembri, Ordensrath Bonani, Frizariri, Bailli von Turin, mit Vorbehalt der meinem Könige zukommenden Souverainietätsrechte, Ritter Phil. Amati, span. Minister.

verlangte, waren dem Ordenskanzler zu Heitersheim Denkschriften in
allen Sprachen zugekommen, aus deren Inhalt, sowie aus der Prüfung so vieler mündlicher Aussagen von Augenzeugen, als unbezweifelte
Wahrheit hervorgeht, daß man das Vertrauen des Großmeisters auf
das schändlichste gemißbraucht habe, und daß er ein Opfer geheimer
Intriguen von Verräthern geworden sei, welche Mittel ausfindig gemacht hatten, ihn durch falsche Berichte über die Vollziehung seiner
Befehle und Vertheidigungsanstalten zu hintergehen. Zu seiner Vertheidigung ist nachstehende Gegenschrift zu Triest im Druck erschienen:
Revolution de Malta en 1798, Gouvernement, principes, loix, statuts de
l'ordre. Réponse au manifeste du Prieuré de Russie, par le Cheval.
de M***** 1799. 242 S. 4. Dieser Schrift ging aber eine schon
am 12. Oct. 1798 abgefaßte Protestation des Großmeisters gegen
die Besitznahme von Malta voraus, worin er besonders den Artikel
von der Geldentschädigung heraushebt, und die Convention eine ab-
gebrungene nennt*).

Die deutschen Ritter ertheilten ihm in Folge dieser Ergebnisse
den Rath, die Wohlthat der Ordensgesetze zu ergreifen, seine Würde
auf eine unbestimmte Zeit freiwillig niederzulegen, einen Generalstatthalter des Ordens zu ernennen und sich dann selbst vor einem,
aus den Gliedern der sämmtlichen Zungen gewählten Kriegsgerichte
zu stellen, und vor dem unparteiischen Urtheile dieser Richter seine
Unschuld zu erweisen. — So dachten, so handelten die Ritter der
deutschen Zunge, während in Rußland ein Ereigniß sich erhob, das
die Aufmerksamkeit und die Entschließungen aller Ordensglieder fesseln mußte.

Die Nachricht von der Uebergabe Malta's hatte nämlich die
Ritter der russisch-polnischen Großpriorate mit tiefem Unwillen erfüllt.
Sie vereinigten sich zu Petersburg zu einem Ordenscapitel. Nach
heftigem Streite, der von allen Ausbrüchen eines tief gekränkten ritter-
lichen Ehrgefühls begleitet war, sagten sie sich förmlich von dem
Großmeister Hompesch los und schleuderten über Alle, die ihn zunächst
umgeben hatten, ungehört das Anathema. Dann luden sie die andern
Großpriorate ein, mit ihnen gemeinschaftliche Sache zu machen.

Ehe aber die Antwort aus Deutschland und den übrigen Ländern
erfolgt sein konnte, hatten sie schon den Kaiser Paul zum Großmeister
ausgerufen (16. Dec. 1798), und nun erging von St.-Petersburg

---

*) S. Kurzgefaßte Nachricht von S. R. K. Maj. Pauls I. Gelangung zur
Würde eines Großmeisters des Ordens St. Joh. v. Jeruf. im Nov. 1799. 8. S. 48.

aus die förmliche Einladung an alle Zungen, dem neuen Oberhaupte zu huldigen.

Die Ritter in Deutschland, von jeher gewohnt, ihre Pflichten mit der Ehrfurcht zu vereinigen, welche sie ihrem Landesherrn schuldig waren, setzten den wiener Hof von dem unerwarteten Wechsel der Umstände in Kenntniß. Aufs höchste stieg ihre Verlegenheit, als die Antwort lange ausblieb. Aber während dieser Zögerung schloß der russische Czaar ein Bündniß mit dem deutschen Kaiser, welches durch Zusammenwirken der mächtigen Kriegsheere beider Nationen Europa den längst entbehrten Frieden erringen sollte. Paul's Wahl fand vielen Widerspruch, selbst bei dem Papste, und der neue Kurfürst von Bayern, Maximilian Joseph, hob sogar am 21. Febr. 1799, um den Streitigkeiten mit Rußland auszuweichen, in seinen Staaten den Orden gänzlich auf.

Der Großmeister Hompesch sah sich nun wohl gezwungen, der Macht der Umstände zu weichen, und seiner Würde feierlich zu entsagen. Schwermüthig verließ dieser von dem Schicksale hart verfolgte Fürst Triest und irrte lange hülflos und verlassen in Deutschland und Italien umher. Herabgesunken bis zur Dürftigkeit (denn Frankreich hatte sein Wort an ihm gebrochen; man war ihm 2 Millionen schuldig, allein mit Mühe hatte er von dieser Summe 15,000 Franken erhalten), mußte er von den Wohlthaten der Macht, die ihm jene tiefe Wunde geschlagen hatte, kümmerlich sein Leben fristen, bis er nach einigen Jahren (1803) in einem fremden Lande sein Grab fand.

Das Glück des Ordens war nun an den mächtigen Schutz und an das Verhängniß eines einflußreichen Monarchen gerettet. Paul I., dessen Geist von Jugend auf mit ritterlichen Ideen genährt und durch Bertot, seine Lieblingslecture selbst im reifern Alter, vor Allem für den Johanniterorden eingenommen war, hatte den festen Willen, den Orden zu dem Ruhme des ersten militairischen Instituts auf dem Erdenrund zu erheben. Ein selbstsüchtiger Grund schwebte ihm bei diesem Entschlusse vor der Seele. Er wollte dadurch den Adel von ganz Europa an seine Person fesseln und unter sich gegenseitig verketten, weil er glaubte, daß von einer solchen Vereinigung die Erhaltung aller Throne abhinge. — Man spiegelte ihm vor, daß dann der Orden in allen christlichen Reichen seine Berührungspunkte haben würde. Alles, was unter den Völkern Geist, Liebe und Entschlossenheit zum Guten, treue Anhänglichkeit an Vaterland, Fürst und Verfassung empfände, müsse sich unter dem Schutze eines mächtigen Oberhauptes in einem Kreise bewegen, und zur Aufrechthaltung des Bestrebens, im Gegensatze des in Frankreich angeregten Ideenumschwungs, zusammenwirken. Unterschied der Religion und der Stände müßte bei der Aufnahme in den Orden schwinden, und nur Ueberlegenheit der Talente die Verschiedenheit des Grades bestimmen, zu dem ein Ritter gelangen könnte. Die Verfassung sollte verbessert, die Ordenszucht hergestellt, Bildungsanstalten mit hauptsächlicher Berücksichtigung mathematischer Kenntnisse errichtet und strenge militairische Ordnung eingeführt werden.

Dies waren die Außenlinien des allgemeinen Systems, welches dem Kaiser vorgelegt ward. Die innere Umgestaltung sollte von einem deutschen Staatsmanne ausgearbeitet werden, der die Hülfsquellen, die guten Eigenschaften, sowie die Gebrechen des Ordens und die Bedürfnisse der Zeitumstände genau kannte. Die Ritter wurden in vier Classen: Seeleute, Kriegsmänner, Staatsbeamte und Gelehrte eingetheilt. Keine Religion war ausgeschlossen, wenn sie nur zu einem christlichen Bekenntnisse gehörte. Jeder hatte ungehinderte Gewissensfreiheit, Ausübung und Gerichtsbarkeit. Nur die Katholiken legten auf eine bestimmte Zeit Ordensgelübbe ab. Keiner, der verheirathet war, konnte zu einer Commende gelangen. Die Classe der Gelehrten brauchte keine adelige Abstammung zu beweisen, sollte aber gleiche Ehre und Vorrechte mit dem Adel genießen.

Es kann der Zweck gegenwärtiger Blätter nicht sein, in die Details dieser Umgestaltung einzubringen. Die Absicht derselben war edel und gut. Der Credit des Ordens erhob sich, und seine Hülfsquellen wurden durch kaiserliche Freigebigkeit verstärkt.

Schon war der hohe Ordensrath *) mit allen Staatsbeamten und Ministern organisirt, bereits ein Generalstatthalter oder Gouver-

---

*) Das letzte vollständige S. Consiglio des souverainen Ordens des h. Johann von Jerusalem bestand aus folgenden Personen:

Großmeister: Se. Kaiserl. Maj. Paul I. Selbstherrscher aller R.

Marschall: Se. Kaiserl. Hoh. Großfürst Alexander.

Statthalter des Großmeisters: Se. Excell. General-Feldmarschall Graf Soltikow.

Großcomthur: Se. Exc. der Hochw. Bailli Fürst Loputschin.

Hospitalier: Se. Exc. der Hochw. Bailli Graf von Sievers.

Admiral: Se. Exc. der Hochw. Bailli Graf Koucheleff.

Gran-Conservator: Se. Exc. der Hochw. Bailli General Lamb.

Turkopolier: Se. Exc. der Hochw. Bailli Freiherr von Flachslanb.

Großbailli: Se. Exc. Freiherr von Pfürdt.

Großkanzler: Se. Exc. der Hochw. Bailli Graf Rostoptschin.

18

neur von Malta durch den Kaiser ernannt, auch in Kronstadt Kriegsschiffe zur Schenkung an die maltesische Marine erbaut, als die Engländer unter Nelson, Graham und Pigot, welche inzwischen den
Franzosen die Ordensinsel am 4. Sept. 1800 nach einer langen Belagerung durch Hunger wieder entrissen hatten, die Herausgabe derselben an den Czaar verweigerten und somit die Vollziehung des
großen Planes auf immer vereitelten. Seit dieser Zeit befindet sich
Malta in den Händen Englands.

Mit dem Tode Paul's (23. März 1801) schwanden auf immer
alle die glänzenden Aussichten, welche seine Großmuth den Johannitern
eröffnet hatte. Die einmal bestehenden Institute blieben zwar auch
unter Alexander in der nämlichen Form gegründet; allein er nahm,
der vielen Bitten ungeachtet, das Großmeisterthum nicht an, ohne
jedoch dem Orden seine schirmende Hand ganz zu entziehen.

Im Frieden von Amiens (1802) wurde zwar zur Bedingung
gemacht, daß Malta dem Orden unter der Gewährleistung einer un-
parteilischen Macht wieder zurückgegeben werden sollte*). Da aber die
Engländer für die Zukunft einen abermaligen Einfluß der Franzosen
auf dieser Insel befürchten mußten, so suchten sie sich fortwährend im
Besitze derselben zu erhalten, und der 26ste Artikel des Entschädigungs-

---

Hof-Chargen.

Seneschall: Der Großmarschall Narischkin.
Oberstallmeister: Der kaiserl. Oberstallmeister Narischkin.
Ricevitoren der Einkünfte: Der kaiserl. Geheim. Rath Danouroff.
Haushofmeister: Der kaiserl. Hofmeister Narischkin.
Oberkammerherr: Graf Cheremetoff.
Unter-Haushofmeister: Hofmarschall Dournoff.
Unterstallmeister: Stallmeister Fürst Gallitzin.
Falconier oder Oberjägermeister: Der Oberjägermeister Fürst Gallitzin.
Commandant der Garde: Generalmajor Fürst Dolgorouki.
Stallmeister: Der Jägermeister Graf Kutaicoff.
Dienende Brüder, als Kammerherren: Nöselbieff, Neklionoff, Apatschinin
und Khitroff.
Speisemeister: Staatsrath Nazaroff.
Secretarien: Für die russische Zunge: Comthur Nelouyreff. Für die italien.
Zunge: Comthur Abbé Gavazzeni. Für die französ. Zunge: Ritter von
Monclar. Für die deutsche Zunge: Ritter von Engelhardt.
Almosenier: Der Erzbischof von Kasan, Ambrosius.
Kapläne: Protoyeréti, Fédoroff, Mantuni Desnizki, Serguey Livstoff und Ni-
colay Stepanoff.

*) Die genauern Umstände dieses Vertrags und seiner Bedingungen findet
man ausführlich entwickelt in: Bignon hist. de France etc. II. Paris 1830.

pixxxx und Reichsdeputationsproceffes vom 25. Febr. 1803 blieb ohne
Wirkung, der parifer Friede (1814) beftätigte den Briten den Befiß
der Infel Malta.

Die große Kataftrophe der Revolutionen, welche von Amerika ausging und durch Frankreich und Polen über ganz Europa fich verbreitete, hat auf Fürften und Völker einen gleich traurigen Einfluß
geübt. Letztere wurden von erftern getrennt, und dennoch forderte
der Drang der Bedürfniffe und die Schwere der übernommenen Pflichten,
daß die geiftlichen Güter, wo fie noch zu finden waren, zu dem Staats-
fchaße gezogen werden mußten. Dies Schickfal traf auch viele Befitzungen des Malteferordens in Deutfchland. Der Johannitermeifter
zu Heitersheim verlor durch den preßburger Frieden von 1805 und
durch die Errichtung des Rheinbundes alle Befitzungen im weftlichen
Schwaben an den Großherzog von Baden. Von den acht Zungen
hatte fich die englifche bereits im 16. Jahrh. losgeriffen, die drei
franzöfifchen verloren während der franzöfifchen Staatsumwälzung ihr
Dafein, die caftilifche und aragonifche wurden nach dem Frieden von
Amiens von Malta getrennt, und die italienifche und deutfche Zunge
hatten gleichfalls, den Umftänden weichend, aufgehört zu fein. Die
Verbindung der Ritter dauerte indeffen nichts deftoweniger dem Wefen
nach fort; weil aber der Orden nach Pauls I. Tode und Hompefch's
Entfagung verwaift und allen Unordnungen eines Zwifchenreichs ausgefetzt war, fo wählten die meiften Glieder der beftehenden Zungen
im September 1802 den Prinzen Bartolomeo Ruspoli, einen der
angefehenften Würdenträger des Ordens, zum Großmeifter. Papft
Pius VII. beftätigte diefe Wahl.

Als aber diefer Prinz, aus Gründen, die noch nicht bekannt geworden, das großmeifterliche Baret niederzulegen fich bewogen gefunden,
fiel der Wunfch faft aller Ordensritter am 9. Febr. 1805 auf einen
Mann, der fo zu fagen in Malta aufgewachfen, von unten auf gedient
und alle Würden von Stufe zu Stufe bekleidet hatte — den Grafen
Tommafi aus der italienifchen Zunge. Er war zu Cortona im Flo-
rentinifchen am 6. Oct. 1731 geboren und fchon in feinem zwölften
Jahre als Edelknabe an den Hof des Großmeifters Pinto nach Malta
gekommen. In kurzer Zeit hatte er fich durch alle Grade durch-
gearbeitet, und zuletzt die Oberbefehlshaberftelle über die Linienfchiffe
des Ordens 40 Jahre hindurch mit großem Anfehen behauptet. Mit
nicht geringerer Achtung als feine Brüder, beehrten ihn felbft aus-
wärtige Monarchen; hauptfächlich fcheint ihn der Großherzog Leopold
von Toscana liebgewonnen zu haben, denn fchon im Jahre 1784

hatte er ihn mit besonderer Rücksicht auf seine unbestechliche Redlichkeit zu seinem Minister auf Malta gewählt.

Die ersten Verfügungen, welche Tommasi in Hinsicht seiner ihm
anvertrauten ziemlich zerstreuten Herde traf, war die Ernennung des
Comthurs, Grafen von Buffy, zum Statthalter zu Malta und Abgesandten des hohen Ordens zur Besitznahme des scheinbar wieder
erlangten Eigenthums. Dann dachte er hauptsächlich auf verbesserte
Ordnung der Ordenscapitel in den Zungen, damit durch dieselben
die Generalcapitel vorbereitet würden, und trug für die Verwaltung
der wenigen noch übrig gebliebenen Güter treue Sorge. Da er von
Frankreich und den andern bourbonischen Höfen das Versprechen erlangt hatte, daß man den ehemaligen Besitz des Ordens dann her-
ausgeben wollte, wenn es letzterem gelänge, ein souveraines Besitzthum
zu erlangen, so machte Tommasi mehre Versuche, von den Griechen
eine Insel abgetreten zu erhalten, ohne jedoch zum Ziele zu kommen.

Nachdem Tommasi in einem hohen Alter gestorben war, erwählten
die Ritter den Bailli Caracciolo zum Großmeister. Der Hauptsitz
des Ordens war damals Catanea in Sicilien. Im Jahre 1826 erlaubte der Papst dem Ordenscapitel und der Regierung, ihre Residenz
nach Ferrara zu verlegen, und 1834 berief er die Ordensbehörden
nach Rom, damit der Orden gänzlich päpstlich werde. Seitdem hatte
das Capitel seinen Sitz in Rom. Karl Candiba, seit 1834 Ordensstatthalter, suchte den Orden zu restauriren, ging aber auf den Plan,
daß der Orden gegen den Sklavenhandel verwendet werde, nicht ein,
sondern zog es vor, auf die Vermehrung der italienischen Besitzungen
bedacht zu sein.

Im J. 1839 genehmigte auch der Kaiser von Oesterreich, daß
sich zur Erhaltung und Besitzung des Ordens ein eigenes lombardisch-
venetianisches Priorat bilde, welchem Beispiele in demselben Jahre
der König von Neapel folgte, indem er in seinem Staate den Orden
vollkommen wieder herstellte.

Manche Pläne, welche zur Hebung des Ordens gefaßt wurden,
scheiterten indessen an der Politik der Großmächte, so die Absicht, die
südwestlich von Terracina gelegene kleine Insel Ponza mit ihrem sichern
Hafen von dem Könige von Neapel zu erwerben, wo die Ritter eine
Quarantaine für die ganze westliche Küste von Italien unterhalten
wollten. Eben so scheiterte der Plan, eine Insel Dalmatiens zu erwerben, obgleich man denselben durch den Eintritt des Erzherzogs
Friedrich von Oesterreich in den Orden zu verwirklichen gehofft hatte.
In gleicher Weise zerrann der Traum, in Palästina ein neues christ-

liches Reich zu gründen und unter den Schutz der Johanniter zu stellen.

Als Candida im J. 1845 gestorben war, ward der Graf von Colloredo-Mels (geb. 1779) sein Nachfolger in der Würde eines Ordensstatthalters. Unter ihm erhielt der Orden die Erlaubniß, auch in Toscana Comthureien zu errichten, welche ihm aber später wieder entzogen wurde.

Im Jahre 1860 besaß der Johanniter-Orden etwa 100 Commenden, welche den 4 Großprioraten in Rom, Benedig, Neapel und Prag untergeordnet waren. Das römische Großpriorat zählte 22 Rechts- und 10 Juspatronatscommenden nebst 3 Priesterpfründen; das lombardisch-venetianische 9 Rechtscommenden, 19 Juspatronats- und 1 kaiserliche Commende, nebst zweien für Conventualpriester. Ueberdieß gab es in Piemont 5 Rechtscommenden. Das sicilische Großpriorat zählte 10 Rechts- und 8 Juspatronatscommenden nebst 1 Priesterpfründe. Das böhmische, welches allein noch von der deutschen Zunge übrig geblieben ist, zählte, außer der Ballei von St. Joseph zu Dobschütz, 18 Rechts-, 1 Juspatronats- und 1 Priestercommende. Der als wirkliche Mitglieder des Ordens eingeschriebenen Rechtsritter waren 1859 etwa 110 an Zahl; der Großkreuze ad honores und der Ehrenritter, mit Einschluß der mit dem Johanniterkreuz decorirten vornehmen Damen, gegen 800.

Eine Zeitlang war es auch Plan des Ordens, die Kriegsmacht des Kirchenstaates zu organisiren und unter seine Leitung zu stellen, um so die militairische Bertheidigung des heiligen Stuhls zu bilden. Allein wir dürfen uns nicht verhehlen, daß die Zeiten sich vollständig umgestaltet haben und dadurch ein neues Aufblühen, ein erneuter Glanz dieses alten Johanniter-Ordens unmöglich geworden ist.

—————

König Friedrich Wilhelm III. von Preußen hatte 1810 und 1811 die Ballei Brandenburg, das Heermeisterthum, sowie die Commenden derselben gänzlich aufgehoben und sämmtliche Güter des Heermeisterthums und der Comthureien dieser Ballei als Staatsgüter eingezogen, aber schon im darauf folgenden Jahre trat dafür ein neuer Johanniterorden hervor. Friedrich Wilhelm III. stiftete nämlich einen preußischen Johanniterorden, und zwar, wie die Urkunde darüber vom 23. Mai 1812 ausdrücklich sagt, „zum ehrenvollen Andenken der aufgehobenen

Ballei Brandenburg des alten Ordens vom h. Johann von Jerusalem". — Der König selbst, ein souverainer „Beschützer" desselben, ernannte den von ihm abhängigen Großmeister, sowie die Mitglieder des Ordens, welche nur eine Classe ausmachten und unbestimmter
Anzahl waren. Für keinen Stand, noch gewisses Verdienst ausschließlich
bestimmt, ward er als ein Zeichen für ehrenvolle Dienstleistung, gewöhnlicher aber als ein Beweis königlicher Gnade vergeben. Der
adelige Stand war eine Hauptbedingung, doch ward zur Erlangung des
Ordens keine Ahnenprobe mehr erfordert.

Das Ordenskreuz ist, bis auf die große Königskrone darüber,
ganz das vorige Johanniterkreuz, golden, achtspitzig und weiß emaillirt.
In den vier Theilen sind schwarze preußische Adler mit Kronen und
ausgebreiteten Flügeln. Es wird an einem schwarzen Bande um den
Hals getragen, und dabei auf der linken Seite des Kleides dasselbe
Kreuz, schlicht und ohne die Adler, meist von weißem Zeuge, oder
von Seide gestickt. Der Großmeister unterscheidet sich nur dadurch,
daß er Beides größer trägt. Zugleich haben alle Mitglieder das
Recht, als Ordenskleid eine scharlachrothe Uniform mit weißem Kragen
und weißen Aufschlägen, goldenen Litzen, weißem Futter, weißen Unter-
kleidern und goldenen Achselbändern, worauf das einfache weiße
Ordenskreuz liegt, nebst gelben Knöpfen und dem weißen achteckigen
Kreuze auf der linken Brust zu tragen.

Alle bis zur Auflösung der Ballei Brandenburg wirklich ein-
gekleidete Malteserritter wurden gleich bei der Stiftung dieses neuen
Ordens zu Mitgliedern desselben ernannt und behielten das Ordenskreuz, wie es sonst war, bei. Denen, welche schon eine frühere Anwartschaft auf den Orden hatten, blieb es freigestellt, nach gehörigem
Beweise sich auf den Grad derselben stützend, nun um die Ertheilung
des neuen Ordens anzuhalten.

Durch Cabinetsordre des Königs Friedrich Wilhelm IV. vom
15. October 1852, publicirt am 5. Januar 1853, erhielt dieser
preußische Johanniterorden eine seiner ursprünglichen Stiftung entsprechende gemeinnützige Bestimmung, indem die Herstellung der Ballei
Brandenburg des evangelischen St. Johannisordens (unbeschadet der
früher erfolgten Einziehung der Güter desselben als Staatsgüter) an-
geordnet und zugleich bestimmt wurde, daß von nun an zu wirklichen
Mitgliedern, nämlich Comthuren und Rechtsrittern, der Ballei Brandenburg solche des Ordens würdige Personen ernannt werden, welche
für die Zwecke des Ordens einen jährlichen Beitrag von mindestens
12 Thaler und ein Eintrittsgeld von 100 Thalern — oder Ausländer

ein für alle Mal 200 Thaler — zahlen, aus welchen Geldern Kranken-
anstalten begründet und unterhalten werden sollen. Bei der Aufnahme
wird das Gelübde abgelegt: dem Bekenntnisse der evangelischen Kirche
treu anzuhängen, die alten stiftungsmäßigen Zwecke des Ordens stets
anzuerkennen, dem Könige von Preußen stets treu, gewärtig und gehorsam zu sein, sich nie einer entehrenden Beleidigung auszusetzen
und den Oberen des Ordens stets willigen Gehorsam zu leisten.

Jetziger Herrenmeister ist seit dem 18. Mai 1853 der Prinz
Karl von Preußen.

Bereits über zwölf Jahre ist der neue Orden in dieser Weise
thätig gewesen: er gründete nicht allein eine Art selbstständiger Kranken-
anstalten, sondern förderte die Armen- und Krankenpflege im Allgemeinen auch durch werkthätige Unterstützung bereits bestehender Anstalten aus seinen Mitteln. Sein Wirken beschränkte sich nicht auf
Preußen; auch in den übrigen deutschen Ländern traten die Johanniter
zu Genossenschaften für gleiche Zwecke zusammen, und die Ordens-
leitung, welche, wie bemerkt, unter dem Herrenmeister Prinz Karl
von Preußen in Preußen ihren Sitz hat, bot hierzu jederzeit bereitwillig die Hand. Selbst über die Grenzen Europas hinaus erstreckte
sich die segensreiche Thätigkeit des Ordens. Als vor einigen Jahren
die noch in frischer Erinnerung haftenden Christenverfolgungen in Syrien
statthatten, sendete der Orden der Johanniter mehre seiner Mitglieder
auf den Schauplatz des türkischen Fanatismus und nahm sich der
unglücklichen Opfer desselben in werkthätigster Liebe an; mit seinen
Mitteln gründete er in Beyrut ein noch jetzt in Wirksamkeit stehendes
Hospital und trug so wesentlich dazu bei, die Schrecken jener Lage für
die davon Betroffenen wenigstens in ihren Folgen und Nachwirkungen
zu lindern.

Demungeachtet blieb das Wirken des Ordens — gehorsam dem
Gebot Christi, daß die Linke nicht wissen soll, was die Rechte thut,
— still und anspruchslos, in weiteren Kreisen so gut wie unbekannt.
Hin und wieder meldete wohl eine Zeitungsnotiz, daß da und dort
wieder ein Krankenhaus vom Johanniterorden ins Leben gerufen sei
— z. B. in Preußisch Holland, in Jüterbock, in Neu-Ruppin, in
Stendal, in Stargard, Tirschtiegel, Pinne, Fraustadt, Muravana-
Goslin, Mansfeld, Glabbach, und an andern Orten, — aber von
dem organischen Ineinandergreifen dieser Wirksamkeit und von dem
Gesammtumfange derselben hatten nur wenige einen rechten Begriff,
und so nur ist es erklärlich, daß sie bis in die neueste Zeit bei
weitem nicht die gebührende öffentliche Würdigung gefunden hat.

Diesen schuldigen Tribut hat erst die jüngste Vergangenheit zu entrichten begonnen, und der deutsch-dänische Krieg ist es gewesen, in welchem das so unendlich segensreiche Wirken des Ordens in seiner heutigen Gestaltung, welchem die persönliche opferwillige Dienstleistung der Ordensmitglieder noch einen besondern Werth verleiht, zum erstenmal in voller Erscheinung zu Tage getreten ist. König Wilhelm von Preußen begrüßte nach dem glorreichen Tage von Düppel den Grafen Stolberg, welchen der Orden mit der Oberleitung aller von ihm im Interesse der Krankenpflege in den Herzogthümern getroffenen Anstalten beauftragt hatte, mit den schmeichelhaften Worten: „Bisher kannte man, was der Orden leistet, nur in kleinern Kreisen; von nun wird sich der Ruf seines Wirkens über ganz Europa verbreiten!" Und wahrlich! die Anerkennung, welche dem Orden wegen seiner Dienste geleistet wird, ist eine allgemeine und wird von allen Parteien gezollt.

Um einen Ueberblick von dem Wirken des Ordens auf dem Kriegsschauplatze zu geben, theilen wir Folgendes aus dem Buche Heinrich Mahler's „Wieder in den Krieg" mit, und bemerken, daß der Verfasser dem Kriege vom Anfang bis zu Ende als Tagesschriftsteller beigewohnt hat.

Es war im Januar, kurz vor Ausbruch des Kriegs, als Graf zu Stolberg-Wernigerode, der Kanzler des Johanniterordens, mit unbedingter Vollmacht, für den Krieg Ordens-Spitäler zu errichten, versehen wurde. Das erste dieser Lazarethe wurde im Februar in Altona eröffnet und nahm auch sofort Kranke und Verwundete, meist Angehörige der tapfern österreichischen Armee auf, die blessirt worden waren bei ihrem ersten wuchtigen Zusammenstoß mit den Dänen bei Oberselk. Dienstthuende Ritter bei diesem Lazareth waren Graf zur Lippe und v. Bonin. Als Aerzte fungirten der Berliner Civilarzt Dr. Hüter und ein Assistent. Es war ein schönes Lazareth, das gegen dreißig Betten faßte und bis zum ersten April, an welchem Tage es aufgelöst wurde, hundert Patienten aufgenommen hatte.

Am neunzehnten Februar ging Graf Stolberg nach Flensburg ab; ihn begleitete seine Gemahlin, geborene Prinzeß Reuß, die unermüdlich im edelsten Dienste schöner Menschlichkeit auf ihrem freiwillig erwählten Posten aushielt bis an das Ende der Kämpfe. Graf Stolberg miethete den reizend auf einer prächtigen Anhöhe gelegenen Vergnügungsort der Flensburger, Bellevue. Dies Lazareth wurde für die Kämpfe von und um Düppel für achtundzwanzig Betten eingerichtet und nahm am 23. Februar die ersten Verwundeten aus dem Gefecht bei Rackebüll auf.

Mit ebenso großer Umsicht als Energie und Unermüdlichkeit unterzog sich Graf Stolberg der Oberleitung der Geschäfte, während die Gräfin einem großen Depot vorstand, an welches Gaben aller Art abgeführt wurden, die theils an die Lazarethe, theils an die Truppen vertheilt wurden.

Im Depot zur Vertheilung der Gaben (warme Bekleidungsstücke, Erfrischungen 2c.) an die Vorposten, die den beschwerlichen äußern Dienst in bitter-kalter Winter- und der rauhen, naßkalten ersten Frühlingszeit hatten, und später zum Herausbefördern aus dem Gefecht und zum Krankenträger- und Wärterdienst wurden Brüder des Rauhen Hauses zu Hamburg verwendet, deren selbstverleugnende, auf dem festesten Gottvertrauen ruhende Hingebung ebenfalls die rückhaltloseste Anerkennung verdient.

Die Krankenpflege in Flensburg lag in den sorgenden Händen von Diakonissinnen aus Bethanien unter Vorstand der Oberin von Bethanien, Gräfin Anna zu Stolberg-Wernigerode. Aber auch in mehren der Militair-Lazarethe zu Flensburg wurden zur Pflege der Kranken Diakonissinnen oder barmherzige Schwestern aus Münster verwendet, die ebenfalls, getreu ihrem Gelübde, heraufgeeilt waren auf das rauhe Feld des Krieges. Als geschäftsführende Ritter standen dem Grafen Stolberg zur Seite die Herren v. Alvensleben, Oberstleutnant Reck v. Schwarzbach, Baron v. Zedlitz-Neukirch, v. Sallsch, Graf Solms, Baron Gaffron und Baron Heintze. Dirigirender Arzt sämmtlicher Lazarethe war Dr. Nessel aus Breslau. Ihm war für jedes Lazareth ein Assistent beigegeben.

Im Ganzen hat das Lazareth Bellevue vierundsiebzig Verwundete aufgenommen, von denen drei dänische Officiere und ein preußischer Vicefeldwebel, Sandmann, vom 6. westphälischen Infanterieregiment Nr. 55, ihren Wunden erlagen. Vicefeldwebel Sandmann war auf Alsen schwer verwundet worden. Unter den sämmtlichen Aufgenommenen waren vierzehn dänische Officiere, fast also ein Fünftheil der Gesammtsumme. Das Lazareth Bellevue wurde am 1. August aufgelöst.

Die Recognoscirungen der Düppelstellung waren beendet; es stand fest, daß im förmlichen Angriff gegen die Schanzen I bis VI vorgegangen werden sollte, und je weiter die Arbeiten in den Laufgräben vorschritten, desto dringlicher wurde das Bedürfniß, ein dem Kampfplatz näher gelegenes Lazareth in Rübel einzurichten. Am 25. März zeigte dann das große, achtspitzige, rothe Johanniterkreuz auf weißem Felde, das vom Schulhause Rübels erglänzte, die Errichtung eines neuen Ordens-Lazarethes an.

Hier in Nübel waren zwei dienstthuende Ritter thätig, einer, welcher das Haus führte, ein anderer, der mit den Ambulancen ritt, das Herausbringen der Verwundeten aus dem Gefecht und den Transport derselben nach der Verbandstelle leitete.

Auch dieses Lazarath übernahm Dr. Nessel mit einem Assistenten. An seine Stelle trat später, als sich die Errichtung eines zweiten Lazareths in Flensburg und die fortgesetzte Anwesenheit des dirigirenden Arztes allbort nothwendig machte, von Anfang April bis zum fünfundzwanzigsten Dr. Klopsch aus Breslau, der vorher schon als Volontair dort thätig war; vom fünfundzwanzigsten April bis zum zwölften Mai ging es in die Hände des Dr. Hüter über, der, wie wir wissen, früher das erste Spital des Ordens, zu Altona, unter sich hatte. Als dienstthuende Ritter beim Lazareth zu Nübel fungirten Fürst Pleß, Prinz Reuß, Oberstleutnant Keck v. Schwarzbach, Oberst v. Ohlen und Adlerskron, v. Alvensleben, v. Knesebeck.

Während der Belagerung auch war es, daß eine neue Art Krankenwagen, von dem Orden bei dem bekannten Berliner Wagenfabrikanten Neuß bestellt, zuerst einer Probe unterworfen wurde und sich vortrefflich bewährte. Vorzügliche Resultate erreichte man auch durch fahrbar gemachte Krankenbahren, d. h. Bahren mit Rädern, um den Verwundeten den schmerzhaften Ruck, den das nothwendige Tritthalten der Träger stets verursacht, zu ersparen.

Die Johanniter waren im Feuer den 28. März, den 6., 11., 14. April und am Sturmtage, den 18. April. Die Ambulance des Ordens befand sich meist in der Büffelkoppel, am Sturmtage jedoch in der großen Ambulance rechts von der Chaussee, die Graf Stolberg für den Orden und die Militairärzte hatte bauen lassen. An diesem glorreichen Tage waren sämmtliche Ritter thätig, denen sich inzwischen außer den bereits genannten noch andere, auch andern deutschen Ländern angehörige (aus dem Königreich Sachsen namentlich Rittergutsbesitzer von Witzleben auf Kitscher) zugesellt hatten, sowie der Ordenskanzler Graf Stolberg, gleicherweise alle Aerzte des Ordens und mit ihnen Professor Middeldorpf aus Breslau, dessen Assistent Dr. Nessel früher gewesen. In Nübel wurden an dem Tage zweiunddreißig Verwundete aufgenommen, wovon zwölf starben. Unter die letztern zählt auch der tapfere General v. Raven.

Schon am 12. Mai konnte das Lazareth in Nübel aufgelöst werden, da alle Verwundeten bereits transportabel waren. Sie wurden nach Flensburg gebracht und der Transport dorthin durch ein von dem Orden gemiethetes Schiff bewerkstelligt — jedenfalls eine ebenso bequeme als für die Verwundeten angenehme Beförderungsart.

Aber auch in Flensburg hatte der Orden für den Sturm seine Vorkehrungen getroffen, indem er ein zweites Lazareth, das Lazareth Königsgarten, vor dem Norderthore reizend gelegen, einrichtete. Ein prächtiger Garten, wie es der Name des Etablissements schon besagt, erhöhte wesentlich die Zweckdienlichkeit dieses neuen Instituts. Wie Bellevue, so war auch Königsgarten mit achtundzwanzig Betten versehen. Das Lazareth wurde für den Sturm eröffnet und — gefüllt.

Zweiundfünfzig Verwundete wurden im Ganzen hier behandelt, unter ihnen sieben dänische Officiere. Von diesen Verwundeten starben zwei preußische Unterofficiere. Wie oben schon gemeldet, war auch dieses Lazareth den bewährten Händen des Dr. Ressel, dem ein Assistent beigegeben, anvertraut.

Die erste große Waffenruhe kam, und nun fand der Orden die erwünschte Gelegenheit, seine unausgesetzte Sorge und Pflege den vorhandenen Verwundeten in noch erhöhtem Maße (wenn das überhaupt möglich war) zu widmen. Diejenigen, welche geblutet hatten für den Ruhm und die Ehre des Vaterlands, für das Recht eines lange geknechteten deutschen Bruderlandes, sie hätten nimmer bei den Ihrigen daheim diese bis in das kleinste Detail gehende Pflege finden können!

Aber auch die Reconvalescenten konnten nirgends besser aufgenommen sein. Für sie waren Büffets aufgeschlagen, von denen alle Leckerbissen der Welt, Austern, Caviar u. s. w. freundlich herlächelten. Hiervon durfte nun je nach Gefallen — oder nein, je nach Verordnung der Aerzte, genossen werden.

Die Waffenruhe hatte nicht zum Frieden geführt. Am 26. Juli begannen, wie wir wissen, die Feindseligkeiten von Neuem, der Uebergang nach Alsen stand bevor.

Auch der Johanniterorden traf seine Vorkehrungen für diesen Tag, der ja wieder seine ganze ungetheilte Wirksamkeit beanspruchen würde. Für den Uebergang nach Alsen wurde ein Feld-Lazareth in Wester-Satrup errichtet, bei welchem den Dienst die Ordensritter v. Salisch und Graf Wartensleben übernahmen. Als Arzt bei diesem Lazareth fungirte Dr. Heine.

Der mühsame und glorreiche Tag von Alsen brachte aber auch den Rittern, den Aerzten des Ordens und den krankentragenden Brüdern des Rauhen Hauses Mühe und Arbeit in Hülle und Fülle. Denn das Herüberholen der Verwundeten über den Alsensund war mit unendlichen Schwierigkeiten verknüpft.

Im Lazareth Wester-Satrup wurden zwölf Verwundete aufgenommen, von denen vier ihren Wunden erlagen. Das Lazareth konnte schon am 1. August evacuirt und dann aufgelöst werden.

Wie in den Militair-Hospitälern (z. B. im Schützengarten in Flensburg) ganz herrliche Resultate mit Krankenzelten erreicht wurden, unter denen die Kranken (meist Typhuskranke) und Verwundeten auf ihren Lagern ruhten, so wurde auch für die auf Alsen verwundeten, jedoch transportablen Krieger im Johanniter-Lazareth Königsgarten ein großes Zelt aufgeschlagen, und der erreichte Erfolg rechtfertigte vollständig die gehegten Erwartungen.

Die Johanniter-Lazarethe waren Muster-Anstalten in ihrer Art, und wer sie je besuchte und die Ritter in ihrem edeln Dienst beobachtete, der schied mit den Gefühlen der Verehrung und Hochachtung vor dem Orden.

Was uns das bei weitem Werthvollste an der hilfreichen Thätigkeit des Ordens während des Kriegs dünkt, sind nicht sowol die von ihm gespendeten reichen Geldopfer, mit denen er unter Zuhülfenahme der ihm übersendeten freiwilligen Beiträge sein großherziges Werk zur Ausführung brachte, sondern die persönlichen Dienste, welche die Ordensmitglieder voll Selbstverleugnung und Hingebung in freiwilliger Aufopferung dabei leisteten. Sie haben damit nicht allein eine der schönsten Christenpflichten erfüllt, sondern auch auf Geist und Stimmung der Truppen einen, nach den Aussagen aller Augenzeugen wahrhaft bewältigenden Einfluß geübt. Wenigen ward von den Soldaten mit gleicher Ehrerbietung begegnet als jenen Männern in einfacher Civilkleidung, welche, ohne anderes Abzeichen als die weiße Feldbinde um den Arm und das Johanniterkreuz auf der Brust, mitten im Kampfgetümmel zu finden waren, um, im Verein mit den Brüdern des Rauhen Hauses, die Verwundeten herauszuholen und nach den Ambulancen zu geleiten, und als jenen Diakonissinnen und barmherzigen Schwestern, welche unter der Leitung der rastlos thätigen Gräfin Stolberg, die in der Geschichte des nun beendeten deutsch-dänischen Krieges einen ähnlichen Namen sich gesichert hat wie Miß Nightingale ihn durch den Krimkrieg sich erworben, den Dienst in den Lazarethen zu versehen hatten. Auch ihnen gebührt ein werkthätiger Antheil, und wahrlich weder der kleinste noch der leichteste, an dem glorreichen Ausgange dieses Krieges.

Innere Verfassung des alten Johanniterordens.

Der erste Begründer des Ordens, Gerardus, hatte seine Gehülfen im Spitale zu Jerusalem in einen religiösen Verein nach der Regel des h. Augustins zusammenberufen. Gemeinschaftlicher Rath entschied über die wichtigsten Angelegenheiten. So entstanden Capitel, welche, als der Orden sich immer mehr ausbreitete, eine repräsentative Form annahmen und Generalcapitel genannt wurden. Diese übten die gesetzgebende, der Großmeister und sein Conseil aber die vollstreckende Gewalt. Das letzte Generalcapitel ist im J. 1776 gehalten worden, und sein Ergebniß war der am 20. Jul. 1779 von Pius VI. sanctionirte „Codice del sagro militare ordine Gerosolimitano riordinato per comandimento del sagro generale capitole celebrato nell' anno 1776 sotto gli auspici di S. A. eminentissima il gran-maestro Emanuele de Rohan. Malta nella stamperia di S. A. E. per Fra Giov. Mallia suo stampatore 1782 (505 S. Fol.), von welchem schon im darauf folgenden Jahre ein Auszug, oder besser ein Realverzeichniß erschien, unter dem Titel: Compendio delle materie contenate nel codice del S. mil. ord. Gerosol. (Malta 1783, 162 S. Fol.).

Je weniger dies Werk in Deutschland bekannt ist, desto mehr dürfte sein Inhaltsverzeichniß manchen Lesern nicht unwillkommen sein. Der Codex zerfällt in folgende Abschitte:

I. Allgemeine Verordnungen.

1. Chronologia de Gran-maestri. 2. Statuti e ordinazioni promulgate nel capitolo gener. del 1776. 3. Ceremoniale da osservarsi nell' amare li cavalieri e dar l'abidio dell' ordine. 4. Regolamento per la conservazione e taglio de boschi appertenenti all' ordine nel Regno di Francia. 5. Privilegi concessi all' ordine da diversi sommi pontifici.

II. Besondere Statuten.

1. Della regola, 2. del ricevimento de' fratelli, 3. della chiesa, 4. dell' ospitalità, 5. del comun tresoro, 6. del capitolo, 7. del consiglio e de' giudizi, 8. dello sguardo, 9. del maestro, 10. de' baglivi, 11. de' priori, 12. dell' ufficio dei fratelli, 13. delle elezioni, 14. delle commende ed administrazioni, 15. delle visite, 16. dei contratti e delle alienazioni, 17. delle allogazioni ossiano affitti, 18. delle proibizioni e pene, 19. della cancellaria, 20. delle albergie, 21. delle galere e del Vascelli, 22. della significazione delle parole.

Die Gesetze des neuesten und letzten Generalcapitels weichen
von der ursprünglichen Hauptgrundlage keineswegs ab. Noch heute
nennt sich der Orden „die h. Religion" und seinen Sitz „Convent."

Sowie sich der ganze Orden in acht Nationen oder Zungen
theilte, deren Oberhäupter Pilieri (Pfeiler) hießen, so gehörte jeder
Bruder zu einer bestimmten Zunge und zu einem bestimmten Großpriorate. Die Zungen wurden nämlich in Priorate oder National-
districte, und diese wieder in Balleien und Commenden eingetheilt. Die Prioren beriefen ihre Untergebenen ein halbes Jahr nach
dem Generalcapitel zu den Provinzialversammlungen. Capitel
in der Provinz wurden jährlich ein Mal, und zwar im Brachmonat
gehalten. Alle fünf Jahre sollte der Prior seine Commenden visitiren.
Jedes Priorat hatte innerhalb seiner Grenzen einen Ritter zum Ge-
neraleinnehmer, der vom Großmeister und dessen Conseil alle drei
Jahre ernannt wurde. Ueber die Angelegenheiten ihrer Priorate,
Commenden und Ordensglieder berathschlagte jede Zunge in ihrer
Albergia zu Malta; doch durfte sich keine ohne Erlaubniß des Großmeisters versammeln. Jedes anwesende Ordensglied der nämlichen
Zunge hatte in der Versammlung, deren Vorsteher der Piliere war,
Sitz und Stimme, nur mußte der Ritter drei Jahre Residenz gemacht,
d. h. in Malta sich aufgehalten haben. Alle Geschäfte, welche einzelne Religiosen, oder die Priorate oder Zungen an die Gesammtheit
des Ordens brachten, wurden von dem Consiglio ordinario, nach Anleitung der Grundgesetze, abgethan. Das Consiglio ord. bestand aus
dem Großmeister und dessen Statthalter, dem Bischof von Malta,
dem Prior della Chiesa, den acht Conventual-Bailli's, den Provin-
zialprioren, dem Schatzmeister und endlich dem Seneschall, der aber
nur eine berathende Stimme hatte. Von diesem Rathe wurde in
bürgerlichen und peinlichen Fällen an das Consiglio compito appellirt.
Letzteres bestand aus den nämlichen Personen, denen aber noch zwei
Ritter aus jeder Zunge beigegeben waren. Das Sguardio oder das
älteste und höchste Tribunal fand nur in Criminalsachen statt: Es
bestand aus neun Mitgliedern und konnte noch durch drei Ritter von
jeder Zunge verstärkt werden.

Die gesetzgebende Gewalt ruhte auf dem Generalcapitel. Die
Ritter holten am Morgen der Eröffnung desselben den Großmeister
aus seinem Palaste ab und begleiteten ihn im feierlichen, wahrhaft
fürstlichen Aufzuge nach der Ordenskirche. Die Geistlichkeit holte und
begleitete den Prior von St.-Johann. Nach geendigtem feierlichen

Hochamte verfügten sich alle in Procession nach dem Palaste in den Rathssaal; der Großmeister und die Conventglieder im Ordensmantel; ersterer saß unter einem Thron-Baldachin, 24 Ritter mit gezogenen Schwertern standen zur Seite, so lange das Generalcapitel dauerte. Der Großmarschall des Ordens legte die große Standarte am Fuße des Thrones nieder. Die Flaggen der Kriegsschiffe und Galeeren vermehrten die Insignien der Staatsgewalt. Hierauf schritt man zur Wahl von drei Abgeordneten, denen die Untersuchung der zu haltenden Vorträge oblag. Jedes Priorat schickte seine Gesandten mit Vollmachten und schriftlichen Anträgen. Die Zungen traten zusammen, und jede von ihnen wählte nun zwei Deputirte. Die dadurch gebildete Kammer legte, als eigentliches Generalcapitel, in die Hände des Großmeisters den Eid der Treue ab. Die Wirksamkeit dieses Ordenssenates umfaßte alle wichtigen Angelegenheiten der Religion (der gewöhnliche Name des Bundes) als: die Bestimmung der Auflagen, Entwurf neuer Gesetze, Abänderungen der Statuten, Untersuchung der Finanzen, Entgegennahme der Rechnungen u. a. m. Die Dauer eines Generalcapitels war auf 14 gerichtsfähige Tage anberaumt. Die Geschäfte, welche bis dahin noch rückständig waren, wurden einer besondern Commission, die man das Consiglio compito di Ritenzioni nannte, zur Beendigung binnen einer gewissen Zeit mit gleicher Gewalt aufgetragen. Solcher gesetzgebenden Versammlungen zählte der Orden seit seiner Stiftung, in einem Zeitraume von 700 Jahren, ungefähr sechzig.

Die Einkünfte und Ausgaben des Ordens verwaltete das Schatzamt, Camera del commun tesoro. Der Großcomthur (Gran-Commendatore) ist immerwährender Präsident desselben. Ihm sind zwei Großkreuze, welche der Großmeister und der Ordensrath alle zwei Jahre erneuerten, unter dem Namen „Procuradori del tesoro" beigegeben. Ein baglivo capitolare bekleidete in der Regel die Generalschatzmeisterwürde.

Wo sich der Großmeister oder sein Stellvertreter, die Hauptkirche, das Hospital und die Albergia befanden, da war der Convent. Ohne Erlaubniß des Großmeisters durfte kein Bruder den Convent verlassen. Der Aufenthalt (Residenz) in demselben war zur Erlangung einer Würde, Commende u. dergl. unumgänglich nothwendig. Ebenso mußte jeder Ritter, wollte er befördert werden, zwei Caravanen (Aufenthalt von 6 Monaten auf den Galeren) gemacht haben. Außerdem schwuren die Brüder, wenigstens einmal in ihrem Leben gegen die Sarazenen zu Felde zu ziehen, die Unschuld zu schützen,

Unglückliche zu retten und Wittwen, Waisen und Unterdrückte zu vertheidigen.

Zu ihren geistlichen Obliegenheiten gehörte, daß sie das Oratorium zu St.-Johann fleißig besuchten, täglich 50 Paternoster und die Tagzeiten (Horas B. Virg. M.) oder das Officium defunctorum beteten. — Die Ordenstracht bestand in einem schwarzen Mantel mit dem achteckigen Kreuze von weißer Leinwand auf der linken Seite. Im Kriege trugen die Ritter ein rothes Oberkleid (Tunica) mit gleichem Kreuze. Nur die Großbeamten trugen letzteres auf der Mitte der Brust. Ein Feierkleid war der Manto di Punto, von schwarzem Seidenstoff, an dessen linker Seite ein Seidenstreif herabhing, auf welchem die Symbole der Leidensgeschichte Jesu gestickt waren. In diesem Mantel mußten sich die Ritter begraben lassen. In dem Ordensrathe trugen die Ritter ein langes Gewand, das Cloccia hieß. Das am Halse hängende goldene Kreuz gehörte nur den Brüdern, welche Profeß gethan hatten. Weltlichen Fürsten und Personen von hohem Range ward von dem Großmeister zuweilen ein Ordenszeichen verliehen, welches man La Croce di devozione nannte.

III. Eintheilung der Mitglieder.

Jeder, der die drei Ordensgelübde (der Keuschheit, der Armuth und des Gehorsams) abgelegt hatte, hieß Fratello oder Fra, Bruder, Religios. Diese theilten sich in drei Classen: 1) Ritter oder Cavalieri; 2) Priester oder Sacerdoti und 3) dienende Brüder, Wappenknechte, Schildknappen oder Serventi. Alle waren dem Noviziat unterworfen. Gesetzliche und reine Abkunft war das Haupterforderniß aller drei Classen. Ueberdies mußte der Aufzunehmende der römisch-katholischen Religion zugethan sein und in keiner ehelichen Verbindung gestanden haben.

Die Reinheit der Abkunft beruhte bei den Rittern darauf, daß sie wappenmäßige und ebenbürtige Ahnen, wenigstens von väterlicher Seite, aufzuweisen im Stande waren. Jedoch war die Ahnenprobe nicht in allen Zungen gleich streng.

Die Ritter der Zungen Provence, Auvergne und Frankreich mußten nur vom Urgroßvater und der Urgroßmutter an — folglich in acht Ahnen. — die Reinheit des Adels erweisen. Die Italiener genossen noch größerer Vorzüge, indem die Probe von vier Ahnen ausreichte. Die spanische Zunge war in den meisten Fällen noch gelinder, und verfolgte die Reinheit der Geburt nie über ein Jahrhundert hinaus. Desto strenger verfuhr man in Deutschland und

Böhmen. Die schriftmäßige Probe von 16 Ahnen (8 väterlichen und 8 mütterlichen) war unerläßlich. Bei den Ordensklerikern und Wappnern reichte eheliche Geburt, sittlicher Lebenswandel und der Beweis hin, daß weder sie, noch ihre Väter eine entehrende Hantierung getrieben.

Volle 15 Jahre waren zum Noviziate, volle 16 J. zur Ablegung der Ordensgelübbe und 18 J. zum Antritt des Seedienstes (Caravane) auf einer Ordensgalere erforderlich. Zum Klerikat-Novizen reichten 9 J. und zum Pagendienste bei dem Großmeister 12 J. hin; doch durfte man zu beiden nicht mehr als 15 J. alt sein. Das Noviziat mußte stets im Convente gehalten werden, die Deutschen allein konnten es bei ihrem Prior zurücklegen, und den Böhmen war sogar ein halbes Jahr davon erlassen. Das Conseil erwählte aus verschiedenen Nationen einen Großkreuz und zwei Kleinkreuze zu Novizenmeistern. Der letzteren Pflicht war, auf den guten Lebenswandel der jungen Leute ein wachsames Auge zu haben, sie in den Waffen zu üben und über ihre Bildung Bericht zu erstatten. Zu der Erlaubniß, das Ordensgelübbe ablegen zu dürfen, mußten im Conseil zwei Dritttheile der Stimmen bejahend sein. Der Profeß mußte im Convente geschehen. Der Großmeister besaß jedoch bei allen solchen Observanzen das Dispensationsrecht.

Die Ritter theilten sich in Cavalieri di Giustizia, oder solche, die nach der Altersfolge zu einer Commende gelangten, und Cavalieri di grazia, die aus großmeisterlicher Gnade befördert waren.

Die Kleriker waren entweder Capellani conventuali, höhere Ordensgeistliche, oder Capellani d'obedienza, welche zum Dienste der Comthureikirchen aufgenommen wurden und niemals befördert werden konnten.

Die Serventi d'Armi konnten nur ausnahmsweise durch des Großmeisters Gunst zu Cavalieri di grazia di lingua geschlagen werden, mußten aber alsdann außer dem schon als Waffenbruder erlegten Eintrittsgelde (Passaggio) 1000 Scudi an das Schatzamt und 100 Scudi in die Casse der Zunge, welcher sie angehörten, entrichten.

In einem besondern Verhältnisse zum Orden standen die Donati, bei deren Aufnahme außer der guten Geburt gewöhnlich auch die Vermögensumstände berücksichtigt wurden. Geschenke und Vermächtnisse von ihrer Seite bildeten die Einleitung, der Schwur, die Religion aus allen Kräften zu vertheidigen und keine andere Glaubenslehre anzunehmen, folgte nach, und jährliche Geldbeiträge schlossen das Ganze. Dafür durften sie das halbe Ordenskreuz, nämlich den untern Theil desselben, auf der linken Brust tragen, und zwar so, daß

19

Jedermann sogleich sehen konnte, daß der obere Theil fehlte, und genossen Tafel und Soldea (eine Art Kleibergeld, welches jährlich aus bem Schatzamte erhoben wurde, und für den Ritter 22 Thlr., für die Kapläne und bienenden Brüder 16 Thlr., für die Diakonen 12 Thlr. und für bie Novizen 7 Thlr. betrug).

Der Orden hatte auch Schwestern, b. h. Hospitaliterinnen, besonders in Spanien und Italien, die mit der gleichen Regel in Klöstern wohnten. Eheliche Geburt, abelige Herkunft und Vermögen waren die Hauptbedingungen ihrer Aufnahme, welche von den Prior ausgeübt wurde.

IV. Ordensämter.

Der Großmeister war in Vereinigung mit dem Conseil das gebietende Haupt des Ordens, in dem die höchste Würde und Macht zusammenflossen, und nahm in dem Range der europäischen Staaten zwischen ben Königen und Republiken seine Stelle ein. Sein Titel war „Altezza eminentissima", beutsch: Ew. Eminenz oder Durchlaucht. In Urkunden führte er den Titel: Frater N. N., Dei gratia sacrae domus hospitalis S. Ioannis hierosolymitani, militaris ordinis sancti sepulchri dominici et ordinis S. Antonii Viennensis Magister humilis pauperumque Jesu Christi custos (Bruder N. N. von Gottes Gnaden, des h. Antons von Bienne geringer Meister und Hüter der Armen Christi). Sein Wappen war ein silbernes achteckiges Kreuz in rothem Felde, oben mit einer herzoglichen Krone, aus der ein Rosenkranz um das Wappenschild ging, mit einem daran hängenden kleinen Kreuze und den Worten: Pro fide (für den Glauben). Das Geld in Malta wurde mit dem Gepräge des Ordens und dem Familienwappen des jebesmaligen Großmeisters geschlagen; die Urkunden und Bullen, die in seinem Namen ausgefertigt wurden, trugen im schwarzen Wachssiegel des Meisters Bild. Ihm mußten alle Brüder, die höchsten Beamten, den Marschall, Admiral u. s. w. nicht ausgenommen, in gerechten und ehrbaren Dingen ohne Widerrede gehorchen. Befahl er etwas gegen die Ordensstatuten oder gegen die gute Sitte, so konnte ein Bruder das Sguardio verlangen und war bis zu dessen Ausspruch nicht verpflichtet, den Befehl zu vollziehen. Ob das Sguardio zusammenberufen werden konnte, oder nicht, entschied das Consiglio compito. Letzteres konnte jedoch niemals ohne seine Erlaubniß gehalten werden. Er ernannte die Bevollmächtigten erster Instanz in bürgerlichen Streitigkeiten zwischen allen Gliedern des Ordens. Er ertheilte den Brüdern die Erlaubniß, je nach Befinden eigenes Hausgeräth zu besitzen, über das liegende Patrimonialvermögen und den fünften Theil der beweglichen Güter zu verfügen, Commenden zu verpachten, zu Hause zu speisen, außerhalb La Valetta zu übernachten, aus dem Convente zu reisen, Mündel- und Vormundgeschäfte zu übernehmen, Waffen, Lastthiere oder Sklaven aus der Insel zu führen und sich in Zungen oder Prioraten zu einzelnen Zusammenkünften zu versammeln.

Ihm stand das Begnadigungsrecht in allen Fällen zu, wo das Urtheil nicht Ausstoßung mit Verlust des Ordenshabits brachte. Er verlieh die Commende di grazia und die Camere magistrale. Alle Verleihungen von ›Beneficien und Pensionen, sowie die von den Balliven und Prioren ernannten Beamten bedurften seiner Bestätigung.

Außerdem ernannte er die Minister, den Seneschall, die Commissarien zu dem Ordenscapitel, den Procurator der Rechnungskammer u. s. w. und dispensirte von dem zu einer Caravane auf den Ordensschiffen nöthigen Alter von 18 Jahren, sowie von der halbjährigen Residenz im Convente.

Mit diesen Vorrechten genoß der Großmeister große und mannigfache Einkünfte. Er bezog die Einkünfte der Inseln Malta, Gozzo und Comino als souverainer Beherrscher derselben aus dem Schatzamte, 6000 Thlr. Tafelgelder, 2000 Thlr. zu Reparaturen seiner Paläste zu Lavaletta, Notabile und Verdala, 250 Thlr. für seine Ubidori. Er erbte die Verlassenheit der Capellani d'Obedienza und konnte, wenn er den Werth vergütete, Alles, was sein Vorgänger an Gold, Silber und Pretiosen hinterlassen hatte, behalten. Die Einkünfte der Dogana und Gabella (Mauth-Gefälle), der 10. Theil von der Beute der Corsaren, die Güter solcher an der Insel gestrandeter Schiffe, deren Eigenthümer sich binnen drei Tagen nicht gemeldet hatten, und die Lösegelder aller Gefangenen flossen ihm zu*). Dagegen mußte er aber der Hauptkirche fünf Jahre nach seiner Erwählung den ganzen Ornat zu einem bischöflichen Hochamte schenken, jedem Bruder, der Montags nach Quinquagesima bei dem Seelenamte erschien, einen Gigliato (florentiner Goldmünze, etwas mehr als einen holländischen Ducaten an Werth) geben und für einen jährigen Vorrath von Hirse und Weizen sorgen. Von dem öffentlichen Schatze konnte er weder zu seinem eigenen, noch zu Anderer Nutzen etwas gegen die vorschriftmäßige Form verwenden; selbst über die mit dem

---

*) Riedesel schlägt seine Einkünfte zu 18,000 Louis'bors, Borch zu 30,000 Malteserthalern oder 720,000 franz. Livres an.

Großmeisterthume verbundenen Güter durfte er nur in Ueberein-
stimmung mit dem Generalcapitel, und über seine beweglichen Güter
nur im Augenblicke des Todes und mit Erlaubniß des Consiglio compito verfügen.

Sobald ein Großmeister starb, versammelte sich letzteres, ließ
die Siegel des Großmeisters zerschlagen und erwählte seinen Stellvertreter, mit welchem vereinigt es alsdann die nöthigen Beschlüsse
faßte und eine neue Wahl veranstaltete. Alles, was bei solch einer
Gelegenheit von dem Consiglio compito ausging, hatte die Kraft eines
Decrets des Generalcapitels.

Am 2. Tage, an welchem man die sterbliche Hülle schon der
Gruft übergab, wurden drei Ritter aus verschiedenen Zungen ernannt,
um zu untersuchen, ob alle Brüder wahlberechtigt seien, d. h. ob
keiner dem Schatzamte mehr als 10 Thlr. schuldig war. War dies
der Fall, so wurden die Namen der Schuldner an die Thüre der
St. Johanniskirche angeschlagen und somit deren Unfähigkeit zum
Wahlgeschäfte erklärt. Am 3. Tage nach dem Tode des Großmeisters
versammelten sich alle stimmfähigen Brüder, Ritter, Priester und Wappner
des Convents, die aus Malta gebürtigen ausgenommen, und schwuren
nach geendigtem Gottesdienste — jede Zunge für sich — daß sie einen
tauglichen Wahlcomthur (Commendatore dell' elezione) und drei brave
Wähler (Elettori del maestro), nämlich einen Ritter, einen Kaplan
und einen Waffenbruder, erwählen wollten. 24 Ritter schritten alsdann zur Wahl des Wahlpräsidenten. War dies geschehen, so erlosch
die Würde des großmeisterlichen Stellvertreters; hierauf wurde das
Triumvirat gewählt. Hatten nun die drei Electoren den Schwur
geleistet, so wählten sie den 4. Wähler, und mit diesem gemeinschaftlich
den 5. und sofort, bis deren 13 ernannt waren, welche mit den
Dreimännern die Zahl 16 ausmachten. Diese 16 Wähler koren sodann, nach geleistetem Wahleide, den Großmeister, welcher stets ein
Cavalieri di Giustizia sein mußte. Bei Stimmengleichheit gab der
Wahlcomthur den Ausschlag. War die Wahl beendigt, so fragte
dieser die in der Hauptkirche versammelten Brüder drei Mal: ob sie
insgesammt die vorgenommene Wahl eines Großmeisters genehmigen
wollten? Lautete die Antwort „Ja!" so rief der Wahlcomthur den
Erwählten mit lauter Stimme auf, unter dem Thronhimmel seinen
Platz zu nehmen. Nachdem der neue Meister nun den Eid in die
Hände des Priors der Kirche abgelegt, ein To Deum die Feierlichkeit
beendigt und jeder Religios seine Huldigung dargebracht hatte, wurde
der Großmeister im Triumphe nach dem Palaste zurückgeführt. Hier

übergab ihm das Consiglio compito die Bestallung als souverainer Fürst von Malta, Gozzo und Comino.

Die übrigen Ordensämter, welche stets in den acht Zungen vertheilt waren, sind schon weiter oben näher bezeichnet und nach Maßgabe ihrer Wirksamkeit erörtert worden. Es genüge hier eine kurze Zusammenstellung:

Der Großcomthur (Finanzminister, Präsident der Schatzkammer) gehörte jederzeit der Zunge von Provence an.

Der Großmarschall (General der Landtruppen zu Fuß und Kriegsminister) der von Auvergne.

Der Hospitalier (Oberaufseher sämmtlicher Wohlthätigkeitsanstalten) der von Frankreich.

Der Admiral (Befehlshaber der Seemacht) der von Italien.

Der Gran-Conservator, auch Drapier genannt (gleichsam Minister des Innern, der die Besoldungszettel unterschrieb) der von Aragonien (worunter auch Catalonien und Navarra begriffen). Sein Titel war „Castellan d'Emposta".

Der Turkopolier (General der Reiterei) der von England.

Der Großballei (Oberaufseher der Festungswerke) der Zunge von Deutschland.

Der Großkanzler (Minister der auswärtigen Angelegenheiten) der von Castilien.

Die Großschatzmeisterwürde ruhete auf dem jedesmaligen Bailli von Corbeil (französischer Zunge). Jede Zunge aber ernannte zu dem Schatzamte oder der Ordenskammer einen Ritter als Ubitore de Conti. Sie wurden von dem großen Ordensrathe eidlich in Pflicht genommen, blieben zwei Jahre im Amte und waren gehalten, so oft in dem Schatzamte zu erscheinen, als über die Ordenseinkünfte und deren Verwendung Rechnung abgelegt wurde. Die Einkünfte und Ausgaben des Ordens verwaltete das Schatzamt „Camera del commun tesoro". Der Großcomthur war immerwährender Vorsteher derselben. Ihm waren zwei Großkreuze, welche der Großmeister und Conseil alle zwei Jahre erneuerten, unter dem Namen „Procuradori del tesoro" zugegeben. Der Großmeister hatte das Recht, den Secretair (Segretario del commun tesoro) dieses Amtes und seinen Anwalt zu ernennen, welcher Procuradore del gran-maestro hieß. Das Amt des Ersteren, welches nur ein Ritter bekleiden durfte, war von großem Umfange. Alle Finanzgeschäfte gingen durch seine Hände, er stellte und unterschrieb die Rechnungen, welche alle zehn Jahre in einer sorgfältig gezogenen Bilanz den sämmtlichen Brüdern durch den Druck bekannt gemacht werden mußten.

Der Conservators oder Kleinobien-Wardein mußte ein Ritter sein und hatte die Aufsicht über die Gold- und Silbergeräthe, Diamanten und Kleinobien des Ordens. Der Ort der Aufbewahrung auf Malta, welcher an den großmeisterlichen Palast grenzte, hieß Conservatoria.

Die kleinern Aemter, welche meist von dienenden Brüdern verwaltet wurden, als: Keller- und Küchenvorsteher, Gärtner, Glöckner, Castellan u. s. w., waren mehr zum Hauspersonale des Großmeisters und der übrigen Würdenträger als zum Orden selbst zu rechnen und können hier, sowie die Masse weltlicher Beamten, als der Arzt, der Syndicus u. A. m., übergangen werden.

Im Allgemeinen und so weit es bei den veränderten Verhältnissen thunlich, ist die Verfassung der jetzt bestehenden Johanniterorden der oben beschriebenen des alten Ordens nachgebildet.

Zungen, Priorate, Balleien und Commenden.

Von den Zungen, ihrem Ursprunge, ihrem Range und ihren Vorstehern ist schon weiter oben gehandelt worden. Es kann also hier bloß von ihrer Eintheilung die Rede sein. Sie zerfielen zunächst in Priorate, diese in Balleien, und letztere endlich wieder in Commenden oder Comthureien.

Die Zunge von Provence umfaßte 2 Großpriorate:

    a. St. Gilles ⎱ bestehend aus 54 und
    b. Toulouse ⎰   *   * 35 Commenden.

Die Zunge von Auvergne besaß:

    a. Das Großpriorat von Auvergne mit 40 Rittern.
    b. Die Ballei von Lyon   * 8 Wappnern.

Die Zunge von Frankreich zählte 3 Großpriorate:

    a. von Frankreich   mit 45 Rittern.
    b. von Aquitanien   * 65 *
    c. von Champagne und
    d. die Ballei Morea   * 24 *

Die Ballei Corbeil hatte die Großschatzmeisterwürde. Die Residenz der Ballei von Morea war zu Paris an St. Jean de Lateran gewiesen.

Die Zunge von Italien umfaßte:

a. ein Großpriorat: von Rom;
b. ſechs Priorate:
    1. der Lombardei .   mit 19 Rittern.
    2. von Benedig   • 45 •
    3. von Barletta   • 27 •
    4. von Capua   • 25 •
    5. von Meſſina   12 •
    6. von Piſa   26 •
c. vier Balleien:
    1. von St. Euphemia,
    2. von St. Stephan,
    3. von der heil. Dreieinigl. von Benouſe,
    4. von St. Johann zu Neapel.

Die Zunge von Aragonien beſaß:
    a. das Großpriorat von Aragonien   mit 29 Rittern.
    b. zwei Priorate:
        1. von Catalonien   28
        2. von Navarra   17
    c. die Ballei Majorka.

Die Zunge von England-Bayern hatte:
    a. Ein Großpriorat: Ebersberg   ⎰ mit 2 Würdenträgern,
    b. Die Ballei Neuburg   ⎱ mit 24 Rittern, 2 Ka-
                                    plancommenden.

Die Zunge von Deutſchland umfaßte:
    a. das deutſche Großpriorat .   26 Ritter.
    b. das böhmiſche Großpriorat . . .   7 Prieſter.
    c. die Ballei St. Joſeph in Doſchitz 19 Ritter.
    d. das Priorat von Ungarn .   4 Prieſtercommenden.
    e. das Priorat von Dacien .   4   •
    f. die Ballei Brandenburg, oder: das
        Herrn- oder Sonnenmeiſterthum   4   •

Die Priorate von Ungarn und Dacien waren Würden ohne Land.

Die Zunge von Caſtilien hatte:
    a. drei Priorate .   mit 27 Rittercommenden.
        1. Caſtilien,
        2. Leon,
        3. Portugal oder Crato.
    b. die Ballei Bovedo .   • 31 •

Durch eine glückliche Unterhandlung hatte der Orden im J. 1780

das Großpriorat Oſtrog in Polen mit 8 orrentlichen und 8 Pa-
tronatcommenden erworben.

Die engliſche Zunge, welche in der Blütezeit des Ordens aus
dem Priorate von England oder St. Johann zu London und dem
Priorate von Irland beſtand und außer der Ballei Aigle 32 Commenden in ſich faßte, iſt mit der Reformation erloſchen. An deren
Stelle iſt 1782 Bayern getreten. Der engliſch-bayeriſche Turkopolier
beſaß die Ballei Neuburg. Die Reſponſionen fingen mit dem J.
1785 an.

Da die deutſche Zunge unſer deutſches Vaterland näher als alle
übrigen angeht, ſo mag hier eine kurze Schilderung ihrer Verhältniſſe
zu dem großen Ordenskörper eine Stelle finden. Von den Prioraten
hatte das deutſche den Vorrang, daher es Großpriorat hieß.

Der Großbailli oder Grand-Bailli, des Haupt derſelben, gehörte zu den acht Conventualbaillis in Malta und hatte den Rang
vor den Großprioren von Deutſchland und Böhmen.

Der Großprior oder Johannitermeiſter von Deutſchland, welcher
Meiſter des Ordens in der Mark Sachſen, Pommern und Wendland
und über das Heermeiſterthum von Brandenburg, über Ungarn,
Böhmen und Dänemark die Gerichtsbarkeit beſaß, genoß ſeit 1548
die Würde eines Reichsfürſten, in welchen Stand er von Kaiſer Karl V.
war erhoben worden, und hatte auf dem Reichstage unter den Fürſten
zwiſchen Ellwangen und Berchtoldsgaden Sitz und Stimme. Das
Johannitermeiſterthum gehörte mit allen ſeinen Commenden zu dem
oberrheiniſchen Kreiſe, bei deſſen Verſammlung der Großprior als
Kreisſtand ebenfalls Sitz und Stimme hatte. Sein Titel war „Obri-
ſter Meiſter des St. Joh. Ordens in Deutſchland" (Ordinis S. Ioan.
Hierosolym. per Germaniam supremus magister). Seine Reſidenz war
das freundliche Städtchen Heitersheim im Breisgau, welches der Orden
von den Freiherren von Stauffen erkauft hatte, und wo ſich auch die
Regierung und das Großprioratsarchiv befanden. Der Johannitermeiſter ward deshalb insgemein „der Fürſt von Heitersheim" genannt. Er wurde nicht gewählt, ſondern dieſe Würde ging nach dem
Tode des Vorgängers jedesmal auf den älteſten Ritter des deutſchen
Großpriorats über, wenn dieſer die dem Orden ſchuldigen Pflichten
erfüllt hatte. So ſehr auch der Orden durch Bonaparte's Gewalt-
handlung in Malta einen tödtlichen Streich empfangen hatte, ſo ſcheint
dennoch dem letzten Großprior von Deutſchland, Ignaz Balthaſar,
Freiherrn von Rink zu Baldenſtein (ern. 12. December 1797, geſt.
in Heitersheim 30. Jul. 1807) eine Vergrößerung ſeines Gebietes be-

stimmt gewesen zu sein, da der letzte Reichsdeputationsbeschluß vom J. 1802 ihn unter die Zahl der durch den Verlust an Einkommen auf dem linken Rheinufer zu entschädigenden Fürsten aufnahm, und ihm aus dieser Ursache die sämmtlichen Klöster im Breisgau anwies. Der Herzog von Modena aber, als damaliger Herr der Landgrafschaft Breisgau, widersetzte sich dieser Zuweisung, weil sie nach seiner Ansicht unvereinbar sei mit den Bedingungen, unter welchen ihm die Landgrafschaft Breisgau zur Entschädigung angewiesen worden. Als durch den preßburger Frieden zwischen Frankreich und Oesterreich mit dem Schlusse des J. 1805 der Breisgau an Baden überging, setzte dieses jenen modenischen Widerspruch fort. Die Rheinbundsacte vom J. 1806 entschied den Rechtsstreit endlich dahin, daß das Fürstenthum Heitersheim dem Großpriorate entzogen und dem Großherzogthum Baden, unter dessen breisgauischer Hoheit es zuvor schon lag, nun als Staatsdomaine gegen verhältnißmäßige Pensionirung des Fürsten Großpriors auf alle Zeiten zuerkannt wurde.

Das deutsche Großpriorat enthielt:

A. Kameralhäuser zu Neuenburg und Steinerstadt, Freiburg und Wendlingen, Haimbach und Musbach, Kenzingen und Bubish.

B. Rittercommenden: zu Arnheim und Nimwegen, Basel und Rheinfelden, Basel und Arlesheim, Bruchsal und Kronweissenburg, Frankfurt und Mosbach, Hasselt, Hemmendorf und Rexingen, Herrenstrunden, Hohenrein und Weiden, Kleinerdlingen, Lagen und Herford, Leuggern, Klingnau, Brugg, Mainz und Niederwesel, Münster und Steinfurt, Rordorf und Dättingen, Rothenburg und Reichardsroth, Rothweil, Schleusingen und Weissensee, Schwäbisch-Hall und Affeltrach, Sulz, Colmar, Mühlhausen und Friesenheim, Tobell, Trier, Adenau, Hüningen und Breisach, Ueberlingen, Villingen, Wesel und Borken, Würzburg.

C. Priestercommenden: zu Aachen, Mecheln, Küringen und Niedecken, Freiburg in der Schweiz, Regensburg und Altmühlmünster, Sobernheim, Hangen, Weissenroth und Kronenburg, Straßburg und Schlettstadt, Worms, Köln.

Das böhmische Großpriorat hatte im Wesentlichen dieselbe Verfassung wie das deutsche. Die Residenz des Großpriors, das Archiv und die Kanzlei waren zu Prag. In der frühern Zeit konnten die böhmischen Commenden ebensowol deutschen Rittern als böhmischen ertheilt werden, seit der Mitte des 18. Jahrh. hatten aber nur geborne Böhmen, Schlesier, Oesterreicher oder Thyroler Ansprüche darauf.

Seine Bestandtheile waren:

A. Das **Großpriorat.**

B. Die **Ballei St. Joseph in Doschitz.**

C. Die **Rittercommenden:** Breslau, Brünn und Crallowitz, Fürsten-
feld und Melling, Goldberg und Löwenberg, Großtinz, Gröbeich,
Kleinöls, Lössen, Maidelberg, Mailberg und Strohheim, St.
Michael, Miecholuph, die Familiencommende Opitz, St. Peter
in Kärnthen, Reichenbach, die Familiencommende Sinzendorf,
Strizau, Troppau, Wien.

D. Die **Priestercommenden:** Haillenstein, Ebenfurt, Pulst und Prag
mit einem infulirten Prior.

Da die beiden Priorate von Ungarn und Dacien nur Würden
ohne Land waren, so stehen sie im allgemeinen Interesse der **Ballei
Brandenburg** oder dem **Herrenmeisterthum** (Sonnenmeisterthum)
nach. Der Sitz desselben war die Stadt Sonnenburg in der Neumark Brandenburg. Auffallend dürfte es erscheinen, daß ein eigenes,
für sich besonders ausgebildetes Meisterthum — gleichsam ein Staat
im Staate — mit allen Rechten in Deutschland bestanden und sich
stets in einer weniger abhängigen Lage von dem Convente zu Malta
als jede andere Zunge zu erhalten gewußt hat. Diese Rechte waren
seit 1310—1382 historisch begründet. Als nämlich nach dem hoch-
tragischen Untergange des Tempelordens die Johanniter, von den
türkischen Sultanen vertrieben, von Insel zu Insel wanderten und
endlich unter ihrem Großmeister Fulco von Billaret 1309 Rhodus
erobert hatten, entstand zwischen dem Oberhaupte und den Gliedern
vom Hospital gar bald arger Streit. Viele Ritter verklagten den
Fulco bei dem römischen Stuhle. Es wurde sogar ein neuer Meister,
Moritz von Pagnac, gewählt. Der schlaue Fulco führte aber bei dem
Papste seine Sache so gut, daß sich das Gerücht verbreitete, er werde
bald wieder nach Rhodus zurückkehren. Hier faßte ein Theil der
Ordensbrüder, meist Deutsche von Geburt, den Entschluß, standhaft
in ihren Gesinnungen gegen ihren Großmeister zu verharren (letzterer
aber war mittlerweile in Rom gestorben). Sie trennten sich von den
Rhodisern und begaben sich nach der Neumark, wo der Orden Güter
besaß. Wahrscheinlich eigneten sie sich dieselben in der Folge zu und
zogen auch noch die Tempelherrngüter in jener Gegend an sich. Sie
wählten sich einen „Meister in der Mark" und lebten hier zwar im
Verbande mit dem Orden, aber doch als getrennte Glieder desselben.
Nun entbrannte ein heftiger Streit zwischen den Rhodisern und dem
Herrenmeisterthum, der bis 1382 fortdauerte, wo der Orden in dem

berühmten „Heimbacher-Vergleich" *) seinen Mitbrüdern in der Mark die Billigkeit ihres Benehmens um so mehr eingestehen mußte, als seit der Stiftung des Ordens nie ein deutscher Ritter zur Großmeisterwürde gelangt war. (Die einzige und letzte Wahl des Freih. v. Hompesch kann hier nicht in Anschlag kommen.) Daher wurde ihnen durch einen feierlichen Vertrag zugelassen: „Dat sie un alle Ere Nakomelinge in derselben Ballie alle Thyt ewelike Macht und Gewalt hebben scolen, Euen Ballier Erer Ballier eynbrachtiglich to kiesen, wo dicke und wenner dit noth iß".

Seit dem Vergleiche von Heimbach (einem Kloster und Commende des Johanniterordens im Unterelsaß nahe bei Landau), welcher 1382 zwischen dem deutschen Großprior Conrad von Braunsberg und dem Herrenmeister Bernhard von der Schulenburg auf dasigem Convente abgeschlossen worden, hatte der Großprior das Vorrecht, die Wahl des Herrenmeisters der Ballei Brandenburg zu bestätigen.

Die bedeutenden Güter des Herrenmeisterthums bestanden aus Aemtern, Commenden und Lehnen. Es besaß dieselben theils aus päpstlicher Concession von den Tempelherrngütern, theils als Schenkung der Kurfürsten und Markgrafen von Brandenburg, der Könige in Polen, Herzoge in Pommern, Braunschweig und Mecklenburg, theils durch Ankauf.

A. Die Aemter, gleichsam die Tafel- und Kammergüter des Herrenmeisters — zum Unterhalt seiner Würde — waren:

1. Sonnenburg.
2. Rampitz, nebst Kloppitz 1437 vom HM. Balthasar von Schlieben erkauft.
3. Grüneberg, ehedem Lehn des deutschen Ordens, dann Eigenthum derer von Güstebiese, später von HM. Liborius von Schlieben erworben.
4. Collin in Pommern, schon in den ersten Zeiten bei dem Orden.
5. u. 6. Friedland und Schenkendorf, in der Niederlausitz, früher denen von Löckeritz gehörend, von den HM. Georg von Schlaberndorf und Veit. von Thümen aber im 16. Jahrhundert an den Orden gebracht.

---

*) Den Heimbacher Bergleich findet man nebst der Bestätigung des Generalcapitels (unter dem Großmeister Ferd. de Heredia), des Papstes Paul II. und des Kurfürsten von Brandenburg Friedrich II., in Joh. Christ. Beckmann's Anmerkungen zu dem ritterl. Johanniterorden und dessen absond. Beschaffenheit in dem Herrenmeisterthum, Coburg 1685. 4. S. 126—136 abgedruckt.

B. Die Commenden waren nach der 1768 geschehenen Zertheilung folgende:

1. Lagow in der Neumark, eine der größten, zu Ende des 13. Jahrh. entstanden, mit der 1286 von dem Markgrafen Otto v. Brandenburg den Templern übergebenen Stadt Zielenzig 1350 mit dem Johanniterorden vereinigt.

2. Liezen, in der Mittelmark, eine der ältesten, ehedem auch den Templern zugehörige Stiftung.

3. Schievelbein, in der Neumark, 1540 gegen die Comthurei Quartschen vertauscht.

4. Werben, in der Altmark, von Markgraf Albrecht I. gestiftet.

5. Wittersheim, im Fürstenthum Minden, von Bischof Heinrich 1325 an Heinrich v. Vortefelde, der 1327 Herrenmeister geworden, verkauft.

6. Suppplingenburg (Supplinburg) im Herzogthum Braunschweig, ehedem den Templern, unter dem HM. Herrmann v. Wereberge von dem Johanniterorden erkauft.

7. Burschen.

8. Gorgast.

Die Commenden Mirow und Nemerow, Wilbenbruch und Kralau, Stargard und Gartau und Zachau sind schon früher dem Orden entzogen worden.

Der Kurfürst von Brandenburg war Schutzherr des Herrenmeisterthums und schlug dem Capitel den Herrenmeister — gemeiniglich einen Prinzen aus dem Hause Brandenburg — vor. Das Capitel wählte und der Großprior von Deutschland bestätigte ihn. Seine Einkünfte betrugen an 30,000 Rthlr. Sein Titel war: „Der Hochwürdige, des ritterlichen St. Johannesordens in der Mark, Sachsen, Pommern und Wendland Meister". Der Ornat desselben war ein am schwarzen Bande um den Hals getragenes goldenes weißemaillirtes achteckiges Kreuz; ein schwarzer mit Schleppe versehener Sammtmantel, auf welchem an der linken Seite das Ordenskreuz von weißem Atlas sich befand; eine schwarzsammtene Oberweste (Waffenrock) mit großem über die ganze Brust sich erstreckenden weißen Kreuze; ein Baret von schwarzem Sammt mit weißen in die Höhe stehenden Straußfedern; das Ordensschwert und goldene Sporen.

Die Ritter mußten entweder fürstlichen, gräflichen und freiherrlichen oder altadeligen freien Standes sein, konnten aber zur protestantischen Religion sich bekennen und sich verheirathen. Dem Herrenmeister kam das Recht zu, Ritter zu schlagen, für welche Ehre ein

Jeder 500 Rthlr. bezahlen mußte. Nun rückte der Johanniter dem Alter seiner Aufnahme nach in den Genuß der ihm bestimmten Commende ein. Nach dem Tode des Comthurs genossen dessen Kinder und Erben ein Gnadenjahr, und die eigenthümlichen Güter des Verewigten fielen ihnen zu.

Großpriore von Deutschland.

1. Graf Heinrich von Toggenburg, erwählt 1251, starb 1271.
2. Graf Heinrich zu Fürstenberg, erw. 1272, st. 1282.
3. Johann Freiherr von Lupfen, erw. 1289, st. 1295.
4. Gottfried von Klingenfels, erw. 1295, st. 1299.
5. Helwig von Randersegg, erw. 1299, st. 1308.
6. Hermann Markgraf von Hochberg (Hachberg), erw. 1308, st. 1321, liegt zu St. Johann in Freiburg begraben.
7. Albrecht Graf Schwarzenberg, erw. 1322, st. 1327. Seiner wird in dem Privilegio Kaiser Ludwigs vom J. 1323 gedacht.
8. Berthold Graf von Henneberg, erw. 1327, st. 1332.
9. Rudolph von Maßmünster, erw. 1332, st. 1353.
10. Herdecker von Rechberg, erw. 1353, st. 1356.
11. Hermann Markgraf von Hochberg, erw. 1356, st. 1360. Er liegt zu Freiburg begraben, und auf seinem Grabsteine ist zu lesen, daß er „locum-tenens Magistri et conventus Rhodii in partibus Allemanniae" gewesen sei. Es sind jedoch im Freiburger „Seelbuche" diese nähern Angaben hinzugefügt: „Septimo Calendas Junii anno 1356, obiit Fr. Herrmannus de Hochberg, Magister ordinis Johannitici Allemanniae", die mit obiger Angabe des Todesjahres nicht zusammenstimmen.
12. Eberhard von Rosenberg, erw. 1360, st. 1368.
13. Konrad von Braunsberg, erw. 1368, st. 1394.
14. Friedrich Graf von Zollern, erw. 1394, st. 1408.
15. Amandus zu Rhein, erw. 1408, st. 1431.
16. Hugo Graf von Montfort, erw. 1431, st. 1449.
17. Johann Löfel, erw. 1449, st. 1459.
18. Johann von Schlegelholz, erw. 1459, st. 1466.
19. Richard von Buttlar, erw. 1466, st. 1469.
20. Johannes von Au, erw. 1469, st. 1482.
21. Rudolph Graf von Werdenberg, erw. 1482, st. 1505 zu Freiburg.

22. Johann Hegezer, erw. 1505, st. 1512. Dieser bekam Freiburg und Heitersheim, von welcher Zeit beide Orte abwechselnd die Residenz des Johannitermeisterthums gewesen sind.

23. Johann von Hattstein, erw. 1512, st. zu Speier den 4. April 1546 in einem Alter von 100 Jahren. Er liegt zu Heimbach begraben und erbaute die Pfarrkirche zu Heitersheim.

24. Georg Schilling von Canstatt, erw. 1541. Er war Gouverneur von Tripolis, 1541 General der Galeren und wird für den ersten Reichsfürsten gehalten. Er starb zu Malta den 2. Febr. 1554.

25. Georg von Hohenheim, genannt Bombast, erw. den 5. August 1554, starb zu Heitersheim den 10. December 1566. Die Rotunde im Schlosse zu Heitersheim wurde von ihm erbaut.

26. Adam von Schwalbach, erw. den 3. März 1567, gest. den 4. Juli 1573 zu Heitersheim.

27. Philipp Flach von Schwarzenberg, erw. den. 3. Oct. 1573, starb zu Heitersheim den 10. März 1594.

28. Philipp Riedesel von Camburg, erw. den 5. März 1594, starb zu Freiburg den 13. März 1598. Dieser erbaute das Chor links in der Heitersheimer Pfarrkirche.

29. Bernhard von Angeloch, erw. den 8. März 1598, starb zu Freiburg den 21. Juni 1599.

30. Philipp Lösch von Müllheim, erw. 20. August 1599, starb zu Villingen den 2. Februar 1601.

31. Wiggert von Rosenbach, erw. den 16. Mai 1601, starb zu Heitersheim den 18. März 1607.

32. Arbogast von Andlau, erw. den 10. Mai 1607, starb zu Heitersheim den 5. Januar 1612.

33. Johann Friedrich Hund von Saulheim, erw. 24. März 1635; er liegt in der Kirche des von ihm gestifteten, nun aufgehobenen Franziskanerklosters im Chor begraben.

34. Hartmann von der Thann, erw. den 9. Mai 1635, starb 15. December 1647; liegt ebenfalls in der Klosterkirche im Chor begraben.

35. Friedrich Landgraf von Hessen-Darmstadt, Cardinal und Bischof zu Breslau, folgte als Coadjutor dem Hartmann von der Thann den 15. December 1647, starb zu Rom den 19. Februar 1682. Er erbaute den Hof Weinstetten und die sogenannte Herrenmühle zu Heitersheim.

36. Franz von Sonnenberg, erw. den 14. April 1682, starb im nämlichen Jahre den 10. December zu Leuggern.

37. Gottfried Troft von Fischerring, erw. 1683, starb 1683.

38. Herrmann von Wachtenbonk, erw. 1684, starb zu Cleve den 16. Juni 1704.

39. Wilhelm von Rheide, erw. 1704, starb den 21. Oktober 1721 zu Malta.

40. Goßwin, Herrmann Otto Freiherr von Merfeld, erw. den 6. November 1721, starb zu Münfter in Westphalen den 8. December 1527.

41. Philipp Wilhelm Graf von Nesselrode und Reichenstein, erw. den 10. Jan. 1728, starb den 16. Jan. zu Malta. Dieser erbaute die Kanzlei zu Heitersheim.

42. Philipp Joachim Freiherr von Prasberg, erw. den 18. Juni 1752, starb 10. December desselben Jahres zu Ueberlingen.

43. Johann Baptift Freiherr von Schauenburg, erw. den 15. Februar 1755, starb zu Malta 1775.

44. Franz Christoph Sebaftian Freiherr von Reuchingen, erw. 13. Mai 1775, starb 18. Auguft 1777 zu Malta.

45. Johann Joseph Benedikt, Graf von Rheinach zu Touffemagne, erw. den 25. Auguft 1777, starb zu Wels in Oberösterreich den 14. Oktober 1796.

46. Ignaz Balthasar Freiherr von Rink zu Baldenftein, erw. 12. December 1796, starb zu Heitersheim den 30. Juli 1807 und mit ihm schloß sich die Reihe der Großpriore oder Johannitermeifter in deutschen Landen.

Als nämlich in preßburger Frieden 1805 der Breisgau an Baden überging, wußte es letzteres, wie schon oben bemerkt wurde, endlich dahin zu bringen, daß in der Rheinbundacte vom J. 1806 das Fürstenthum Heitersheim mit allen seinen liegenden Gütern dem Großpriorate entzogen und dem Großherzogthum Baden, unter deffen breisgauifcher Territorialhoheit es früher schon gestanden hatte, nun als Staatsdomaine gegen verhältnißmäßige Pensionirung des letzten Fürften Großpriors zuerkannt worden ist.

———

Herrenmeifter von 1300—1762.

1. Gebhard von Bortefelde		1327.
2. Hermann von Wereberge		1350.
3. Bernhard von der Schulenburg		1372.

4. Detlev von Walmede   1397.
5. Reimar von Güntersberg   1401.
6. Busso von Alvensleben   1420.
7. Balthasar von Schlieben   1424.
8. Niklaus von Thyrbach   1437.
9. Heinrich von Reber (Röber?)   1459.
10. Liborius von Schlieben   1460.
11. Kaspar von Güntersberg   1472.
12. Reichard von der Schulenburg   1475.
13. Georg von Schlaberndorf   1491.
14. Veit von Thümen   1527.
15. Joachim von Arnim (hat mit Anführung wichtiger Gründe 1545 resignirt)   1544.
16. Thomas Runge   1545.
17. Franz Neumann   1564.
18. Martin, Graf von Hohenstein   1569.
19. Friedrich, Markgraf zu Brandenburg   1610.
20. Ernst, Markgraf zu Brandenburg   1611.
21. Georg Albrecht, Markgraf zu Brandenburg   1614.
22. Johann Georg, Markgraf zu Brandenburg   1616.
23. Joachim Sigismund, Markgraf zu Brandenburg   1624.
24. Adam, Graf zu Schwarzenberg   1625.
25. Johann Moritz, Fürst zu Nassau   1652.
26. Georg Friedrich, Fürst zu Waldeck   1689.
27. Karl Philipp, Markgraf zu Brandenburg   1693.
28. Albrecht Friedrich, Prinz von Preußen   1696.
29. Karl, Prinz von Preußen und Markgraf   1731.
30. August Ferdinand, Prinz von Preußen   1762*).

Dieser war der letzte Herrenmeister des Johanniterordens zu Sonnenburg, dem zu Anfang dieses Jahrhunderts der Bruder des damaligen Königs Friedrich Wilhelm III., Prinz Friedrich Heinrich Karl, als Coadjutor beigegeben ward. Seit der Stiftung des neuen Preuß. Johanniterordens (23. Mai 1812) wurde Prinz Heinrich Großmeister dieses Ordens; und daß bei der Herstellung der Bailli Brandenburg (1853) Prinz Karl von Preußen zum Herrenmeister ernannt wurde, ist schon oben gesagt.

---

*) Die Jahrzahl bedeutet die Antrittszeit der Regierung.

Commenden des Großmeisters.

Im Priorate von	Provence die Commenthurei	Pesenas
	Toulouse	Pohsubran
	Auvergne	Salins
	Frankreich	Hahnault (Hennegau)
		in Flandern.
	Aquitanien	Rochelle
	Champagne „	Metz in Lothringen
	Lombardei	Innerni
	Rom	Mugnano
	Benedig	Treviso
	Pisa	Prato
	Capua	Siciano
	Barri	Brindisi
	Messina	Polizi
„ „ „	Catalonien	Masdeo
Im Castellanat von	Empesta	Aliaga
	Navarra	Cazletes
	Castilien	Olmos
	Portugal	Coste
	Deutschl.	Buch (Buces)
„ „ Böhmen	„ „	Wladislaw.

Die Commenten in Großbritannien und Irland sind zur Zeit der Reformation eingezogen worden.

———

Großprioren der Zunge von Provence (St. Gilles).

Brud. Emmerich (Emerh) de Turreh, Großprior im J. 1223.

Wilhelm de Villaret, aus d. Provence, nachm. Großmeister 1296.

Elion de Villeneuve, Großprior 1320 — Großmeister.

Peter de Langle, zugleich Großpr. von St. Gilles und Toulouse.

Dieudonné de Gazon, f. d. Provence — Großmeist. 1346.

Peter Cornillan, aus d. Provence — Großmeist. 1353.

Roger de Montaut aus Arles, Großpr. im J. 1355.

Johann Ferdinand von Herebia, aus Spanien, war zuerst Großpr. v. Castilien, dann v. St. Gilles — endlich Großmeist. 1376.·

20

Brud. Bertrand de Flotte. Von diesem Ritter stammen die Herren von St. Auban, Mebls und Cuebris.

Hugo Giraud, Großcomthur im J. 1390.

Jean Claret-Grand, Comthur im J. 1437.

Peter Raffin, Großcomthur im J. 1460.

Johann Cavaillon, gen. Romey, Großcomth. 1470. Aus diesem Hause stammen die Herren von Macherons, Rochegübes, Solignac, Peynier.

Raymund Richard, Statthalter des Großmeisters Aubusson. Er fiel bei der Belagerung von Rhodus im J. 1480.

Karl de Noroy, Großcomth. im J. 1474.

Charles Aleman de la Rochechinard, aus d. Dauphinée, 1509.

Gabriel de Pomerols, Großpr. im J. 1515.

Tristan de Sales, Großcomth. im J. 1522.

Preian de Biboux, zuerst Gouverneur der Insel Lango, Großpr. 1514, unter Franz I. von Frankreich Großadmiral, gest. 1528.

Jakob de Menas, im J. 1528.

Gerard de Masse, Großcomth. im J. 1536.

Raimond Ricard, Großcomthr im J. 1536.

Peter de Grasse, Großcomth. im J. 1537. Großpr. von Toulouse im J. 1538.

Flochet de Caritat, Großcomth. 1540.

Ludwig Cornate, Großcomth. 1543.

Peter de Trebons, Großcomth. 1556.

Poncet d'Ure, Großcomth. 1546.

Robert d'Aube, genannt Roquemartine, Großprior 1547.

Claude Gruel, genannt Labiel und Fontagié, aus der Dauphiné.

Valentin Dubois, Prior von St. Jean d'Aix im J. 1548.

Anton Joannin de Pennes, Großcomth. 1553.

Peter de Glandevez.

Peter de Montferrat, Großcomth. 1555.

Philipp du Broc.

Johann de Valette, gen. Parisot, Großmeist. 1557.

Charles d'Urre de Tessière, Großpr. 1558.

Peter de Goyon Melas.

François Toucheboeuf, genannt de Clermont 1557.

François de la Tour im J. 1559.

Ludwig de Pontis, Großcomth. 1560.

Brud. Anton Robez be Montalegre. Großcomth. 1566.

Claube be Glandebez, im J. 1569.

Franz be Paniffes, aus Avignon, Großpr. 1582.

Hugo be Loubens Berbale, Großmeift. 1582, Carbinal 1595.

Peter Desparbes, genannt Luffan, Großpr. 1612.

Franz be Lorraine, im J. 1614.

Anton be Paulle, aus Touloufe, Großmeift. 1622.

N. Bacqueras, Großcomth.

Johann Jakob be Mauleon — La Baftibe im J. 1628.

Honoré be Quiqueran be Beaujeu, aus ber Provence, geft. ben 24. April 1642.

Großpriore von Toulouse aus ber Zunge von Provence.

Brud. Peter be Langle.

Rahmunb Leftours.

Effon von Schlegelholz, im J. 1410.

Wilhelm Couppier 1535.

Defiré be Sainte-Jaille, ber 45. Großmeift. 1535.

Peter be Graffe 1537.

Flochet be Caritat, 1543.

De Trebous, genannt Beaulac, im J. 1556.

Claube Gruel 1549.

Bertranb be Bintemille, ft. zu Malta 1571.

Balthafar be Bintemille b'Olioles 1571.

Anton Scipion be Joheufe 1600.

N. be Bacqueras.

N. Liniers bu bas Bibarez 1620.

N. be Caftellane 1633.

Joachim be Montaigü, genannt Fromigieres 1626.

N. b'Albins 1629.

Großpriore ber Zunge von Deutschlanb ober Groß-Baillis des Orbens.

Brud. Philipp von Riebefel 1444.

Peter Stolz, Großorbens-Bifitator 1490.

Rubolf, Graf von Württemberg 1498.

Johann von Hattftein, ber vor Wien gegen die Türken Wunber ber Tapferkeit that. Er ftarb als hunbertjähriger Greis 1546.

Brud. Conrad von der Schulenburg 1554.

Georg Schilling von Canstatt, st. 1554.

Georg Bombast, genannt Hohenheim.

Adam von Schwarzburg.

„ Philipp Flach von Schwarzenberg.

Die Großwürdenträger der übrigen Zungen sehe man in Goussencourt's Martyrologe des Chevaliers de St. Jean de Jérus. Par. 1643. Fol.

Verzeichniß der Ritter,

welche bei der Belagerung von Malta starben.

Aus der Lombardei.

Luigi Balbino, Arvicino Griselli, Emilio Scarampo, Arvicino Piscatore, Giorgio Montiglio, Alessandro S. Giorgio, Vincentio Bozzolino, Paolo Avogadro, Alessandro Rusca, Christoforo Carolo, Alessandro Scarampo, Innocenzo Carli, Paolo Aemilio Bossolo, Pier-Luigi Ribbia, Mario Fagnano, Bartolomeo Brigia, Matheo de Corti, Emiliano Bialardi.

Aus Piemont.

Giovanni Bagnone, Josepho Valperga, Alerame Parpaglia, Francesco Pelletta, Giulio Cesare de Ponte, Giov. Ant. Solero Leliotana, Giov. Giacomo Castelmonti, Fabritio Valperga, Nicolo Strambino.

Aus dem Genuesischen.

Philippo Doria, Ambrosio Pezolo.

Benetianer.

Paolo Biniperto, Giacomo Ruscelli.

Aus Toscana.

Asdrubale de Medici, Giambattista Soderini, Alessandro Ridolfi, Giacobo Martelli, Francesco Lanfreduccio, Vespasiano Malaspina, Francesco Sommais, Nicolo del Bene, Rosso Strozza, Carlo Sasseti, Barchino Carabucci, Annibale Strozza, Giov. Francesco Genri.

Römer.

Pompilio Savelli, Stephano de Fabii, Battista Pagano, Vincenzo Gabrielli, Giovanni Bitelleschi, Maria Conti, Bartolomea Frangiolini.

Neapolitaner.

Don Carlo Ruffo, Bernardino (Sergente) Giov. Maria Castro-
cucco, Pier' Antonio Barese, Marcello Calluccio, Giov. Battista
Montalto, Carlo Palabini, Geronimo Pepe, Ottaviano Bozzuto, Giov.
Geronimo Anfora, Michel de Eis, Horatio d'Acquino, Don Hercole
Carracciolo.

Aus Sicilien.

Don Gieronimo Gravino, Gieronimo Balsamo, Cesar Tavarca,
Bernabino Sortino, Vespasiano Gilestri, Vincenzo Loperno, Alessandro
d'Alessio, Giov. Antonio Landolini, Gieronimo Speciaro, Scipione
de Patti.

Aus der Provence.

Mon. Parisot (Comthur und Neffe des Großmeisters), Dumas,
De la Motte, de Macane, de Fumean, de Mogligies, d'Ollioles, Domps,
de la Pierre, de Colombiers, d'Orlion, b'Entraigues, de Fos, de
Vercobran, de Durban, de Gorbes, du Puiol (Comthur der Ar-
tillerie), de Floriac, de Dalon, de Raynes, Parisot le Giouane, de
Meygrin, de la Rochette, de Lambesc, de Pontène, de l'Aylière, Jean
de Pierresu, Demetrü Chevaulb, et les freres: François Masse,
Jacques Paget, Scipion Durre, Gaspard Serre; les chevaliers: de
Garbampe, de Saint-Roman, de la Prabe, de Sanporgne, de Larvieu,
La Ville du Bois, Le Blesse, de Saint-Ponnes, La Soche, de Ver-
vatet, Fra Marc, Fra Antoine de Montforte, Fra Combeles, Fra
Antonio de Laune.

Aus Deutschland.

Von Reyneck, von Asseburg.

Aus Frankreich.

De Quinch, de Bulch, de Bligny, de Sansebourg, de Maubec,
de Clinchan, de Montbazin, de la Ribière, Fra Martin de Doy, Fra
Claude Griffon, Fra Pierre de Cleto.

Aus Aquitanien.

De Trimouille, de la Sarbière, de Chillan, de Panchien, de la
Barre, de Claste, de Langles, de Broliarb, du Plessis, Fra Ruffin.

Aus Champagne.

De Choiseul, de Mailly, de Auttoys, de Talme, St. Jean des
Moulins, Fra Vigneron, Fra Claude, Fra Bourzignon.

Aus Aragonien.

Der Bailli d'Aquila, Felizes, der Bailli Guaras, der Comthur Montferrato, Pedro de Montferrato, der Comthur Sapata, der Comthur Torrelas, Don Francesco Sanoguera, Don Juan d'Aragon, Pamplona Metelli, Don Jaime Sanoguera, Don Francesco de Mompatao, Sese de Costrillo, Honofrid Tallaba, Gaspar de Guete Catalogna, Don Felix de Gueralte, der Comthur Corrito, Fra Zacosta, Fra Bilano, Fra El Mengol, Fra Saportella.

Aus Navarra.

Fra Battista de Aoys, der Comthur Fra Perch de Baragan, Fra Baltazar de Agnes, Fra Morguri, Fra Ximenes, Fra Scubiero, Fra Miguel Bueno, Fra Joan de Sola.

Aus Castilien.

Der Comthur Fra Ludovico de Paz, der Comthur Medina, der Comthur Godoy, der Comthur Zentono, der Comthur Don Francesco de Bivero, Joan Basques Aviles, Don Lorenzo de Guzman, Don Christoval de Silva, Don Frederico di Toledo, Don Belasques Arguore, Don Estevan Calderon, Villa Fuerte, Costilea, Juan de Spinosa, Soto, Fra Alfonso de Zambrana, Fra Juan Bernar, Godinez.

Die Priester und dienenden Brüder sind hier nicht erwähnt.